高等学校应用型本科金融学"十三五"规划教材

货币银行学

Monetary Banking

主　编　王明国　张卫新

副主编　朱广印　宋　鹏

中国金融出版社

责任编辑：吕　楠
责任校对：孙　蕊
责任印制：陈晓川

图书在版编目（CIP）数据

货币银行学（Huobi Yinhangxue）/王明国，张卫新主编 . —北京：中国金融出版
社，2017.1
ISBN 978 - 7 - 5049 - 8825 - 6

Ⅰ.①货…　Ⅱ.①王…②张…　Ⅲ.①货币银行学—高等学校—教材　Ⅳ.①F820

中国版本图书馆 CIP 数据核字（2016）第 299939 号

出版
发行　**中国金融出版社**

社址　北京市丰台区益泽路 2 号
市场开发部　（010）63266347，63805472，63439533（传真）
网 上 书 店　http：//www. chinafph. com
　　　　　　（010）63286832，63365686（传真）
读者服务部　（010）66070833，62568380
邮编　100071
经销　新华书店
印刷　保利达印务有限公司
尺寸　185 毫米 ×260 毫米
印张　19.5
字数　408 千
版次　2017 年 1 月第 1 版
印次　2017 年 1 月第 1 次印刷
定价　39.00 元
ISBN 978 - 7 - 5049 - 8825 - 6
如出现印装错误本社负责调换　联系电话（010）63263947

前　　言

　　货币银行学又称金融学，是当今高等院校经济管理类学科开设的一门学科基础课程，其主要研究内容为货币、银行和金融市场等，该门课程的教学比较注重学生应用创新能力的培养。货币、银行和金融市场是当今金融业乃至社会经济发展的核心，要理论结合实践地培养学生学以致用的应用创新能力，首先需编写具有应用特色的相关教材。多年来，金融教育工作者已投入大量的精力和心血，编写了许多不同版本、具有不同特点的货币银行学和金融学的相关教材，这为经济管理类学科，乃至我国金融和经济的发展作出了重要的贡献。但是该课程是一门比较偏重培养学生的应用创新能力，其内容又随着社会经济的发展而不断发展的课程，这就需要金融教育工作者在继承的基础上，不断创造性地编写具有应用特色的相关教材。本教材正是基于这一背景而展开编写工作的。

　　当今货币银行学的主要内容包括：货币与货币制度、信用与信用工具、利息与利率决定、金融市场及其机制、金融机构体系、商业银行、中央银行、货币供需和均衡、货币政策、通货变动与金融监管等。本教材围绕这些内容，偏重应用，主要具有以下特色：

　　1. 针对经济管理类专业高质量应用型创新人才培养对货币、银行和金融市场等金融知识结构的需求，建立了一套适应该类专业人才培养的知识结构体系。

　　既有的货币银行学教材，包含现在的一些以"应用型教材"名义编写的教材，多是以传统的货币银行学知识结构来构建体系的，这不适合经济管理类专业高质量应用型创新人才培养的需求。本教材对结构体系进行了重整优化，去除了偏重理论部分的内容。

　　2. 每章开篇以"本章导读"的形式导入该章的知识内容概要，以在各章的开始激发学生的求知欲和对各章内容学习的兴趣度。

　　为更好地激发学生对各章知识学习的欲望，让学生更加注重应用创新能力的提高，本教材在每章的开篇将以该章理论知识的要点为基础，编写导语，导入本章的理论知识要点。

　　3. 顺应当前经济管理类专业高质量应用型创新人才培养目标对应用型金融知识内容的需求，优化了货币银行学课程各部分知识的内容。

　　传统的货币银行学教材每章知识的内容偏重理论，这不利于学生专业应用和创新能力的培养和提高。为解决这一问题，本教材在各章内容的安排上只对理论要点进行简单的梳理，而对实用性的内容则将进行重点安排和详细介绍。

　　4. 在各章节中根据知识内容的特点，以开辟"应用"或"专栏"的形式，对国内外

现实中出现的金融问题进行分析，以开发和提高学生对货币、银行和金融市场等金融知识的应用能力和实践能力。

高质量工商管理类应用创新型专业人才更应重视对货币银行知识的活学活用，而现实经济社会生活中经常会出现一些货币银行问题。针对这些问题，政府部门也会出台一些政策和采取一些措施，对这些问题和政策措施的解读，有助于更好地让学生掌握相关的理论知识。为此，本教材以开辟"应用"或"专栏"的形式，对国内外现实中出现的金融问题进行分析。

5. 在各章结尾，以"问答与思考题"的形式提出问题，启发学生思考该章的知识要点。

学而不思则罔。在各章理论知识之后，本教材又在各章结尾部分安排了有一定深度的"问答与思考题"，启发学生对各章所学知识进行进一步的理解，以进一步提高学生的应用创新能力。

本教材包含导论和十二章内容，主要是由青岛理工大学和青岛科技大学具有多年货币银行学和金融学授课经验的博士和资深教师编写的。其中，王明国（青岛理工大学商学院副教授、硕士生导师、中国社科院研究生院毕业博士）主要承担了导论、第一章、第二章、第三章和第六章的编写工作和统稿工作；张卫新（青岛理工大学商学院资深教师）主要承担了第七章、第八章、第九章、第十章和第十一章的编写工作；宋鹏（青岛科技大学经管学院资深教师、中国社科院研究生院毕业博士）主要承担了第四章和第五章的编写工作；朱广印（青岛理工大学经贸学院副教授、东北财经大学毕业博士）主要承担了第十二章的编写工作。此外，余海琳（青岛理工大学商学院在读硕士）参与了教材部分章节的修改工作。

在本教材的写作过程中，我们参考了有关学者的著述，书后列出了一部分参考书目，部分参考书目未能列出，在此一并致谢！

最后，限于编者的学识水平，本教材还存在诸多缺点和不足，望广大读者多多批评指正！

王明国
2016 年 11 月 2 日

目　　录

导　　论

一、经济生活中处处有货币

货币指的是在购买商品和劳务或清偿债务时被普遍接受的任何物体或东西。在现代经济生活中，人们几乎处处、天天接触货币。

家庭与个人，从不同来源取得货币收入：工人、公务人员、文艺卫生体育工作者有货币工资收入，有奖金、酬金、津贴收入，有各种创作的货币收入；农民有农产品销售、乡村工业工资和外出打工的货币收入；个体经营者有通过推销产品和提供服务所取得的货币收入；私人资本家有利润收入；享受社会保障者、保险投保者和社会认为应予关注的公众有离休金、退休金、保险金和各种福利金、救济金的货币收入；学生则有奖学金、勤工俭学和助学贷款的货币收入；等等。这种种货币收入，保证了每个家庭、每个公民维持和改善生活的需要。他们的衣、食、住、行所需，是商品，需要用货币去购买；需要旁人提供服务，则要用货币去支付。过去的农民，有相当一部分的生活需要可由自己的产品满足，不需要用货币去购买。现在，自给自足的这一部分已日益缩小。对于农民和个体经营者，他们的货币收入不仅用于生活需要，还要用于生产经营需要：农民从事农业生产需要种子、化肥、农药，需要用水、电和各种生产性的服务，不是要用货币购买，就是要用货币付费；个体经营者，从事生产的要购入原材料，从事贩运的要补进所经营的商品，也都需要把货币备足。就是求学的学生，他们要交学费、杂费，要购买书籍、本册，要开支伙食费和必要的文娱等费用。为了这些货币支付，也要有货币收入来源。资本家在生活方面与其他阶层的人一样需要用货币来支付，而将利润再投资，则是他们支付货币的特点。实际上，在当今的市场经济中，不论任何阶层，凡有货币结余，即使结余数量较小的人，都有可能把结余的货币进行各式各样的金融投资，如银行储蓄、购买债券、持有股票等，而这些投资也构成他们的货币收入来源。

转到一个公司、企业来看，不论是国营的、私营的、合资的、外资的，它们全部生产流通的运转无不同时伴随着货币的收收付付。公司筹建要求筹集必要金额的货币资本金，没有必要的、以货币形态存在的资本，就没有获取注册或核准的资格。建设工厂要进行基本建设投资，即勘探、设计要支付货币，厂房施工要支付货币，设备的购置和安装需要货币；工厂投产需要原料、材料、燃料、配件，需要消耗水、电，这些不是要用货币去购买，就是要用货币去支付；产品销售也需要货币进行广告宣传、包装、仓储、发运。当有了产品销售的货币收入，这些货币收入要用于支付工资，要用于继续购进原材料，要用于提取折旧以备恢复生产能力，要用于积累利润以备新产品开发和扩大再生产，等等。商业、服务业、IT 行业等，经营运作各异，但没有一个行业不伴随货币的收入与货币的支出。

非经营性的机关、团体，非公益性的机关事业，其运转、其职能的发挥也离不开货币。办公的地点，或建设、或租赁，办公的用品要购买，发挥职能的设备要购置，人员的工薪要开支。其中，一些公益性单位，靠捐赠的货币收入，靠自己财产的收入，靠非营利性收费；国家机关和靠国家补贴的单位，其日常的货币所需，靠的则是由国家各级财政以货币形式拨付的经常费用。这就涉及以国家财政为中心的货币收支。

财政，包括中央财政和地方财政，它们的活动保证了国家职能的发挥和社会的公共需求。财政收入和支出，在我国 20 世纪三四十年代的革命战争时期，曾有相当部分是粮食收支，即所谓的"公粮"。但那是特殊的战争环境。早在秦汉之际，货币收支在财政中已占重要地位，以后不断有所反复，但自明代起基本形成货币收支的定局。现代经济生活中的财政收支已完全采用货币。就财政收入来看，税和费都要用货币缴纳；就支出来看，各种投资性支出、经费支出和社会保障等支出，也都是用货币进行的。

家庭和个人的货币收支有时收大于支，有多余的货币；有时支大于收，手头持有的货币不足以满足支出。多余的可借出，不足的要借入，这就产生了个人的货币债权和货币债务。公司、企业周转中需要货币，而无货币，就要借款，有了货币债务；多余的货币暂时不需支用，则可贷出，转化为货币债权。国家财政也要利用国家信用，大家都熟知的国债就是国家借款的称谓。货币债权债务普遍存在，孕育了金融活动。如银行，它们的全部业务活动都是货币的存、取、借、贷；如证券市场的券商，则为筹集货币资本服务。

二、经济生活中的货币都出自银行

为了论证货币出自银行这一结论，我们有必要把流通中持有货币的经济单位划分为个人和家庭（以下简称个人）、企业和机关团体（以下简称社会各单位）两个部分，并深入分析其持有货币的来源。

（一）个人所持货币的来源

如果我们问持有货币的个人，"您的钱是从哪里来的？"他可能作出如下几种回答（其中的一种、几种或全部）：①来自社会各单位发放的工资、奖励、助学金、抚恤金、补贴、稿酬等。②商品销售收入，即出售商品或提供劳务所得收入，如农民出售农副产品、城镇个体工商户出售自己生产经营的商品等。③来自银行、信用社等金融机构。这又包括三种可能，即借款所得、金融机构付给的利息、将个人持有的金银和外汇卖给银行。④非金融机构借款，如向所在单位借款、个人相互之间借贷。⑤亲友赠送。

其中，来源④和⑤又可以归结为来源①、②、③，因为个人之所以有钱借给他人或赠送给他人，是因为领到了工资（奖金等），或出售了商品，或卖了金银外汇以及获得利息收入。经过进一步的推论，来源②又只可能来自①和③，因为与商品出卖者（劳务提供者）直接对应的是购买者（劳务接受者），而购买者之所以有钱买，又是因为从①和③两条渠道获得了收入，而①又来源于③，因为除银行以外的任何单位不得发行钞票。所以，个人所持货币最终只可能来源于银行和金融机构。

（二）社会各单位所持货币的来源

如果我们问持有货币的社会各单位，"贵单位的货币资金是从哪里来的？"他可能直接回答，也可能向我们提供一张该单位的资金报表。如果我们作一下归类，则只可能有以下五种情况：①商品销售收入；②银行借款；③上级拨入；④同业拆入（包括对单位和个人借款、预收货款等）；⑤金融市场收入（包括发行股票、债券的发行收入和买卖有价证券的业务收入）。

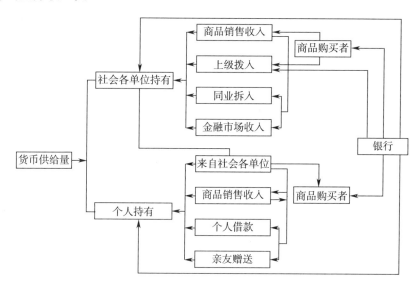

注：→表示货币的来源。

图1　经济生活中货币的来源

其中，收入⑤又可归为①、②、③、④，因为该公司的金融市场收入必定是其他单位的金融市场支出，而其他单位之所以能够作这种支出，是因为从前四条渠道获得了收入。同理，经过归类，收入④的来源又只能是前三项。对于①、④、⑤，如果追根溯源，也只能是②、③。③可能是主管部门，也可能是财政部门。主管部门的货币资金要么来源于对所辖各单位的征集，要么来源于财政部门。财政部门的货币资金可能有三个来源渠道：一是通过税收等手段从社会各单位和个人征收而得；二是从银行借入；三是国外借款（但借入的外汇必须到银行兑换本币才能在本国使用）。这样经过一系列的循环之后，社会各单位的货币最终就只有一个来源——银行，从而全部流通中的货币也就只有一个出口——银行，如图1所示。

从图1中不难看出，现实生活中的货币都出自银行，财政、企业单位、机关团体以及个人等只是货币的运用者，不得发行货币，货币只能由银行发行又不断回归银行，所以，银行是整个货币流通的中心环节。

三、经济生活中出自银行的货币都是信用货币

信用货币是建立在信用经济关系基础之上，并由此产生能够代替货币执行货币职能

的一种信用凭证。从广义上讲，在信用经济条件下，现实流通中各种形态的货币都是信用货币。因为它们无不体现为银行的负债，即体现着信用关系。

1. 现金

在中国谓之"现钞"，撇开金属辅币不论，从形式上看是纸质货币，而实质上它是银行的一种负债，债权人是现金持有者（个人和单位）。有些人对现金是银行的负债这一说法百思不解，主要是对这种负债的两个特点：无须支付利息和市场流通最低需要的部分无须返还，没有足够认识所造成。

2. 各种存款

不管其流动程度和使用方向如何，都是银行对存款者的负债。其中，绝大部分活期存款是信用货币的初始形态，因而它是货币供给量调控的主要对象。当然，全面地分析货币供给，还需要将活期存款和定期存款一起列入，并从其相互转化中给予考虑。

3. 银行自有资金

它包括国家财政历年拨给的信贷基金（1984 年中国由银行统管企业流动资金以来，财政已停止拨付这项基金）和银行历年留用的利润积累两大部分。它的动用权表面上看来是在银行，实际上是在国家。这是银行对国家的负债。

4. 银行结算中的资金

它是银行对在收付双方清算时因时间差造成的货币资金的暂时利用。显然，这应视为一种负债关系。

在现实经济生活中，人们通过在银行账面上转移债权债务来实现价值的转移、积累或储存。这里，信用货币是以双重身份，即既是作为债权债务关系的信用凭证，又是以信用为基础的货币符号而出现的。因为信用货币是价值符号，而单位货币代表的价值取决于参加交换商品的价值总量和货币周转总额的对比关系，所以对信用货币的供给量需要严加控制。如果对信用货币量调节不当，势必会造成过多的货币投入流通，单位货币就会发生贬值。由于信用货币是债务货币，它表现为银行债务的转移，它的供给量是随着银行资产业务的规模变化而变化的，所以，对银行资产业务规模的控制就成为控制货币供给量的主要途径。

四、经济生活中货币和信用活动的实现过程

经济生活中的货币和信用活动都是在金融市场中实现的。金融市场活动的当事人，如个人、企业、金融中介机构、政府等，可以依据交易特征被划分为资金盈余单位、资金赤字单位和中介机构三大类。个人、企业、政府有时是盈余单位，有时是赤字单位，至于中介机构，则是专门从事金融活动的金融机构，包括商业银行、保险公司、投资银行等。以上当事人的资金融通过程，可以粗略地分为两大类，即直接融资与间接融资。

直接融资（Direct Finance），也称直接金融，是指资金需求者直接发行融资凭证给资金供给者来筹集资金的方式，或者简单地表述为：不通过金融中介机构作媒介的融资活动。在交易中表现为资金供求双方直接协商或在公开市场上由资金供给者直接购买资金需求者发行的债券或股票，从而实现资金融通。直接融资可以是股权融资，也可以是债权融资。

一般来说，在证券交易所公开发行股票是直接的股权融资，在证券交易所公开发行企业债券是直接的债权融资。直接融资还包括企业在开办之初一些非中介机构或较为富有的个人直接向企业注资来换取一定的股份，以及企业向任何非金融机构借款等。

间接融资（Indirect Finance），也称间接金融，是指资金供求双方通过金融中介机构来完成资金融通活动的一种融资方式。间接融资也包括股权融资和债权融资。间接债权融资中最常见的是银行贷款，即储户的剩余资金通过银行贷给借款者，其间银行扮演了典型的金融中介机构的角色。间接股权融资中最常见的是风险资本投资。风险资本投资公司通过机构或富有的个人募集资金，再以股权形式投资于非上市企业，从中起到中介的作用。

直接融资的主要特征：需求者自身直接发行融资凭证给资金供给者，证券商、经纪人等中介机构只是牵线搭桥并收取佣金。服务于直接融资方式的金融工具，称为直接金融工具或直接证券，包括由非金融机构，如政府、工商企业和个人所发行或签署的国库券、股票、债券和抵押契据等各种形式的融资工具。直接融资过程如图2所示。

图2　直接融资过程示意图

间接融资的主要特征：金融中介机构自身发行间接证券，将货币资金集中起来并提供给资金需求者。服务于间接融资方式的金融工具，称为间接金融工具，包括由金融机构所发行的存款账户、可转让存单、人寿保单、风险投资份额等。间接融资过程如图3所示。

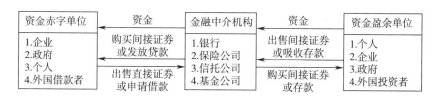

图3　间接融资过程示意图

五、《货币银行学》的主要学习内容

《货币银行学》（又称《金融学》）是一门主要研究货币流通和信用相关活动的课程，而在当今，随着货币流通和信用活动的长期渗透，货币流通和信用相关活动有向金融范畴演进的趋势，故当今《货币银行学》和《金融学》教材的研究内容也基本趋于一致。

当今，关于货币流通和信用相关活动都是围绕金融体系展开的，而金融体系的主要

组成部分为货币、信用、金融市场、金融机构和金融宏观调控部门等，而金融宏观调控部门的活动又主要涉及货币供需的调控、货币政策的制定和通货变动的调控以及金融监管等。故当今货币流通和信用相关活动主要有：货币与货币制度，信用与信用工具，利息与利率决定，金融市场及其机制，金融机构体系，商业银行，中央银行，货币供需和均衡，货币政策，通货变动与金融监管等。它们之间的关系可以用图4来表示。

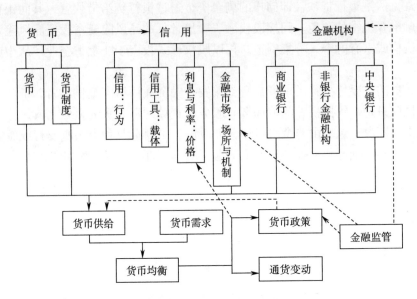

图4 课程内容结构图

纵览课程主要内容及其间的关系结构图可以发现，货币与货币制度、信用与信用工具、利息与利率决定属于货币流通和信用相关活动的基础知识方面的内容，金融市场及其机制属于金融市场方面的内容，金融机构体系、商业银行和中央银行属于金融机构方面的内容，货币供需和均衡、货币政策、通货变动与金融监管属于宏观调控方面的内容，故本教材将分成基础知识、金融市场、金融机构和宏观调控四大部分共十二章，来详细介绍《货币银行学》的主要内容。

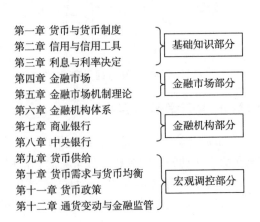

第一章 货币与货币制度
第二章 信用与信用工具 } 基础知识部分
第三章 利息与利率决定
第四章 金融市场
第五章 金融市场机制理论 } 金融市场部分
第六章 金融机构体系
第七章 商业银行 } 金融机构部分
第八章 中央银行
第九章 货币供给
第十章 货币需求与货币均衡 } 宏观调控部分
第十一章 货币政策
第十二章 通货变动与金融监管

基础知识部分主要包括货币与货币制度、信用与信用工具、利息与利率决定方面的知识，包括第一章、第二章和第三章的内容。第一章主要介绍货币的定义及形式演变、货币的职能与层次划分以及货币制度方面的内容；第二章主要介绍信用、信用形式和信用工具方面的内容；第三章主要介绍利息、利率及其决定和结构理论方面的内容。

金融市场部分主要介绍金融市场及其机制理论方面的知识，包括第四章和第五章的内容。第四章主要介绍金融市场概述、货币市场和资本市场方面的内容；第五章主要介绍有效市场理论、资产组合理论、资本资产定价模型和套利定价理论方面的内容。

金融机构部分主要介绍金融机构体系、商业银行和中央银行方面的知识，包括第六章、第七章和第八章的内容。第六章主要介绍金融机构及其形成和发展的理论基础、西方国家的金融机构体系和我国的金融机构体系方面的内容；第七章主要介绍商业银行概述、商业银行的业务和经营管理方面的内容；第八章主要介绍中央银行概述和中央银行的业务方面的内容。

宏观调控部分主要介绍货币供需和均衡、货币政策、通货变动与金融监管方面的知识，包括第九章、第十章、第十一章和第十二章的内容。第九章主要介绍货币供给概述、银行体系的存款货币创造和中央银行体制下的货币供给方面的内容；第十章主要介绍货币需求、货币均衡与非均衡方面的内容；第十一章主要介绍货币政策的目标、工具、传导机制和货币政策选择的理论依据及其效果的影响因素方面的内容；第十二章主要介绍通货膨胀、通货紧缩和金融监管方面的内容。

六、《货币银行学》的学习方法及学习意义

（一）学习方法

1. 自学与辅导相结合，以自学为主的方法

教师的讲授、辅导与答疑等教学方式都应该是辅助性的，目的只有一个，就是帮助大家理思路、提要领、抓重点、解难题，是为同学们更好地自学提供帮助的。学习《货币银行学》最主要还是靠同学们的自学，靠自己去读书、领会、掌握和运用。自学的能力是培养出来的，也是一种受益终生的能力。随着形势的发展，毕业以后还需要终生不断地学习，不可能永远靠老师教，只能靠自己学习。因此，从现在开始培养自学能力是非常重要的。只要坚持正确的理论指导和科学的方法，自学中的困难都是可以克服的。

2. 精读和泛读相结合，以精读为主的方法

自学主要在于阅读。阅读有两种基本方法：精读与泛读。精读的益处在于增加深度，泛读的意义在于扩大知识面，二者缺一不可。对于教材和一些专家的名著需要精读，花时间、下力气去思考和钻研。除此之外，还要泛读一些相关的书刊，如金融学和经济学的各种专业书刊。因为金融学是一门基础理论课，涵盖面广但又相对抽象，它以讲原理为主，具体的实务性、技术性、操作性内容少，也很难做到与现实发展同步，如果能泛读一些相关的书刊，扩大知识面，补充新信息，会大大加深理解和掌握的程度。

3. 理论与实际相结合的方法

学习《货币银行学》要与现实相结合，经常阅读报刊、关注新闻，关心时局和经济

金融问题，特别是热点问题，激发学习的热情和兴趣，带着现实中的问题来学会事半功倍。例如，为什么我国内需不足时要启用货币政策？为什么我国金融机构某阶段要推广消费信贷？人民币究竟应该升值还是贬值？带着这些问题来学习货币、信用、商业银行、中央银行、货币供求和货币政策等内容，就有助于理解所学内容，也能解释现实问题。总之，金融学具有很强的实用性，可以利用所学去解释生活中的有关现象，在思考这些现象的过程中加深对知识的理解与运用。

（二）学习意义

1. 宏观意义

如何在社会主义体制下遵循市场经济的一般规律，促进国家经济健康、快速、有效地发展，是学习《货币银行学》的一个重要课题。在改革开放制度的引导下，人们在日常生活中越来越多地接触到货币、汇率、利率、金融市场等概念，大多数人不知道如何正确界定这些经济学范畴，会有许多问题与疑惑影响他们的经济行为。因此，只有系统地学习《货币银行学》，掌握相关的理论知识，并进行相应的实践操作，才能帮助理解、把握宏观经济和金融环境的变化及趋势。例如，通过利率和汇率对国民经济与金融运行影响的分析，可以对经济的波动作出合适的反应等。

2. 微观意义

《货币银行学》作为一门极具广泛性和实用性的学科，在日常生活中时常被用到。人们会发现所有的商品都用货币进行标价，购买房屋申请贷款时需要与金融机构打交道，电视、报纸、杂志总是不乏股票行情板块，不论是网络购物还是实体店购物都需要用货币进行支付等。学习《货币银行学》，可以帮助我们更好地处理经济事务，更好地利用其中信用、货币等金融知识提升自己的生活品质。对企业而言，进行外部融资、做好财务管理和正确经营决策也体现了《货币银行学》在经济生活中的重要地位。

第一章

货币与货币制度

【本章导读】

现代经济实际上是货币经济，人们在经济活动和日常生活中都离不开货币。然而，并不是每个人都能真正认识它，都能完整、准确地回答诸如什么是货币，货币有哪些职能，以及我国现行的人民币制度是什么样的等问题。因此，本章围绕货币的定义和货币制度，分别阐述货币的含义及形式演变，货币的职能及层次划分，以及货币制度及其发展与演变等知识内容。

第一节 货币的定义及形式演变

一、货币的定义

货币作为商品经济时代一种最普遍的产物，在生活中随处可见，几乎所有的经济行为以及经济运行，其实质上都可以归结为货币的运行。迄今为止，货币经历了一个漫长的发展过程，尽管我们每天都在和货币打交道，但如何给货币一个准确的定义却并非易事，它涉及对货币本质的认识。这里介绍历史上有代表性的几种观点。

（一）马克思的货币本质观

马克思认为，从货币的职能表象解释货币，不能说明货币的本质和货币为什么具有普遍接受性。他对货币本质的定义是：货币是商品的一般等价形式，是一定生产关系的体现。马克思在研究19世纪中期的金本位制的基础上，揭示出货币具有内在劳动价值，是在商品内在矛盾发展到一定阶段后，从商品中分离出来的充当一般等价物的特殊商品。这样，一方面把货币与其他普通商品区别开来，另一方面也规定了货币作为一种特定生产关系的性质，这是对货币理论的重大贡献。

（二）古典学派的货币金属论

货币金属论是由古典学派提出来的。该理论认为货币也是一种商品，其自身必须有价值，它的实际价值是由货币金属的价值所决定的，因此只有金银才是货币。货币天然

是贵金属，天然是财富。因此，货币必须具有金属的内容和实质价值，不能被其他所代替。这种把货币等同于贵金属的观点，后人称之为"金属主义"，也称"货币金属观"。提出这种观点的主要是早期的重商主义者，最后的形成与完善者则是古典政治经济学派的威廉·配第（William Petty）、亚当·斯密和大卫·李嘉图（David Ricardo）等。

（三）货币名目论

17～18世纪英国的巴本（Papen）、贝克莱（Berkeley）、斯图亚特（Stuart）、克拉普（Knapp）等提出了货币名目论，认为货币不是财富，只是便利交换的技术工具，是换取财富的要素，是一种价值符号，只是名目上的存在，同时货币的职能是充当交换手段。因此，货币不具有商品性，没有实质价值。货币名目论者认为，虽然货币是由贵金属铸造的，但货币的价值不是货币本身所具有的，而是由国家的权威规定的。他们把货币看成一种符号，一种计算单位，因而可以完全不具有实质价值，可以用任何材料制成。

（四）货币职能论

货币职能论是从货币职能或用途来给货币下定义、解释货币的本质的。由于经济学家公认货币有四个职能，因此从不同的角度出发给货币下了不同的定义。例如，货币是交易的媒介，货币是计量的标准，货币是保存价值的手段，货币是延期支付的手段等。现代经济学家中较多的人采用这种定义法。例如，美国经济学家斯蒂格利茨说"货币就是货币行使的职能"，经济学家们"根据货币行使的职能定义它，因此我们在了解货币的正式定义之前，有必要首先看看这些职能"。米什金根据货币的支付职能给货币下了定义，"在商品或劳务的支付中或债务的偿还中被普遍接受的任何东西"。托马斯·梅耶认为，"任何一种能执行交换中介、价值标准或完全流动的财富储藏手段职能的物品都可以看成是货币"。

当今，经济学家给出的货币的定义"在购买商品和劳务或清偿债务时被普遍接受的任何物体或东西"，已为大多数普通人和经济学家所普遍接受。在这个定义的基础上，经济学家们还提出了"货币包含一系列东西，而不只是某一种东西"的看法。他们认为，纸币和硬币，即通货，都符合这个定义，因而是货币的一种。支票在购物付款时也被普遍接受，所以，支票存款账户也被看成货币。另外，旅行支票或储蓄存款等信用工具，也能迅速方便地转变为通货或支票存款，用来支付货款，发挥货币的功能。

二、货币与其他相关概念的区别

为了更好地理解货币的含义，必须澄清经济学家所用的"货币"一词与人们日常用法中的一些类似概念的区别。

（一）货币与通货

通货（Currency）是指流通中的货币，包括纸币和硬币，也就是人们通常所说的"钱"。说到货币，人们的第一感觉是钱。钱可以用来购买各种各样的东西，所以人们喜欢钱。当我们用5元钱买一斤苹果时，从钱的方面来看，它是一种对苹果的要求权。显然，它符合经济学家给出的货币定义，是货币的一种。大多数人在谈及"货币"时，所说的就是通货或钱。

但是，如果将货币仅仅定义为"通货"，就将经济学定义的货币范围大大缩小了。如前所述，支票存款账户和旅行支票或储蓄存款等信用工具也能迅速方便地转变为通货或支票存款，用来支付货款，发挥货币的功能。所以，经济学家所说的货币并不仅仅是指通货，而是指一个更广泛的范围。

（二）货币与财富

财富（Wealth）是一个包罗万象、内容非常广泛的概念。就现代社会生活中人们普遍的理解来看，它主要是指物质财富，具体是由各种资产所构成的，包括实物资产和金融资产。其中，金融资产又包括货币性金融资产和非货币性金融资产，前者如通货、支票存款等，后者如国库券、股票等。在现代社会生活中，货币一词常常被用做财富的同义词。当某人说"张三很富有，他有很多钱"时，他通常是说张三不仅有大量的现钞、银行存款，还有股票、债券、汽车、别墅和游艇等。在这里，货币（"钱"）被用做财富的同义词。

用通货来定义货币固然太狭窄了，然而用财富来定义货币，大大扩大了经济学上的货币定义。其实，货币并不是社会财富的全部，财富不仅包括货币，而且包括债券、股票、艺术品、土地、家具和房屋等资产。如果把部分夸大为整体并且变成"唯一"，就会导出"货币乃是社会唯一的追逐目标"这种极其荒谬的结论。

（三）货币与收入

人们也常常将货币一词作为收入（Income）的同义词。常听到这样的话：他有一份好工作，能挣好多钱。这里的"钱"其实指的是"收入"。

实际上，收入与货币是有区别的。不可否认的是，在商品经济时代，人们的收入大多表现为货币。但是，收入是某一时间单位的货币额，是货币的流量概念，如月薪、年薪等；而货币是存量意义上的概念，即某一时点上的一个确定的金额，如第一季度末的货币余额。

（四）货币与流动性

进入 21 世纪以来，在报纸杂志和人们的日常用语中，常出现另一个替代货币的名词，即流动性。所谓"流动性"（Liquidity），泛指资产在不损失价值的前提下转换为现实购买力的能力，它由变现的便利程度和交易成本所决定。变现越便利或变现交易成本越小，则流动性越强。反之，流动性越弱。由于货币不需转换为别的资产就可以直接用于支付或清偿，货币被认为是流动性最强的资产。所以，在一般的宏观经济分析中，流动性常常用来分析货币现象，也就是说，用流动性来代替货币。

例如，通常所说的"流动性过剩"（Excess Liquidity），就是货币当局货币发行过多、货币量增长过快，银行机构资金来源充沛，居民储蓄增加迅速的一种现象。在宏观经济上，它表现为货币增长率超过 GDP 增长率；就银行系统而言，则表现为存款增速大大快于贷款增速。反之，则是"流动性不足"。

三、货币的起源及形式演变

货币已有几千年的历史，关于货币的起源众说纷纭。其中，马克思的货币起源学说较科学、完整地揭示了货币的起源。马克思认为，货币起源于商品，是商品生产、商品交换发展的产物，是商品经济内在矛盾发展的必然结果，是商品矛盾运动中价值形式发展的自然产物，其形式随着商品经济的发展而不断发展。

历史上许多东西都充当过货币，不同的经济交易或不同的历史时期使用过不同的支付手段。根据货币支付制度的演变，经济学家对这些形式各异的货币，通常沿着如下线索展开分析：

实物货币—金属货币—纸币—存款货币—电子货币

其中，金属货币阶段大约开始于公元前2000年，又分为最初的称量货币阶段和后来的铸币阶段。18世纪后期才进入纸币阶段，又分为可兑换等值金属货币的代用货币阶段和不可兑换的信用货币阶段。存款货币可以看成是另一种纸质货币（如纸质的支票簿形式），但它的出现并未使原来的纸币消失。电子货币则意味着一种全新的、无须纸张作为载体的货币形式，但它是否会最终取代纸币还是一个未有定论的课题。

（一）实物货币

实物货币（Physical Currency）是指以自然界存在的某种物品或人们生产出来的某种物品的自然形态来充当货币的一种货币形式。实物货币的显著特点是，其作为非货币用途的价值，与其作为货币用途的价值是相等的。中外历史上有许多物品充当过货币，如贝壳、羽毛、金银、珊瑚、布帛甚至活的牲畜等。在我国历史上，充当货币时间较长、影响较大的是贝壳。所有实物货币都有几个共性：相比其他商品较为珍贵，人们都愿意接受和使用，比其他商品更容易保存等。但是实物货币充当一般等价物都保持原来的自然形态，其某些特性并不具有普遍可接受性，本身存在难以克服的缺陷，如质地不均匀、不便分割、体积大、价值小、不便携带和保存、价值不稳定等，不是理想的交换媒介。随着生产力的进一步发展，人们开始选择金、银、铜、铁等金属作为货币材料，于是出现了金属货币。

（二）金属货币

金属货币（Metal Money）是指以金属尤其是贵金属（如铜、银、金等）为币材的货币形式。从币材的演变看，金属货币经历了从贱金属到贵金属的发展阶段。起初阶段的货币金属主要是贱金属，以铜、铁为主。随着商品交换规模的不断扩大和社会财富的增长，贵金属银开始代替铜、铁充当货币材料，最后固定在黄金上。黄金作为货币材料的历史较长。相对实物货币而言，金属货币具有质地均匀、便于分割、体积小、价值大、便于携带、不易腐烂变质、便于保存、价值稳定等特点，更适宜充当货币。因此，马克思曾说过一句经典名言：货币天然是黄金，但黄金天然不是货币。

随着经济的进一步发展，金属货币同样显示出使用上的不便。在大额交易中需要使用大量的金属硬币（产量不足），其重量和体积都令人感到烦恼。金属货币在使用中还会出现磨损的问题，据不完全统计，自从人类使用黄金作为货币以来，已经有超过两万吨的黄金在铸币厂里，或者在人们的手中、钱袋中和衣物口袋中磨损掉。于是作为金属货币的象征符号的纸币出现了。世界上最早的纸币是我国宋朝年间（公元 11 世纪）在四川地区出现的"交子"。

（三）纸币

纸币（Paper Currency）是指以纸张为币材印制而成一定形状、标明一定面额的货币，或者说是指由国家发行和强制流通的价值符号，它本身的价值大大低于它作为价值符号所表示的货币价值。纸币的发行权为政府或政府授权的金融机构所专有，发行机构多数是中央银行、财政部或政府成立的专门货币管理机构。纸币产生于货币的流通手段职能。如前所述，作为媒介物的铸币，在流通中会发生磨损，成为不足值的铸币。这种不足值的铸币在一定限度内仍然可以像足值的铸币一样充当流通手段，从而使铸币有了可用其他材料制成符号或象征来代替的可能性。

纸币经历了可兑现纸币和不可兑现纸币的发展过程。可兑现纸币，又称为代用货币（Representative Money），是指政府或银行发行的、代替金属货币执行流通手段和支付手段职能的纸质货币。代用货币的本身价值低于其货币价值。在经济史上，代用货币通常是政府或银行所发行的纸币，其所代表的是金属货币。换言之，纸币虽在市面流通，成为交易媒介，但发行时都有十足的金银准备，而且也可自由向发行机关兑换金条、银条，或金币、银币。典型的代用货币形式是银行券。银行券是由银行发行的可以随时兑现的代用货币，它是作为代替贵金属货币流通与支付的信用工具。银行券的发行必须具有发行保证，一般分为黄金保证和信用保证。由于银行券有严格的发行准备规定，保证随时兑现，因此，具有较好的稳定性。

不可兑现纸币是代用货币进一步发展的产物，而且也是目前世界上几乎所有国家采用的货币类型。20 世纪 30 年代，由于世界性的经济危机和金融危机接踵而至，各主要国家先后被迫放弃金本位和银本位，所发行的纸币不能再兑换金属货币，因此，不可兑现纸币便应运而生。不可兑现纸币是指不能兑换成铸币或金银条块的纸币，它本身价值不但低于其货币价值，而且也与代用货币不同，不再代表任何贵金属，但有国家信用作担保。从范围上讲，不可兑现货币还包括劣金属铸币（Coins），也称辅币，多以贱金属铸造，其本身所含金属价值低于其货币价值，铸币权由政府独占。其功能是担任小额或

零星交易的支付手段。

（四）存款货币

由于纸币容易丢失，而且，当金额很大时也不易运输。所以，支付体系中就产生了支票，从而出现了存款货币。存款货币，是指可以签发支票的银行活期存款。由于存款人可以根据银行活期存款或支票存款随时开出支票，支票又可以在市场上转让流通，具有交易媒介和支付手段职能，因而扮演着货币的角色。由于存款货币据以签发的支票通常装订成书本形式，因此，人们又把存款货币称为书本货币或账簿货币（Book Money）。银行支票被广泛用做交易媒介与支付手段，因其具有以下优点：第一，可以避免像其他货币那样容易丢失和损坏的风险；第二，运送便利，减少运输成本；第三，实收实支，免去找换零钱的麻烦；第四，支票经收款人收讫以后可以在一定范围内流通。

通常将不可兑现的纸币、辅币和存款货币统称为信用货币（Fiat Money），它是指货币面值高于其币材价值，且不能兑换为金、银的货币。信用货币是以信用作为保证，通过信用程序发行的货币。信用货币不但本身价值低于其货币价值，而且也不代表任何贵金属，基本是以国家或银行的信誉为保证而流通的。

（五）电子货币

近年出现的电子货币本质上也是一种信用货币，它是现代科学技术发展中货币电子化、信息化的结果，是信用货币发展的必然趋势。电子货币（Electronic Money）是以金融电子化网络为基础，以商用电子化机具和各类交易卡为媒介，以电子计算机技术和通信技术为手段，以电子数据形式存储在银行的计算机系统中，并通过计算机网络系统以电子信息传递形式实现流通和支付功能的货币。

电子货币具有以下特点：①以电子计算机技术为依托，进行储存、支付和流通；②可广泛应用于生产、交换、分配和消费领域；③集储蓄、信贷和非现金结算等多种功能于一体；④使用简便、安全、迅速、可靠；⑤现阶段电子货币的使用通常以银行卡（磁卡、智能卡）为媒介。

目前，我国流行的电子货币主要有 4 种类型：①储值卡型电子货币。一般以磁卡或 IC 卡形式出现，如 IC 电话卡、上网卡、公交卡、消费 IC 卡和校园 IC 卡等。②信用卡应用型电子货币。此类电子货币指商业银行、信用卡公司等发行主体发行的贷记卡或准贷记卡。可在发行主体规定的信用额度内贷款消费，之后于规定时间内还款。③存款利用型电子货币。此类电子货币主要有借记卡、电子支票等，用于对银行存款以电子化方式支取现金、转账结算、划拨资金。④现金模拟型电子货币。此类电子货币主要有两种：一种是基于互联网环境使用的且将代表货币价值的数据保管在计算机终端硬盘内的电子现金，一种是将货币价值保存在 IC 卡内并可脱离银行支付系统流通的电子钱包。该类电子货币具备现金的匿名性，可用于个人间支付，并可多次转手，是以代替实体现金为目的而开发的。

传统的支票结算使用成本较高，而且随着计算机和网络技术的发展，使用电子货币不仅可以使存款货币结算更方便迅速，还可以大幅降低结算成本，因此电子货币越来越受到用户的青睐并迅速普及。尽管电子货币出现的历史较短，目前还没有在全社会范围内形成统一规范的具体形式，相应的立法工作也仍处于初始阶段，但随着虚拟银行的蓬勃发展及相关政策的不断完善，现金和支票都将逐渐"退居二线"，以信用卡为主的电子货币将成为主要的货币形式。

【专栏一】

比特币的疯狂与衰落

1. 比特币的诞生过程

2008 年，美国次贷危机爆发，一个自称中本聪（Satoshi Nakamoto）的人在一个隐秘的密码学评论组上发表了一篇研究报告，勾勒出比特币（Bitcoin）系统的设想。2009年，中本聪发帖称自己开发出了一个叫做比特币的开源 P2P 电子现金系统，使用遍布整个 P2P 网络节点的分布式数据库来记录货币的交易，并使用密码学的设计来确保货币流通各个环节的安全性。比特币网络通过"挖矿"来生成新的比特币。所谓"挖矿"，实质上是用计算机解决一项复杂的数学问题，来保证比特币网络分布式记账系统的一致性。比特币网络会自动调整数学问题的难度，让整个网络约每10分钟得到一个合格的答案。随后比特币网络会生成一定量的比特币作为赏金，奖励获得答案的人。2009 年比特币诞生的时候，每笔赏金是50个比特币。诞生10分钟后，第一批50个比特币生成，而此时的货币总量就是50。随后比特币就以约每10分钟50个的速度增长。当总量达到1050 万时（2100 万的50%），赏金减半为25个。当总量达到1575 万（新产出525 万，即 1050 万的50%）时，赏金再减半为12.5个。2010 年，美国十名程序员使用10000 个比特币购买了两块棒约翰比萨，标志着比特币第一次在现实中使用。

2. 比特币的取得

比特币代表一种完全匿名而且无须成本的交易方式。它不属于任何国家，并且不受地域限制，是一种用户能够随时随地进行自由兑换的货币。获取的途径主要有四种：一是当"矿工""挖矿"取得比特币。要挖掘比特币可以下载专用的比特币运算工具，然后注册各种合作网站，把注册来的用户名和密码填入计算程序中，再点击运算就正式开始。用户在"开采"比特币时，需要用计算机搜寻64位的数字，然后通过反复解密与其他淘金者相互竞争，为比特币网络提供所需的数字，如果用户的计算机成功地创造出一组数字，那么将会获得25个比特币。由于比特币系统采用了分散化编程，所以在每10分钟内只能获得25个比特币，而到2140年，流通的比特币将会达到上限2100 万个。二是开网店卖东西收购比特币。三是用钱去收购"矿工"挖到的比特币。四是在交易平台买入比特币。比特币虽然火爆，但是目前还没有发现哪家企业愿意接受比特币付款。网上声称接受比特币付款的，绝大部分是个人行为。绝大部分人获得比特币的方式是用人民币、美元去购买，而不是通过提供商品和劳务去赚取，后者才是现实世界中获取货币的通行方式。这意味着：当前比特币只是一个投资炒作品，离真正的货币还远得很。

3. 比特币的疯狂

在比特币诞生时，它几乎一文不值，1美元平均能够买到 1309.03 个比特币，但到 2013 年 11 月底比特币的身价暴涨，1 比特币竟可兑换 1000 多美元，12 月 4 日更是创纪录地达到 1238 美元，一个单位比特币的价格甚至超过了一盎司黄金的价格。如果从首次交易开始算起，比特币在短短 3 年内已经上涨了 3 万多倍，成为了人类历史上价格上涨速度最快的商品。受境外投机气氛的影响，加之中国网民队伍庞大，以及喜欢投机的偏好和习惯于在网络游戏中收集虚拟货币等原因，比特币在中国也出现了一夜暴涨的现象。在 2013 年 1 月，1 比特币的价格约为 80 元，而 2013 年 11 月 19 日，1 比特币兑换人民币最高成交价达 8000 元，较年初时上涨 87 倍。2013 年 8 月，中国已成为仅次于美国的第二大比特币投资市场，根据 2013 年 12 月 1 日 Bitcoin Average 网站数据，以人民币结算的比特币交易总量，占到全球比特币交易总量的 61.73%。

4. 比特币交易平台关闭

2014 年 2 月 28 日，世界最大规模的比特币交易所运营商 Mt. Gox 宣布，因交易平台的 85 万个比特币被盗一空，公司已经向日本东京地方法院申请破产保护。这一消息对于众多投资者关注的比特币来说，无疑是一枚重磅炸弹。这枚重磅炸弹在比特币拥趸者的头上炸响。日本财政大臣麻生太郎呼吁尽快就比特币交易监管拿出办法。首席执行官马克·卡尔普勒当天在东京举行的新闻发布会上鞠躬致歉，称"比特币丢失是因为公司系统存在漏洞"。一名律师称，在该平台交易的比特币几乎全部被盗，包括用户交易账号中的约 75 万比特币，以及 Mt. Gox 自身账号中的约 10 万比特币。根据 28 日的交易行情，损失估计约 4.67 亿美元。律师称，Mt. Gox 总资产为 38.4 亿日元（约合 3760 万美元），而流动负债为 65 亿日元（约合 6360 万美元）。2014 年 2 月 7 日，因遭到网络攻击，Mt. Gox 临时停止比特币提取业务，引发了交易混乱和用户不满。2014 年 2 月 25 日午间起，用户无法登录 Mt. Gox 交易平台。网站首页随后帖出"告顾客书"，称为保护用户和交易平台，将暂停所有交易。

【专栏二】
央行即将发行数字货币　消费币来了

前不久，中国人民银行数字货币研讨会在北京召开。在此次会议中，来自各银行的代表以及金融机构代表都肯定了数字货币的发展潜力，以及探索数字货币所拥有的重大意义。会议指出，在信息科技的不断发展之下，数字货币给现行货币政策带来了新的机遇和挑战。数字货币将带来一系列的正面作用，帮助解决目前货币政策中存在的问题。

从这些年比特币的迅猛发展中，人们开始注意到了"数字资产"的巨大潜力。而在"数字加密"技术的不断发展之下，其去中心化、方便快捷、高安全性以及资料公开透明等优点也让数字资产越来越贴近人们的生活。

猴年新春伊始，国际市场上兴起的一个叫消费币（C＋Coin）的数字资产深受投资者追捧。消费币的核心理念是"用价值连接世界"，致力于成为全球企业与消费资本市场之间最方便快捷的价值流通网络，是创新的数字金融体系。

据悉，消费币（C＋Coin）是由国际消费集团（CIC）发行的一种创新的"多元替代性价值系统"，获得了国际著作专利。它借鉴了比特币技术框架的优势部分，延续去中心化的公共账本系统，同时进行了创新升级，由"数字消费券"与"数字交易券"组成，形成了独特的"消费金融＋"多元价值体系，使消费币既能对接消费结算，又具备投资价值。消费币持有者可以享受由全球消费企业提供的消费增值服务，可以到全球积分资产交易中心（ICATC）交易获利，还可以委托给专业的数字资产基金公司代持管理，分享消费币全球运营的增值红利。

消费币率先采用了共同管理基金模式统筹发行与运维，国际消费集团（CIC）授权兆业国际投资集团（ZIG）成立"消费成长基金（CEV）"对消费币资产进行专业的市场发行与统筹运维，对市场宏观调控与维护价值稳定攀升起到积极正相关的影响。

兆业国际聘请来自中国社会福利基金会水基金国际联络部副秘书长 Louis Lu 先生担任"消费成长基金"的基金管理人，他带领的基金管理团队具有丰富的国际基金管理经验。"消费成长基金"自 2016 年 2 月 15 日上市发售以来，净值保持着强劲平稳的持续增长。

消费币的收单结算系统服务既包括面对面的场景支付交易，也包括跨境的国际贸易支付结算。消费币特有的支付便捷性让交易结算可以在全球范围展开，加上其丰厚的交易结算红利增值想象空间，使其商业价值更加凸显。

消费币还具有诸多的优越特性，如低碳环保，安全高效、规范公开以及其广泛的商业接纳度等，都是消费币特有的基础性优势，也正是凭借方方面面的优势累积，让消费币一上市即吸引广泛关注，投资者热捧。消费币将从产业结构层面上变革，让消费者转型升级为消费商，与生产服务商合作共赢、长远发展，实现消费养老的终极梦想。

实际上，不只是消费币，数字资产盛行已经成了金融改革的大趋势。未来十年，会有更多有实力的企业参与到数字资产发行与交易活动中来，优质企业以法币为结算基础发行的积分资产将以类货币形式广泛流通，成为法币支付结算的有效补充部分。这将催生一个更大的市场蛋糕——全球数字资产交易服务，专业而独立的数字资产交易中心必将成为下一个掘金宝藏。数字化生活已经扑面而来，你的思维是否已经升级为数字化呢？

（资料来源：财经网，2016 年 3 月 4 日）

第二节 货币的职能与层次划分

一、货币的职能

货币的职能是货币本质的具体表现，货币通过其在社会经济生活中执行的各种职能，将其本质外化出来，并对现实经济运行发挥巨大的作用。在现代经济中，货币一般被认为具有五种职能：价值尺度、交易媒介、支付手段、价值储藏和世界货币。其中，前两个职能是货币最基本的职能。

（一）价值尺度

货币的第一个职能是充当价值尺度。价值尺度（Unit of Account）是指货币具有的充当衡量和表现其他一切商品和劳务价值大小的工具的功能。货币执行价值尺度职能时，就如同人们用秤来度量重量、用公里来测量距离一样，赋予交易对象以价格形态，使人们可以用之测量商品和劳务的价值。正是由于货币的价值尺度功能，使人们可以将不同形式的商品先转化为货币的价格形式，然后再与其他商品进行交换。

货币执行价值尺度职能具有以下特点：

（1）货币执行价值尺度职能不需要现实的货币，只需要以想象中的或是观念上的形式存在就可以了。

因为货币作为价值尺度，只是把商品的价值大小表现出来，并不是实现商品的价值。例如，商店里商品的价格用标签来表示，并不需要把现金放在那儿。

（2）货币执行价值尺度职能减少了商品交换中的价格数目，提高了交换的效率。

让我们来看一下物物交换：在这种情况下，一种商品的价值要通过它所交换到的另一种商品的数量相对地表示出来，即要用这两种商品之间的交换比率或交换价格来表示。这样，如果经济社会中有 n 种商品需要交换，那么交换价格的数目就为组合数 $C_n^2 = n(n-1)/2$。假如有 100 种物品要交换，为了使这些商品彼此能够交换，就需要标出 $C_{100}^2 = 50 \times 99 = 4950$ 个交换价格。这样的交换是何等的不易！要想判断两种商品哪一种便宜，是相当困难的。货币出现后，货币作为价值尺度赋予交易对象以价格形态，这样，有 100 种商品就只有 100 个价格数目，有 n 种商品就只有 n 个价格。各种商品与劳务之间的价格比较一目了然。由此，可以大大降低交易成本，提高交换效率。

（3）货币执行价值尺度职能要通过价格标准这个中间环节来完成。

为了用货币来衡量和比较各种商品的价值量，货币自身的量必须能够计量。为此，在技术上就需要规定一种固定的货币计量单位，即价格标准。所谓价格标准，是指人为规定的单位货币名称及所包含（或代表）的价值量。价格标准规定了每单位货币所代表的价值量，也就是货币单位，最初的货币单位同衡量货币商品使用价值的自然单位，如头、匹、斤、两等是统一的，后来，货币单位与自然单位逐渐分离了。现代社会的货币单位主要有两种表示方法：一是货币单位名称与其自然单位名称完全脱节，采取了另外的名称。一般以"元"表示货币单位，在货币单位"元"前面加上"国名"即得到该国货币的名称，如"美元"、"新加坡元"等。二是货币单位名称仍然是重量名称，但由于种种原因，实际含有的重量已与名称完全脱节，如英国的货币价格"镑"就是黄金的重量单位的名称。

（二）交易媒介

货币的第二个职能是交易媒介或流通手段职能，顾名思义，货币的交易媒介职能（Medium of Exchange）是指货币具有的充当商品交换的中介或媒介的职能。在几乎所有的经济交易中，货币都以通货或支票的形式充当交易的媒介，用来对商品和劳务进行支付。而且，作为交易媒介的货币，不能是观念上的货币，而必须是实实在在的货币。任何一个商家绝不会允许有人用空话来拿走他的商品。

货币执行交易媒介职能具有以下特点：

（1）货币执行交易媒介职能克服了物物交换面临的"需求的双重巧合"的难题，节约了交易成本，促进了交换和专业分工的发展，提高了经济效益。

下面举例说明货币作为交易媒介的重要性。假如张某是经济学教授，他的专长是提供非常精彩的经济学演讲。在物物交换经济的条件下，当他需要食品时，他必须找到这样一个农场主：不仅生产张教授需要的食品，而且也渴望听到经济学演讲。可以想象，这样的寻找过程是非常费时和艰难的。结果可能是张教授不得不放弃经济学演讲而自己种植农作物，或者被饿死！那么，将货币引入交易中将会发生什么情况呢？此时，张教授可以向任何愿意付钱听课的人作经济学演讲，然后去找任意一个农场主用演讲得来的收入购买他所需要的食品，从而"需求的双重巧合"的问题被避免了。张教授由于节约了交易时间，也可以专心从事他所擅长的经济学教学，从而提高了工作效率。

（2）货币发挥交易媒介职能时包括了纸币产生的可能性。

货币在作为交易媒介时，其目的不是用于储藏，而是要用于购买其他商品。在这里，货币在人们手中只是一个转瞬即逝的东西，它马上又要被别的商品所替代。所以，从货币扮演交易媒介职能的角度看，现实流通中的货币并不一定非要是黄金、白银等贵金属货币，也是可以由包括纸币在内的价值符号所替代的。

（3）货币发挥交易媒介职能隐含了经济危机的可能性。

由物物交换过渡到以货币为媒介的商品交换，意味着商品经济的内在矛盾有了进一步的发展。因为，在这种条件下，卖与买被分成了两个独立的过程：一个是卖，取得货币；另一个是买，用货币换回商品。如果出卖了商品的人不立刻去买，就会使另一些人的商品卖不出去。也就是说，货币作为流通手段的职能，就已经包含了经济危机的可能性。

（三）支付手段

货币的第三个职能是支付手段职能，货币的支付手段职能（Standard of Deferred Payment）是指货币作为价值的独立形态进行单方面转移时的功能。货币的支付手段职能产生于赊卖赊买的商品交换中，是与商业信用联系在一起的。由于一些商品生产过程的季节性和地域上的差别性，在客观上要求商品的出售与商品价值的实现在时间上分离，这样就产生了赊销和赊购。这时，卖者成为债权人，买者成为债务人，买卖双方约定一定时期，到期时由买者向卖者支付货款。因此，商业信用是货币支付手段职能产生的前提条件。同时，货币执行支付手段的职能也促进了商业信用的发展。因为正是货币的支付职能使赊销和赊购成为可能，促使买卖双方签订某些合同，规定交易可以现在成交，而付款则可以在以后的一个日期进行。这样一来，商品的生产和销售的规模就可以更大，因为商品可以通过商业信用来提供，生产者也可以通过商业信用获得劳动力和原材料。

　　货币作为支付手段，最初只是在商品生产者之间用于清偿债务。当商品生产达到一定水平时，货币支付手段的作用就超越了这个范围，扩大到商品流通领域之外，如交纳地租、税金，支付工资及其他劳动报酬，财政、信贷收支等。货币的支付手段有两种类型。一种与商品交换直接联系，如预付、赊销、大宗商品交易的付款方式等，这实际上是流通手段的延长。一般认为，当流通手段中款货两讫的时间差超过三天时，货币就在执行支付手段。这种支付手段往往与债权债务关系同时发生。另一种与商品交换脱钩，如财政收支、信贷收支、工资费用收支、捐赠赔款等。表面上看它们与商品无直接联系，实际上代替了实物商品的流通，使应该由商品来承担的价值量转移由货币承担了。但是，不管是哪种支付手段类型，都不是真正地独立于商品和商品交换，货币并没有成为社会生产的基本要素。

　　（四）价值储藏

　　货币的第四个职能是价值储藏职能，这是从货币的交易媒介职能延伸而来的。货币作为交易媒介，使物物交换变成以货币为媒介的商品交换。在人们把手中的商品换成货币以后，由于可用这些货币继续去换任何商品，此时，人们就会将手中的货币储藏起来，等到人们需要其他商品时，再用这些货币去换商品。这时，货币就充当了价值储藏的手段。所谓价值储藏职能（Store of Value），是指货币暂时退出流通领域处于相对静止状态，而被人们保存、储藏时所执行的职能。

　　货币执行价值储藏功能主要采取两种形式：一是充当购买手段和支付手段的准备金；二是以货币形式闲置的暂时不用的资本，包括新积累尚未投入的货币资本。前一种形式的储藏货币不断进入流通并不断从流通中流回；后一种形式的储藏货币则是较长时间地停留在流通领域之外，等待时机再进入流通，参加资本的循环和周转。储藏货币具有自发地调节货币流通的特殊作用。当流通领域所需要的货币量增加时，被储藏的货币就会进入流通领域成为流通手段；而当流通中所需要的货币量减少时，有一部分货币会自动退出流通领域成为储藏货币。这样，储藏货币就像蓄水池一样自发地调节流通中的货币量，使之与流通中的货币需求量相适应。

　　执行价值储藏职能的货币有以下特点：第一，必须是现实的货币。第二，必须是十足的货币。货币的价值储藏实际上是为保证货币退出储藏时的购买力与进入时等同，金属货币必须足值，信用货币币值必须相对稳定。第三，质上的无限性和量上的有限性。储藏货币在可购买的商品数量上是有限的，但货币作为一般等价物，是可以同任何商品交换的，因此储藏状态下的货币何时出笼和购买何种商品都有一种无限性。

（五）世界货币

货币的第五个职能是世界货币职能，货币的世界货币（Universal Money）职能，也称国际货币职能，是指货币越出国境，在国际上发挥一般等价物作用时的功能。货币发挥世界货币职能是伴随国际贸易的发展而发展的，其具体表现在三个方面，即作为国际支付手段，用于平衡国际收支差额；作为国际购买手段，用于购买外国商品；作为社会财富的代表，由一国转移到另一国，如支付战争赔款、对外援助等。

黄金作为价值实体，一直发挥世界货币的职能。作为价值符号的信用货币，其名义所代表的价值是由发行国法律强制赋予的，越出国境在世界市场上，其强制力量不再有效，所以不是所有的信用货币都具有世界货币的职能。目前国际上只有少数几个国家的信用货币具有世界货币职能，如美元、欧元、英镑、日元等。这些货币在国际汇率体系中充当关键货币，并广泛地被其他国家用做国际储备和支付手段。信用货币取得国际货币职能的一般性条件有：第一，发行国的经济实力足够强大，并在国际贸易中占据重要位置，具有多边贸易的优势。第二，货币必须可自由兑换，在国际市场上有较大的需求量。第三，币值相对稳定，发行国愿意承担维护和调节该货币币值的相应义务。值得提及的是，虽然黄金作为固定的货币形态已经不存在了，但黄金仍然是国际支付的最后手段。当一国其他的国际购买或支付手段如外汇储备、国际货币基金组织特别提款权及其他储备头寸均已告罄时，黄金就要再次承担起国际购买和国际支付的任务。因此，在各国的国家储备中，黄金都是重要组成部分。

货币的五种职能是相互联系的整体，是对货币本质的全面体现。价值尺度和交易媒介是货币的两大基本职能。商品价值要能表现出来，需要一个共同的、一般的价值尺度；商品要转化为与自己价值相等的另一种商品，则需要有一个社会所公认的媒介。当这两个要求由某种商品来满足时，该商品就取得了货币的资格。货币的支付手段职能是由商品信用交易所引起的，但在进行信用交易时，货币首先要发挥价值尺度职能，也就是说，支付手段以价值尺度为前提；同时，因为支付手段的最终目的仍然是商品，所以它又以流通手段为归宿。因此，货币的支付手段职能和价值尺度、流通手段职能的关系是密不可分的。货币的价值储藏职能是在价值尺度和流通手段职能的基础上产生的。由于货币是表现一切商品价值的材料，具有和一切商品交换的能力，才会被人们当做财富保存起来，发挥储藏手段的职能。同时，价值储藏货币又是一种潜在的价值尺度和流通手段。货币的世界货币职能是上述四种职能在地域上的扩展，即在世界市场上的具体发挥。所以，货币的五大职能是货币作为一般等价物在不同方面的具体体现，它们共同反映货币的本质。

二、货币的层次划分

将货币定义为"购买商品和劳务或清偿债务时被普遍接受的任何物体"，这表明一种资产之所以成为货币，正是因为人们相信，用它进行支付，能够为别人所接受，即代表了现实购买力。这就促使许多经济学家根据金融资产的流动性来定义货币的层次。所谓金融资产的流动性，是指一种资产在不损失价值的前提下转换为现实购买力的能力。

流动性的大小取决于：第一，将其转换为现实购买力所需要的时间或难易程度，也就是转换的便利程度。第二，买卖资产的交易成本，交易成本越大，资产的流动性就越小。第三，转换成现实购买力的机会成本。机会成本越高，资产的流动性就越低；反之，流动性就越高。流动性程度不同的货币在流通中转手的次数不同，形成的购买力不同，对商品流通和其他经济活动的影响程度也不同。所以，货币层次的划分为货币当局进行货币供应量调控提供了依据。

（一）货币层次的一般划分

根据流动性这一标准，人们将多种货币形态划分为不同的层次。归纳起来，货币层次一般的划分方法是：

第一层次：狭义货币 $M_1 = C + D$。其中，C（Currency）表示通货，包括纸币和硬币，是指存款货币银行体系以外的现金，也就是公众手中的现金。D（Demand Deposits）表示活期存款，是指可以签发支票的存款类别。M_1 是狭义的货币供应量。它代表了现实购买力，对当前物价水平构成影响，反映了居民和企业资金松紧变化，是经济周期波动的先行指标。所以，M_1 是一国中央银行调控的主要目标之一。

第二层次：广义货币 $M_2 = M_1 + S + T$。其中，S（Savings）表示银行居民储蓄存款，包括活期储蓄存款和定期储蓄存款。T（Time Deposits）表示定期存款。广义货币 M_2 扩大了货币的范围，不仅反映现实的购买力，还反映潜在的购买力，对未来物价水平构成影响。M_2 流动性偏弱，但反映的是社会总需求的变化和未来通货膨胀的压力状况，通常所说的货币供应量，主要是指 M_2。因此，M_2 也成为一国中央银行关注的目标之一。

广义货币与狭义货币之差，即储蓄存款和定期存款，相对于现金和支票存款而言，其流动性较差，但经过一段时间也能转化为现金或支票存款，可看做一种潜在的购买力，因此，国际货币基金组织（IMF）称其为"准货币"（Quasi Money）。

第三层次：$M_3 = M_2 + D_n$。其中，D_n 表示非银行金融机构的存款（Non-bank Financial Institution's Deposits）。在现代货币经济社会中，商业银行之外还存在着各种专业银行和接受存款的其他金融机构，如信用合作社、邮政储蓄机构等，这些非银行金融机构不能接受活期存款，但能接受储蓄存款和定期存款，这些金融机构的存款与商业银行的定期存款和储蓄存款没有本质的区别，它们都具有较高的货币性，只是流动性更差些，货币供应量因此扩大为 M_3。

第四层次：$M_4 = M_3 + L$。其中，L 表示银行和非银行金融机构以外的所有短期信用工具。在金融市场高度发达的情况下，各种短期的流动资产，如国库券、人寿保险公司保单、承兑票据等，在金融市场上贴现和变现的机会很多，都具有相当程度的流动性，与 M_1 只有程度的区别，没有本质的区别。因此，也应纳入货币供应量之中，由此得到 M_4。

迄今为止，关于货币层次的划分并无定论，但根据资产的流动性来划分货币层次，已为大多数国家政府所普遍接受。各国政府对货币供应量的监控重点也逐渐由 M_1 转向 M_2 或更高层次的范围。

（二）中国货币层次的划分

中国对货币层次划分的研究工作起步较晚，在划分层次的认识上也不一致。根据我国金融市场和信用工具等不发达的实际情况，一般认为划分不宜过细。1949—1978 年，我国的货币流通研究工作一直局限于市场现金流通方面，即货币供应量就是流通中的现金量，一般称作 $M_0 = C$。1979 年经济体制改革后，货币流通范围逐渐扩大，不仅现金、支票存款算在货币流通范围内，甚至还出现了一些新的货币流通形式。为了更有效地实施金融宏观调控，合理地控制货币供应量，中国人民银行于 1994 年第三季度开始按季度公布我国的货币供应量指标，现阶段的划分如下：

M_0 = 流通中的现金；

M_1 = M_0 + 企业活期存款 + 机关团体存款 + 农村存款 + 个人持有的信用类存款；

M_2 = M_1 + 城乡居民储蓄存款 + 企业存款中具有定期性质的存款 + 外币存款 + 信托类存款；

M_3 = M_2 + 金融债券 + 商业票据 + 大额可转让存单等。

我国习惯将 M_0 称为流通中现金，即居民手中的现钞和企业单位的备用金，不包括商业银行的库存现金。这部分货币可随时作为交易媒介，具有最强的购买力。与国际通用表述一样，这里的 M_1 是通常所说的狭义货币，流动性最强；M_2 是广义货币，M_2 和 M_1 的差额是准货币；M_3 是考虑到金融的现状而设立的，目前暂不测算。

第三节 货币制度

一、货币制度的构成要素

货币制度（Monetary System），也称货币本位制度，简称"币制"，是一国政府为了适应经济发展的需要，以法律或法令形式对货币的发行与流通所作的一系列规定的总称，是一国货币运动的规范和准则。从规范化的角度来看，典型的货币制度主要包括规定货币材料，规定货币单位，规定货币铸造、发行和流通程序，以及规定准备制度等内容。

（一）规定货币材料

货币制度的基本条件之一是要有确定的货币材料。规定货币材料就是规定币材的种类，确定不同的货币材料就形成了不同的货币制度。但是何种物品可以作为货币材料不是国家随心所欲指定的，而是对已经形成的客观事实在法律上加以肯定。目前，各国都实行不兑现的信用货币制度，对货币材料不再作明确规定。货币制度的名称，一般取其本位币币材的名称。例如，以白银作为本位币币材的货币制度，就称为银本位制度；以黄金作为本位币币材的货币制度，就称为金本位制度；同时以黄金和白银作为本位币币材的货币制度，称为复本位制度；而不以一定量的金属来表示货币单位的价值标准者，是纸币本位制度。

（二）规定货币单位

货币单位也是货币制度的构成要素之一。货币单位是货币本身的计量单位，是货币执行价值尺度的技术规定。规定货币单位包括两个方面：一是规定货币单位的名称；二是规定货币单位的值。在金属货币制度条件下，货币单位的值是每个货币单位包含的货币金属的重量和成色；在信用货币尚未脱离金属货币制度的条件下，货币单位的值是每个货币单位的含金量；在黄金非货币化后，各国流通的是信用货币，货币单位的值的确定就同本国货币与外国货币的比价有直接关系。

（三）货币铸造、发行和流通程序的规定

货币的铸造是指本位货币与辅币的铸造。本位货币，也称本位币或主币，是按照国家规定的货币单位所铸成的铸币，是一国法定的计价、结算货币。在金属货币制度下，本位币是指铸币。在纸币制度下，本位币是指纸币，由国家垄断发行。本位币的特点包括：第一，本位币是足值货币，其面值与实际金属价值是一致的，这主要是针对金属货币流通而言的。第二，本位币具有无限法偿能力，即国家规定本位币具有无限的支付能力，不论支付额多大，出售者和债权人都不得拒绝接受。第三，在金属货币流通下，本位币可以自由铸造、自由熔化，并且，政府还规定了每枚铸币的实际重量低于法定重量的最大限度，即铸币的磨损公差，流通中磨损超过磨损公差的本位币，不准投入流通使用，可向政府指定的单位兑换新币，即超差兑换。本位币的这种自由铸造、自由熔化和超差兑换，能使铸币价值与铸币所包含的金属价值保持一致，保证流通中的铸币量自发地适应流通对于铸币的客观需要。

辅币是本位币货币单位以下的小面额货币，它是本位币的等分，供日常零星交易与找零之用，其面值多为本位币的1/10或1/100。辅币在铸造、发行与流通程序上具有以下特点：第一，辅币用贱金属铸造。因为辅币的面额较小，因此使用贱金属铸造可以节省流通费用。第二，辅币是不足值的铸币。第三，辅币可以与本位币自由兑换。辅币的实际价值虽然低于名目价值，但法律规定辅币可以按固定比例与本位币自由兑换，这样就保证了辅币可以按名目价值流通。第四，辅币实行限制铸造。所谓限制铸造，即只能由国家来铸造。由于辅币的实际价值低于其名目价值，铸造辅币就会得到一部分铸造收入，其收入归国家所有。同时，因为辅币是不足值的，限制铸造也可以防止辅币排挤本位币。第五，辅币是有限法偿货币。国家对辅币规定了有限的支付能力，即在每一次支付行为中使用辅币的数量受到限制，超过限额的部分，收款人可以拒绝接受。例如，美国规定，10美分以上的银辅币每次支付限额为10美元；铜镍所铸造的分币，每次支付限额为25美分。但向国家纳税或向银行兑换时不受数量限制。当流通中全部都是信用货币时，主币和辅币已不存在足值与不足值的区别。

（四）货币发行准备制度的规定

货币发行准备制度是为约束货币发行规模、维护货币信用而制定的，要求货币发行者在发行货币时必须以某种金属或资产作为发行准备的规章制度。在金属货币制度下，货币发行以法律规定的贵金属作为发行准备；在现代信用货币制度下，货币发行准备制度的内容比较复杂，一般由现金准备和保证准备两大类构成。

现金准备是指集中于中央银行或国库的贵金属，它是一国货币稳定的坚实基础。在金本位制度下，现金准备的用途有三个：①作为国际支付的准备金。②作为扩大或紧缩国内金属货币流通的准备金。③作为支付存款和兑换银行券的准备金。在当前信用货币流通的条件下，只有第一项用途被保存，后两项用途已不复存在，但现金准备对核定国内货币流通的作用仍很重要。当今各国中央银行为了保证有充足的国际支付手段，除了持有黄金等贵金属作为现金准备之外，还可以选择储备外汇资产充实现金准备。具体选择何种外汇资产，既取决于该种外汇资产所对应的外国货币作为国际支付手段的可接受性，也要考虑国际金融市场上的汇率变动以及各种不确定性因素。由于面临汇率风险，中央银行外汇储备应考虑持有适当的外汇资产组合而不是单一外汇资产。

另一种发行准备制度是保证准备，又称信用担保，即以政府债券、财政短期票据、短期商业票据及其他有高度变现能力的资产作为发行担保。现代纸币本位制的货币发行主要是以保证准备及外汇储备作为货币发行的保证，黄金实际上已作为一种普通商品在市场上流通。世界各国货币发行制度的趋势是发行银行券由可兑现金银向不可兑现金银、由现金准备向保证准备、由保证准备发行向货币供应量的管理与控制逐渐过渡。

二、货币制度的演变

总结世界各国货币制度的演变过程，大体上经历了银本位制、金银复本位制、金本位制和信用货币制度等阶段，其中，银本位和金本位也被称做银单本位和金单本位。货币制度的演进可以用图 1 – 1 表示。

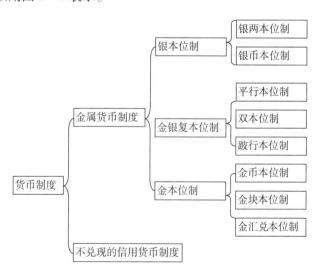

图 1 – 1　货币制度的演进

（一）银本位制

银本位制是以白银作为本位货币的货币制度，有银两本位制和银币本位制两种类型。银两本位制中，流通的货币是银块，白银的重量单位——两，作为货币的价格标准；银币本位制中，流通的货币是银币，以一定重量和成色的白银铸成一定形状的本位

币来流通。银本位制的特点是：银币可以自由铸造、自然熔毁，银币是无限法偿的，白银及银币可以自由输出、输入。银本位制最主要的问题是白银价格不稳定，价值相对较小，不适于巨额支付。

银本位制作为独立的货币制度存在的范围并不广泛，时间也不长。我国古代长期实行的是金银称量制与铜铸币制并行的货币制度，到1910年清政府才宣布实行银本位制，实际是银两与银元并存。1933年国民政府"废两改元"，开始完全流通银元。

（二）金银复本位制

金银复本位制是指以金和银同时作为本位货币的货币制度。其主要内容是：以金和银两种金属作为本位货币币材，金和银两种本位货币都可以自由铸造，金币和银币都具有无限法偿的能力，黄金和白银都可以自由输出输入，两种本位货币可以自由兑换。实行这一货币制度的基础是资本主义城乡商品贸易和大工业的发展，大宗交易完全用原来的货币材料白银已经很不方便，客观上需要价值更高的贵金属，加之南美大金矿的发现和开采，使复本位制得以实行。16～17世纪新兴的资本主义国家都采用过这种货币制度。例如，英国在1717—1816年，美国在1792—1900年均实行这种制度。实行金银复本位制对于推动资本主义经济的发展起到了积极的作用。因为白银较适合用于零星交易，黄金则适合用于大额交易。

金银复本位制有三种形式：平行本位制、双本位制和跛行本位制。平行本位制是指两种金属货币间的兑换比例完全按各自的价值量由市场供求决定的制度。双本位制是指国家以法律形式规定金银之间的比价，要求金银两种货币按法定比价流通的货币制度。以法定形式规定两种货币的比价，目的是为了克服平行本位制的缺点，但它与价值规律的自发作用相矛盾，从实际情况来看，双本位货币制度容易导致"劣币驱逐良币"现象产生。所谓劣币驱逐良币，是指当金银两种货币同时流通时，如果金银的法定比价与市场比价相背离，在法律上被低估了的货币（即实际价值高于法定名义价值的货币，称为良币）必然被人收藏、熔化或输出国外，而法律上被高估的货币（即名义价值高于实际价值的货币，称为劣币）则独占市场，最后的结果是金贱则金币充斥市场，银贱则银币充斥市场。跛行本位制是指当国家无力再维持固定汇率时宣布对银货币实行限制铸造且有限法偿，使银成为金货币的辅助材料。这种制度实际上已经不是复本位制，而是复本位制向金本位制过渡的一种货币制度。

金银复本位制虽然在很大程度上推动了资本主义的原始积累和商品贸易，但它是一种不稳定的货币制度，存在着不可克服的缺陷：第一，价值尺度的二重化与价值尺度职能的独占性是完全矛盾的。金与银的比价频繁波动，使以这两种货币标价的商品价格也不断发生波动，引起价格标准的混乱，结果货币的价值尺度职能不能正常发挥。第二，劣币驱逐良币规律导致流通混乱，尤其是金贵银贱出现后，金币大量被收藏，劣币充斥市场，导致币材匮乏，物价飞涨，流通混乱。于是，金银复本位制逐渐被金本位制取代。

（三）金本位制

金本位制是以黄金为本位货币的货币制度，包括金币本位制、金块本位制和金汇兑本位制三种形式。金币本位制是金本位的典型形式，其主要内容包括：以黄金作为本位币币材；金币的名义价值和所含黄金的价值相等，属于足值货币；金币可以自由铸造；金币具有无限法偿的能力；黄金可以自由输入输出；辅币和银行券可以与金币自由兑换。金块本位制，也称生金本位制，其内容是：银行券仍规定一定的含金量，达到一定金额的银行券只能兑换为金块。这种制度尽管承诺兑换黄金，但是有限制条件，一般公众无力兑换，所以大大节省了黄金的使用，中央银行只需要保留一定比例的黄金作为发行准备。同时也说明黄金货币的职能开始萎缩。金汇兑本位也称虚金本位制，其含义是规定国内货币与另一实行金币本位制或金块本位制的国家保持固定汇率，并在该国存放外汇黄金作为发行准备，居民可以按法定汇率购买外汇，并可在联系国兑换黄金。这是一种间接与黄金挂钩的制度。

金块本位制和金汇兑本位制的历史都不长，随着20世纪30年代西方国家经济大危机和接踵而来的第二次世界大战，金本位制度彻底崩溃，取而代之的是不兑现的信用货币制度。

（四）不兑现的信用货币制度

不兑现的信用货币制度是以并不兑现的信用货币作为流通中货币主体的货币制度。在这种货币制度下，金银不再作为本位币进入流通，货币单位也不规定含金量，流通中使用的都是信用货币。信用货币不能与金属货币兑换，而是由中央银行集中发行，独立行使货币职能。其具体内容是：以纸币取代黄金作为本位币币材；纸币的名义价值高于实际价值，属于货币符号；纸币由国家垄断发行，由中央银行和商业银行通过信用程序投入流通领域；纸币与黄金脱钩，不再规定法定含金量，也不能兑换黄金；纸币的发行不受黄金准备的限制，其发行量决定于国家货币管理当局实行的货币政策；国家法律赋予其无限法偿的能力；纸币是一种管理货币，各国都通过货币政策加以调节；流通中的货币不仅指纸币现钞，也包括银行存款。

不兑现的信用货币制度孕育于纸币和银行券的流通之中，并凭借纸币与银行券的融合而确立，顺应货币信用关系的深化而发展、完善。不兑现的信用货币制度是当代各国普遍实行的货币制度，具有三个特点：

1. 黄金非货币化

流通中的现金，或者称为通货，是中央银行发行的钞票与硬币。黄金退出国内流通领域，也不作为国内本位币和各国货币兑换的基础，仅作为弥补国际收支逆差的最后清偿手段。

2. 货币供给的信用化

中央银行的货币发行通过信贷程序进行，并且非现金周转的广泛发展使银行的支票账户存款成为以法定货币单位为价格标准的信用货币。随着信用制度的高度发展和电子计算机在银行业务中的广泛运用，非现金周转进一步扩大，现金流通则逐渐被排挤到很狭小的范围内。

3. 货币的多样化

货币与信用交织在一起，各种票据和其他信用流通工具都在一定程度上作为流通手

段和支付手段的替代物，使货币形式的多样化成为现实。货币形式的多样化伴随着货币供给渠道的多元化，使商业银行及其他金融机构甚至公众，都能够对货币供应量产生影响。

不兑现的信用货币制度取代黄金本位制，可以说是货币制度演变过程中质的飞跃，它突破了货币的黄金桎梏，使具有个别使用价值的商品形态的货币形式发展成为无个别使用价值的信用货币，不仅大大节约了社会流通费用，而且解决了币材匮乏问题，满足了社会经济的发展。同时，纸币流通、携带均很方便，与金属货币相比，其流通风险也降低了，从而提高了交易效率。

三、我国现行的货币制度

我国的货币制度是人民币制度，我国现行的人民币制度（详见附录1）的基本内容包括以下几个方面。

（一）人民币是我国的法定货币

人民币是由中国人民银行发行的信用货币，具有无限法偿能力，没有法定含金量，也不能自由兑换黄金，人民币的法定单位是"元"，元是本位币或主币，有1元、5元、10元、20元、50元和100元6种。辅币名称为"角"和"分"，有1角、2角、5角和1分、2分、5分6种。其中，辅币和低值主币有纸币和硬币两种。

（二）人民币是唯一的合法通货

法律规定人民币是中国唯一合法货币。金银和外汇不得在国内商品市场计价结算和流通。禁止私自买卖外汇，严禁伪造、变造国家货币。

（三）人民币的发行权由国务院授权中国人民银行独家统一掌管

人民币发行权掌握在国家手里，国家授权中国人民银行具体掌管货币发行工作。中国人民银行是货币发行的唯一机关，并集中管理货币发行基金。中国人民银行根据经济发展的需要，在国务院批准的额度内，组织年度的货币发行和货币回笼。

（四）人民币的发行保证

人民币是信用货币，首先，人民币的发行是根据商品生产和商品流通对货币的需要而发行的，这种发行是有商品物资作基础的，可以稳定币值，这是人民币发行的首要保证；其次，人民币的发行还有大量的信用保证，包括政府债券、商业票据、商业银行票据等；最后，黄金和外汇储备也是人民币发行的一种保证。我国建立的黄金和外汇储备，主要用于平衡国际收支，但银行在购买外汇的同时也就发行了人民币，因此对人民币的发行也起着保证作用。

（五）人民币实行有管理的货币制度

作为我国市场经济体制构成部分的货币体制，必须是国家宏观调节和管理下的体制，包括货币发行、货币流通、外汇价格等都不是自发的，而是有管理的。有管理的货币制度形式是在总结历史经验和逐步认识客观经济规律的基础上，运用市场这只无形的手和计划这只有形的手来灵活有效地引导、组织货币运行。

【本章小结】

本章分三节介绍了货币与货币制度的相关知识。第一节主要介绍了货币的定义、货币与其他相关概念的区别、货币的起源及形式演变；第二节主要介绍了货币的职能与层次划分；第三节主要介绍了货币制度的构成要素、货币制度的演变及我国现行的货币制度。

通过本章的学习，要求学生掌握货币的定义，理解货币与其他相关概念的区别，了解货币的起源及形式演变；理解并掌握货币的职能，了解货币可以划分为哪几个层次，掌握 M_1 层次的货币包含哪些内容；掌握货币制度的定义及构成要素，了解货币制度的演变历程，掌握我国现行人民币制度的基本内容都有哪些。

【关键词汇】

货币　价值尺度　价格标准　　交易媒介　支付手段　M_1　准货币　货币制度
本位币

【问答和思考题】

1. 如何理解货币的定义？它与日常生活中的通货、财富和收入概念有何不同？
2. 简述货币形式的演变过程。
3. 简述货币的基本职能及特点。
4. 划分货币层次的依据是什么？货币可以划分为几个层次？
5. 什么是货币制度？它有哪些基本构成要素？
6. 什么是本位货币？它有哪些特点？
7. 试述货币制度的类型及特点。
8. 解释"劣币驱逐良币"现象。
9. 简述人民币货币制度的主要内容。

第二章

信用与信用工具

【本章导读】

信用是货币职能发展的反映，商品经济发展到一定阶段，当商品交换出现延期支付，货币执行支付手段职能时，体现为以偿还和付息为条件的借贷活动的信用关系就产生了。信用工具是信用关系的载体，没有信用工具，信用关系就无法依附。本章主要阐述信用的本质、信用的表现形式、信用工具等。

第一节 信用与信用形式

一、信用及其构成要素

（一）信用及其产生原因

信用（Credit）一词源于拉丁文 credo，意为信任、诚信、声誉等。信用存在于人类社会生活的多个方面，它具有社会学、法学、经济学等多个学科的含义。从经济学意义上看，信用指的是以偿还和付息为条件的借贷行为，体现一定的债权债务关系。信用关系涉及借方和贷方两个当事人。贷方为信用授予者，即债权人；借方为信用接受者，即债务人。授信过程就是债权人提供一定的有价物给债务人，到约定时间，债务人将有价物归还并支付一定利息。有价物可以是商品、劳务、货币或某种金融要求权（如股票或债券）。无论是何种信用，通常都可以用货币偿付。

信用产生的直接原因是商品经济条件下调剂资金余缺的需要。在商品货币经济中，经济行为的主体，无论是进行生产经营活动的企业、从事不同职业的个人，还是行使国家职能的各级政府，他们的经济活动都伴随着货币的收支。在日常频繁的货币收支过程中，可能收支相等，处于平衡状态。但更多的情况是收支不相等，或收大于支，或支大于收。如果一段时间内，经济主体的货币收入大于支出，我们称之为盈余单位；反之，若货币支出大于收入，我们称之为赤字单位。盈余单位和赤字单位往往同时存在。这说明在一定时点上，货币分布不均衡，客观上需要相互调剂来消除这种不平衡，也就是将盈余单位的剩余资金转移给赤字单位，使它们之间各得其所。但是，在商品经济条件下，经济主体之间存在独立的经济利益，资金的调剂不能采取无偿的形式，而必须采取有偿的借贷方式，也就是信用方式。盈余单位将剩余资金借给赤字单位，后者到期必须归还，并且附带一定的利息。这种方式是唯一一种双方都能够接受的调剂方式。

（二）信用的构成因素及特征

一般地，信用活动的构成要素至少包括以下四个方面：第一，信用主体。信用作为特定的经济交易行为，要有行为主体，即行为双方当事人。债权人和债务人是信用活动中的主体，转移资产的一方为债权人，接受的一方为债务人。债权人通过授信取得一定的权利，即在一定时间内向债务人收回一定量货币和其他资产与服务的权利，而债务人则有偿还的义务。第二，信用客体。信用作为一种经济交易行为，必定有被交易的对象，即信用客体。这种被交易的对象就是授信方的资产，它可以是有形的（如以商品或货币形式存在），也可以是无形的（如以服务形式存在）。没有这种信用客体，就不会产生经济交易，因而不会有信用行为的发生。第三，时间间隔。信用活动的发生，必然具有资金转移的时间间隔，它是构成货币单方面让渡与还本付息的基本条件。例如，现在贷出资金，未来一定期限后再收回资金。可以说，信用行为与其他交易行为的最大不同就在于，它是在一定的时间间隔下进行的，没有时间间隔，信用就没有栖身之地。第四，信用工具。信用工具是信用关系的证明和载体。信用关系的形成与发展，经历了三个发展阶段：第一阶段的信用是以口头承诺、以账面信用为依据，此时尚未使用正式的信用工具；第二阶段的信用关系是以正式的书面凭证为依据，如借贷契约、债务凭证等，这些构成了真正的信用工具，但此时的信用工具缺乏流动性；第三阶段为信用工具流动化的阶段，即各种信用工具，如债券、票据等可以流通转让，从而促进了信用关系的进一步发展。

理解信用的本质可以从以下几个方面入手：

1. 信用是以偿还和付息为条件的借贷行为

信用作为一种借贷行为，债权人把一定数量的有价物贷放给债务人，债务人可以在一定时期内使用这些有价物，但到期必须偿还，并按规定支付一定的利息。所以，偿还和付息是信用最基本的特征，债权人是以收回为条件的付出，债务人是以归还为义务的取得。这一特征使它区别于财政分配，因为财政分配基本上是无偿的，例如，企业向政府缴纳税金，财政对企事业单位的拨款，都是无偿进行的。信用分配则是有偿的。它作为一种借贷行为必须有借有还，存款要提取，贷款要归还，在偿还时，还要按规定支付一定的利息。

2. 信用反映的是债权债务关系

信用是商品货币经济中的一种借贷行为。在这种借贷行为中，有价物的所有者由于让渡有价物的使用权而取得了债权人的地位，有价物的需要者则成为债务人，借贷双方有着各自对应的权利和义务。这种债权债务关系最初是由于商品的赊销和货币的预付而产生的，但随着融资行为和信用制度的广泛建立及发展，债权债务关系渗透到了经济生活的各个角落。无论是企业的生产经营活动，还是个人的消费行为或政府的社会、经济

管理活动都依赖债权债务关系。

3. 信用是价值运动的特殊形式

在单纯的商品交换中，价值运动是一种对等的交换，即 W—G 或 G—W，卖方让渡商品取得货币，买方付出货币取得商品，双方发生了所有权的转移。而在信用关系中，一定数量的有价物从贷方手中转移到借方手中，并没有同等价值的对立运动，只是有价物使用权的让渡，没有改变所有权。所以，信用是价值单方面的转移，是价值运动的特殊形式。

二、信用形式

信用作为一种借贷行为，要通过一定方式具体表现出来。表现借贷关系特征的形式称为信用形式。在现代市场经济中，随着商品货币关系的发展，信用形式日趋多样化。按照借贷关系中信用主体的不同，信用可分为商业信用、银行信用、国家信用、消费信用和股份信用等几种基本形式。其中，商业信用和银行信用是两种最基本的信用形式。

（一）商业信用

商业信用（Commercial Credit）指的是在商品交易过程中，由企业之间相互提供的，与商品交易直接相联系的信用形式。商业信用的具体形式包括企业间的商品赊销、分期付款、预付货款、委托代销等。由于这类信用与商品流通紧密结合在一起，因此被称为商业信用。商业信用最典型的形式是商品赊销。

在商品经济条件下，由于生产者之间的生产时间和流通时间通常不一致，使商品运动和货币运动在时间上和空间上分离。即在社会再生产过程中，一些企业生产出商品等待销售，而需要购买商品的企业又暂时没有现款，因为这些企业只有在售出自己的产品后，才能获得足够的现款。商业信用通过赊销商品、延期付款的方式解决了买卖双方暂时的矛盾。这样，即使卖方顺利地实现了商品价值，又满足了买方补充现款的需要，从而加速了商品价值实现的过程，缩短了生产和流通时间，促进了社会再生产的顺利进行。

商业信用具有四个特点：①商业信用的债权人和债务人都是企业，属于直接信用形式；②商业信用的对象是处于资本循环周转过程中的商品；③商业信用主要依靠商业票据建立信用关系；④商业信用状况与经济周期变化有着高度相关性，在经济复苏、繁荣时期，生产增长，产业资本扩大，商业信用的规模也就扩大，反之则相反。

商业信用的优点在于方便和及时。商业信用的提供，既解决了资金融通的困难，也解决了商品买卖的矛盾，从而缩短了融资时间和交易时间。同时，商业信用直接为商品流通服务，以商业信用作为优惠的销售条件，是商品销售的一个有力竞争手段。而且卖方企业提供商业信用后，由于证明这种信用关系的商业票据在一定条件下可以流通转让，特别是持票人在必要时可以向金融机构以贴现方式融入资金，因此无论是有闲置资金的卖方企业，还是无闲置资金的卖方企业都愿意运用商业信用来推销商品。正因为如此，一般在商业信用能够解决贷款融资的情况下，购货企业无须求助于银行信用。商业信用是西方国家信用制度的基础和基本形式之一。

商业信用虽有优点，但由于其本身具有的特征，又决定了它的存在和发展具有局限性：

第一，规模和数量上的局限性。

商业信用是企业间买卖商品时发生的信用，是以商品交易为基础的。因此，信用的规模受商品交易量的限制，生产企业不可能超出自己所拥有的商品量向对方提供商业信用。商业信用无法满足由于经济高速发展所产生的巨额资金需求。

第二，方向上的局限性。

因为商业信用的需求者也就是商品的购买者，这就决定了企业只能同与自己的经济业务有联系的企业发生信用关系，通常只能由卖方提供给买方，而且只能用于限定的商品交易。

第三，信用能力上的局限性。

商业信用的借贷行为之所以能成立，不仅是因为买卖关系的成立，更重要的是出卖商品的人比较确切了解需求者的支付能力。也只有商品出售者相信购买者到期后能如数偿付货款，这种信用关系才能成立。因此，在相互不甚了解信用能力的企业之间就不容易发生商业信用。

第四，信用期限的局限性。

企业在向对方提供商业信用时，一般受企业生产周转时间的限制，期限较短。所以，商业信用只能解决短期资金融通的需要。

第五，商业信用在管理上具有一定的局限性。

商业信用是企业之间自愿发生的，有其盲目、自发、无序的一面。对商业信用如果不正确地加以引导和管理，其中也潜伏着危机，容易掩盖企业经营管理中的问题，可能引起虚假的繁荣，也可能引发信用规模膨胀，造成微观或宏观效益低下。

（二）银行信用

银行信用（Banker's Credit）是指银行和非银行金融机构以货币形式向企业和个人提供的信用。银行信用是在商业信用的基础上发展起来的一种更高层次的信用，它和商业信用一起构成现代经济社会信用体系中两种基本的信用形式。

在商品经济发展过程中，由于商业信用产生了商业票据（即商业信用的书面凭证），当一些持有商业票据的企业和个人急需现金时，他们可以到银行要求贴现。可见商业信用不仅先于银行信用而存在，而且商业信用的票据化也给银行信用的发展提供了新的业务领域。同时，银行信用的出现，又为商业信用赋予了崭新的活力和更广阔的发展空间。首先，通过银行承兑，银行信用直接介入商业信用，这不仅大大提高了商业票据的信用度，而且明显降低了商业票据的违约风险；其次，通过银行贴现，商业票据具有可流通性和可转让性，进一步加快了资金周转速度，从而极大地提高了商业信用的适用范围和社会欢迎程度；最后，银行信用使商业信用更加规范化、市场化。

与商业信用相比，银行信用具有以下特点：

第一，银行信用是一种间接信用。

从银行信用的借贷双方来看，一方是银行和非银行金融机构，另一方是企业和个人。即银行和非银行金融机构通过吸纳全社会暂时闲置的货币资金，然后以贷款的方式将集中起来的这部分货币资金贷放给企业和个人，投入到社会再生产过程中去。因此，银行是以信用中介的身份间接地对全社会的货币资金余缺进行合理的调剂。

第二，银行信用的客体是单一形态的货币资本。

一方面，银行信用能有效集聚社会上的各种资金，形成巨额的借贷资本，从而克服商业信用在数量上的局限性；另一方面，银行信用是以单一货币形态提供的，可以不受商品流转方向的限制，从而克服了商业信用在方向上的局限性。

第三，银行信用的主体包括银行、其他非银行金融机构、工商企业以及个人等，它们在信用活动中交替地以债权人和债务人的身份出现。

由于银行信用具有以上特点，所以它克服了商业信用的局限性，成为一种广泛接受的信用形式。其优点主要体现在：①银行信用的规模庞大；②银行信用的投放方向不受限制；③银行信用的期限长短不受限制；④银行信用的能力和作用范围大大提高和扩大。正是由于银行信用具有以上特点和优点，因而自它产生以后，对商品经济的发展起到了巨大的推动作用，成为现代经济中最基本的信用形式之一，在现代经济社会信用体系中占核心地位，发挥主导作用。

（三）国家信用

国家信用（Government Credit）泛指以政府为主体的借贷行为，是以国家为债务人，从社会上筹措资金来解决财政需要的一种信用形式。其基本形式有：一是政府债券，包括国库券和公债；二是专项债券，即政府特为某个项目或工程发行债券；三是银行透支或借款。其中，最主要的形式是政府债券。

国家信用的特点主要体现在以下几方面：

第一，国家信用可以动员银行信用难以动员的资金。

银行信用动员社会资金只能根据自愿的原则来组织，不能强迫。同时，银行要考虑成本和利润，不可能无限提高利率筹集资金。而国家信用在动员社会资金时，有两个优势：一方面因为国库券有"金边债券"之称，风险极小；另一方面，必要时国家可以采取强制手段或较高利率来筹集资金。

第二，国家信用筹集的资金一般偿还期较长。

国家信用筹集的长期资金偿还期限较长，又不能提前支取，比较稳定，可以用于解决国家长期资金不足或用于投资期限较长的设施或项目建设；短期资金则流动性强，可用于弥补预算收支中的不平衡。

第三，和银行信用相比，利息的承担者不同。

国家信用的利息要纳入预算，由纳税人承担；银行贷款利息则由借款人承担。两种信用方式对财政的负担具有不同的影响。

国家信用的发达程度从一个侧面反映了一个国家的经济发展水平。国家信用的积极作用体现在：①国家信用是弥补财政赤字的重要工具；②国家信用是商业银行调节资产结构的工具；③国家信用可以筹集大量资金，改善投资环境，创造投资机会；④国家信用是实施宏观调控的重要杠杆。对国家财政部门来说，在总需求不足的情况下，通过发行政府债券，可以增加投资需求，刺激经济增长，可以通过有选择的支出安排和优惠政策等调节社会总产品需求的结构。

（四）消费信用

消费信用（Consumer Credit）是指为消费者购买各种消费资料而提供的信用。这种信用以借款者的未来收入作为偿债的保证。相对于商业信用和银行信用而言，消费信用是一种小额信用形式。从授信对象来看，消费信用的债务人是消费者，即消费生活资料的个人和家庭。从授信目的来看，是为了满足和扩大消费者对消费资料的需求。在现代经济生活中，消费信用主要用于住宅、高档耐用消费品及旅行等方面的支付。

现代消费信用的主要形式有以下几种：

1. 分期付款

分期付款（Installment Plan）是最常见的消费信用形式。它是指销售单位直接向消费者提供的一种消费信用。分期付款适用于一切家庭耐用消费品，如汽车、家具、家用电器等。采用分期付款赊购的物件或商品的价格总是高于现金购买的价格，这个差价就是利息。分期付款的操作程序可以概括为：买方先支付一定比例的货款（首付款），并与卖方签订分期支付剩余货款和利息的书面合同；然后由卖方交付商品，但在贷款结清之前，商品的所有权仍属于卖方；最后，买方按照合同规定分期付清本息后，商品所有权由卖方转移到买方。

2. 信用卡

信用卡（Credit Card）是指发卡机构（如银行）与零售商联合起来，为消费者提供的一种"透支"型消费信用。消费者不需要预先存款，也不需要事先缴纳保证金，便可凭卡在规定的透支额度内向约定商家购买商品或劳务，然后定期与银行结账，并还本付息。信用卡的推广，对于持有人而言，可以转账结算、储蓄存款、提现消费和透支信贷等；对于特约商户而言，可以增加营业额；对于发卡机构而言，则可以吸收存款和通过垫付客户欠款扩大利息收入。

3. 消费贷款

相对于分期付款和信用卡而言，消费贷款（Consumer Loan）是一种中长期消费信用形式，它是银行或其他金融机构直接以货币形式向消费者提供的以消费为目的的贷款。按照接受信贷对象的不同，消费贷款可以分为对购买消费品的买方发放贷款和对销售企业发放贷款两种方式，一般意义上的消费贷款是指前者。按照贷款方式的不同，消费贷款可分为信用贷款和抵押贷款。在大多数情况下，消费信贷都需要消费者以其所购货物或其他资产作为贷款抵押，其中，最典型的消费贷款就是住房抵押贷款，也称住房按揭贷款。

消费信用的积极作用主要体现在：一方面，它在一定程度上缓和了消费者购买力水平与生活需求水平的矛盾，有利于提高消费水平，还可以发挥消费对生产的促进作用，刺激经济不断发展。另一方面，它有利于商业银行调整信贷结构，寻找新的利润增长点。商业银行以抵押为担保或面向有稳定收入的人群发放消费贷款，是风险较小的资产业务。增加消费贷款在贷款结构中的比重，将增强贷款的盈利性。

消费信用在一定情况下也会对经济发展产生消极影响。它的过度发展会增加经济的不稳定性，造成通货膨胀和债务危机。首先，对于供给不足，特别是消费品不足的国家，这种信用会加剧供求的紧张状态，容易引发需求拉动型的通货膨胀。其次，即使在生产相对过剩的国家，虽然它可以改变一定的消费不足的状况，但是超前消费并没有从根本上解决生产和消费的矛盾，只是把问题向后推移，如果不能得到妥善解决，势必会加深供给和需求脱节的矛盾，在更大程度上造成供求脱节，并最终影响到消费者的收入水平，从而造成支付困难乃至经济危机。

（五）股份信用

股份信用是当今股份经济中体现投资者与被投资者关系的一种特殊的信用形式。股份信用的基本特征表现为投资者基于对董事和经理的信任、与股份公司进行的以契约为保障且有一定时间间隔的产权交易行为。在这一交易过程中，投资者是授信人，股份公司是受信人。因此，股份就是投资者与股份公司之间的信用关系。虽然股份公司是股份信用关系中的受信人，但实际上，公司的正常运转是由股东大会、董事会、监事会和经理层密切配合进行的。因此，投资者与股份公司之间的关系，实际上就是投资者与掌握股份公司控制权的董事、经理或控股股东之间的关系。

随着社会经济的发展，股份必然要社会化和分散化。导致股份分散化的原因有：

第一，公司之间的合并导致了股份的分散化。

合并使原来许多小型的由个人、家庭或合伙人管理的公司一体化，多个所有者进入一个大企业，企业的所有权就走向分散化。

第二，法律、法规制度的变化也促进了股权的分散化。

例如，美国在1929年经济大危机以后，颁布了一系列法规，限制保险公司、共同基金等机构投资者组合过于集中（否则将遭受税收上的不利待遇），这些法规限制了金融机构在其他机构中的控制性地位，使公司股份进一步分散到中小投资者手中。

随着股份分散化，必然带来所有权与控制权逐渐分离，从而产生了股东与作为内部人的管理层之间的委托—代理问题。传统意义上的对企业拥有控制权的股东演变成了普通的外部投资者，不再对企业拥有经营控制权，这就是股权空心化趋势。也就是说，股票持有者一旦购买了公司股份，他们就只能享有对公司的股利请求权，作为股权凭证的股票成了"收入证书"，即对未来收益的债权。

信用的基本特征是债务人到期必须向债权人偿还本金和利息。由于股本不可撤回，使股份从表面上看不具有（本金）偿还性。但是，股份真的不用偿还吗？其实，股本不可退股，并不意味着它不具有偿还性，只是股本的偿还性具有特殊的形式，概括起来，股份公司对股东的偿还方式主要有以下几种：第一，公司通过历年分派股利予以偿还，而且，当公司破产清算时，股东还拥有对剩余财产的分配权。第二，公司通过回购股份偿还。股份公司对所有股东进行等比例回购被认为是向股东支付股利的一种特殊方式，尤其是在对股利支付水平较高的国家，例如，美国在1997—1998年发生了1100起股份回购。第三，股东可以将所持有的股票通过二级市场转让而获得偿还。

除以上五种主要的信用形式之外，随着商品经济的发展及全球化趋势的推进，在当今，保险信用、租赁信用、民间信用、国际信用等其他信用形式的作用也日益增强。

第二节　信用工具

一、信用工具及其特征和分类

（一）信用工具的基本特征

信用工具，又称金融工具（Financial Instruments），是指在信用活动中产生的一种能够证明信用借贷金额、期限、价格的法律凭证。信用工具是信用关系的载体，没有载体，信用关系将无所依附。

信用工具品种繁多，不同的信用工具具有不同的用途和特征。但总体来讲，信用工具具有以下几个基本特征：

1. 偿还性

偿还性是指信用工具的发行者或债务人必须按期归还本金和利息。如果债务人未能按期归还，并且没有得到债权人的展期同意，债务人就构成违约。除股票和永久债券外，大多数信用工具都注明了期限，债务人到期必须偿还信用凭证上所记载的应偿付债务。

2. 流动性

金融工具可以买卖和交易，可以变现，此即为信用工具的流动性或变现力。信用工具的流动性大小有两方面的含义：一是能否方便、随时地变现，二是在变现过程中，价格损失的程度和所耗费的交易成本的大小。一般来说，流动性与偿还期成反比，偿还期越短，流动性越大；偿还期越长，流动性越小。另外，流动性与债务人的信用能力成正比，债务人信誉越高，流动性越大，反之则越小。

3. 收益性

收益性是指信用工具能定期或不定期地为其持有人带来一定的收入。收益的大小是通过收益率来反映的。收益率是净收益与本金的比率，衡量收益率的指标按单利计算有以下三种：①名义收益率，即信用工具的票面收益与票面金额的比率。例如，某债券面值为100元，10年偿还期，年息7元，则该债券的名义收益率就是7%。②当期收益率，即信用工具的票面收益与其当期市场价格的比率。若上例中债券的市场价格为95元，则当期收益率就是7.37%（$7/95 \times 100\% \approx 7.37\%$）。③实际收益率，也称持有期收益率，是指实际收益与实际交易价格的比率，它等于信用工具的当期收益与本金损益之和除以实际交易价格。在上例中，当投资者以95元的价格购买面值为100元的债券时，如果他以95元买入该债券并在两年后以98元的价格将其出售，则其实际收益率为8.95%〔〔（98-95）/2+7〕/95≈8.95%〕。

4. 风险性

风险性指的是信用工具具有的不能充分履约或价格不稳定的特性。任何信用工具都有风险，只是程度不同而已。其风险主要有市场风险和信用风险。市场风险是指信用工具的市场价格波动给投资者带来损失的可能性。信用风险是指发行者不按合同履约或是公司破产等因素造成信用工具持有者遭受损失的可能性。信用风险与债务人的信誉、经营状况有关，也与信用工具的种类有关，例如，政府债券一般没有信用风险或低信用风险。要了解金融工具的信用风险，有一种方法就是了解该金融工具的信用等级。信用等级是信用评级机构对金融工具发行人的信用、偿还本息的能力进行客观评价的反映。在美国，公开发行债券都需要经过诸如标准普尔公司（Standard & Poor's）、穆迪投资者服务公司（Moody's Investors Service）这样的信用评级机构评级，并申报美国证券交易委员会（SEC），经批准后才能发行。

（二）信用工具的分类

信用工具可以从不同角度进行分类：

（1）按信用工具的偿还期限可分为短期信用工具、中长期信用工具和永久性信用工具。

偿还期在一年以内的信用工具为短期信用工具；偿还期在一至五年的为中期信用工具；偿还期在五年以上的为中长期信用工具；股票和永久性债券的偿还期为无限长，这类信用工具被称为永久性信用工具。

（2）按信用工具发行者的融资方式可分为直接信用工具和间接信用工具。

直接信用工具，是指非金融机构，如工商企业、个人和政府签署和发行的商业票据、股票、公司债券、国库券、公债券、抵押契约等。这些信用工具主要在金融市场上直接进行借贷和交易。间接信用工具，是指金融机构所发行的银行券、存单、保险单、各种借据和银行票据等。这些信用工具是由融资单位通过银行和其他金融机构融资而产生的。

（3）按信用工具的要求权性质可分为权益类信用工具和债务类信用工具。

信用工具的持有人所拥有的要求权为固定数额时，此种信用工具为债务类信用工具，而权益类信用工具则要求其发行人在偿还债务后按其收入（如果还有的话）对权益证券的持有人进行支付。银行抵押契约和债券属于债务类信用工具，这类信用工具的投资者作为资金提供者，其身份是债权人，有权领取固定利息，到期收回本金。普通股股票属于权益类信用工具，它代表对发行者资产的所有权，获得的投资回报是股息和红利。还有某些信用工具兼有权益类信用工具和债务类信用工具的特点。例如，优先股就是投资者有权获得固定红利支付的权益类证券。可转换债券也允许投资者在一定情况下将债权转化为股权。

另外，还可依据信用工具的接受程度、有无抵押品、交易费用的大小、金融工具流动性的高低及市场竞争条件的优劣等进行多种划分。本节根据信用发行者的性质，介绍几种主要的信用工具：票据、股票、债券和金融衍生工具。票据是短期信用工具，债券和股票属于中长期信用工具。它们一般被称为有价证券，是指具有一定的票面金额，代表财产所有权或债权，并在流通市场上有市场价格的凭证。

二、票据

票据是在市场交换和流通中发生的一种反映当事人之间的债权债务关系，代表一定数量货币请求权的信用凭证。票据一般可以在法律规定的条件下流通转让，并发挥汇兑、支付、结算和信用等功能。票据分为两大类：一是传统的商业票据，如汇票、本票和支票；二是创新的商业票据，如融通票据。前者又称为真实票据，需要有真实的交易为基础；后者又称为空票据，不以真实的商品交易为基础。

（一）汇票

汇票（Bill of Exchange or Draft），是由出票人签发的、委托付款人在见票时或者在指定日期无条件支付确定的金额给收款人或者持票人的票据。按照票面记载权利人的方式不同，汇票可分为记名汇票、不记名汇票和指定式汇票。按票面记载付款期限的长短，汇票可分为即期汇票和远期汇票。按出票人的不同，汇票可分为商业汇票和银行汇票。按汇票承兑人的不同，汇票可分为商业承兑汇票和银行承兑汇票等。

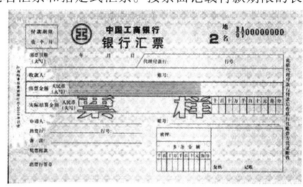

汇票具有以下基本特征：

1. 汇票是一种无条件的书面支付命令

汇票是由一人向另一人签发的、无条件的书面支付命令，它要求付款人在即期或可以确定的将来时间，向某人或指定人或持票人支付一定金额。

2. 汇票有三方当事人，即出票人、付款人和收款人

其中，出票人是签发票据并委托他人按票据文义付款的一方；付款人是支付票据的受托方，但在承兑前对汇票不负票据责任，承兑后即为票据第一债务人；收款人是依出票人签发票据享有权利的一方。一般而言，商业汇票的出票人和付款人不是同一人，这一点与下述本票中出票人与付款人是同一人不同。商业汇票的出票人通常是卖方或债权人，付款人通常是买方或债务人，收款人可以是出票人自己，也可以是出票人指定的第三人。但银行汇票是银行在收到汇款人款项后签发的支付凭证，因此，银行汇票的出票行就是付款行。

3. 汇票是委托付款证券

汇票的出票人仅仅是签发票据的人，不是票据的付款人，他必须另行委托付款人支付票据金额，所以说汇票是委托付款证券，而非自付证券。

4. 汇票必须承兑

由于汇票是委托付款证券，汇票通常需要由付款人进行承兑，以确认其愿意承担绝对的付款义务。在付款人未承兑时，汇票上所载的付款人并无绝对的付款义务。承兑是汇票独有的法律特征，这一点使它区别于本票和支票。承兑，是指付款人在票据上签名

盖章，写明"承兑"字样，以承诺票据到期保证付款的一种票据法律行为。

（二）本票

本票（Promissory Note），是出票人签发的、承诺自己在见票时无条件支付确定金额给收款人或持票人的票据。本票以其出票人不同，可以分为银行本票和商业本票。银行或其他金融机构作为出票人签发的本票，称为银行本票。银行或其他金融机构以外的法人或自然人作为出票人签发的本票，则称为商业本票。

本票具有以下基本特征：

1. 本票是自付票据

本票由出票人本人对持票人付款，因而属于自付票据。

2. 本票的基本当事人少

本票的基本当事人只有出票人和收款人两个。

3. 本票无须承兑

本票在很多方面可以适用汇票法律制度。但是由于本票由出票人本人承担付款责任，无须委托他人付款，所以本票无须承兑就能保证付款。

（三）支票

支票（Check），是以银行为付款人的即期汇票，是一种由银行的存款客户签发的、委托办理支票存款业务的银行或者其他金融机构在见票时无条件支付确定金额给收款人或者持票人的票据。支票按是否记载收款人姓名，可分为记名支票和不记名支票。按支付方式，可分为现金支票和转账支票。前者可以从银行提取现金，后者则只能用于转账结算。

支票的当事人有三方，即出票人、收款人和付款人。其中，出票人和付款人都必须具备一定的条件。出票人的资格必须符合《票据法》的规定，如在银行开立支票存款账户、领用支票必须有可靠的资信并存入一定的资金等。付款人是办理存款业务的银行或者其他金融机构。出票人签发的支票金额如果超出其支票存款账户金额时，为空头支票。我国《票据法》禁止签发空头支票。

支票主要具有以下两个特征：

1. 支票的付款人是银行

支票是出票人委托银行或者其他金融机构支付票款的票据。支票和汇票都有三方当事人，都是委托（指示、命令）证券。不同之处在于汇票的付款人不一定是银行或者其他金融机构，可以是自然人，也可以是法人；而支票的付款人必须是办理支票存款业务的银行或者其他金融机构，自然人或者其他法人不能充当支票的付款人。

2. 支票为见票即付票据

汇票的付款日期有见票即付、出票后定期付款和见票后定期付款。支票的付款日期只有一种，即见票即付。支票为见票即付是由支票的支付职能决定的。支票的职能在于为了避免使用现金的危险和麻烦而用支票来代替现金支付。

以上商业票据具有很强的流通转让性。为保障持票人的利益，票据流通转让时须经过背书。背书（Endorsement），是指持票人为了将未到期的票据转让给第三者而在票据的背面签名盖章的法律行为。背书后，背书人即为票据的债务人，若付款人或承兑人不能按期支付款项，持票人有权向背书人要求付款，背书人要对票据的支付负责。

（四）融通票据

融通票据，是一种新型的商业票据，又称融资票据或空票据，主要是指由资信良好的大企业或金融公司等机构以融资为目的而开出的无担保的短期期票。融通票据的签发不需要有真实商业交易发生，它仅仅是以筹资为目的而直接签发的一种特殊票据。

对于发行者来说，用融通票据进行融资具有以下优点：

第一，成本较低。

融通票据一般由大型企业发行。大型企业的信用级别较高，融通票据的发行人可以获得成本较低的资金。又由于减少了银行放贷从中赚取的一部分利润，一般来说，融通票据的融资成本要低于市场上短期借贷的成本。

第二，具有灵活性。

可以根据发行机构与经销商的协议，在某一段约定的时间内，发行机构根据自身资金的需要情况以及证券市场的状况，不定期、不限次数地发行融通票据。

第三，提高发行公司的声誉。

由于融通票据的发行都是经过评级机构认真审查，评出的信用卓著的大型企业，因此，融通票据的发行本身在市场上就是发行机构信用的标志，从而可以提高发行公司的声誉。对于投资者而言，投资于融通票据既能获得比银行短期存款更高的利息收益，又具有比定期存款更高的流动性。

三、股票

股票（Stock），是股份公司发行的用于证明投资者的股东身份并使其据此获得股息收入的一种所有权凭证，是金融市场上重要的长期投资工具。一般地，股份公司的资本在被分为每股金额相等的若干股份的同时，发行相应数额的股票，投资者认缴股款持有股票后，就成为公司股东，可以行使一切法定的股东权利，并以此取得一定的收益。

股票具有以下基本特征：

1. 永久性与流动性

股票不具有偿还性，即投资者购买股票后，不能要求股份公司购回股票（虽然股份公司可以选择购回股票）。但股票可以转让，因此具有很强的流动性。

2. 收益性与风险性

股票的收益来自两个方面：一是股息收入，股息收入来源于股份公司的利润；二是

资本利得，即投资者通过股票市场的买卖获得买卖差价的收入。股票的收益水平是比较高的，但其风险也相应较大，如果股份公司破产，股东只有在公司债务清偿后才能获得补偿，但这时公司资产往往所剩无几。除此之外，股东还要承担财务风险和市场风险，股份公司资产负债状况的恶化必将影响公司股票的市场价值。整个宏观经济形势的好坏也将对股票市场产生影响。

按股东享有权利的不同，股票可分为普通股和优先股。

1. 普通股

普通股（Common Stock）是股份公司资本构成中最普通、最基本的股票形式，是指投资收益（股息和红利）随企业利润变动而变动的一种股份。股份公司的出资人或股票的持有人，称为股东。公司的经营业绩好，普通股股东的收益就高；反之，收益就低。因而，普通股也是风险最大的一种股份。

2. 优先股

优先股（Preferred Stock）与普通股不同，是股份公司发行的优先于普通股分配红利和剩余财产并且领取固定股利的一种股票形式，优先股收益不受公司经营业绩的影响。优先股的优先权体现在两个方面：一是优先获得固定红利的权利。在公司分配盈利时，优先股股东比普通股股东优先分配固定数额的股息。二是优先获得公司剩余财产的清偿。在公司解散、分配剩余财产时，优先股在普通股之前分配。因此，优先股比普通股安全。但是，优先股一般不上市流通，优先股股东的权利范围小，一般没有选举权和被选举权，对股份公司的重大经营决策无投票权，只是在一定条件限制下可以享有投票权。

四、债券

债券（Bond），指的是债务人发行的承诺按约定的利率和日期支付利息并偿还本金的债务凭证。它反映了筹资者与投资者之间的债权债务关系，与股票一样，债券是有价证券的重要组成部分。

债券既具有一般有价证券的共性，又具有自身的特点，主要表现在以下几个方面：

1. 期限性

债券的期限性表现为债券依照一定的法律程序发行，并在发行时就约定了还本付息的日期。

2. 安全性

债券的安全性表现为债券的发行人一般是政府、与政府有关的公用事业单位、银行和信用较高的企业等。

3. 流动性

债券可以在较大范围内流通，可以随时变现。

4. 收益性

债券由于其利率一般较为固定且高于同期银行存款利率，加上本利回收有较高的安全性，所以，在市场较为稳定的条件下，债券是一种收益较稳定的投资工具。

债券可以按照不同的角度进行多种分类，这里仅介绍两种主要的分类方法。

（1）按发行主体不同，债券可分为政府债券、金融债券和公司债券。

政府债券是由政府及其所属机构发行的债券，包括中央政府债券、地方政府债券。金融债券，是指银行及非银行金融机构依照法定程序发行并约定在一定期限内还本付息的债务凭证。其信用度较高，发行量大，交易活跃，利率也较低，一般为中长期债券。公司债券，是公司依照法定程序发行的、约定在一定期限还本付息的债务凭证，主要用于长期投资和扩大生产规模。

（2）按利息支付方式不同，债券可分为息票债券、贴现债券和零息债券。

息票债券（Coupon Bond），又称附息债券，是指定期支付定额利息、到期兑付本金的债券。贴现债券（Discount Bond），又称贴水债券，是指在票面上不规定利率，发行时按某一折扣率（贴现率），以低于票面金额的价格发行，到期按面额兑付本金的债券。贴现债券的期限一般较短，发行价与票面金额之差即为利息。零息债券（Zero Coupon Bond），是指以贴现方式发行，不支付利息，而于到期时按面值一次性兑付本金的债券。投资者通过以债券面值的折扣价买入来获利。零息债券的期限普遍较长，最多可为二十年。

五、金融衍生工具

金融衍生工具（Derivative Security）是在货币、债券、股票等传统信用工具基础上衍化和派生出来的，以杠杆或信用交易为特征的信用工具。金融衍生工具有两方面含义：一方面，它指的是一种特定的交易方式；另一方面，它指由这种交易方式形成的一系列合约。经济活动日趋复杂是金融衍生工具发展的最终动力，而金融创新却是金融衍生工具种类增加和复杂程度加深的直接推动力。引发金融创新的原因主要有两个，即转嫁风险和规避监管。

国际上金融衍生工具种类繁多，活跃的金融创新活动接连不断地推出新的金融衍生工具。金融衍生工具主要有以下两种分类方法：

1. 根据工具形态的不同，可以分为远期合约、期货合约、掉期合约和期权合约四大类。

远期合约是指交易双方约定在未来某一特定时间以某一特定价格买卖某一特定数量和质量资产的交易形式。期货合约是期货交易所推出的对到期日及其买卖的资产的种类、数量、质量作出标准化规定的远期合约。掉期合约是一种由交易双方签订的、在未来某一时期相互交换某种资产的合约。期权合约是一种规定了在某一特定时间以某一特定价格买卖某一特定种类、数量和质量的原始资产的权利的合约。

2. 根据原始资产的不同，大致可以分为股票、利率、汇率和商品四类金融衍生工具。

如果再加以细分，股票类中又包括具体的股票衍生工具和由股票组合形成的股票指数衍生工具；利率类中可分为以短期存款利率为代表的短期利率衍生工具和以长期债券利率为代表的长期利率衍生工具；汇率类中包括各种不同币种之间的衍生工具；商品类

中包括各类大宗实物商品衍生工具。

【专栏】

你应该持有股票吗

你应该持有股票吗？答案是肯定的，尤其是如果你还非常年轻的话。很多人抛售股票转而投资于债券（或者其他的生息资产），但是你要知道，债券也是有风险的，即便是政府的国库券，仍然有利率风险和通货膨胀风险。尽管持有股票表面上看来充满风险，但历史经历证明，长期持有一个分布良好的股票投资组合却并非如此。所以，对投资者而言，真正的问题就是怎样购买股票。

购买股票时，有五个方面的问题需要仔细考虑：能否买得起、流动性如何、分散性如何、管理如何、成本有多大。共同基金预先设定好了投资组合，并把上述几个问题归结到了其中的某一个。但问题是有成千上万的共同基金，我们怎么去选择呢？因此，以下几点我们必须牢记在心。

1. 能否买得起。大多数共同基金允许小额的初始投资。甚至能以低于1000元的额度开始投资。

2. 流动性如何。如果碰到紧急情况，你需要快速地回收资金，所以投资时需要确定能否轻松地撤回你的投资。

3. 分散性如何。绝大多数共同基金的投资组合比单个投资者的投资组合的分散性强得多。即便如此，在投资购买前仍然要仔细审查。

4. 管理如何。共同基金提供了投资组合的专业管理，投资者一定要慎重考虑，因为基金的投资决策是由专人制定的（故又称管理基金），共同基金的投资组合很有可能比指数基金（盯住类似于标准普尔500等股票指数的基金）表现得更糟糕。

5. 成本有多大。共同基金的经理们提供服务，当然也要获取报酬。管理基金通常支付基金总额的1.5%作为基金经理的年薪，而指数基金却只支付0.5%或更少。毫无疑问，两者之间的差距非常显著。例如，按年收益率8%计算的话，一笔10000美元的投资二十年后是46610美元。如果支付给基金经理1%的酬劳，年收益率只有7%，则二十年后的投资收益仅为38697美元，比原来降低了7913美元。

如果综合考虑以上几个方面的话，很多人就会转而购买指数基金。通常，指数基金更容易被公众所购买且流动性较强，并且指数基金有很好的分散性且更便宜（付给基金经理的报酬更少）。所以，请记住一句话：投资前一定要多打听、多询问。

【本章小结】

本章分两节介绍了信用和信用工具的相关知识。第一节主要介绍了信用、信用的构成要素和形式；第二节主要介绍了信用工具及其特征和分类以及票据、股票、债券和金融衍生工具等几种主要的信用工具。

通过本章的学习，要求学生掌握信用的构成要素有哪些，信用的主要形式有哪些以及各种主要信用形式的定义和具有的特点是什么；了解信用工具的定义，掌握信用工具的特征，掌握信用工具有哪几种主要类型及各类主要信用工具各自具有的特点。

【关键词汇】

信用　商业信用　银行信用　消费信用　信用工具　票据　汇票　本票　融资票据
股票　优先股　债券　金融债券　零息债券

【问答和思考题】

1. 为什么说"现代经济可以称为信用经济"？
2. 比较商业信用和银行信用各自具有的特点及二者间的关系。
3. 简述消费信用的主要形式，并说明消费信用的作用。
4. 简述信用工具的基本特征。
5. 简述融资票据的运行机制及特点。
6. 简述普通股与优先股的区别。
7. 如何理解股份信用？
8. 简述股票和债券的区别与联系。

第三章

利息与利率决定

【本章导读】

利息是在信用的基础上产生的，是在借贷关系中债务人支付给债权人的报酬。利率是借贷关系中形成的利息额与借贷本金的比率，是信用工具价格决定的基础，是金融市场上调节经济活动的重要经济杠杆。本章主要阐述利息与利率的概念、利率的作用、利率的决定及结构理论等。

第一节　利息与利率概述

一、利息及其本质

利息是借贷关系中债务人支付给债权人的报酬，是债务人在特定时期内使用借贷资本所支付的代价。在商品经济中，利息是在信用的基础上产生的。由于借贷行为的出现，不从事经营活动的资本所有者可以通过贷出资本而取得一定的报酬，而资本需求者则可以通过支付一定的报酬来借入资本，这种报酬通常就是利息。

根据现代西方经济学的基本观点，利息的本质是投资者让渡资本使用权而索要的补偿。这种补偿由两部分组成：一是对机会成本的补偿：资本供给者将资本贷给借款人使用，即失去了现在投资获益的机会，因此需要得到补偿；二是对风险的补偿：如果借款者投资失败将导致其无法偿还本息，由此而给资本供给者带来了风险，也需要由借款者给予补偿，即利息 = 机会成本补偿 + 风险补偿。

对于利息的本质，马克思也有深刻的剖析。马克思针对资本主义经济中的利息指出：贷出者和借入者双方都是把同一货币额作为资本支出的。但它只有在后者手中才执行资本的职能。同一货币额作为资本对两个人来说取得了双重的存在，这并不会使利润增加一倍。它之所以能对双方都作为资本执行职能，只是由于利润的分割。其中，归贷出者的部分叫做利息。由此可见，利息本质上是利润的一部分，是利润在借贷双方之间的分割。

总结来说，利息的本质包含三个基本内容：第一，货币资本所有权与使用权的分离是利息产生的经济基础；第二，利息是借用货币资本使用权付出的代价；第三，利息是剩余价值的转化形式，实质上是利润的一部分。

二、利率及其种类

利率，又称利息率，是指一定时期内利息额同本金额的比率，即利率 = 利息/本金。在西方经济学的表述中，利率也称为到期的回报率、报酬率（Return）。

经济生活中利率的种类繁多，按照不同的标准，可以有多种不同的分类。几种常用的分类如下：

1. 按计算日期不同，利率分为年利率、月利率和日利率。

年利率是指按年计算的利率，通常用百分数（%）表示；月利率是指按月计算的利率，通常用千分数（‰）表示；日利率是指按天计算的利率，通常用万分数（‰）表示。我国习惯上将年利率、月利率和日利率都以"厘"为单位，但年利率的 1 厘是指 1%，月利率的 1 厘是指 0.1%，日利率的 1 厘是指 0.01%，三者不可混淆。年利率、月利率和日利率的简单换算公式如下：

$$年利率 = 月利率 \times 12 = 日利率 \times 365$$

$$日利率 = 月利率 / 30 = 年利率 / 365$$

表 3-1   金融机构存贷款利率一览表

（2015 年 10 月 24 日后执行）

	调整后利率（%）
一、城乡居民和单位存款	
（一）活期存款	0.35
（二）整存整取定期存款	
三个月	1.10
半年	1.30
一年	1.50
二年	2.10
三年	2.75
二、各项贷款	
一年以内（含一年）	4.35
一至五年（含五年）	4.75
五年以上	4.90
三、个人住房公积金贷款	
五年以上（含五年）	2.75
五年以上	3.25

2. 按计算方法不同，利率可分为单利和复利。

单利是指不论期限长短，只按本金计算利息，利息不再计入本金重新计算利息。其计算公式为：$I = P \times i \times N$。式中，I 表示按单利计算的利息额；P 表示本金；i 表示利率；N 表示借贷期限。其本利和 F 的计算公式为：$F = P(l + iN)$。

与单利相对应，复利是指计算利息时按照一定的期限，将利息加入本金，再计算利息，逐期滚算，俗称"利滚利"。在复利条件下，有两个重要的概念，即终值和现值。终值也称本利和或到期值，是指本金在约定的期限内按一定的利率计算出每期的利息，将其加入本金再计利息，逐期滚算到约定期末的本金和利息的总额。其计算公式为：$F = P(1 + i)^n$。式中，F 表示终值，其他符号含义同上。现值与终值正好相反，是指未来某一时间的终值在现在的价值。其计算公式为：$P = F / (l + i)^n$。式中，P 表示现值，其他符号含义同上。

3. 按性质不同，利率可分为名义利率和实际利率。

名义利率是指货币数量表示的利率，通常也即银行挂牌的利率。实际利率则是指名义利率扣除通货膨胀率后的差数。实际利率有两种计算方法：一种是较简单但比较粗略的计算方法，其计算公式为：$R = r - p$。式中，R 表示实际利率，r 表示名义利率，p 表示通货膨胀率。另一种是比较精确的计算方法，其计算公式为：$R = (r - p) / (1 + p)$。

4. 按管理方式不同，利率可分为固定利率和浮动利率。

固定利率是指在借贷业务发生时，由借贷双方确定的利率，在整个借贷期间内，利率不因资金供求状况或其他因素的变化而变化，保持稳定不变。浮动利率是指借贷业务发生时，由借贷双方共同确定的利率，可以根据市场变化情况进行相应调整。我国现在说的浮动利率是指各商业银行、其他金融机构可以在中央银行规定的利率基础上按一定幅度上下浮动的利率。

5. 按形成方式不同，利率可分为官方利率和市场利率。

官方利率是指一国政府或货币管理当局（通常为中央银行）确定的利率。市场利率是指借贷双方在金融市场上通过竞争形成的利率。在一般情况下，官方利率比较稳定；而市场利率的起伏波动则比较大。

6. 按市场层次的不同，利率可分为一级市场利率和二级市场利率。

一级市场利率是指债券发行时的收益率或利率，它是衡量债券收益的基础，同时也是计算债券发行价格的依据。二级市场利率是指债券流通转让时的收益率，它真实反映了市场中金融资产的损益状况。

7. 按信用形式的不同，利率可分为拆借利率和国债利率。

拆借利率是银行及金融机构之间的短期资金借贷利率，主要用于弥补临时头寸的不足。拆借利率根据拆借市场的资金供求关系来决定，它能比较灵敏地反映资金供求的变化情况，是短期金融市场中具有代表性的利率，其他短期借贷利率通常是比照同业拆借利率加一定的幅度来确定的。国债利率通常是指一年期以上的政府债券利率，它是长期金融市场中具有代表性的利率。国债的安全性、流动性较高，收益性较好，所以国债利率水平通常较低，成为长期金融市场中的基础利率，其他利率则以它为参照来确定。

8. 按利率期限结构不同，利率可分为即期利率和远期利率。

即期利率是指债券票面所标明的利率或购买债券时所获得的折价收益与债券当前价格的比率。远期利率则是指隐含在给定的即期利率中从未来的某一时点到另一时点的利率。两者的区别在于计息日起点不同，前者的起点是现在，后者的起点是未来某一时刻。

9. 按所处地位不同，利率可分为基准利率和市场其他利率。

基准利率指的是在市场上存在多种利率的条件下起决定作用的利率，它在利率体系中占有特殊重要的地位，发挥着核心和主导作用，反映了全社会的一般利率水平，体现了一个国家在一定时期内的经济政策目标和货币政策方向，当它发生变动时，市场其他利率也相应发生变化。在西方国家，基准利率一般是指银行同业拆借利率，如伦敦同业拆借利率（London Interbank Offered Rate，LIBOR），它的变动将决定市场上其他利率如存款利率、贷款利率的变动。我国目前的基准利率是中央银行的再贷款利率，中央银行规定的金融机构的存贷款利率有时也被称为基准利率。为进一步推动利率市场化，借鉴国际经验，于 2007 年 1 月 4 日在上海建立的上海银行间同业拆放利率（Shanghai Interbank Offered Rate，SHIBOR）正逐渐成为我国基准利率的发展方向。

三、利率在经济中的作用

利率是一个重要的经济杠杆，对经济有极其重要的调节作用，这种作用主要通过几条途径来实现。

（一）利率变动的储蓄效应

利率变动的储蓄效应，是指利率变动通过影响储蓄来影响经济运行。利率对储蓄的作用取决于利率对储蓄的替代效应与收入效应的对比结果。所谓利率对储蓄的替代效应，是指储蓄随利率的提高而增加的现象，反映了人们有较强的增加利息收入而增加财富积累的偏好。因为利率提高时，人们会认为减少当前消费、增加将来消费比较有利，从而会增加储蓄。所谓利率对储蓄的收入效应，是指储蓄随利率的提高而降低的现象，反映人们在利息收入随利率提高而提高时，希望进一步改善生活水准的偏好。因为利率提高时，储蓄者将来的利息收入增加，会使其认为自己较为富有，以至于增加当前消费，从而反而会减少储蓄。因此，当替代效应大于收入效应时，储蓄利率弹性大于零，储蓄随利率变动且呈同方向变动；当替代效应小于收入效应时，储蓄利率弹性小于零，储蓄随利率变动且呈反方向变动；当替代效应等于收入效应时，储蓄利率弹性等于零，利率变动不能影响储蓄变动。因此，利率如何影响储蓄进而影响消费，需视替代效应与收入效应之和而定。就低收入者而言，利率越高，替代效应越明显（因为他们更看重利率提高带来的利息收入的增加），故利率提高会增加储蓄，减少当前消费。就高收入者而言，利率越高，收入效应越明显，从而可能会减少储蓄。就全社会而言，利率的提高究竟会增加储蓄或减少储蓄，则由这些人的增加和减少储蓄的加总净额来决定。

（二）利率对投资的影响

一般地，利率与投资成反比。因为利率的高低直接影响投资的成本。因此，一般来说，降低利率意味着企业投资成本降低，从而会增加投资，促进经济增长；提高利率则

意味着企业投资成本上升，从而会减少投资，抑制经济增长。

（三）利率变动的宏观经济调控作用

利率作为宏观政策调控的重要经济杠杆之一，其变动对宏观经济调控的作用如下：

1. 积累功能

在市场经济条件下，资本短缺往往成为制约一国或地区经济发展的"瓶颈"。这在发展中国家表现得尤为明显。但由于经济运行的周期性和资本运动的增值性，以及企业和个人的收入与支出的不完全一致性等原因，尽管一些企业和个人会呈现资金不足的格局，但就整个社会而言，总会有一定数量的闲置货币资金的存在。当然，对闲置货币资金的运用必须是有偿的，这种补偿通过利息支付来实现。一般情况下，利率同闲置货币资金的聚集量成正比。因此，利率的调整具有动员和积聚资金的调节功能。

2. 调节功能

利率变化能引起社会经济多方面的变化，这就是利率的宏观调节功能，主要表现在以下两个方面：一方面是调节国民经济结构的功能。利率引导资金流向的功能会使信贷资金从效益差的企业流向效益好的企业，从而优化了生产结构。因为，如果提高某些部门和领域的贷款利率，其贷款额就会减少，从而限制其发展。反之，降低利率，则刺激该行业发展。利率引起的这种借贷资金在社会生产各部门之间的自由流动，从而调节了社会生产比例和国民经济结构。另一方面是调节货币供求的功能。各国中央银行都将稳定币值作为其货币政策最终目标之一，而稳定币值的前提是货币供求的基本平衡。各国中央银行在运用货币政策工具对信贷规模进行间接调控时，利率是货币政策的主要中间变量。调节利率成为货币政策对经济产生作用和影响的有效途径。

3. 抑制通货膨胀的功能

在一个市场化程度较高的社会中，利率可以作为预防和调节通货膨胀的重要手段之一。当经济过热时，提高利率可抑制投资的过度增长，从而防止通货膨胀发生；当经济萧条时，通过降低利率，则可防止通货紧缩发生。利率的这一功能已被西方国家反复使用。

4. 平衡国际收支的功能

利率平衡国际收支的功能，是指通过利率变动影响一国的对外经济活动，从而影响宏观经济的运行和实现国际收支的基本平衡。这表现在两个方面：一方面是对进出口的影响，另一方面是对资本输出与输入的影响。当利率水平提高时，企业生产成本增加，产品价格提高，出口竞争力下降，出口量减少，从而可能引起一国对外贸易逆差；相反，降低利率会增强出口生产企业的竞争力，改善一国的对外贸易收支状况。从资本输出与输入来看，在高利率的诱惑下，外国资本会迅速流入，特别是短期套利资本，有助于暂时改善一国国际收支状况。因此，利率变动对一国国际收支的总体影响取决于以上两方面比较的结果。总之，利率是重要的经济杠杆，对宏微观经济运行发挥着重要的调节作用。

在发达的市场经济中，利率发挥的作用很大。其基本原因在于，对于各个可以独立决策的经济行为主体来说，利润最大化、效益最大化是基本的准则，而利率的高低直接关系到他们的利益。在利益约束机制下，利率也就有了广泛而突出的作用。为此，一国要使利率这一经济杠杆对经济起到有效的调节作用，就必须具备如下基本条件：①经济的商品化、货币化、信用化已达到相当的程度。②微观经济主体的独立性程度及其对利率的敏感程度较高。③要建立市场化的利率决定机制。④金融机构体系比较健全和完善。⑤中央银行运用间接手段调控经济。

表 3 - 2　　　　　　　　　　　1996 年以来我国金融机构贷款利率一览表

调整时间	六个月（含）	一年（含）	一至三年（含）	三至五年（含）
1996. 5. 1	9. 72%	—	13. 14%	14. 94%
1996. 8. 23	9. 18%	10. 08%	10. 98%	11. 70%
1997. 10. 23	7. 65%	8. 64%	9. 36%	9. 90%
1998. 3. 25	7. 02%	7. 92%	9. 00%	9. 72%
1998. 7. 1	6. 57%	6. 93%	7. 11%	7. 65%
1998. 12. 7	6. 12%	6. 39%	6. 66%	7. 20%
1999. 6. 10	5. 58%	5. 85%	5. 94%	6. 03%
2002. 2. 21	5. 04%	5. 31%	5. 49%	5. 58%
2004. 10. 29	5. 22%	5. 58%	5. 76%	5. 82%
2006. 4. 28	5. 40%	5. 85%	6. 03%	6. 12%
2006. 8. 19	5. 58%	6. 12%	6. 30%	6. 48%
2007. 3. 18	5. 67%	6. 39%	6. 57%	6. 75%
2007. 5. 19	5. 85%	6. 57%	6. 75%	6. 93%
2007. 7. 21	6. 03%	6. 84%	7. 02%	7. 20%
2007. 8. 22	6. 21%	7. 02%	7. 20%	7. 38%
2007. 9. 15	6. 48%	7. 29%	7. 47%	7. 65%
2007. 12. 21	6. 57%	7. 47%	7. 56%	7. 74%
2008. 9. 16	6. 21%	7. 20%	7. 29%	7. 56%
2008. 10. 8	6. 12%	6. 93%	7. 02%	7. 29%
2008. 10. 30	6. 03%	6. 66%	6. 75%	7. 02%
2008. 11. 27	5. 04%	5. 58%	5. 67%	5. 94%
2008. 12. 27	4. 86%	5. 31%	5. 40%	5. 76%
2010. 10. 20	5. 10%	5. 56%	5. 60%	5. 96%
2010. 12. 26	5. 35%	5. 81%	5. 85%	6. 22%
2011. 2. 9	5. 60%	6. 06%	6. 10%	6. 45%
2011. 4. 6	5. 85%	6. 31%	6. 40%	6. 65%
2011. 7. 7	6. 10%	6. 56%	6. 65%	6. 90%
2012. 6. 8	5. 85%	6. 31%	6. 40%	6. 65%
2012. 7. 6	5. 60%	6. 00%	6. 15%	6. 40%

续表

调整时间	六个月（含）	一年（含）	一至三年（含）	三至五年（含）
2014. 11. 22	5.60%	5.60%	6.00%	6.00%
2015. 3. 1	5.35%	5.35%	5.75%	5.75%
2015. 5. 11	5.10%	5.10%	5.50%	5.50%
2015. 6. 28	4.85%	4.85%	5.25%	5.25%
2015. 8. 26	4.60%	4.60%	5.00%	5.00%

第二节　利率的决定与结构理论

一、利率的决定理论

利率决定理论是探讨利率水平的决定及其变动的影响因素的理论。从利率决定理论的发展来看，一般以古典利率决定理论、流动性偏好利率决定理论、可贷资金利率决定理论、IS－LM 模型的利率决定理论为主线进行剖析。

（一）古典利率决定理论

古典利率决定理论是 19 世纪末至 20 世纪 30 年代西方国家各种不同利率决定理论的总称。该理论严格遵循古典经济学重视实物因素的传统，是一种主要从生产消费等实际经济生活中的储蓄和投资两种资本供求的局部均衡的角度，探讨均衡利率的形成与决定的理论，因而它是一种实物利率决定理论，也称为储蓄投资利率理论。

古典利率决定理论认为利率是由资本供给和资本需求的均衡来形成与决定的。该理论认为，资本供给主要来自社会储蓄，储蓄 S 是利率的递增函数；资本需求主要来自投资，投资 I 是利率的递减函数；储蓄与投资相等时决定均衡利率水平 r_e（见图 3 －1）。

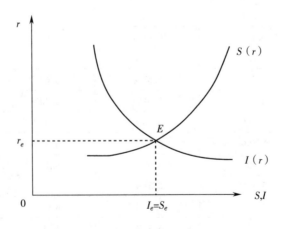

图 3 －1　古典利率决定理论

根据古典利率决定理论，导致均衡利率变动的因素是引起投资或储蓄曲线发生位移的因素。例如，投资的边际收益的提高会引起投资曲线向右上方移动，故而会引起均衡利率的上升；而预期通货膨胀率上升时，会引起储蓄的减少和投资的增加，从而引起均衡利率的提高。

古典利率决定理论支配理论界达二百年之久，直到 20 世纪 30 年代世界经济大危机，运用古典利率决定理论已经不能解释当时的经济现象，于是出现了流动性偏好利率决定理论、可贷资金利率决定理论及 IS－LM 模型的利率决定理论等。

（二）流动性偏好利率决定理论

流动性偏好利率决定理论是由凯恩斯和他的追随者提出的，认为利率的形成与决定和实际因素无关，而纯粹是一种货币现象的利率决定理论。该理论是一种货币理论，认为利率不是由储蓄与投资的相互作用决定的，而是由货币的供求关系决定的。凯恩斯认为，人们有一种"流动性偏好"，即人们都有一种将资产以灵活的、流动性强的货币形式保持在手中的意愿，由此产生了货币需求。并且认为，利息是在一定时期内放弃货币、牺牲流动性的报酬。

凯恩斯认为利率是由货币供给与货币需求所决定的。关于货币供给，凯恩斯认为，在中央银行制度下，货币的供给基本上为一国的货币当局所控制，是外生变量，而中央银行不以盈利为目的，所以，货币供给曲线，如图 3－2 中 M_s 所示，是一条不受利率影响的与横轴垂直的垂线。当货币当局增加货币供给时，货币供给曲线向右移动；反之，则会使货币供给曲线向左移动。关于货币需求，凯恩斯认为，在其他条件不变的情况下，利率上升，相对于债券来说，货币的预期回报率下降，货币需求减少。按照机会成本的逻辑，货币需求与利率是呈负相关的，因为持有货币的机会成本就是没有持有债券而牺牲的利息收入（预期回报率）。随着债券利率上升，持有货币的机会成本增加，货币需求相应减少。因此，货币需求曲线如图 3－2 中的 M_d 所示，是一条向右下倾斜的曲线，它表明货币需求是利率的减函数。关于利率决定，凯恩斯认为均衡利率是由货币供给与货币需求的均衡所决定的。

在该理论中，凯恩斯进一步分析了导致货币需求曲线移动的因素，他认为，导致货币需求曲线移动的因素主要有两个，即收入效应和价格水平效应。关于收入效应，在凯恩斯看来，收入主要通过两个环节影响货币需求：一是经济扩张，收入增加，财富增长，人们希望持有更多的货币作为价值储藏；二是经济扩张，收入增加，人们将用更多的货币购买商品。正是通过这两个环节，在经济繁荣时期，收入提高，货币需求就会增加，导致货币需求曲线向右移动；反之，在经济衰退时期，收入减少，货币需求曲线将向左移动。关于价格水平效应，凯恩斯认为，人们需要用货币购买商品和劳务，所以，他们关心的不是名义货币量，而是实际货币量，即剔除价格因素以后单位货币所能购买的商品和劳务数量。另外，一般来说，个人不会轻易改变自己的消费行为，所以，若价格上升，为维持原来的购买力，会倾向增加手头持有的货币量，货币需求曲线就会向右移动；反之，若价格下降，货币需求曲线会向左移动。当 $M_s = M_d$ 时，货币供给曲线与货币需求曲线相交时所决定的利率就是均衡利率 r_e，如图 3－2 中的 E 点。在该理论中，凯恩斯还分析了在其他条件不变时，货币供给变化会引起利率发生怎样的变化。他认为，货币供给增加，利率下降；货币供给减少，利率上升。

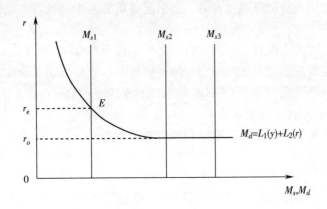

图 3 - 2　流动性偏好利率决定理论

在凯恩斯的流动性偏好利率决定理论中，还存在一种特殊的极端情况，即"流动性陷阱"，它是凯恩斯提出的一种假说，是指当一定时期的利率水平降低到不能再低时，人们就会产生利率上升而债券价格下降的预期，货币需求弹性就会变得无限大的现象。即无论增加多少货币，都会被人们储存起来。因此，即使货币供给增加，也不会导致利率下降。正如图 3 - 2 中所示的那样，当利率降到一定水平时，投资者对货币的需求趋于无限大，货币需求曲线的尾端逐渐变成一条水平线，这就是"流动性陷阱"。凯恩斯认为，"流动性陷阱"往往发生在经济萧条时期，此时不管货币供给增加多少，利率也不会下降，所以，扩张性货币政策对投资、就业和产出都没有影响。凯恩斯因此认为，经济危机时期货币政策无效，只有财政政策才能促使经济走出困境。

（三）可贷资金利率决定理论

凯恩斯在流动性偏好利率决定理论中，将利率完全视为一种货币现象，认为其高低由货币供求关系所决定，而完全忽视储蓄、投资等实际因素对利率的影响。这一理论一经提出就遭到了许多经济学家的批评。1937 年，凯恩斯的学生罗伯逊在古典利率决定理论的基础上提出了可贷资金利率决定理论，该理论一方面肯定了古典学派重视储蓄和投资对利率的决定作用，另一方面指出忽视货币因素对利率的影响也是不妥当的；并将货币因素与实际因素结合起来分析了利率的形成与决定问题。

可贷资金利率决定理论首先分析了可贷资金供给与可贷资金需求的构成。认为可贷资金需求来自两部分：第一，投资 I，这是可贷资金需求的主要部分，它与利率呈负相关。第二，货币的窖藏 ΔM_C，这是指储蓄者并不把所有的储蓄都贷放出去，而是以现金形式保留一部分在手中。因为货币不只是交易媒介，也是储藏手段，储蓄者有可能窖藏一部分货币而不借出。结果，有一部分储蓄不能用做投资；甚至借款者也可能窖藏一部分资金而不用于投资。显然，货币的窖藏也是与利率呈负相关的，因为利率是货币窖藏的机会成本。可贷资金供给也来自两部分：第一，储蓄 S，即个人、企业和政府的实际储蓄，它是可贷资金供给的主要来源，与利率同方向变动。第二，货币供给的增加量 ΔM_S，因为中央银行和商业银行也可以分别通过增加货币供给和信用创造来提供可贷资金，它与利率呈正相关。

可贷资金利率决定理论接着提出了利率由可贷资金的供给与需求所决定的观点。按照可贷资金利率决定理论，利率是使用借贷资金的代价，利率取决于可贷资金供给（L_S）与可贷资金需求（L_D）的均衡点，故可贷资金利率决定理论可以用公式表示如下：可贷资金供给 $L_S = S + \Delta M_S$；可贷资金需求 $L_D = I + \Delta M_C$；当利率达到均衡时，则有 $S + \Delta M_S = I + \Delta M_C$。式中，四项因素均为利率的函数，如图 3 - 3 所示。该图中，可贷资金供给曲线 L_S 与可贷资金需求曲线 L_D 的交点所决定的利率 r_0 即为均衡利率。

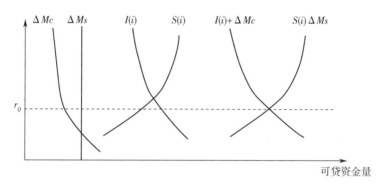

图 3 - 3　可贷资金利率决定理论

根据可贷资金利率决定理论，经济扩张将会引起可贷资金的供给曲线和需求曲线的右移，其中可贷资金需求曲线右移的幅度大于可贷资金供给曲线右移的幅度，故一般情况下，经济扩张会引起均衡利率的提高。而预期通货膨胀率的上升会引起可贷资金需求曲线的右移和可贷资金供给曲线的左移，从而也会引起均衡利率的上升。

（四）IS - LM 模型的利率决定理论

古典利率决定理论、流动性偏好利率决定理论及可贷资金利率决定理论都有一个共同的缺点，即没有考虑收入因素。而在实际中，如果不考虑收入因素，利率水平实际上是无法确定的。因为现实中储蓄、投资乃至货币需求都是收入的函数。为此，希克斯和汉森弥补了这一不足，建立了 IS - LM 模型，在讨论利率水平决定时，引入收入因素，提出了收入与利率相互同时决定的利率决定理论，该理论也被认为是当今解释名义利率决定过程的最成功的理论。希克斯认为，利率是一种特殊的价格，必须从整个经济体系来研究它的决定。因此应该将生产率、节约、流动性偏好、收入水平和货币供给量，即非货币因素和货币因素结合起来，运用一般均衡的方法来探索利率的决定。

在 IS - LM 模型中，当投资与储蓄相等时，实体经济部门达到均衡。即 $Y = S + C = I + C$，C 为消费，得到 I（i）$= S$（y），其中投资 I 是利率的递减函数，储蓄 S 是收入的递增函数。IS 曲线是产品市场均衡曲线，它代表的是使产品市场上的供给等于需求的利率与收入水平的组合，即投资等于储蓄的收入（Y）与利率（i）的组合。在产品市场均衡条件下，利率与收入呈反向变动。这是因为由于利率的上升会引起私人投资需求的下降，从而使总需求及均衡收入也随之下降，所以 IS 曲线的斜率为负。当货币供给和货币需求相等时，货币部门达到均衡。即 $L = L_1 (Y) + L_2 (i) = M_S$，其中 $L_1 (Y)$ 是收入 Y 的递增函数，$L_2 (i)$ 是利率的递减函数。LM 曲线是货币市场均衡曲线，也就是在既定的货币供给下使货币需求和货币供给相等的利率（i）和收入（Y）的组合。LM 曲线的斜率为正，这一点的经济含义是当货币供给不变时，因收入上升引起的货币需求增加必须通过由利率上升引起的货币需求下降来加以抵消，才能使货币市场继续保持均衡。当实体经济部门和货币部门同时达到均衡时，整个国民经济才能达到均衡状态。在 IS 曲线和 LM 曲线相交于 E 点时，均衡的收入水平 Y_e 和均衡的利率水平 i_0 同时被决定。

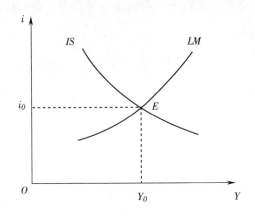

图 3 – 4　IS – LM 模型的利率决定理论

根据 IS – LM 模型可以得出以下关于利率的影响因素及其决定的结论：利率的大小取决于投资需求函数、储蓄函数、流动性偏好（即货币需求函数）和货币供给量。当资本投资的边际收益提高时，IS 曲线将向右上方移动，利率将上升；当边际储蓄倾向提高时，IS 曲线将向左下方移动，利率将下降；当交易与谨慎的货币需求增强，即流动性偏好增强时，LM 曲线将向上移动，利率将提高；当货币供给增加时，LM 曲线将向下移动，利率将降低；当物价指数提高时，LM 曲线将向上移动，利率将提高。

IS – LM 模型是当今揭示利率决定的比较系统的理论，该模型成为分析利率变动趋势的一个较好的工具。本书所介绍的 IS – LM 模型是最基本的 IS – LM 模型，把其他变量引入该模型会产生更为复杂的 IS – LM 模型，这些模型解释利率决定的作用也更大些。总的来说，影响利率变化的因素是多种多样的，前面所述的关于利率决定的理论反映了影响利率变化的主要因素。除了这些因素之外，经济周期、财政政策、国际经济关系等因素也会不同程度地影响利率的变化。在一些经济不发达的国家或地区，或者在发达国家的非常时期，利率管制也是直接影响利率变化的重要因素。

二、利率的风险与期限结构理论

前述利率决定理论讨论的主要是一般利率水平的决定问题，但是，在金融市场上有着众多的金融产品，其中固定收益证券（如债券）占了较大比重，而不同债券产品的利率水平何以会有差异，这是利率结构理论研究的问题，这一问题主要包括利率的风险结构与期限结构理论。

（一）利率的风险结构理论

利率的风险结构，是指期限相同的各种债券因风险不同而产生的利率差异。造成这种利率差异的原因有很多，其中主要有违约风险、流动性和税收差异等因素。违约风险是指当债券到期时债券发行人无力或不愿意兑现债券本息而给投资者带来损失的可能性。不同发行主体发行的债券，违约风险不尽相同，违约风险需要补偿，因而利率水平自然就会存在差异。违约风险主要取决于发行人的信誉。如一个面临巨额亏损的公司，其发行的公司债券违约风险相当大；相反，政府债券通常被认为没有违约风险，因为政府能够通过增加税收来保证其偿还能力。因此，政府债券被称为无风险债券（Risk - free Bonds）。一般来说，公司债券的违约风险大于政府债券，因此，相同期限的公司债券的利率会高于政府债券。通常，将违约风险债券与无违约风险债券的利率之间的差额称为风险补偿或风险升水（Risk Premium），它是投资者承担风险的额外收益。违约风险越大，风险补偿越大，因而利率越高。

影响债券利率风险结构的第二个因素就是它的流动性。资产的流动性是指能够迅速转换为现实购买力而不受损失的能力。流动性不同的债券具有不同的利率。由于存在流动性偏好，因此，资产的流动性越大，越受欢迎（其他因素不变）。由于政府债券交易活跃，最容易出手，且交易费用低廉，所以政府债券是流动性最强的资产。公司债券的交易量小于政府债券，寻找买主相对困难，交易成本相对较高，其流动性就小于政府债券。因此，公司债券的利率高于政府债券的利率。流动性升水（Liquidity Premium），是指由于流动性风险而产生的利率差额。例如，公司债券的流动性较低，当投资者需要资金时很难将其迅速出售，由此会给投资者带来一定损失。因此，对于流动性低的公司债券，为了吸引投资者购买，就必须对投资者给予一定的补偿，这种补偿就是流动性升水，具体表现为公司债券与政府债券的利率之差。通常，流动性越高，利率越低（价格较高）。因此，金融资产的流动性与利率反方向变动，即凡是流动性高的金融资产通常要求的流动性升水较低，从而利率也就较低。

相同期限债券之间的利率差异，除了受债券的违约风险、流动性因素影响外，还要受到税收因素的影响。因为，债券持有者真正关心的是债券的税后实际利率。如果不同种类债券利息收入的税率不同，这种差异就必然要反映到税前利率上来。通常，享受免税待遇越高，利率就越低。具体来讲，政府债券的利息收入可以免税，公司债券的利息收入则要缴纳一定比例的所得税。所以，在期限和风险相同的条件下，公司债券的利率高于政府债券的利率。

（二）利率的期限结构理论

在债券的违约风险、流动性及税收因素相同的情况下，不同期限的债券的利率差异又是如何形成的呢？这就是利率的期限结构理论所要回答的问题。利率的期限结构（Term Structure of Interest Rate）是指具有相同风险结构的债券，其利率由于距离到期日的长短不同而呈现的差异。究竟是什么因素决定了利率的期限结构呢？经济学家给出了

多种假说，主要的有三种：纯粹预期假说、市场分割假说和流动性升水假说。

1. 纯粹预期假说

纯粹预期假说是期限结构理论中最主要的理论，言其"纯粹"，是因为它假定人们对于特定期限的债券没有任何偏好，投资者仅仅关心债务工具的预期收益。换句话说，对投资者而言，只要某种债券的预期收益率更高，投资者就会毫不犹豫地转向持有该债券，而不管其期限的长短。同时，还假设金融市场是有效率的，人们在不同期限的债券之间进行套利没有转换成本，这样，充分套利的结果必然是任何有利可图的机会将被消除，当市场均衡时，长期利率是该期限内预期的短期利率的平均值。

2. 市场分割假说

纯粹预期假说假定投资者没有严格的期限偏好，对此，市场分割假说提出了完全不同的假设，它假定市场由具有不同投资期限偏好的投资者组成，每种投资者都偏好或只投资于某个特定品种的债券，所以，不同期限的债券完全不可相互替代，一种期限债券的预期回报率对另一种期限债券的需求没有任何影响，从而使各种期限债券的利率只由该种债券的供求决定。因此，市场是分割的。市场分割假说认为造成市场分割的原因有很多，这里主要从风险角度进行解释。假设投资者是风险厌恶者，个人或机构为避免未来遭遇不愿承受的风险和损失，就不会选择偏离自己未来用款计划的期限。不同的投资者有不同的支出计划，就会形成不同期限债券各自的市场。短期内有用款计划的，就会偏好短期债券；长期内有用款计划的，就会偏好长期债券。但相对来说，长期的支出计划总是更难早作筹划，所以，对短期债券的需求还是更多一些。类似的道理，不同的金融机构也有可能偏好不同期限的债券市场。商业银行出于流动性管理的需要，会偏好持有期限较短的债券，特别是政府债券，以便在有资金需求时可以顺利变现。但人寿保险公司没有迫切保持流动性的需要，所以，更倾向持有期限较长的债券，以便获得更理想的收益。从债券发行者来看，也会按照自己的业务特点，选择发行合适期限的债券。

3. 流动性升水假说

流动性升水假说认为不同期限的债券可以相互替代，这就决定了一种期限债券的预期回报率可以影响其他不同期限债券的预期回报率。同时，该理论也承认投资者对不同期限债券的偏好，换句话说，不同期限的债券可以相互替代，但不是完全替代的。也就是说，投资者对一种期限债券的偏好大于另一种期限债券，所以他习惯于投资某一特定期限的债券市场，但是，投资者仍然关心那些期限非偏好债券的预期回报率，所以，如果一种债券的预期回报率高于其期限偏好债券预期回报率到一定程度时，他们也愿意购买期限非偏好债券。该理论在纯粹预期假说的基础上，充分考虑了债券的流动性风险，认为长期债券的流动性低于短期债券，因而，持有长期债券是有风险的。如果不向长期债券持有人进行补偿，则投资者将偏好于短期债券。但从借贷的角度来看，借款者却又偏好长期借款，以保证他们有稳定的资金来源，这就导致了对不同期限债券的供给和需求形式上的不平衡。因此，必须支付一份流动性升水才能使投资者愿意持有长期债券。长期债券的利率应等于该债券到期前预期的短期利率的平均值加上该债券的期限升水（流动性升水或期限补偿）。

【应用】

1996—2007 年我国经历的几次利率调整及其背景

1996 年我国利率市场化进程正式启动，发展的 21 年中我国利率基于不同时期的宏观经济背景进行了特点鲜明的两轮利率大调整。

一、1996—2002 年 8 次利率下调及其宏观经济背景

从 1996 年 5 月 1 日至 2002 年 2 月 21 日，人民币利率连续 8 次下调，平均约每 8 个月下调一次，幅度之大，史无前例。通过连续降息，利率水平从高位一直调至低位，达到新中国成立五十多年来的最低水平。一年期存款从年息 10.98% 降至 1.98%，降幅达 82%；一年期贷款从 12.24% 降至 5.31%，降幅为 57%。存款平均利率累计下调 5.98 个百分点，贷款平均利率累计下调 6.92 个百分点。且总体来看，期限越长降幅越大。五年期存款比一年期存款多降低 2.7 个百分点，贷款多 2.43 个百分点。这 8 次降息幅度大、密度高，其背后有着复杂的宏观经济背景。

（一）1996 年两次降息：反通货膨胀的尾声

1993 年，我国在经济高速发展的同时出现了通货膨胀，成为经济发展中存在的一个重要问题。针对这一动向，中央银行于 1993 年 5 月和 7 月连续两次调高利率，并且决定从 7 月开始再次开办保值储蓄业务，以保护广大储户的利益。为了进一步抑制通货膨胀，稳定市场和经济，1995 年 1 月和 7 月又两次调高存款利率。经过三年的努力，以治理通货膨胀为首要任务的宏观调控基本达到预期目标，金融运行基本保持了平稳发展的态势。

1996 年是实施"九五"计划的第一年，就总体宏观经济状况来看良好，但微观层面上却存在较多的问题，这一年的宏观调控依然定位在反通货膨胀和实现"软着陆"上。然而，此时历时三年的适度从紧的大环境使我国经济出现了新变化，物价涨幅已经出现大幅回落，固定资产投资明显减缓，银行存款增量出现了大于贷款增量的现象，这种情况自我国改革开放以来并不多见。据统计，1995 年上半年，金融机构新增各项存款已大于贷款达 4 亿元以上。这就为中央银行 5 月 1 日下调存贷款利率创造了条件和空间。第一次利率下调十分有限，利率总水平仍然偏高。从物价变动情况来看，1996 年上半年全国物价上涨幅度已低于 7%，并呈现继续回落的势头。而相当多的企业不仅未能摆脱亏损的局面，有些企业的效益还在不断滑落。鉴于此，在上次利率下调之后仅三个月，再次降低了存贷款利率。

1996 年的两次利率下调仍然是前期反通货膨胀的延续与微调，主要目的在于适当减轻企业负担，促进国民经济持续健康发展。这是我国利率调整的一个重大转折点。

（二）1997—2002 年的连续降息：稳健货币政策的逐步推进

1996 年成功实现"软着陆"之后，1997 年继续呈现"低通胀，高增长"的良好态势。随着国家各项宏观调控措施的逐步落实，国家经济形势在继续保持稳步健康发展的同时出现了一些新的特点。一是买方市场基本形成；二是虽然经过 1996 年利率的两次调整，物价的跌势有所趋缓，但仍以下跌的惯性不断回落；三是企业经济效益虽有所好转，但仍未走出困境；四是国内需求出现不振的迹象，社会消费品零售总额增长趋缓。因此，中央银行决定在1月23日下调金融机构存贷款利率。

1998年，国际经济环境发生了变化，席卷东南亚的金融危机对我国的影响逐步显现，周边国家的货币不断贬值，给人民币的币值稳定和扩大国外需求带来很大的压力。同时，国内需求回升力不够大，消费品市场依然维持买方市场格局，商品零售物价涨幅从1997年9月开始，逐月都是负增长。此外，自1998年9月9日本率先降低利率以来，美国、英国、加拿大、欧元区国家及多个亚洲国家和地区紧随其后，使全球利率处于一个很低的水平。在这种国际国内环境下，1998年3月25日、7月1日、12月7日的三次高频降息成为我国经济市场化、国际化发展要求的一部分。三次下调使人民币存款利率平均累计降低1.15个百分点，贷款利率平均累计降低2.22个百分点，存贷款利差同时缩小。

到1999年，尽管第一季度的国内生产总值同比增长达到8.3%，固定资产投资有所加快，但前期制约经济增长的一些因素仍未能获得根本解决，还不能断定经济是否已整体步入回升。主要依据是：第一，我国出口仍继续下降。受亚洲金融危机影响的国家，其货币贬值使它们在出口方面具有的价格优势，对我国出口产生的不利影响已经显现出来。第二，在居民消费仍然不振的同时，居民储蓄仍进一步增强。1999年第一季度居民储蓄存款新增4446亿元，比上年同期多增1551亿元。第三，在投资方面，第一季度的投资增长无法形成持续之势，其原因是上年财政政策的效力逐月递减，企业的盈利能力还继续保持在低水平。为此，又发生了1999年6月1日的降息。

其后，美国、日本和欧盟三大"经济体"自21年以来经济增长持续下滑，带动世界经济增长步伐持续放缓。这对中国经济发展带来了较明显的影响，尤其是外贸增幅下滑，致使外贸需求拉动经济增长的力量在一定程度上下降。国内经济增长中也存在一些不确定因素，如投资需求虽有积极财政政策大力拉动，但民间和社会投资需求没有充分地激活；消费需求增长尚不稳定，增加农民收入还需要下大力气。2001年，我国GDP增长呈现逐季下降的趋势，消费物价指数也是连续数月下降。在分析国际、国内金融形势的基础上，中央银行在2002年初进行了自1996年以来的第八次降息。

总的来说，这一轮大幅的降息是针对我国在国内经济发展微观结构尚有问题和亚洲金融危机的冲击影响下经济增长放慢，投资和消费趋缓，出口大幅回落，市场有效需求不足，物价连续负增长，出现通货紧缩趋势等状况，及时采取扩大内需的稳健货币政策的重要举措。

二、2004—2007年的四次利率上调及其宏观经济背景

连续8次利率下调之后我国经济在低利率环境中稳定发展，然而也出现了经济过热和流动性过剩等新问题，由此引发了新一轮利率调整。

（一）2002—2005年利率首次微调：加息通道的形成

"非典"过后，2003年下半年中国经济开始出现一些新的情况：物价水平结束低

迷状态，在粮食和食品价格的带动下开始上涨；固定资产投资增长速度加快；能源、电力等供应开始紧张；实际利率连续达 9 个月为负，造成居民储蓄存款增幅持续下降、房地产业虚假繁荣、大量资金脱离银行体系"体外循环"等诸多问题。同时，国际市场美元利率不断上调。从 2003 年 7 月至 2004 年 9 月，随着国家一系列降低经济过热的宏观调控措施出台，而在中央银行采取的诸多货币政策操作中，调整法定存款准备金率这一传统的工具却迟迟不用，使人们对加息的预期逐渐形成。

2004 年 1 月 29 日，中央银行终于决定调整银行存贷款利率：金融机构一年期贷款利率上调 0.27 个百分点，一年期存款利率上调 0.27 个百分点。中长期存款利率上调幅度大于短期，体现了利率杠杆作用，控制固定资产投资增长过快的政策意图。这一次的调整幅度虽然不大，但却是我国推进利率市场化改革的重要信号，也是自 1995 年以来的首次升息。

（二）2006—2007 年利率小幅上升：流动性管理时代

首次加息以后，2005 年我国经济增长呈现以下特点：一是经济增长的重工业化特征明显，并带来了环境污染、能源浪费等负面影响；二是固定资产投资势头得到了暂时的遏制；三是消费市场走出"非典"的影响，恢复性增长，结构也趋于合理。在进一步巩固宏观调控成果，保持国民经济持续、快速、协调、健康发展的良好势头，进一步发挥经济手段在资源配置和宏观调控中的作用的目的下，2006 年利率进行了两次适当的微调。分别在 4 月 28 日上调金融机构贷款基准利率和 8 月 19 日同时上调存贷款利率。此外更为重要的是，这一时期中国经济经历了历史上最为强劲的国际收支顺差持续加剧和人民币升值压力，外汇占款成为我国基础货币投放的主要部分，信贷增长过快、资本市场价格井喷等流动性泛滥造成的问题成为中国经济的主要矛盾，从而流动性管理成为中央银行最重要的目标。2006 年以后，5 次上调法定存款准备金率，且每个月以高利率定向发行票据来收紧市场上过剩的货币流动。然而这些措施的效果并不明显，专家估计，市场上仍有将近 6 千亿元的资金在寻找出口。在存款准备金调整的空间逐渐缩小的被动局面下，权衡加息可能带来的更大的人民币升值压力，中央银行在 2007 年 3 月 18 日仍选择了加息这一手段以促进内部平衡。小幅度的加息对实体经济的影响依然不大，主要起着警示的作用。流动性过剩仍然是中央银行面对的首要问题。

【本章小结】

本章分两节介绍了利息和利率的决定的相关知识。第一节主要介绍了利息及其本质、利率及其种类、利率在经济中的作用；第二节主要介绍了利率的决定理论以及风险和期限结构理论。

通过本章的学习，要求学生掌握利息的本质是什么，利率在经济中有哪些作用；了解利率的决定理论有哪些，掌握各种利率决定理论的主要思想是怎样的，掌握利率风险

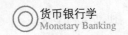
和期限结构理论的主要内容是什么。

【关键词汇】

利息　利率　基准利率　流动性陷阱　利率的风险结构　利率的期限结构

【问答和思考题】

1. 单利与复利的含义是什么？如何计算？
2. 终值与现值的含义是什么？如何计算？
3. 简述现代经济中利率对经济的作用有哪些。
4. 简述古典利率决定理论的主要内容及特点。
5. 简述流动性偏好利率决定理论的主要内容。
6. 可贷资金利率决定理论是如何分析利率决定的？
7. 简述 IS－LM 利率决定理论是如何分析利率决定的。
8. 影响利率水平的因素有哪些？
9. 简述利率风险结构理论的主要内容。
10. 纯粹预期假说是如何解释利率期限结构的？
11. 市场分割假说是如何解释利率期限结构的？
12. 流动性升水假说是如何解释利率期限结构的？
13. 已知实际利率为4%，名义利率为8%，那么，市场预期的通货膨胀率将是多少？
14. 假设纯粹预期假说是利率期限结构的合理解释，以下给定未来5年内的1年期利率，请分别计算1年期至5年期的利率，并画出收益曲线。
（1）5%、7%、7%、7%、7%；
（2）5%、4%、4%、4%、4%。

第四章

金融市场

【本章导读】

金融市场是货币和信用工具交易的场所和机制的总称。从不同的角度出发，金融市场可以分为不同的类型。作为金融体系的主要组成部分之一，金融市场对现代经济和社会的发展起着十分重要的决定作用。本章主要阐述金融市场的概念、分类及功能等知识。

第一节　金融市场概述

一、金融市场的概念与特性

（一）金融市场的概念

金融市场是买卖金融工具以融通资金的场所或机制。把它视为一种场所，是因为只有这样才能与市场的一般含义相吻合；把它视为一种机制，是因为金融市场上的融资活动既可以在固定场所进行，也可以不在固定场所进行，不在固定场所进行的融资活动就可以理解为一种融资机制。

金融市场的范围有多大？从广义上看，它包括了资金借贷、证券、外汇、保险和黄金买卖等一切金融业务，是各类金融机构、金融活动推动的资金交易的总和。

金融市场上资金的运动具有一定规律性，它总是从多余的地区和部门流向短缺的地区和部门，其运动轨迹如图4-1所示。

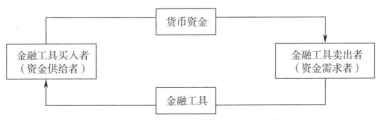

图4-1　金融市场货币资金运动示意图

（二）金融市场的特性

与普通商品市场相比，金融市场有其自身的特性：

1. 交易对象具有特殊性

普通商品市场上的交易对象是具有各种使用价值的普通商品，而金融市场上的交易对象则是形形色色的金融工具。

2. 交易商品的使用价值具有同一性

普通商品市场上的交易商品的使用价值是千差万别的，而金融市场上交易对象的使用价值则往往是相同的，即给金融工具的发行者带来筹资的便利，给金融工具的投资者带来投资收益。

3. 交易活动具有中介性

普通商品市场上的买卖双方往往直接见面，一般不需要借助中介机构，而金融市场的融资活动大多需要通过金融中介来进行。

4. 交易双方的地位具有可变性

普通商品市场上的交易双方的地位具有相对的固定性，例如，个人或家庭通常只买不卖，商品生产经营者通常以卖为主，有时也可能买，但买的目的还是为了卖。而金融市场上融资双方的地位是可变的，此时可能因资金不足而成为资金需求者，彼时可能因为资金有余而成为资金供应者。

二、金融市场的分类

这里介绍了金融市场的八种分类方法，其中第一种、第二种和第四种分类方法较为常见。

（一）按融资期限分类

按融资期限，金融市场可分为短期金融市场与长期金融市场。短期金融市场通常称为货币市场，是指期限为一年以内的短期融资市场，其作用主要是调节临时性、季节性和周转性资金的供求，它主要包括短期借贷市场、同业拆借市场、票据市场、短期债券市场、回购市场等。长期金融市场通常称为资本市场，一般是指期限为一年以上的长期融资市场，其作用主要是调节长期性和营运性资金供求，它主要包括银行中长期存贷款市场、股票市场和长期债券市场。

（二）按融资方式分类

按融资方式，金融市场可分为直接金融市场与间接金融市场。在直接金融市场上，筹资者发行债务凭证或所有权凭证，投资者出资购买这些凭证，资金就从投资者手中直接转到筹资者手中，如股票市场。在间接金融市场上，由资金供给者首先把资金以存款等形式借给银行等金融机构，二者之间形成债权债务关系，再由银行等机构把资金提供给需求者，又与需求者形成债权债务关系，通过银行这种信用中介的传递，资金供给者的资金间接地转到需求者手中，因此，间接金融市场往往特指银行存贷款市场。

（三）按交易层次分类

按交易层次，金融市场可分为一级市场与二级市场。一级市场，又称初级市场或发行市场，是指通过发行新的融资工具以融资的市场；二级市场，又称次级市场或流通市场，是指通过买卖现有的或已经发行的融资工具以实现流动性的交易市场。

（四）按交易对象分类

按交易对象，金融市场可分为资金市场、外汇市场、黄金市场、证券市场和保险市场。资金市场是指以本国货币表示的资金作为买卖对象的市场，往往专指银行存贷款市场；外汇市场是指以外国货币、外币有价证券、外币支付凭证等作为交易对象的市场；黄金市场是指以黄金作为交易对象的市场；证券市场是指以股票、债券等有价证券作为交易对象的市场；保险市场是指进行各种保险和再保险业务的市场。

（五）按交易方式分类

按交易方式，金融市场可分为现货市场与期货市场。前者是指当期就发生款货易手的市场，其重要特点是一手交钱一手交货；后者是指交易成立时不发生款货易手，而是在交易成立后约定日期实行交割的市场，它把成交与交割分离开来。

（六）按交易场所分类

按交易场所，金融市场可分为有形市场与无形市场。前者也称场内市场，是指有固定场所的市场，它是有组织、制度化了的市场。后者也称场外市场，是指没有固定交易场所的市场，其大量交易是通过经纪人或交易商的电话、传真等洽谈成交的。

（七）按功能分类

按功能，金融市场可分为综合市场和单一市场。前者是指功能比较齐全完备的市场，既有货币市场，又有资本市场、外汇市场和黄金市场；既有现货市场，又有期货市场；既是国内市场，又是国际市场。这样的市场一般只有在少数发达国家和地区才能见到。后者是指仅有某些交易功能和交易对象的市场，其多存在于欠发达的国家和地区。

（八）按区域分类

按区域，金融市场可分为国内金融市场和国际金融市场。在金融市场发育的早期，或许对于大多数欠发达国家来说，其金融市场多表现为国内市场，交易以本国货币为主，参与者以本国居民为主。随着国际交往的扩大，一些国内金融市场逐渐发展为国际金融市场。

三、金融市场的构成要素

（一）交易主体

金融市场的交易主体是指金融市场的参与者。按交易行为的性质，金融市场的交易主体可分为供应主体与需求主体。前者是资金盈余者，后者是资金短缺者。按专业化程度，金融市场的交易主体可分为专业主体与非专业主体。前者是专门从事金融活动的交易主体，如银行、证券公司、保险公司、信托投资公司、财务公司等；后者是非专门从事金融活动的交易主体，如企业、家庭或个人、政府机构等。按空间结构，金融市场的交易主体可分为居民主体与非居民主体。前者是来自国内的交易主体，它包括国内的政府、企业以及家庭或个人；后者是来自国外的交易主体，即国外的政府、企业、家庭或个人。在资本项目尚未完全开放的国家和地区，为实现证券市场的有序、稳妥开放，往往采用 QFII（Qualified Foreign Institutional Investors）和 QDII（Qualified Domestic Institutional Investors）制度作为一种过渡性安排。前者是指合格境外机构投资者的认证制度，包括注册资本数量、财务状况、经营期限、有无违规违纪记录等考核标准。为建立香港人民币回流机制，中国内地还在原有的 QFII 认证制度的基础上，推出了 RQFII，即人民币境外机构投资者的认证制度。后者是指合格境内机构投资者的认证制度。中国目前的 QDII 产品主要有保险系 QDII、银行系 QDII 及基金系 QDII 三大类。

（二）交易对象

金融市场的交易对象是货币资金。但在不同的场合，这种交易对象的表现是不同的。在信贷市场，货币资金作为交易对象是明显的，它表现了借贷资金的交易和转让。而在证券市场，直接交易的是股票或债券等有价证券，交易对象似乎转换了。但从本质上讲，交易的仍然是货币资金，因为有价证券是虚拟资本，只是货币资金的载体。

（三）交易工具

作为交易对象的货币资金，在资金融通这种交易过程中，往往需要有一种契据、凭证，作为载体进行交易。这种载体常被称为金融工具。金融工具从广义上讲，与信用工具、金融资产或金融商品没有区别。

（四）交易价格

作为金融市场交易对象的货币资金，在其交易转让过程中是以"还本付息"为条件的使用权的转移。因此，利息往往视为货币资金交易的价格。但单纯以利息来衡量，无法区别本金的不同。所以，以利息的相对指标（即利率）来衡量货币资金的交易价格。

四、金融市场的功能

（一）资本积累功能

金融市场的资本积累功能是指金融市场引导众多分散的小额资金汇聚成可以投入社会再生产的资金集合的功能。在这里，金融市场起着资金"蓄水池"的作用，可以调剂余缺、弥补缺漏。金融市场之所以具有资金的积聚功能，一是由于金融市场创造了金融资产的流动性；二是由于金融市场上多样化的融资工具，为资金供应者的资金寻求合适的投资手段找到了出路。

（二）资源配置功能

在金融市场上，随着金融工具的流动，价值和财富的再分配应运而生。金融是物资的先导，金融资产的流动带动了社会物质资源的流动和再分配，将社会资源由低效部门向高效部门转移。市场信息的变化、金融工具价格的起落，都给人以启示，引导人们放弃一些金融资产而追求另一些金融资产，使资源通过金融市场不断进行新的配置。

（三）调节经济的功能

在宏观调控方面，政府实施货币政策和财政政策离不开金融市场。存款准备金、利率的调节要通过金融市场来进行，公开市场业务更是离不开金融市场。以增减国债方式实施的财政政策，同样要通过金融市场来实现。在经济结构方面，人们对金融工具的选择实际上是对投融资方向的选择，由此对运用资金的部门加以划分，追求一部分，疏远和抛弃一部分。这种选择的结果，必然发生优胜劣汰的效应，从而达到调节经济结构的目的。

（四）反映经济的功能

金融市场是国民经济的信号系统。首先，金融市场反映了微观经济运行状况，如某只股票价格的涨跌，往往反映了该公司经营管理和经济效益的变化；其次，金融市场也反映了宏观经济运行状况，如国家的经济政策，尤其是货币供应量的变化等货币政策，会反映在金融市场之中；最后，在经济全球化背景下，国内金融市场同国际金融市场连为一体，因此金融市场往往也反映了世界经济的发展动向。

五、中国金融市场的发展

（一）货币市场的发展

经济体制改革以来，中国已建立起以银行短期信贷市场、同业拆借市场、票据市场、短期债券市场、回购市场为主体，以位于上海的中国外汇交易中心暨全国银行间同业拆借中心为交易平台的货币市场体系，其参与主体已覆盖了商业银行、外资银行、保险公司、证券公司、基金管理公司、信用社等各类金融机构。

从功能上看，目前中国的货币市场除发挥重要的短期融资功能以外，还在利率市场化方面发挥了重要的作用。1996 年 6 月 1 日，中央银行放开了全国统一银行拆借利率，拉开了中国利率市场化的序幕；2007 年 1 月 4 日，SHIBOR（上海银行间同业拆放利率）的正式运行，标志着中国由市场培育基准利率的工作已经展开。

（二）资本市场的发展

中国经济体制改革后的资本市场是以国债市场的恢复为发端的，1981 年，40 亿元国债的发行拉开了新一轮启动资本市场的序幕；1984 年 7 月，北京天桥百货公司的登记注册，开创了中国股票融资的先河；1990 年 12 月和 1991 年 7 月，上海证券交易所和深圳证券交易所相继正式营业，使中国证券市场进入了一个全新的发展阶段。经过 20 多年的发展，中国资本市场在曲折的发展中取得了举世瞩目的成就，逐步形成了包括主板、中小板、创业板、为高新科技园区企业股份公开转让服务的"新三板"以及区域性股权市场的多层次资本市场体系。截至 2012 年底，中国上市公司总数为 2628 家，市值为 26.88 万亿元，位居全球第三。

（三）中国的金融市场体系

目前，中国已基本形成了货币市场、资本市场、外汇市场、黄金市场、保险市场共存的金融市场体系。随着《金融业发展和改革"十二五"规划》的落实，中国金融市场在资源配置中的基础作用正在不断增强。

第二节　货币市场

货币市场是指期限在一年以内的债务工具的交易市场，又称短期金融市场，是最早

和最基本的金融市场组成部分。

货币市场上的资金供给者主要有以下五类：一是商业银行，它们是市场上最活跃的主体，所占的交易量最大，对资金供求与利率波动的影响也最大。二是其他的金融机构，如银行以外的信用合作社、金融公司、财务公司、保险公司和信托公司等。三是企业，由于销售收入的集中性会形成企业资金的暂时闲置，它们通过购买证券向市场注入资金。四是个人，有些国家对货币市场交易规定有最低规模限制，个人资金只能以各种"基金组织"的名义参加货币市场交易。五是中央银行，中央银行通常采用在公开市场买卖有价证券、贴现、再贷款等形式参与货币市场，调控宏观金融。

货币市场上的需求者主要有以下三类：一是政府，政府财政收入有先支后收的季节性特征，有必要进入货币市场发行国库券筹措短期资金。二是企业，企业在生产经营中会出现临时性和季节性的资金需求，可以在货币市场上发行商业票据等来筹措所需资金。三是商业银行，商业银行发生流动性困难时，也会在货币市场融通资金。

货币市场主要由同业拆借市场、票据市场、国库券市场、回购市场、大额可转让定期存单市场等若干个子市场构成，以下分别论述。

一、同业拆借市场

（一）同业拆借市场的定义及其形成

1. 同业拆借市场的定义

同业拆借是金融机构之间相互融通短期资金的一种金融业务。同业拆借市场，又称银行同业拆借市场（Interbank Market）或同业拆放市场，是指银行与银行之间、银行与其他金融机构之间以及其他金融机构之间进行短期、临时性头寸调剂的市场。

2. 同业拆借市场的形成

同业拆借市场最早出现于美国，其形成的根本原因在于法定存款准备金制度的实施。按照美国 1913 年通过的《联邦储备法》的规定，加入联邦储备银行的会员银行，必须按存款数额的一定比率向联邦储备银行缴纳法定存款准备金。而由于清算业务和日常收付数额的变化，总会出现有的银行存款准备金多余，有的银行存款准备金不足的情况。存款准备金多余的银行需要把多余部分运用，以获得利息收入，而存款准备金不足的银行又必须设法借入资金以弥补准备金缺口，否则就会因延缴或少缴准备金而受到中央银行的经济处罚。在这种情况下，存款准备金多余和不足的银行，在客观上需要互相调剂。于是，1921 年，在美国纽约形成了以调剂联邦储备银行会员银行的准备金头寸为内容的联邦基金市场。在经历了 20 世纪 30 年代的第一次资本主义经济危机之后，西方各国普遍强化了中央银行作用，相继引入法定存款准备金制度作为控制商业银行信用规模的手段，与此相适应，同业拆借市场也得到了较快发展。现代的同业拆借市场的拆借交易不仅仅发生在银行之间，还扩展到银行与其他金融机构之间。从拆借目的来看，不再限于补足存款准备金和轧平票据交换头寸，金融机构如果在经营过程中出现暂时的、临时性的资金短缺，也可进行拆借。更重要的是，同业拆借已成为银行实施资产负债管理的有效工具。由于同业拆借的期限较短，风险较小，许多银行都把短期闲置资金投放于该市场，以利于及时调整资产负债结构，保持资产的流动性。

（二）同业拆借市场的特点

银行同业拆借市场的特点，归纳起来有以下几点：

1. 融资期限的短期性

银行同业拆借的期限一般较短，以半天、1 天、2 天或 7 天居多，最短可能是几个小时，或隔夜拆借，最长不超过一年。

2. 交易的同业性

同业拆借市场有着严格的市场准入条件。一般在金融机构或某类金融机构之间进行，而非金融机构，如工商企业、政府部门及个人或非指定的金融机构，不能进入同业拆借市场。参与拆借的机构基本上都在中央银行开立了存款账户，交易资金主要是该账户上的多余资金。

3. 交易金额的大宗性

同业拆借金额较大，且一般不需要担保或抵押，完全是一种协议和信用交易。双方都以自己的信用担保，并严格遵守交易协议。以英国伦敦同业拆借市场为例，交易数量最少为 25 万英镑，最高可达几百万英镑。

4. 同业拆借利率的参考性和政策指导性

同业拆借市场的利率是一种市场化程度很高的利率，能够充分灵敏地反映资金供求的状况及变化，从而成为货币市场的参考利率。同时，由于同业拆借市场交易量大，能敏感地反映资金供求关系和货币政策意图，影响货币市场利率，因此，同业拆借利率也成为货币政策调控的主要对象。

同业拆借的拆款按日计息，拆息与拆借本金之比称为"拆息率"。在国际货币市场上，比较典型的、有代表性的同业拆借利率有三种，即伦敦银行同业拆借利率（LIBOR）、新加坡银行同业拆借利率（SHIBOR）和香港银行同业拆借利率（HIBOR）。伦敦银行同业拆借利率是伦敦金融市场上银行之间相互拆放英镑、美元及其他欧洲货币的利率。由报价银行在每个营业日上午 11 时对外报出，分为存款利率和贷款利率两种报价，资金拆借的期限为 1 个月、3 个月、6 个月和 1 年等几个档次，新加坡银行同业拆借利率和香港银行同业拆借利率的生成和作用范围是两地的亚洲货币市场，其报价方法和拆借期限与伦敦银行同业拆借利率并无差别。不过，其在国际货币市场中的地位和作用，较之伦敦银行同业拆借利率要大大逊色。

5. 交易简便的无形市场

同业拆借市场的交易主要通过电话协商的方式进行，是一种无形市场，双方达成协议后，就可以通过各自在中央银行的存款账户自动划账清算，或者向资金交易中心提出供求和进行报价，由资金交易中心进行撮合成交，并进行资金划账。交易手续如图 4 - 2 所示。在同业拆借市场形成初期，资金拆借一般不通过第三者而直接进行交易，后来，随着同业拆借市场的发展，出现了专门在拆借双方之间充当交易中介的经纪人，这些经纪人经常通过电话与资金拆出者和拆入者保持联系，介绍成交，并向双方按成交额收取一定比例的佣金。这种经纪人在美国被称为联邦基金经纪人，在英国被称为银行经纪

商，在日本则被称为短期资金公司。

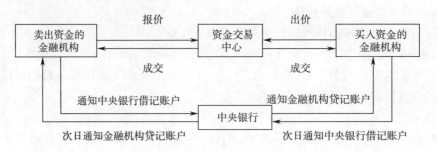

图 4 - 2　银行同业拆借交易简图

　　我国银行同业拆借市场于 1996 年 1 月 3 日正式建立，参与交易的机构是商业银行、证券公司、财务公司、基金公司、保险公司等。该市场也成为中国人民银行进行公开市场操作的场所。从 1996 年 1 月开始，中国人民银行运用计算机网络系统，对交易量、利率、期限等同业拆借市场的各种信息集中汇总，并据此在加权平均的基础上生成全国统一的同业拆借市场加权平均利率（CHIBOR）并对外公布。2007 年 1 月 4 日，由全国银行间同业拆借中心发布的"上海银行间同业拆放利率"（SHIBOR）正式运行。它是以位于上海的全国银行间同业拆借中心为技术平台计算、发布并命名，由信用等级较高的银行组成报价团自主报出的人民币同业拆出利率的算术平均利率，SHIBOR 品种包括隔夜、1 周、2 周、1 个月、3 个月、6 个月、9 个月及 1 年 8 个品种。目前，该利率已成为我国同业拆借市场上的主要参考利率。

二、票据市场

（一）票据市场的构成

　　票据市场，是指各类票据发行、流通及转让的场所。第二章已述，商业票据分为两大类：一是传统的商业票据，包括汇票、本票和支票，进入货币市场流通的主要有汇票和本票；二是创新的商业票据，如融通票据。其中，银行承兑汇票市场是票据市场的主体，融通票据市场在票据市场上的比重也越来越大。

　　银行承兑汇票（Bank's Acceptance Bill）是由银行担任承兑人的一种可流通汇票。汇票之所以需要承兑，是由于债权人作为出票人单方面将付款人、金额、期限等内容记载于票面，从法律上讲，付款人在没有承诺前不是真正的票据债务人。经过承兑，承兑者就成了汇票的主债务人。付款人一旦对汇票作出承兑，即成为承兑人并以主债务人的地位承担汇票到期时付款的法律责任。一旦银行在汇票上盖上承兑的戳记，该汇票就有了银行的付款保证，投资者就愿意购买或能轻易地将它变现，于是，由银行承兑的汇票便成为货币市场上的重要工具。银行承兑汇票是商业信用与银行信用相结合的信用票据，它有出票人和承兑银行的双重付款保证，因而其信用风险极低。需要指出的是，在发达市场经济国家，银行承兑汇票的出票人大多是银行自身。由于一些国家，如美国规定银行出售银行承兑汇票的收入无须缴纳存款准备金，这就鼓励了大量银行及其他金融机构进行银行承兑汇票的买卖。

融通票据市场实际上是一个一级市场，虽然没有成熟的二级市场，但是，融通票据的流动性并没有因此而受到影响。一是因为融通票据的期限很短，平均期限只有 20 ~ 270 天；二是因为融通票据，通常是业绩卓著而极有信誉的工商企业所发行的短期、无担保期票。大多数的出票人愿意在持有者资金周转困难时购回票据。商业银行是融通票据的主要投资者，因为投资融通票据比银行贷款安全性更高，融通票据的发行者主要有工商业大公司、公共事业公司、银行持股公司及金融公司等。

（二）票据市场交易的类型

1. 票据承兑

既然本票的付款人为出票人自己，因此没有承兑制度。所以，票据承兑实质上就是汇票的付款承兑行为，包括商业承兑和银行承兑，其中以银行承兑为主。承兑人承担付款责任，并收取一定比例（如 1‰）的承兑费。

在办理银行承兑时，由付款人或承兑申请人向银行提出申请，经银行审查同意，由承兑银行在商业汇票上签字承兑，保证汇票到期时无条件付款。承兑申请人于汇票到期前将款项付给收款人或贴现银行。到期时，如果承兑申请人未能足额交付票款，承兑银行则要凭票向收款人或贴现银行无条件支付票款，并根据承兑协议规定，将尚未收回的承兑金额记入付款人（承兑申请人）的贷款账户，作逾期贷款处理，对承兑申请人执行扣款，并按一定比例按天计收罚息。

商业承兑是由银行以外的付款人承兑的法律行为。商业承兑汇票和银行承兑汇票的承兑人不同，决定了商业承兑汇票是商业信用，银行承兑汇票是银行信用。因此，商业承兑汇票在信用等级和流通性上都低于银行承兑汇票，在银行办理贴现的难度较银行承兑汇票大。

2. 票据贴现

票据贴现是票据流通行为的重要方式，包括票据贴现、转贴现和再贴现三种方式。贴现（Discount），是指银行承兑汇票的持票人在汇票到期日前将汇票出售给银行融通资金的票据买卖行为。贴现是银行的一项资产业务，因为贴现时，银行实际上与汇票的付款人存在一种间接贷款关系。银行办理贴现业务时，要扣除一定的利息，称为贴现利息，简称贴息。贴息与票据面额之比称为贴现率。贴息的计算公式是

贴现利息 = 票据面额 × 贴现率 × 贴现日至票据到期日的间隔期

贴现净额 = 票面额 ×（1 – 年贴现率 × 未到期天数 / 年计息日）

大部分国家的年计息日按 360 天计算，少数国家的年计息日为 365 天。例如，某企业欲将 3 个月后到期、面额为 50000 元的银行承兑汇票出售给银行，银行按照 8% 的年率贴现，贴息就为 1000 元（50000 × 8% ÷ 4 = 1000）。因此，银行支付给持票人的金额是 49000 元（50000 – 1000 = 49000）。

转贴现是指贴现银行在需要资金时，将已贴现的未到期票据再向其他金融机构办理贴现的票据转让行为。

再贴现是指贴现银行在需要资金时，将已贴现的未到期票据向中央银行办理贴现的

票据转让行为。商业银行向中央银行办理再贴现时，中央银行也会扣除一定的利息，称为再贴现利息，它与票据面额之比称为再贴现率。因此，企业将票据到商业银行贴现，依据的是贴现率；商业银行将这些票据再到中央银行贴现时，依据的是再贴现率。一般地，由于商业银行是以盈利为目的的，所以，贴现率要大于再贴现率。例如，企业将100万元的票据贴现给某商业银行，假如贴现率是5%，那么企业通过贴现就可融资95万元，银行赚取利息5万元；如果该商业银行再将该100万元的票据贴现给中央银行，中央银行收取的利息一定要小于5万元才可以。

三、国库券市场

（一）国库券市场的定义及功能

1. 国库券市场的定义

国库券是指政府为解决财政先支后收的矛盾而发行的期限在1年以下的短期债券，它是货币市场上最重要的信用工具。国库券市场是指国库券的发行、流通转让和偿还的市场。

2. 国库券市场的功能

作为重要的货币市场，国库券市场的作用体现在：第一，它是弥补国家财政临时资金短缺的重要场所；第二，它为商业银行的二级准备提供了优良的资产，因为它比现金资产等一级准备具有更高的收益；第三，它为中央银行宏观调控提供了平台，中央银行通过国库券的公开市场操作可以灵活地调控货币供应量；第四，增加了社会投资渠道。国库券是居民个人短期投资的理想选择。

（二）国库券市场的构成

国库券市场由发行市场和流通市场构成。其中，国库券发行方式多种多样，形成了各国自成体系的国库券发行模式，而国库券的流通方式与其他债务工具没有根本的差别。因此，这里重点介绍国库券的发行方式。

1. 贴现发行

短期国库券发行通常按面值折价出售，到期按面额兑现，即贴现发行。例如，投资者以960元的价格购买了一张90天到期、面值为1000元的国库券，40元就是政府支付给投资者的利息，因此，国库券发行的贴现率为16%（$\frac{40}{1000} \times \frac{360}{90} = 16\%$）。注意，这个贴现率并不等于投资者的实际收益率，因为投资者的实际投资额是960元而不是1000元，因此，其实际收益率应该是16.67%（$\frac{40}{960} \times \frac{360}{90} = 16.67\%$）

2. 招标发行

国际上，国库券的发行一般采用招标发行。招标发行是指通过招标的方式来确定国库券的承销商和发行条件。招标发行可分为缴款期招标、价格招标、收益率招标三种形式。

（1）缴款期招标。缴款期招标，是指在国债的票面利率和发行价格已经确定的条件下，按照承销机构向财政部缴款的先后顺序获得中标权利，直至满足预定发行额为止。

（2）价格招标。价格招标主要适用于贴现国债的发行，按照投标人所报买价自高向低的顺序确定中标，直至满足预定发行额为止。如果中标规则为"荷兰式"，那么中标的承销机构都以相同价格（所有中标价格中的最低价格）来认购中标的国库券数额；而如果中标规则为"美国式"，那么承销机构分别以其出价来认购中标数额。因此，"荷兰式"招标的特点是单一价格，而"美国式"招标的特点是多种价格。

（3）收益率招标。收益率招标主要用于付息国库券的发行，它同样可分为"荷兰式"招标和"美国式"招标两种形式，原理与上述价格招标相似，只是招标以收益率为基础，投标人标明他们希望得到的收益率和购买金额，按照收益率由低到高的顺序排列分配债券，直到债券配完为止。

四、回购市场

（一）回购市场的定义及分类

回购市场，又称回购协议市场（Repurchase Agreement Market），是指通过回购协议进行短期资金融通交易的场所。回购协议（Repurchase Agreement），也称回购交易，是指交易双方在货币市场上买卖证券融通资金的同时签订一个协议，由卖方承诺在日后将证券如数买回，买方保证在日后将买入的证券回售给卖方的交易活动。回购协议期限为1天到6个月不等，回购价格既可以包含利息，此时，买回价格大于出售价格，其差额就是回购利息；也可以与售价相等，但需另付利息。回购交易通过将现货交易与远期交易相结合，以达到短期融通资金的目的。从本质上看，回购协议是一种质押贷款协议。回购协议通常在相互信任的经济主体之间进行，但是，如果卖方信用存在问题，为保护买方，卖方卖出证券时通常需要交存买方一定的保证金，也就是说，卖方出售证券实际获得的资金是证券价格减去保证金的差额。

（二）回购交易的类型

从不同的角度划分，回购交易可以划分为不同的类型：

1. 从交易的主动性出发，分为正回购和逆回购

正回购，即通常意义上的回购概念，是指资金需求者在出售证券的同时与证券购买者签订的、承诺在一定期限内按原定价格或约定价格购回所卖证券的协议。相应地，逆回购，是指资金供给者在买入证券的同时与证券出售者签订的、在一定期限内按原定价格或约定价格出售所买证券的协议。

2. 根据期限不同，分为隔夜、定期和连续性回购三种合约

隔夜回购，是指证券出售者在卖出证券的第二天即将该证券买回的交易行为，相当于日拆。定期回购，是指卖出和买回的时间规定为若干天，但一般不超过9个月。连续性回购，是指买方承诺在某段时间向卖方提供一定数量的资金，在合同有效期内回购协议每天重新订立一次（每天利率不同），交易的任何一方有权在任何时间撤销合同。

3. 按照证券转移行为法律性质的不同，回购交易可以分为买断式回购和质押式回购

通常，买断式回购在证券市场进行，质押式回购在银行间债券市场进行。买断式回购（也称开放式回购）交易是指债券持有人在将一笔债券卖出的同时，与买方约定在未来某一日期，再由卖方以约定价格从买方购回该笔债券的交易行为。质押式回购（也称

封闭式回购）交易是指资金融入方（正回购方）在将债券出质给资金融出方（逆回购方）融入资金的同时，双方约定在将来某一日期由正回购方向逆回购方返还本金和按约定回购利率计算的利息，逆回购方向正回购方返还原出质债券。在质押式回购中，资金融出方（逆回购方）不拥有标的券种的所有权，在回购期内，资金融出方无权对标的债券进行处置。

（三）回购市场的特点

回购协议市场的交易特点主要有：

1. 流动性强

回购协议多以短期为主，流动性强。例如，我国回购交易的抵押品均是政府债券，上海证券交易所国债回购交易品种共有 9 种：1 天、2 天、3 天、4 天、7 天、14 天、28 天、91 天和 189 天。

2. 安全性高

回购协议一般期限较短，并且又有 100% 的证券作抵押，所以投资者可以根据资金市场的行情变化，及时抽回资金，避免长期投资的风险。

3. 收益稳定并较银行存款收益高

回购利率是市场公开竞价的结果，一般可获得平均高于银行同期存款利率的收益。

4. 融资成本低

银行通过回购协议融入资金，无须缴纳存款准备金和存款保险费，融资成本较低，因而回购协议成为银行扩大筹资规模的重要方式。例如，某银行有 100 万元国债暂时不拟出售，某公司有 100 万元资金，20 天以后才运用。银企双方可以达成一笔 20 天期的回购协议，约定到期时银行按 10% 的年利率加息购回国债，这样银行就可以通过回购协议融进资金 100 万元。然后，银行将 100 万元融资发放一笔 20 天期的贷款，按年利率 10.5% 计息，则银行可以赚取 0.5% 的利差。

五、大额可转让定期存单市场

大额可转让定期存单市场是指银行可转让定期存单发行和买卖的市场。大额可转让定期存单市场的主要参与者是货币市场基金、商业银行、政府和其他非金融机构投资者，市场收益率一般高于国库券。

（一）大额可转让定期存单的含义及特点

大额可转让定期存单（Negotiable Time Certificates of Deposit，CDs），也称大额可转让存款证，是由商业银行或储蓄机构发行的可以流通转让的定期存款凭证。凭证上印有一定的票面金额、到期期限以及利率，到期后可按票面金额和票面利率提取本息，未到期时，如需资金，可以转让。发行对象既可以是个人，也可以是机构投资者。

与定期存款相比，大额可转让定期存单具有以下几个不同的特点：

第一，不记名，不能提前支取，可以在二级市场转让。

普通定期存款是记名的、不可流通转让，但可提前支取；大额可转让定期存单不记名、不能提前支取，但可以流通转让。由于普通定期存单是记名的，一旦遗失，可以凭有效身份证到银行办理挂失手续，如要提前支取，需由储户持身份证及存折到银行办理有关手续。但大额可转让定期存单是不记名、不挂失、不提前支取的。

第二，大额可转让定期存单按标准单位发行，面额较大。

定期存款的金额不固定，大额可转让定期存单金额固定且面额较大。如 100 元、500元、1000 元、5000 元、10000 元、50000 元、100000 元及 500000 元等几种，在美国，大额可转让定期存单的最低面额是 10 万美元，在市场上交易的最低单位为 100 万美元。中国香港的大额可转让定期存单的最低面额为 10 万港元。

第三，利率的多样性。

普通定期存款的利率一般是固定的，大额可转让定期存单既有固定利率又有浮动利率，且其利率比同档定期存款高。例如，1987 年，中国银行和中国工商银行相继发行大额可转让定期存单，当时大额可转让定期存单的利率比同期存款上浮 10%，这主要是因为大额可转让定期存单的风险较大、二级市场对它们的需求较少等原因。不同银行发行的大额可转让定期存单的风险也不相同。一般而言，信誉较高的银行发行的大额可转让定期存单的风险较低，其收益率低于普通银行发行的大额可转让定期存单的收益率。

第四，期限多在 1 年以内。

普通定期存款的期限可以在 1 年以下，也可以长达 5 年，甚至 7 年、10 年。而大额可转让定期存单主要是短期的，大多在 1 年以内，如 3 个月、6 个月、9 个月和 1 年不等，最短的仅为 14 天（不能少于 14 天）。以上特点可以看出，大额可转让定期存单对企业或个人有闲置资金想贷出，而又恐有临时需要者具有很大的吸引力。

（二）中国大额可转让定期存单市场的演变

中国人民银行 1989 年发布的大额可转让定期存单的管理办法，对中国大额可转让定期存单市场的有关事项作了明确规定。如发行单位只限于各类银行；发行对象为城乡个人和企业、事业单位，用个人资金或单位自有资金购买；票面格式由各银行总行统计，交中国人民银行总行审核；分为记名和不记名两种。

大额可转让定期存单的发行和转让，为中国金融市场增添了新的内容。但是，发行以后，由于证券市场上股票占了支配地位，很少看到有大额可转让定期存单的转让，二级市场交易极其清淡，以致管理层于 1996 年 12 月 14 日取消了这项业务和市场。但随着商业银行运用大额可转让定期存单市场改善负债结构需求的增加和证券市场的逐步扩展和完善，大额可转让定期存单市场在中国仍有其生存和发展的空间。

第三节 资本市场

一、股票市场

（一）股票发行市场

1. 股票发行审核制度

从世界范围考察，股票发行审核制度主要有两种模式：

（1）注册制

即发行人在准备发行证券时，必须将依法公开的各种资料完全、准确地向证券主管机关呈报并申请注册。证券主管机关的权力仅在于要求发行人提供的资料不包含任何不真实的陈述和事项，如果发行人未违反上述原则，则证券主管机关应准予注册。注册制的理论依据是"太阳是最好的防腐剂"，因此，它并不禁止质量差、风险高的证券上市。注册制能否很好地发挥作用，关键在于是不是所有投资者在投资以前都能掌握发行人公布的所有信息以及能否根据这些信息作出正确的投资决策。

（2）核准制

即发行人在发行证券时，不仅要以真实状况的充分公开为条件，而且必须符合有关法律和证券管理机关规定的必备条件，证券主管机关有权否决不符合规定条件的证券发行申请。核准制遵循的是实质管理原则，它是在信息公开的条件下，把一些不符合要求的低质量发行人拒之于证券市场之外。核准制比较适合证券市场历史不长、投资者素质不高的国家和地区。

表4-1　　　　　　　　　　我国各层股票市场的 IPO 条件

市场	主板	中小板	创业板
经营时间	*持续经营 3 年以上	同主板	*同主板
财务要求	*最近 3 个会计年度净利润均为正数且累计超过 3000 万元	同主板	*最近两年连续盈利，最近两年净利润累计超过 1000 万元，且持续增长
	*最近 3 个会计年度经营活动产生的现金流量净额累计超过 5000 万元，或者最近 3 个会计年度营业收入累计超过 3 亿元	同主板	*最近一年盈利，且净利润不少于 500 万元；或者最近一年营业收入不少于 5000 万元且最近两年营业收入增长率均不低于 30%
	*最近一期末不存在未弥补亏损	同主板	*最近一期末不存在未弥补亏损
	*最近一期末无形资产占净资产的比例不高于 20%	同主板	*最近一期末净资产不少于 2000 万元
股本要求	*发行前的股本总额不少于 3000 万元	同主板	*IPO 后的股本总额不少于 3000 万元
	*发行后的股本总额不少于 5000 万元	同主板	
业务经营	*完整的业务体系，直接面向市场独立经营的能力	同主板	*应当主要经营一种业务
公司治理	*最近 3 年主营业务、董事和高级管理人员无重大变动，实际控制人没有变更	同主板	*最近两年主营业务、董事和高级管理人员没有重大变动，实际控制人没有变更
	*董事会下设战略、审计、薪酬委员会，各委员会至少指定一名独立董事会成员担任委员	同主板	*具有完善的公司治理结构，依法建立健全股东大会、董事会、监事会以及独立董事、董事会秘书、审计委员会制度，相关机构和人员能够依法履行职责
	*至少三分之一的董事会成员为独立董事	同主板	

2. 股票发行方式

在成熟市场上，股票发行大多采用竞价的方式，而在中国，则经历了一个不断探索的过程。中国于1991年和1992年采用限量发售认购证方式，1993年开始采用无限量发售认购证方式及与储蓄存款挂钩的方式，此后又采用过全额预缴款、上网竞价、上网定价以及网下向配售对象累计投标询价与网上资金申购定价发行相结合等方式。

3. 股票发行价格

股票发行价格有三种确定方式：

（1）平价发行

也称等额发行或面额发行，是指发行人以票面金额作为发行价格。

（2）溢价发行

即发行人按高于面额的价格发行股票。它可使公司用较少的股份筹集到较多的资金，并可降低筹资成本。溢价发行又可分为时价发行和中间价发行两种方式，时价发行也称市价发行，是指以同种或同类股票的流通价格为基准来确定股票发行价格，当一家公司首次发行股票时，通常会根据同类公司股票在流通市场上的价格表现来确定自己的发行价格；当一家公司增发新股时，则会按已发行股票在流通市场上的价格水平来确定发行价格。中间价发行是指以介于面额和时价之间的价格来发行股票。中国股份有限公司对老股东配股时，基本上都采用中间价发行。

（3）折价发行

即按面额打一定折扣后发行股票。折扣的大小主要取决于发行公司的业绩和承销商的能力。《中华人民共和国公司法》（以下简称《公司法》）规定：股票发行价格可以按票面金额，也可以超过票面金额，但不得低于票面金额。

4. 影响股票发行价格的因素

影响股票发行价格的主要因素有六个：

（1）每股净资产

每股净资产是决定股价的基石。每股净资产增加，股价可能上升；反之，则有可能下降。

（2）盈利水平

每股税后利润越高，发行价格可能越高。

（3）发展潜力

不考虑其他因素，公司的发展潜力越大，发行价格可能越高。

（4）发行数量

若本次股票发行数量较大，为了保证销售期内顺利地将股票全部出售，取得预定金额的资金，则价格应适当定得低一些；反之，股价可定得高一些。

（5）行业特点

一般来说，朝阳产业的发行公司股票发行价格定得高一些，而夕阳产业的发行公司股票发行价格定得低一些。

（6）股市状态

若股市处于熊市，定价太高则无人问津；若股市处于牛市，股价即使定得高一些，也能推销出去。

（二）股票流通市场

1. 场内市场

场内市场专指股票（证券）交易所，如中国的沪深证券交易所。在证券交易所，除可设立主板市场（Main Board Market）以外，还可设立二板市场（Second Board Market），旨在为那些一时不符合主板上市要求而具有高成长性的中小型企业和高科技企业等开辟直接融资渠道。其营业期限、股本大小、盈利能力、股权分散程度等上市条件与主板市场不同。一般来说，二板市场的上市要求比主板市场宽一些。场内交易的直接参与者必须是证券交易所的会员，既可以是经纪人或专业经纪人，也可以是证券商。但股票的买卖双方不能进入证券交易所，只能委托证券商或经纪人代为买卖。

在中国，股票需符合《公司法》、《中华人民共和国证券法》（以下简称《证券法》）等法律法规规定的条件，经过规定的若干程序才能在场内交易。

场内市场股票价格波动受多种因素影响，主要有：①政治因素。从国际范围来看，区域性或世界性的战争、国与国之间外交关系的突变，甚至某些重要国家执政党的更迭等都有可能对各国股票价格的变动产生影响。从国内情况来看，政府的某些政策措施，如税制、环保政策、产业政策等，都会影响股票价格的波动。②经济周期。在正常情况下，经济从萧条到景气的周期性循环将带动股票价格作周期性变动，并且股价的变动要先于经济周期的变动。③利率。股价变动在一定程度上受利率影响，当市场利率上升时，股价往往下跌；反之，股价则会上涨。④货币供给量。当货币供给量增加时，用于购买股票的资金相应增多，因而股价会上涨；反之，则会产生相反的结果。⑤公司的盈利状况。当公司盈利增加时，公司会增加派息或者增加公积金，会提高投资者对该股票的需求量，从而推动股票价格上升。⑥公司收购与兼并。一个公司要达到支配另一公司的目的，必须收购足以控制该公司的股份，这就会使对该公司股票的需求明显增加，从而使股票价格迅速上涨。有时候兼并与反兼并同时进行，股票价格会上涨到惊人的程度。⑦股票的供求。当求大于供时，股票价格上升；反之，则股票价格下跌。⑧操纵。在股票市场上，一些资金实力很强的投机者往往可以凭借自己的资金实力，以人为的力量掀起股价的波动。⑨市盈率。市盈率是股价与每股税后利润之比。通常，市盈率越高，股价上涨空间越小；市盈率越低，股价上涨空间越大。⑩公众心理。投资者的过度自信、羊群效应等心理也会对股票价格产生影响。

2. 场外市场

场外市场又称场外交易，是指在股票交易所交易大厅以外进行的各种股票交易活动的总称。场外交易的英文原词为 over the counter（简称 OTC），直译为店头交易或柜台交易等，场外交易是其意译。它包括：

（1）店头市场

店头市场也称柜台交易，是场外交易最主要和最典型的形式。它在证券商的营业点内，由购销双方当面议价进行交易。店头市场上的交易对象，既有小公司的股票，也有大公司的股票；既有上市股票，也有非上市股票。店头市场交易的参与者主要是证券商和客户。

（2）第三市场

第三市场是在股票交易所外专门买卖上市股票的一种场外交易形式。它出现于20世纪60年代的美国，近些年发展很快。原因主要是股票交易所不仅对参与者、上市股票有严格的要求，而且有"最低佣金比率"限制，不允许随意降低佣金，这就使大批量的股票交易代价非常昂贵。而同样的股票在第三市场交易的佣金，可能要比在股票交易所交易便宜一半。因此，那些非交易所会员的证券商和大额投资者就在股票交易所之外买卖这些上市股票，以减轻大宗股票交易的费用负担。

（3）第四市场

第四市场是指买卖双方绕开证券经纪商，彼此间利用电信手段直接进行大宗股票交易的市场。近年来，随着现代通信技术与电子计算机在证券交易机构的广泛运用，柜台市场、第三市场与第四市场已逐渐合并为一个全国统一的场外交易体系，因而上述划分方法已逐渐失去了原有的意义。

（4）中国的场外市场

中国目前的全国性场外市场主要是包括代办股份转让系统和全国中小企业股份转让系统等。代办股份转让系统俗称"三板市场"，在其交易的公司主要有三类：一是STAQ、NET系统遗留的公司；二是主板市场退市的公司；三是以北京中关村科技园区、上海张江高新技术产业开发区、武汉东湖新技术产业开发区和天津滨海高新区为代表的高科技公司。2013年1月16日，全国中小企业股份转让系统（俗称"新三板市场"）正式在北京金融街金阳大厦挂牌。全国中小企业股份转让系统揭牌运营是全国场外市场建设的标志性事件，是全国场外市场建设从试点走向规范运行的重要转折，非上市公司股份转让从此由小范围、区域性试点开始面向全国运行。

（三）股票的理论价格

由于股票投资的未来现金流入由每年取得的股息收入和股票出售收入两部分组成，根据现值理论，股票的理论价格就是将这两部分收入按市场利率折算成的现值之和。即

$$P_e = PV = \left[\frac{D_1}{(1+r_1)} + \frac{D_2}{(1+r_1)(1+r_2)} + \cdots + \frac{D_n}{(1+r_1)(1+r_2)\cdots(1+r_n)} \right]$$
$$+ \frac{F}{(1+r_1)(1+r_2)\cdots(1+r_n)}$$

其中，P_n 为股票的理论价格，D_i 为第 i 年的每股股息，r_i 为第 i 年的市场利率，F 为股票出售时的价格，n 为股票持有年限。

假定：每年的股息不变，即 $D_1 = D_2 = \cdots D_n = D$，市场利率不变，即 $r_1 = r_2 = \cdots r_n = r$，股票持有期为无限，则有

$$\frac{F}{(1+r_1)(1+r_2)\cdots(1+r_n)} = \frac{F}{(1+r)^n}，在 n 趋于无穷时，\frac{F}{(1+r)^n} 趋于 0。$$

故上式可改写为

$$P_e = \frac{D}{(1+r)} + \frac{D}{(1+r)^2} + \cdots + \frac{D}{(1+r)^n} = \sum_{i=1}^{\infty} \frac{D}{(1+r)^i} = \frac{D}{r}, \text{ 即}$$

$$\text{股票价格} = \frac{\text{预期股息收益}}{\text{市场利率}}$$

可见，股票的理论价格主要取决于两个因素：预期股息收益和市场利率，且与市场利率成反比，与预期股息收益成正比。

例如，投资者于年初预测某只股票的年末每股股息为 10 元，而市场利率为 8%，则该股票年初的理论价格为 10/8% = 125（元），如果市场利率上升为 10%，则该股票的理论价格为 10/10% = 100（元）。

二、长期债券市场

（一）长期债券市场的品种结构

1. 长期政府债券

它是中央政府和地方政府发行的长期债券的总称。因其具有安全性高、税收优惠及流动性强等优点，使之赢得了"金边债券"的美誉，并被社会各阶层广泛持有。

因发行主体的不同，它具体分为：

（1）长期中央政府债券

其发行主体是中央政府，也正因为其发行主体是中央政府，所以，它也被称做国债。1987 年以来，中国中央政府发行过名目繁多的国债，如国家重点建设债券、国家建设债券、财政债券、特种债券、保值债券、基本建设债券、转换债券等。

（2）长期地方政府债券

它是地方政府根据本地区经济发展和资金需要状况，以承担还本付息责任为前提，向社会筹集资金的债务凭证，简称地方债券。按用途，它通常分为一般债券和专项债券。前者是指地方政府为缓解其资金紧张或解决临时经费不足而发行的长期债券，后者是指为筹集资金建设某项具体工程而发行的长期债券。对于一般债券的偿还，地方政府通常以本地区的财政收入作担保。而对于专项债券的偿还，地方政府往往以项目建成后取得的收入作保证。在许多国家，长期地方政府债券不同程度地受到中央政府的限制，因此在一定程度上限制了其发行的自由度。在中国，20 世纪 50 年代曾发行过东北生产建设折实公债和地方经济建设公债。2009 年，为应对金融危机、拉动地方经济增长，国家决定由财政部代地方发行 2000 亿元地方政府债券。2011 年，为缓解地方政府融资平台的筹资压力，中国在上海市、浙江省、广东省和深圳市启动了地方政府自行发债试点，自行发债额为 229 亿元，期限分 3 年期和 5 年期两种。该债券一问世，便受到了市场的追捧，上海地方债券发行认购超过 3 倍，广东认购更是高达 6 倍。2012 年，地方债券的期限由 3 年期和 5 年期两种增加到 3 年期、5 年期和 7 年期三种，且明确规定，地方政府债券收入要优先用于保障性安居工程。

2. 长期公司债券

它是公司对外借债而发行的期限为一年以上的债务凭证。由发行债券的公司对债券持有人作出承诺，在一定时间按票面载明的本金、利息予以偿还。因其具有较高的收益性，且风险程度适中，因而成为以资金稳定增值为目标的各类长期性金融机构如保险公司和各类基金的重要投资对象之一。2007 年 8 月 14 日实施的《公司债券发行试点办法》规定，中国有资格发行长期公司债券的主体必须是经资信评级机构评级，债券信用级别良好，且最近三个会计年度实现的年均可分配利润不少于债券一年利息的公司。但在2012 年 5 月 22 日沪深证券交易所分别发布了《上海证券交易所中小企业私募债券业务试点办法》和《深圳证券交易所中小企业私募债券业务试点办法》后，酝酿多时的中国版"垃圾债"试点终于开闸。用公司债券的方式融资已不再是大企业的专利，除房地产和金融类企业外的符合工业和信息化部"中小企业划定标准"的中小企业，也可以备案制发行利率限于银行贷款基准利率 3 倍以下的私募债。

3. 长期金融债券

它是金融机构为筹集期限为一年以上的资金而向社会发行的一种债务凭证。由于这类债券资信程度高于普通公司债券，具有较高的安全性和流动性，因而成为个人和机构的重要投资品种。中国目前的长期金融债券主要由政策性金融债券和金融次级债券组成，并主要通过全国银行间债券市场发行。

（二）长期债券的发行

1. 长期债券的发行方式

长期债券可以采取集团认购、招标发行、非招标发行和私募发行四种方式。

集团认购是指由若干家银行、证券公司或养老保险基金机构等组成承销团包销全部长期债券。德国和日本很长时间以来一直采取集团认购的方式发行长期国债，中国从 1991 年以来采取的承购包销的国债发行方式也属于集团认购。

招标发行是指发行者通过招标的方式来决定长期债券的投资者和债券的发行条件。其优点是：发行人可以通过招标方式降低成本，承购人可以通过投标表示自己能够接受的条件。美国和大多数欧洲国家发行长期债券基本上都采取招标的方式。目前各国采取的招标方式主要有三种做法：①以价格竞争的常规招标方式。采用这种方式发行时，发行人预定息票利率，接受投标人提出的买价投标，按投标人所报买价自高向低的顺序中标，直至满足预定发行额为止。②以收益率竞争的投标方式。按照这种方式招标时，发行人事先不通告票面利率，由投标人以收益率投标，按照投标人所报收益率从低至高中标，直至满足预定发行额为止。③定率公募方式。这种方式是按已确定的票面利率及发行价格，以希望认购额投标，再按其比例将预定发行额分摊给各投标人。

非招标发行是指债券发行人与债券承销商或投资银行直接协商发行条件，以便最适合发行人的需要和现行市场状况。

私募发行是指向特定的少数投资者发行债券。

2. 影响长期债券发行价格的因素

长期债券的发行价格，也就是长期债券的发行利率。其主要影响因素有：

（1）市场利率

长期债券的发行价格与市场利率呈同方向变动。市场利率上升，长期债券发行人必

须相应提高发行利率，才能如期完成债券发行计划；反之，市场利率下降，长期债券发行人可以相应降低发行利率。

（2）市场供求关系

当长期债券市场供过于求时，债券发行价格上涨；反之，则债券发行价格下降。

（3）社会经济发展状况

经济高涨时期，债券发行人对资金的渴求增加，必然导致债券发行价格上升；反之，债券发行人对资金的渴求减少，导致长期债券发行价格下降。

（4）财政收支状况

财政资金紧张，政府会通过发行政府债券弥补财政赤字，这样会带动社会资金紧张，促使长期债券发行价格上升；反之，财政资金宽松，会推动长期债券发行价格下降。

（5）货币政策

如果中央银行实施紧缩的货币政策，会导致资金偏紧、债券发行价格上升；反之，中央银行实行宽松的货币政策，则会导致长期债券发行价格下降。

（6）国际利差和汇率的影响

当本国货币升值时，国外资金会流入本国市场，增加对本币债券的需求；当本国货币贬值时，国内资金会转移至国外而减少对本币债券的投资。同样，投资者也对本国市场利率与外国市场利率加以比较，资金会流向利率高的国家或地区，导致国内债券市场供求关系发生变化。

（三）长期债券的交易

长期债券既可以在证券交易所内交易，也可以在场外市场交易。交易方式有现货交易、回购交易、远期交易、期货交易、期权交易、信用交易等。

长期债券的转让价格，是长期债券未来收益的现值，受持有期、计息方式等条件的影响。长期债券的未来收益是它的本息之和，由于一般情况下长期债券的面值、票面利率和期限都是发行时确定的，因此，长期债券的未来收益是一个确定的量。长期债券的价格就是将其未来收益按一定条件折算成的现值。根据现值理论，可以得出不同计息方式的长期债券的交易价格计算公式：

（1）一次性还本付息长期债券的交易价格：

$$P = \frac{F \times (1 + r \times n)}{(1 + r)^n}$$

（2）按年分次付息长期债券的交易价格：

$$P = \sum_{t=1}^{n} \frac{F \times r}{(1 + r)^t} + \frac{F}{(1 + i)^n}$$

其中，P 表示债券的现值，即交易价格；F 表示债券的面值；n 表示债券从发行日或交易日至到期日的年数；r 表示债券的票面利率；i 表示市场利率。

（四）长期债券的偿还

1. 定期偿还

它是在经过一定期限后，每过半年或一年偿还一定金额的本金，到期时还清余额的偿还方式。这一般适用于发行数量巨大、偿还期限长的债券。其具体方法有两种：①以抽签方式确定并按票面价格偿还；②从二级市场上以市场价格购回债券。为提高债券的信用和吸引力，有的公司还专门建立偿还基金，用于债券的定期偿还。

2. 任意偿还

它是债券发行一段时间（称为保护期）以后，发行人可以任意偿还债券的一部分或全部的偿还方式。其具体操作可根据早赎或以新偿旧条款，也可在二级市场上购回予以注销（买入注销）。投资银行往往是具体偿还方式的设计者和操作者，在债券偿还的过程中，投资银行有时也为发行者代理本金的偿还。

（五）长期债券的评级

1. 长期债券的评级原则

（1）客观性原则。即所有评定活动都应以第一手资料为基础，运用科学的分析方法对债券信用等级进行客观评价，评估结果不应受政府的意图、发行人的表白、证券业内人士的意见或投资者的舆论所左右。

（2）对事不对人原则。即信用评级的评估对象是债券而不是债券发行者。同一发行者在同一时期发行的不同种类的债券，其信用等级完全有可能不同。当然，也有例外。例如，在英国和日本都是对债券发行者进行评估，评估结果一年内有效，若某企业被评为 A 级，那么它在一年内发行的债券信用等级全部为 A 级。

2. 长期债券信用级别的内容

债券评级的目的是将债券发行者的信誉和偿债能力用简略易懂的符号表达出来，并公布给投资者，以便于投资者作出投资选择。按国际惯例，债券信用等级的设置一般是三等九级、两大类。两大类是指投资类和投机类，其中投资类包括一等的 AAA 级、AA 级、A 级和二等的 BBB 级，投机类包括二等的 BB 级、B 级和三等的 CCC 级、CC 级、C 级。美国著名的穆迪公司和标准普尔公司的债券评级标准如表 4-2 所示。

表 4-2　　　　　　　　穆迪公司和标准普尔公司的债券评级标准

风险程度	穆迪	标准普尔
还本付息能力极强，有可靠保证，承担风险最小	Aaa	AAA
还本付息能力很强，但风险性比前者略高	Aa1 Aa2 Aa3	AA + AA AA -
安全性良好，还本付息能力一般，有潜在的导致风险恶化的可能性	A1 A2 A3	A + A A -
安全性中等，短期内还本付息无问题，但在经济不景气时风险增大	Baa1 Baa2 Baa3	BBB + BBB BBB -
有投机因素，不能确保投资安全，情况变化时还本付息能力波动大，不可靠	Ba1 Ba2 Ba3	BB + BB BB -
不适合作为投资对象，在还本付息及遵守契约条件方面都不可靠	B1 B2 B3	B + B B -
安全性极低，随时有无法还本付息的危险	Caa	CCC
极具投机性，目前正处于违约状态中，或有严重缺陷	Ca	CC
最低等级，完全投机性	C	C
债务违约	D	D

【专栏】

郁金香泡沫

郁金香泡沫，又称郁金香效应。作为人类历史上有记载的最早的投机活动，荷兰的"郁金香泡沫"昭示了此后人类社会的一切投机活动，尤其是金融投机活动中的各种要素和环节，对财富的狂热追求、羊群效应、理性的完全丧失、泡沫的最终破灭和千百万人的倾家荡产。

"郁金香泡沫"是人类历史上第一次有记载的金融泡沫。16世纪中期，郁金香从土耳其被引入西欧，不久，人们对这种植物产生了狂热。到17世纪初期，一些珍品卖到了不同寻常的高价，而富人们也竞相在他们的花园中展示最新和最稀有的品种。到17世纪30年代初期，这一时尚导致了一场经典的投机狂热。人们购买郁金香已经不再是为了其内在的价值或作观赏之用，而是期望其价格能无限上涨并因此获利（这种总是期望有人愿意出更高价的想法，长期以来被称为投资的博傻理论）。

1635年，一种叫Childer的郁金香品种单株卖到了1615弗罗林（florin，荷兰货币单位）。如果你想搞清楚这样一笔钱在17世纪早期荷兰的经济中是什么价值，你只需要知道4头公牛（与一辆拖车等值）只要花480弗罗林，而1000磅（约454公斤）奶酪也只需120弗罗林。可是，郁金香的价格还是继续上涨。第二年，一株稀有品种的郁金香（当时的荷兰全境只有两株）以4600弗罗林的价格售出；除此之外，购买者还需要额外支付一辆崭新的马车、两匹灰马和一套完整的马具。

但是，所有的金融泡沫正如它们在现实世界中的名称所喻示的一样脆弱。当人们意识到这种投机并不创造财富，而只是转移财富时，总有人会清醒过来，到这个时候，"郁金香泡沫"就该破灭了。在某个时刻，当某个无名小卒卖出郁金香或者更有勇气些，卖空郁金香时，其他人就会跟从；很快，卖出的狂热与此前购买的狂热不相上下。于是，价格崩溃了，成千上万的人在这个万劫不复的大崩溃中倾家荡产。

【本章小结】

本章分三节介绍了金融市场的相关知识：第一节主要介绍了金融市场的概念、特性、分类、构成要素和功能；第二节主要介绍了同业拆借市场、票据市场、国库券市场、回购市场等主要的货币市场类型；第三节主要介绍了股票市场和长期债券市场等主要的资本市场类型。

通过本章的学习，要求学生掌握金融市场的概念、分类、构成要素和功能，了解金融市场的特性和我国金融市场的发展历程；掌握同业拆借市场、票据市场、国库券市场、回购市场等主要货币市场类型的相关概念及运作机制；掌握股票市场及长期债券市场两种主要资本市场类型的相关概念及运作机制。

【关键词汇】

金融市场　同业拆借市场　票据市场　承兑　贴现　再贴现　国库券　贴现发行
回购交易　买断式回购　质押式回购　大额可转让定期存单　注册制　核准制
场内市场　场外市场

【问答和思考题】

1. 简述金融市场的功能。
2. 金融市场由哪些要素构成？
3. 简述同业拆借市场的特点。
4. 简述票据市场的主要构成。
5. 简述国库券的发行方式。
6. 什么是正回购和逆回购？
7. 买断式回购和质押式回购的主要区别是什么？
8. 比较股票发行的注册制和核准制。
9. 影响股票发行价格的因素有哪些？
10. 简述股票发行价格的确定方式有哪几种。
11. 某企业持有 3 个月后到期的 1 年期汇票，面额为 2000 元，银行确定该票据的贴现率为 5%，则贴现金额是多少？
12. 已知投资者以 960 元的价格购买一张还有 90 天到期、面值为 1000 元的国库券，该国库券发行的贴现率是多少？投资者的实际收益率是多少？
13. 一张面额为 25 元的股票，假设投资者预期该股票每年每股红利为 0.8 元，若此时市场利率为 10%，该股票在二级市场的价格为 12 元，投资者应该购买该公司的股票吗？为什么？
14. 假设票面价值为 1000 元的债券，每年底支付 50 元的利息，3 年到期，假定市场上同类债券的收益率为 10%，请计算该债券的理论交易价格。
15. 假设当前利率为 3%，一张 5 年期、票面利率为 5%、票面额为 1000 元的债券的价格是多少？当利率上升为 4% 时，债券价格将会发生什么变化？

第五章

金融市场机制理论

【本章导读】

股票和债券的理论价格可以用来衡量其价值，而现实中资本的价格往往与其价值是不一样的。20世纪70年代以来，围绕资本价格的形成和决定机制，先后出现了有效市场理论、资本资产定价理论和套利定价理论等金融市场机制理论，本章主要阐述这些理论。

第一节　有效市场理论

有效市场假说由芝加哥大学教授尤金·法玛于1970年创立。该理论的核心是以信息的传播对价格形成的影响来作为评价资本市场在资源配置上是否有效率的标准。该理论认为，一个有效率的市场应当不存在信息障碍，证券价格能够充分地、及时地反映出所有有关的市场信息，保证在资产交易中价格是资源配置的准确信号。换言之，资本市场的效率性实际上是指市场信息的效率性，在有效率的市场上，任何投资者都不能通过对信息的垄断而获得超额利润。有效市场假说主要研究影响证券价格的信息量大小和信息传播速度这两方面的内容。

一、有效市场的含义

所谓有效市场是指市场上的证券价格能充分地、及时地反映完全信息。也就是说，如果市场是有效的，市场价格就能反映投资者的知识和拥有的信息。在法玛看来，有效市场是满足如下条件的证券市场：

（1）投资者都利用可获得的信息力图获得更高的报酬。

（2）证券市场对新的市场信息的反应迅速而准确，证券价格能完全反映全部信息。

（3）市场竞争使证券价格从旧的均衡过渡到新的均衡，而与新信息相应的价格变动是相互独立的或随机的。

二、有效资本市场的前提条件

有效资本市场理论是以一个完全市场为研究前提的，完全市场以完全信息和完全理性为前提条件。

（一）完全信息的假设条件

（1）所有的信息都必须是公开和透明的。即将信息无偿地提供给所有的投资者，所有的投资者对信息的解释和判断不存在任何分歧，信息传递渠道畅通，不存在任何阻隔。

（2）价格已经反映了所有可以得到的信息，并且具有高度的灵敏性和传导性。

（3）价格是既定的量，所有的投资者只能根据给定的价格作出自己的选择。谁也不能支配和影响价格的形成，价格是唯一的调节信号。

（二）完全理性的假设条件

（1）市场是理性的，即市场是完全竞争的市场和公平与效率统一的市场，不存在资本过剩和资本短缺的问题，资本可以自由流出、流入，交易过程是在瞬间完成的，既不存在虚假交易也不存在时间和数量调整。

（2）市场行为人是理性的，收益最大化是所有投资者从事证券交易的唯一动机，都必须自觉根据理性原则制定投资决策，调整交易数量，确立交易方式，规范交易行为，开展交易活动。

（3）市场运行是均衡的，能根据内部机制和外部环境的变化迅速地进行调整，从非均衡态自动恢复到均衡态。

不难看出，在上述假设条件中，市场均衡假设是从理性市场假设中推导出来的，而理性市场假设又是以完全信息假设作为前提的。由于这些假设条件之间存在着互为前提循环证明的关系，只要人们对其中的一个假设条件证伪，上述假设条件形成的逻辑链条就会即刻断裂，市场有效性理论的基石就会因此而崩塌。

在以上完全市场中，所有有关信息对每个投资者来讲都是均等的，投资者能够对证券的内在价值作出正确判断，及时进行理性的投资决策，从而形成均衡的证券价格。在这样的"讨价还价"过程中，竞争机制和价格机制会将稀缺的资本分配给那些边际效率高的企业和项目，社会资本在追逐价值的过程中得到有效的配置，从而实现资源的优化配置。

（三）有效资本市场的前提条件

在完全市场假定的前提下，法玛提出了有效资本市场的前提条件，主要包括四个方面：

（1）信息公开的有效性。所有的信息都必须是公开和透明的，即将信息无偿地提供给所有的投资者。

（2）信息从公开到被接收的有效性，即信息传递渠道畅通，不存在任何阻隔。

（3）信息接收者对所获得信息作出判断的有效性，即所有的投资者对信息的解释和判断不存在任何分歧和误读。

货币银行学
Monetary Banking

（4）信息的接收者依照其判断实施投资的有效性，即所有的投资者依照其判断实施投资的操作没有错误。

三、有效市场的类型

法玛把信息分为历史价格信息、公开信息和内幕信息三类，并根据信息的种类和公开程度把有效率的市场分为弱式有效市场、半强式有效市场和强式有效市场三类。

（一）弱式有效市场

在弱式有效（Weak Efficient）市场中，信息集只包含价格或收益自身的历史（公共信息），即现在的市场价格充分反映了有关该证券的所有历史记录的信息。在弱式有效市场中，证券价格变动完全是随机的，无规律可循，过去的价格变化对判断未来的价格走向毫无帮助，任何投资者都不可能通过使用任何方法分析这些历史信息来获取超额收益。坚信历史会重演的技术分析方法在弱式有效市场中失效，即投资者无法通过对股票价格及其交易量进行统计图表分析来长期获取超额利润。弱式有效市场使技术分析无效。

（二）半强式有效市场

在半强式有效（Semi–Strong Effcient）市场中，信息集包含对所有市场参与者都已知的信息（公开信息），即现在的市场价格不仅反映了该证券过去的信息，而且反映了所有有关该证券的公开信息。公开信息不仅包括有关公司的历史信息、公司经营和公司财务报告，而且还包括公开的宏观经济及其他公开可用信息。在这种假设下，除非投资者了解内幕信息并从事内部交易，否则不可能通过分析公开信息而获取超额收益。半强式有效市场使基本分析无效。

（三）强式有效市场

在强式有效（Strong Effcient）市场中，信息集包含所有对市场参与者已知的信息，即包含了任何市场参与者所掌握的所有信息，所有信息包括历史价格信息、所有能公开获得的信息和内幕信息。即现在的市场价格不仅反映了该证券过去的信息和所有的公开信息，而且还反映了任何交易者掌握的私人信息。投资者能得到的所有信息均反映在证券价格上。在强式有效市场中，没有投资者能依靠所谓的内幕信息来获取超常收益，任何证券分析和试图搜索内幕信息的行为都是徒劳的。由于强式有效市场中不存在非正常收益，因此，凡是存在内幕交易的市场都不可能是强式有效市场。强式有效市场使一切"暗箱操作"无效。

四、有效市场假说的价值及缺陷

（一）有效市场假说的理论价值

1990 年以来，已经有 5 位经济学家因支持和论证有效市场理论而获得诺贝尔经济学奖。可以说，有效市场理论对整个金融领域的研究具有重大而深远的影响，已成为现代金融市场理论的基础，为证券市场的发展作出了卓越贡献，主要包括：

（1）它是理性预期学派理论的一个重要组成部分，为微积分、概率论等现代数学工具在证券市场的广泛运用提供了可能，改变了人们以往对证券市场混乱、无规律性的偏见，科学地揭示了证券市场的数量特征。

（2）有效市场理论方法严谨，实用性强，促进了金融理论的发展。许多金融理论都是以有效市场理论为前提的，如资本结构理论（MM 定理）、资本资产定价模型（CAPM）、证券组合理论（Portfolio Theory）等。有效市场假说为这些金融理论的推出和被普遍接受提供了强有力的支持。

（3）通过比较新兴市场与发达市场的实证结果，可找到两种市场在监管政策、市场结构、投资理念、交易规则等方面的差异，为规范发展新兴市场提供良好的参考。有效市场理论告诉人们，证券市场的有效性反映了证券市场的公平性和完善程度，要求任何人都不能通过某种不正当手段，譬如优先获得内部信息来获得超额收益。

（二）有效市场假说的现实指导意义

该理论具有较强的政策含义，它在描述信息披露与证券价格之间关系的同时，提出了与此相适应的证券监管体系与法规体系。如果证券市场处于弱式有效状态，基于市场的历史信息不能给投资者带来额外收益，那么政府监管部门应加强对即期信息披露和市场运行方面的监管；如果证券市场处于半强式有效状态，那么机构投资者就失去了专家理财的优势，投资者最明智的选择是分散投资，政府监管部门则应严禁利用内幕信息交易，严厉打击内幕交易行为，确保"三公"原则；如果证券市场处于强式有效状态，那么政府就没有必要进行监管了。

正确研判证券市场的有效性，有助于政府监管部门实施正确有度的干预政策，也有助于投资者制定和调整自身的投资策略。

第一，从宏观角度来看，证券市场的有效性程度是政府制定干预政策的基础。如果证券市场尚未达到弱式有效（即无效），意味着"市场失灵"，那么政府利用其"有形之手"进行调控、干预就具备了合理的经济学基础；若证券市场是有效的，那么政府的最佳策略就是尽量不进行行政干预。而且，证券市场有效程度不断提高的变迁过程，也是政府"有形之手"不断归位的过程，即干预程度不断弱化的过程。

第二，从微观角度来看，证券市场的有效程度直接影响到投资者的投资理念和投资策略。在非有效的证券市场中，投资者需要更多地运用技术分析、基础分析等分析方法帮助决策。而在有效的证券市场中，技术分析、基础分析等分析方法则基本无用。在西方发达国家，个人投资者更多的是选择训练有素的投资专家进行理财活动，而在中国等发展中国家的证券市场中，大量的个人投资者投机过度。

第三，证券市场有效程度的提高也有利于证券市场的公平、健康发展。证券市场的基本功能就是通过信息资源的传播引导达到对资本资源的合理分配，有效的证券市场可以使所有投资者平等、无障碍地获得全部市场信息，证券价格能够真实地反映证券的内在价值。市场的有效程度越高，则资源的分配越合理，市场所发挥的作用也越大。

（三）有效市场假说的缺陷

在新古典均衡理论中，"有效率"是指达到帕累托最优状态。由于有效市场理论用证券价格的信息含量来判断证券市场的运作效率，因此，证券市场"有效率"的含义与

一般意义上的"有效率"大为不同。在这里,"有效率"被定义为证券价格及时、充分并准确地反映了所有相关信息。但是,及时、充分反映相关信息的市场价格变动只能被直观地称为"信息有效"。

有效市场理论的分析重点是信息效率,供求关系也不是影响其价格的主要因素。比弗(William H. Beaver)曾指出,市场有效性并不包含社会需求性的含义,有效性只是讨论了证券价格与信息之间的关系;简单地认为市场价格反映信息的有效性越强,所引致的间接的资源配置就会更合理的论断难以成立。尽管市场有效性在很大程度上反映了证券市场的运行效率,但并不是证券市场效率的全部,以局部效率代替证券市场的整体效率,以信息效率代替资源配置效率,有失偏颇。而且,各国的市场制度和市场结构都在不同程度上影响着证券市场效率的高低,由实证方法得出的市场是否有效以及有效程度的结论,不能分析信息效率背后的制度根源,无益于发展中国家新兴证券市场的制度改进和创新。

第二节　马柯维茨的资产组合理论

马柯维茨资产组合理论是20世纪50年代由美国经济学家哈里·马柯维茨在建立一系列基本的假设条件的基础上,提出的解决投资者应如何通过多样化投资来分散风险问题的理论。

一、马柯维茨资产组合理论的基本假设条件

马柯维茨的资产组合理论建立的一系列严格的假设条件主要包括:

(1)证券市场是有效的。证券的价格反映了证券的内在经济价值,每个投资者都掌握了充分的信息,了解每种证券的期望收益率及标准差,不存在交易费用和税收,投资者是价格接受者,证券是无限可分的。

(2)每种资产的收益率都服从正态分布,收益用期望的或预期的收益率表示,风险用收益率的方差表示。各种资产收益率之间是关联的,其相关程度用相关系数及协方差表示。

(3)投资者都是厌恶风险的。即投资者的投资目标是:在给定的风险水平上收益最大,或在给定的收益水平上风险最低。

(4)投资者将基于期望收益率及收益率的方差来选择最优资产投资组合,如果要他们选择风险(方差)较高的资产,他们都要求额外的收益率作为补偿,即投资收益率与风险之间存在正相关关系。

二、资产组合收益和风险的度量

马柯维茨用统计上的期望收益率和标准差来分别度量资产组合的收益和风险。

（一）资产组合收益的度量

1. 单项资产的收益度量

对于金融资产而言，未来投资收益是不确定的。因此，"收益"实际上就是投资者在投资之前对未来各种收益率的综合估计，即"预期收益率"。从数学角度来看，预期收益率就是所有可能出现的收益率与其出现的概率的加权平均值，用公式表示为

$$E(r) = \sum_{i=1}^{n} r_i P(i)$$

其中，$E(r)$ 表示某种资产的预期收益率，i 表示可能遇到的 i 种情况，r_i 表示该资产在第 i 种情况下的收益率，$P(i)$ 表示第 i 种情况出现的概率，n 种情况出现的概率之和等于 1。

2. 资产组合收益的度量

在许许多多的金融资产面前，投资者的决策往往并不是非此即彼的简单挑选，而是对股票、债券、存单等各种金融资产的合理搭配与组合。也就是说，通常情况下，投资者是同时持有多种金融资产的，这就是人们常说的资产组合，资产组合就是由不止一个资产构成的资产的集合。这时，投资者就需要计算资产组合的预期收益率。资产组合的预期收益率是构成资产组合的每个资产预期收益率的加权平均值，每项资产在组合中的投资比例就是权重。其计算公式如下：

$$E(r_p) = \sum_{j=1}^{m} E(r_j) w_j$$

其中，$E(r_p)$ 表示资产组合的预期收益率，$E(r_j)$ 表示资产组合中 j 资产的预期收益率，w_j 表示 j 资产在资产组合中所占的比重，m 是资产组合中的资产数目。

例如，A、B 两种证券各有三种投资结果，各种结果的发生概率如表 5-1 所示。

表 5-1　　　　　　　　　A、B 证券在不同自然状态下的收益率

结果	A 的收益率（％）	B 的收益率（％）	发生概率
1	15	10	0.3
2	10	14	0.4
3	5	16	0.3

则 A、B 的期望收益率为

$$E(r_A) = 15\% \times 0.3 + 10\% \times 0.4 + 5\% \times 0.3 = 10\%$$
$$E(r_B) = 10\% \times 0.3 + 14\% \times 0.4 + 16\% \times 0.3 = 13.4\%$$

如果对 A 按 40％、B 按 60％ 的投资比重投资，根据证券组合期望收益率的计算公式，则有

$$E(r_P) = 0.4 \times 10\% + 0.6 \times 13.4\% = 12.04\%$$

（二）资产组合风险的度量

1. 单项资产风险的度量

在金融投资中，风险是指未来收益的不确定性，它描述的是价格或收益的波动程

度。风险的存在意味着投资者并不能确切地知道未来到底哪种结果（收益率）会发生。通常人们用收益率的波动幅度来衡量风险。收益率波动的幅度越大，表明未来实际收益率与预期收益率的误差越大，投资者就越有可能达不到实现预期收益率的投资目标，面临的风险也就越大。在此，引入统计学上的方差概念，就可以对风险进行定量分析。方差的公式为

$$\sigma^2 = \sum_{i=1}^{n} [r_i - E(r)]^2 P(i)$$

用收益率的方差 σ^2 表示收益的离散程度，也就是风险。在实践中，习惯用方差的平方根，即标准差来衡量风险，即

$$标准差 = \sigma = \sqrt{\sigma^2}$$

2. 资产组合风险的度量

资产组合的风险并不等于单个资产风险的简单加权平均，因为资产组合的风险不仅与组合中单个资产的风险有关，还与各种资产之间的相互关系有关，简单的加权平均计算并没有反映出组合内各种资产收益率之间的关系。因为在考虑投资资产组合时，不仅要关注组合内单个资产的风险，还要考虑不同资产之间的相互关系。以股票组合为例，我们发现煤炭股和电力股的市场表现就是不一致的。一般来说，当煤炭价格上涨时，煤炭公司的股票通常都会上涨，而电力公司（主要是指火力发电公司）由于发电成本上升，其股票价格通常都会下跌。反之，当煤炭价格下降时，煤炭公司的股票价格会下跌，而电力公司的股票价格会上涨。如果投资者同时投资这两种股票，则这两种股票的收益率的波动在一定程度上相互抵消，由这两种股票构成的资产组合的收益率的变化幅度就没有单个股票投资的变化幅度大，因而风险会降低。为了反映资产组合中各种资产收益率之间的关系，需要引入统计学上协方差和相关系数的概念。

（1）协方差概念及其意义

协方差（Covariance），是描述两个随机变量之间的相互关系或相关度的一种统计测量，在金融投资中，协方差就是资产组合中每种金融资产的可能收益与其期望收益之间的利差之积再乘以相应情况出现的概率后进行加总，所得总和就是该资产组合的协方差。

对于资产 X 和资产 Y 来说，收益率的协方差是

$$\text{cov}(X,Y) = \sum_{i=1}^{n} P_i [r_{Xi} - E(r_X)][r_{Yi} - E(r_Y)]$$

其中，资产 X 和资产 Y 的协方差，记做 $\text{cov}(X,Y)$ 或 $\sigma_{x,y}$；P_i 表示每种结果的概率；$E(r_X)$ 表示资产 X 收益率的期望值，$E(r_Y)$ 表示资产 Y 收益率的期望值。

在这个公式里，当 X 的结果大于它的期望值时，如果 Y 的结果也大于它的期望值，则括号里的项都是正数，它们的乘积也是正数。与之相似，当 X 的结果小于它的期望值时，如果 Y 的结果也小于它的期望值，则括号里的项都是负数，它们的乘积也将是正数。因此，当 X 和 Y 沿相同方向变化时，X 和 Y 的协方差为正数，即两个随机变量呈正相关关系。相反，如果 X 和 Y 沿相反方向变化，那么括号中的乘积将为负数，结果是二

者的协方差为负数，二者呈负相关关系。因此，协方差的符号（正或负）可以反映出资产组合中两种资产之间不同的相互关系：如果协方差为正，就表明两种资产的收益率呈同向变动趋势，即在任何一种情况下同时上升或同时下降；如果协方差为负，则反映出两种资产的收益率具有反向变动关系，即在任何一种情况下，一种资产收益率的上升都伴随着另一种资产收益的下降。如果协方差的值为零，则表明两种资产的收益率没有相关关系。

（2）相关系数及其意义

相关系数（Correlation CoeffiCient），经常用希腊字母 ρ 表示，它等于两种资产的协方差除以两种资产各自的标准差的乘积，X 与 Y 的相关系数在数学上被定义为

$$\rho(X,Y) = \frac{\text{cov}(X,Y)}{\sigma_X \times \sigma_Y} = \frac{\sigma_{X,Y}}{\sigma_X \times \sigma_Y}$$

相关系数的一个重要性质是它总是在 -1 到 1 之间。相关系数的绝对值越大，表明两种资产之间的相关性越高。如果相关系数为 1，表明两种资产完全正相关；如果相关系数为 -1，表明两种资产完全负相关；如果相关系数为 0，则表明这两种资产不相关或相互独立，直观地说，相关系数为 0，意味着 X 的结果不受 Y 的结果的影响。

（3）资产组合的风险

资产组合的方差是资产组合的收益与其预期收益偏离数的平方，即

$$\sigma_p{}^2 = E\left[r_{pi} - E(r_p)\right]^2$$

其中，i 为假设状态，r_{pi} 为资产组合 p 在 i 状态下的收益率。

对于 n 个资产的组合来说，计算方差的一般公式为

$$\sigma_p{}^2 = \sum_{i=1}^{n} \sum_{j=1}^{n} x_i x_j \text{cov}(r_i, r_j)$$

其中，$x_1 + x_2 + \cdots + x_n = 1$。

由于当 $i=j$ 时，$\text{cov}(r_i, r_j) = \sigma_i{}^2$，$n$ 个资产组合方差的一般公式也可表示为

$$\sigma_p^2 = \sum_{i=1}^{n} x_i^2 \sigma_i^2 + \sum_{i=1}^{n} \sum_{j=1}^{n} x_i x_j \text{cov}(r_i, r_j)$$

三、最优投资组合的选择

人们在证券投资决策中应该怎样选择收益和风险的组合呢？这正是投资组合理论研究的中心问题。对于由两只或两只以上的证券组成的投资组合来说，在收益—方差的坐标系中可以确定出组合的可行集和有效集，再根据投资者的无差异曲线就可以确定出对于某一投资者来说最优的投资组合。

（一）可行集和有效集

1. 可行集

可行集（Feasible Set），也称投资机会集（Investment Opportunity Set），是指由 N 只证券所有可能的组合的风险及其预期收益在坐标系中形成的区域。也就是说，所有可能的组合将位于可行集的边界上或内部。

一般来说，可行集的形状像伞形，如图 5 - 1 中由 A 点、B 点、C 点、D 点所围的区域所示。在现实生活中，由于各种证券的特性千差万别，因此，可行集的位置也许比图中显得更左或更右、更高或更低、更胖或更瘦，但它们的基本形状大多如此。封闭曲线上及其内部区域的每一点代表一个可行的投资组合。

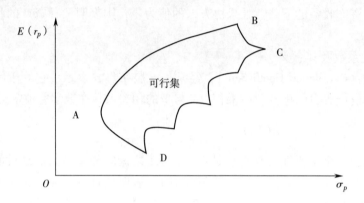

图 5 - 1　可行集

2. 有效集

可行集上的任一点对于一个风险厌恶者来说并不一定都是有效的。在此，我们先定义有效证券或有效证券组合。所谓有效证券或有效证券组合，是指满足以下条件的证券或证券组合：①预期收益率一定时，风险最小的证券或证券组合；②风险一定时，预期收益率最大的证券或证券组合；③不存在其他预期收益更高和风险更小的证券或证券组合。根据这些条件分析图 5 - 1 可知，对于各种风险水平而言，能提供最大收益率的组合是可行集介于 A 与 C 之间的上方边界上的组合集；对于各种预期收益率水平而言，能提供最小风险的组合是可行集中介于 B 与 D 之间的左边边界上的组合集。同时满足这两个条件的是 A 与 B 两点之间上方边界上的可行集，这就是有效集（EffiCient Set）。因此，有效集是可行集的一个子集，是从 A 点到 B 点的弧线，也称为有效边界（Efficient Frontier）。处于有效边界上的组合称为有效组合（Efficient Portfolio）。

（二）风险厌恶者的最优投资组合

那么，究竟有效边界上的哪一点才是风险厌恶者的最优组合点呢？由于有效集是一条向上凸的曲线，而风险厌恶投资者的无差异曲线是一条向下凹的曲线，所以，这两条曲线在收益—风险的坐标轴中将能确定一个唯一的切点（图5 - 2中的 M 点），这个切点（也称为切点证券组合）所代表的投资组合就是使投资者的投资效用最大化的组合，即最优投资组合。有效集一般是客观的，由金融市场所决定，而无差异曲线是主观的，所以，不同投资者的最优投资组合是不同的。

以上是马柯维茨投资组合理论的基本内容，其主要贡献是在对风险和收益进行权衡的基础上对投资组合进行数量化研究，从而使最优组合成为可能。

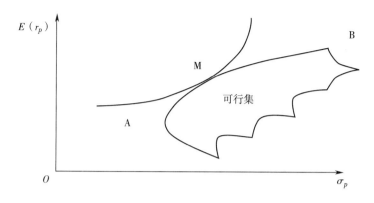

图 5 - 2　最优投资组合的决定

第三节　资本资产定价模型和套利定价理论

一、资本资产定价模型

20 世纪 60 年代初期，金融经济学家们开始研究马柯维茨的模型如何影响证券估值，这一研究导致了资本资产定价模型（Capital Asset Price Model，CAPM）的产生。资本资产定价模型是现代金融学的奠基石，该模型对于资产风险及其预期收益率之间的关系给出了精确的预测。该模型的意义在于，通过描述资产预期收益率和风险的关系，提出了一种对资产收益率估算的方法。

（一）资本资产定价模型的基本假定

资本资产定价模型是从完善市场假说开始的，这些假说主要包括：

（1）市场是无摩擦的，或者说市场是完善的。

（2）所有投资者都是理性的。

（3）信息都是免费的并且是立即可得的。

（4）所有投资者都进行单期投资，并且，他们根据投资组合在单一投资期内的预期收益率和标准差来评价这些投资组合。

（5）投资者永不满足，即当面临其他条件相同的两种选择时，他们将选择具有较高预期收益率的那一种。

（6）投资者是厌恶风险的，即当面临其他条件相同的两种选择时，他们将选择具有较小标准差的那一种。

（7）每种资产都是无限可分的，并且具有完全流动性，也就是说，投资者可以买卖单位资产或组合的任意部分。

（8）存在无风险资产，投资者可以按无风险利率自由借入或贷出资金。

（9）对于所有投资者，无风险借贷利率相等。

（10）所有投资者具有相同的预期，即他们对预期回报率、标准差和证券之间的协方差具有相同的理解。即所有投资者面临相同的投资机会集。

这些假定虽然与现实世界存在很大差距，但通过这个假想的世界，我们可以导出证券市场均衡关系的基本性质，并以此为基础，探讨现实世界中风险与收益之间的关系。

（二）分离定理

在假定（1）至假定（10）的基础上，可以导出著名的分离定理（Separation Theorem）：该定理是指在投资组合中可以以无风险利率自由借贷的情况下，投资者选择投资组合时都会选择无风险资产和风险资产组合的最优组合点（切点证券组合，图5-3中的M点），因为这一点相对于其他的投资组合在风险上或者报酬上都具有优势。所以，任何投资者都会选择这一点。投资者对风险的态度，只会影响投入的资金数量，而不会影响最优组合点。也就是说，投资者对风险和收益的偏好状况与该投资者风险资产组合的最优构成是无关的。

可以分两个阶段来理解分离定理。可以将投资者选择最优资产组合的过程分解为两个步骤：

第一步是对风险资产的选择。

在这一阶段，根据前面的假说（10）可知，投资者对每一种风险资产的期望收益率、标准差和资产之间的协方差具有相同的预期，因此，投资者都会选择风险资产组合M来投资。在这一阶段，投资者不需要考虑各自的风险偏好有多大，只要他们对风险资产的特性判断相同，他们将选择同样的风险证券组合M，即风险资产组合独立于投资者的风险偏好。

第二步是选择最优投资组合。

这里引入无风险资产F，投资者将第一步选定的风险资产组合M与无风险资产F相结合，构造出一个新的资产组合集合。这一组合集合由无风险资产F与风险资产组合M的连线构成，可以证明这一连线是从r_f点到有效集的切线（见图5-3），这一切线称为资本市场线。在这一切线代表的资本市场线上，投资者根据自己的风险偏好安排所持有的风险资产与无风险资产的比例，投资者的风险偏好将影响投资者的融资决策，不同风险偏好的投资者将决定借入资金还是贷出资金的比例并确定在资本市场线上的位置。资本市场线上的所有投资组合的唯一区别就是投资组合中风险资产与无风险资产的比例不同。即风险资产组合的确定与投资者的风险偏好无关，影响的只是其在风险资产上的投资比例。

（三）市场证券组合与证券市场均衡

1. 市场证券组合

市场证券组合是CAPM中又一个重要的概念。凡是定价理论，都是已知几种资产的价格，求出另一种资产相对于这几种资产的价格。或者说，已知几种资产的价格，求出另一种资产的价格。

在CAPM中，假定价格已知的资产是市场证券组合。所谓市场证券组合（Market Portfolio），是由所有证券组成的证券组合。在这个证券组合中，投资在每种证券上的比例等于它的相对市场价值。每一种证券的相对市场价值等于这种证券的总市场价值除以所有证券的总市场价值。

在 CAPM 中，之所以市场证券组合起着中心作用，是因为当证券市场达到均衡时，能证明市场证券组合即为切点证券组合 M 点，从而，每个人的有效集都是一样的：由通过无风险证券和市场证券组合 M 的射线构成。

2. 证券市场均衡

CAPM 除了分离定理这一特性外，另外一个特性是：在均衡状态下，每只证券在切点证券组合 M 的构成中都占有一个非零的比例。这一定理是分离定理的结果。从分离定理知道，每一个投资者所选择的证券组合中的风险证券的组成是一样的，都选择了 M 作为证券组合中的风险证券构成部分。如果每个投资者都购买了 M，但是 M 中并不包括每一种风险证券，则没有哪一个人会购买 M 中不包含的风险证券，从而，这些证券的价格会下降，导致其期望收益率上升，而这又会刺激投资者对这些证券的需求。这种调整一直持续到切点证券组合 M 中包含每一种风险证券。

当所有的价格调整过程停止时，证券市场达到均衡。这时，市场具有如下性质：第一，每个投资者都持有正的一定数量的每种风险证券；第二，证券的价格使对每种证券的需求量正好等于市场上存在的证券数量；第三，无风险利率使对资金的借贷量相等。

由此可以得出结论：在证券市场均衡时，所有投资者，无论其风险偏好如何，都会选择 M 点所代表的风险资产组合。投资者风险偏好的不同不是体现在投资的风险资产种类上，而是体现在 M 点所代表的风险资产组合与无风险资产之间的比例关系上。这一结论可以用来指导投资。投资者在现实中可以采取被动的但却很有效的指数化投资策略。首先根据个人风险的承受能力确定投资于无风险资产和风险资产的比例，然后把投资于风险资产的部分投资于指数化的证券产品，如根据标准普尔 500 指数或恒生指数等开发的指数证券产品。因为这类产品本身已经反映了市场上大部分证券的构成，因此，可作为市场证券组合的替代品。

（四）资本市场线和证券市场线

1. 资本市场线

假定无风险资产带来无风险利率或收益率 r_f，即投资者可以自由借贷的利率。这个无风险收益率是确定的（即 $\sigma_f = 0$），无风险资产与任意风险资产或风险资产组合构成的资产组合在均值—标准差坐标中呈现一条线性直线，如图 5-3 所示。

图 5-3 中的射线就是资本市场线（Capital Market Line，CML），它是一条连接无风险资产到市场证券组合 M 点的射线。M 点是经过 r_f 的直线与风险资产的有效组合边界 AB 的切点，这条线性直线是在允许无风险借贷情况下的新的线性有效集。通过这条线性直线，投资者可以实现单位风险的最大预期收益率水平。因为 r_fM 直线是线性的，因而这一切点是唯一的，所以，市场证券组合点 M 也是唯一的。资本市场线上的任意一点所代表的投资组合都可以由一定比例的无风险资产和 M 点所代表的风险资产组合来构成。因此，资本市场线描述了风险资产与无风险资产之间的最有效组合。

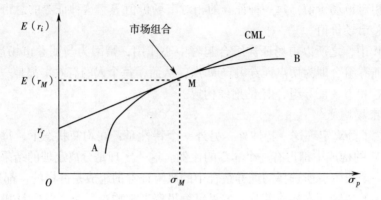

图 5 – 3 资本市场线

CML 的斜率等于，市场证券组合和无风险证券两者的期望收益率之差，即 $E(r_M) - r_f$，除以两者的风险之差，即 $\sigma_M - 0$，因为 CML 的截距为 r_f，所以，CML 的直线方程为

$$E(r_i) = r_f + \left[\frac{E(r_M) - r_f}{\sigma_M}\right]\sigma_p$$

其中，$E(r_i)$ 和 σ_p 分别表示有效证券组合的期望收益率和标准差，r_f 表示无风险收益率，$E(r_M)$ 和 σ_M 分别表示市场组合的期望收益率和标准差，而 $\frac{E(r_M) - r_f}{\sigma_M}$ 又被称为风险的市场价格，表示市场组合每单位风险带来的风险溢价。资本市场线上的每一点，都代表一个由无风险资产和风险资产组合构成的证券组合。投资者根据自己的风险偏好，沿着资本市场线构建证券组合。

2. 证券市场线

资本市场线描述了有效证券组合的期望收益率与标准差之间的均衡关系。那么，构成市场组合的单只证券的期望收益率与标准差之间是什么关系呢？

可以证明：单个风险资产的期望收益率的表达式为

$$E(r_i) = r_f + \left[\frac{E(r_M) - r_f}{\sigma_M{}^2}\right]\sigma_{iM}$$

这一公式的图示形式就是证券市场线（Security Market Line，SML），如图5 – 4（a）所示，SML 揭示了市场上所有风险资产的均衡期望收益率与风险之间的关系。

定义 $\beta_i = \frac{\text{cov}(r_i, r_M)}{\sigma_M^2} = \frac{\sigma_{iM}}{\sigma_M^2}$，则有证券市场线的另一种表达式如下：

$$E(r_i) = r_f + [E(r_M) - r_f]\beta_i$$

这就是著名的资本资产定价公式，如图5 – 4（b）所示。

对于任意投资组合的预期收益率也可借用证券市场线的表达式写成

$$E(r_p) = r_f + [E(r_M) - r_f]\beta_p$$

其中，$\beta_p = \sum_{i=1}^{n} W_i\beta_i$。

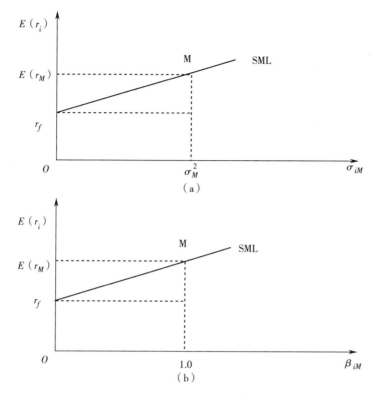

图5-4 证券市场线

注意：资本市场线的横轴是标准差（既包括系统性风险又包括非系统性风险），而证券市场线的横轴是贝塔系数（只包括系统性风险）。

可见，证券市场线描述了系统性风险与期望收益率之间的关系，它说明单个资产期望收益率等于无风险利率加上一个适用于该资产系统性风险的风险溢价。

为了加深对资本资产定价模型基本内容的理解，我们可以比较一下资本市场线与证券市场线。具体来说，它们在以下方面有所不同：

第一，描述对象不同。

资本市场线描述的是有效证券组合（由无风险资产和市场组合 M 构成的证券组合）的预期收益率与证券组合的总风险（用证券组合预期收益率的标准差表示）之间的线性关系。不同的投资者依据自己风险偏好的不同，投资在资本市场线上的不同位置，预期收益率越高，证券组合的风险越大。证券市场线描述的是构成市场组合 M 的单个风险资产或某个证券组合的预期收益率和风险之间的关系，既包括有效组合又包括非有效组合。

第二，描述风险的指标不同。

资本市场线采用标准差，即有效组合收益率的标准差作为风险度量指标。证券市场线中采用 β 系数作为风险度量指标，它表明：决定单个资产预期收益率波动性的不是单个资产的风险，而是这个资产与市场组合 M 之间的相关性，即系统性风险，用 β 来

度量。

例如，已知无风险利率为 4%，市场组合的期望收益率是 12%，如果某公司股票的 β 系数估计为 1.5，那么，该股票的期望收益率就是

$$E(r_i) = r_f + [E(r_M) - r_f]\beta_i = 4\% + 1.5 \times (12\% - 4\%) = 16\%$$

资本资产定价模型揭示了资产的预期收益率和风险之间的关系，在实践中有着非常广泛的应用。例如，用这个期望收益率作为权益投资的必要收益率，进而对资产预期现金流进行贴现，就可以完成用现金流量贴现法评价资产价值的过程。

二、套利定价理论

建立在均值—方差分析基础上的 CAPM 模型是一种理论上相当完美的模型，它解释了为什么不同的证券会有不同的回报率。这套理论体系自创立以来，得到了广泛的应用。除 CAPM 理论外，另一种重要的定价理论是由罗斯（Stephen Ross）在 20 世纪 70 年代中期建立的套利定价理论（Arbitrage Pricing Theory，APT）。就某种意义来说，它是一种比 CAPM 更简单的理论。

（一）基本假设

相对资本资产定价模型而言，套利定价理论的假设宽松了许多，其主要的假定有：

（1）资本市场是完全竞争的、无摩擦的市场。

（2）投资者是风险厌恶者，而且是非满足的，即当具有套利机会时，他们会构造套利证券组合来增加自己的财富，从而追求效用最大化。

（3）所有投资者拥有相同的预期。

（4）资产的预期收益率受多个因素的影响，并可以用由 k 个因素构成的线性模型来表示，而不像资本资产定价模型那样只受单一公共因子——市场证券组合因素的影响。

（二）套利定价理论的基本内容

1. 套利的含义

所谓套利或套利机会，最简单的说法是不花钱就能挣到钱，具体地说，是指不需要本钱投资，只是利用资产在时间或空间上的价格差异来赚取无风险利润的交易行为，它是市场无效率的产物。本质上，套利是利用资产定价的错误、价格联系的失常，买入价格被低估的资产，同时卖出价格被高估的资产来获取无风险利润的行为。

一个套利组合应该满足以下条件：

（1）投资者不需要额外追加投资，即投资比例变化而总投资不变。

（2）套利组合的风险为零，即既没有非系统性风险，也没有系统性风险。

（3）套利预期收益为非负。当市场达到均衡时，套利组合的预期收益率为零。因此，APT 表明：市场处于均衡状态时，套利机会不存在。

套利定价理论的核心思想是：一旦市场出现了套利机会，套利者会尽可能建立大额的套利头寸，推动市场价格恢复均衡，迅速消除套利机会。

2. APT 的表达式

套利定价理论导出了与资本资产定价模型相似的一种市场关系。套利定价理论以收益率形成过程的多因子模型为基础，认为证券收益率与一组因子线性相关，这组因子代表影响证券收益率的一些基本因素。任何一种证券的收益率都是一个线性函数，其中包含 k 个影响该证券收益率的因素。函数表达式如下：

$$r_i = a_i + b_{i1}F_1 + b_{i2}F_2 + \cdots + b_{ij}F_k + \varepsilon_i, 且$$

$$cov(F_i, F_j) = 0 (i \neq j), cov(F_i, \varepsilon_i) = 0 (i = 1, 2\cdots, k), cov(\varepsilon_i, \varepsilon_j) = 0 (i \neq j)$$

其中，r_i 是证券 i 的实际收益率，它是一个随机变量；a_i 表示当其他因素为零时证券 i 的预期收益率。F_k 是均值为零的第 k 个因子；b_{ij} 是证券 i 的收益率对因子 j 的敏感度，其中，$j = l, 2, \cdots, k$；ε_i 表示影响证券 i 收益率的随机误差项，其期望值为 0。

该因素模型表明，具有相同因素敏感度的证券和证券组合应当具有完全相同的预期回报率，否则投资者将会发现套利机会。通过买进高预期回报率的证券或证券组合，卖出低预期回报率的证券或证券组合来获利。同时买进卖出的资产具有相同的因素敏感度，套利行为不会承担任何因素风险。但是，套利行为会引起证券的市场价格发生变化，套利者买进证券，其价格会上升，导致该证券的预期回报率下降；反之，套利者卖出证券，其预期回报率则会上升。这一价格调整过程将一直持续到市场套利机会消失为止。

事实上，当收益率通过单一因子（市场组合）形成时，将会发现套利定价理论形成了一种与资本资产定价模型相同的关系。因此，套利定价理论被认为是一种广义的资本资产定价模型，为投资者提供了一种替代性的方法，来理解市场中的风险与收益率间的均衡关系。套利定价理论与现代资产组合理论、资本资产定价模型、期权定价模型等一起构成了现代金融学的理论基础。

套利定价模型在解释资产收益率方面比单一要素的资本资产定价模型更为严谨，但在实际运用方面还存在着一些尚未解决的问题。最主要的就是用来解释证券收益率的因子究竟有多少，这些因子又是哪些。研究人员们还在致力于解决这些问题，努力探索那些能够系统地解释收益率的因子。因此，虽然 APT 理论上很完美，但是由于它没有给出是哪些因子驱动资产价格，只能凭投资者经验自行判断选择。另外，每项因子都要计算相应的敏感度，而 CAPM 模型只需计算一个贝塔值，所以在对资产价格估值的实际应用时，CAPM 比 APT 使用得更广泛。

【应用】

集中还是分散，这是一个问题

有这样一个故事：杰克先生和罗宾逊先生是邻居。有一天，一个小孩子在街头玩棒球，不小心打破了杰克先生的窗户，他花了 10 美元才修好。后来，小孩子又把罗宾逊先生的窗户打破了，但是他只花了 10 美分就修好了。原因就是罗宾逊先生家的窗户是多格的。这个故事被用来说明分散投资对于回避风险的重要性。另一个经常被用来说明分散投资的价值的例子是鸡蛋和篮子，不过，把鸡蛋（资金）放到不同篮子（投资品种）里，真的可以降低风险吗？

1. 选择几个互不相关的篮子

投资者亏损时，经常会发现自己手头持有了一堆股票，各种质地、各种行业属性的股票都可能存在于资产组合中。投资者的困惑通常是，为什么分散投资了仍然没有避免风险。实际上，即使是分散投资，在面对宏观经济回落、行业发展趋势恶化等系统性风险时，也无法避免资产缩水的风险。或者我们可以这样理解，最重要的不是把鸡蛋放到几个篮子里，而是选择几个互不相关的篮子。否则，如果几只装满鸡蛋的篮子同时落下，可能根本没有时间去考虑究竟该接住哪一只篮子最好。

2. 分散化降低了盈利能力

实际上，除了在面临系统性风险时，难以规避资产缩水，分散投资的另一个不足在于，这种投资策略在一定程度上降低了资产组合的利润提升能力。举个简单的例子：同样为 10 元的初始资金，股票价格均为 1 元，组合 A 由 10 只股票组成，每只股票买一股；组合 B 由 5 只股票组成，每只股票买两股。假设这些股票中，组合 B 的 5 只股票，组合 A 也都购买了。其后这 5 只股票价格翻番，而其他股票的价格没有变化，则组合 A、组合 B 的收益率分别为 50% 和 100%。很显然，由于组合 A 投资过于分散，那些没有上涨的股票拉低了整个投资组合的收益水平。

曾有人这样描述：分散投资获得巨大财富，这是投资谎言之一。从来没有一个人因为分散化投资策略进入亿万富翁俱乐部的。

3. 集中投资是大师的选择

对于分散和集中，那些投资大师们又是如何选择的呢？索罗斯说："当你对一笔交易有信心时，你必须全力出击。持有大头寸需要勇气，或者说用巨额杠杆挖掘利润需要勇气，但是，如果你对某件事情判断正确，你拥有多少都不算多。"投资大师将集中投资的成功前提阐述得非常明确——必须判断准确。准确判断是集中投资的必要前提条件之一。

实际上，集中是投资决策的必然结果，而不是投资手段。在时间和精力有限的情况下，你有可能去了解少部分股票所有需要了解的信息，但是绝对不可能了解一大批股票所有需要了解的信息，简单地说，就是投资者只能去研究相对少的投资品种。从另一个角度来看，分散投资成功的大前提，仍然是判断的准确性。如果没有准确的判断，单纯依靠在不同的金融市场，或者同一市场的不同投资品种上分散投资，是不可能取得良好投资效果的。

【本章小结】

本章分三节介绍了金融市场机制理论的相关知识：第一节主要介绍了有效市场的含义、前提条件、类型和有效市场假说的价值与缺陷；第二节主要介绍了马柯维茨资产组合理论的基本假设条件、资产组合收益和风险的度量及最优投资组合的选择；第三节主要介绍了资本资产定价模型和套利定价理论。

通过本章的学习，要求学生掌握有效市场的含义及类型，了解有效资本市场的前提条件和有效市场假说的价值与缺陷；了解马柯维茨资产组合理论的基本假设条件，掌握资产组合收益和风险度量的方法，掌握最优投资组合选择的原理；掌握资本资产定价模型和套利定价理论的公式及其含义。

【关键词汇】

有效市场　预期收益率　方差　协方差　相关系数　有效市场组合　市场证券组合
分离定理　资本市场线　证券市场线

【问答和思考题】

1. 简述有效市场有哪几种类型。

2. 什么是市场证券组合？

3. 资本市场线与证券市场线有什么区别与联系？

4. 简述资本资产定价模型的表达式和含义各是什么。

5. 简述套利定价理论的基本思想。

6. 假设经济将会经历高增长、正常增长和萧条三种状况，对未来的股票市场回报率的预期收益分布率分布如下表所示：

经济状况	概率	预期收益率（%）
高增长	0.2	30
正常增长	0.7	12
萧条	0.1	-15

（1）计算1000元投资的预期值及其投资回报率。

（2）计算预期收益率的标准差。

7. 假定市场证券组合的预期收益率为0.16，无风险利率为0.08，市场证券组合的标准差为0.10。证券A的标准差为0.25，其与市场组合收益的相关系数为0.6；证券B的标准差为0.20，其与市场组合收益的相关系数为0.3；证券A与证券B的投资比例分别为0.6和0.4。请回答以下问题：

（1）计算由证券A和证券B构成的投资组合的β值。

（2）根据CAPM，计算该投资组合的预期收益率。

（3）计算这一资产组合的风险溢价。

第六章

金融机构体系

【本章导读】

金融机构指的是从事货币、信用和资金融通活动的金融中介组织，是金融体系的重要组成部分。那么金融机构产生和发展的理论基础是什么，金融机构的构成类型有哪些，以及现今西方国家和我国的金融机构体系是什么样的呢？本章将详细阐述这些问题。

第一节　金融机构及其形成和发展的理论基础

一、金融机构的含义及分类

（一）金融机构的含义

金融机构，又称金融中介（Financial Intermediaries），是指专门从事货币信用活动的中介组织，是金融体系的重要组成部分。货币信用活动属于金融服务业的业务范畴，而金融服务业包括银行、证券、保险、信托和基金等行业。因此，与其相对应，金融机构包括银行机构、证券公司、保险公司、信托投资公司和基金管理公司等。

（二）金融机构的分类

当今，随着货币信用活动的发展，经济领域出现了种类繁多的金融机构。这些金融机构按不同的划分标准可以划分成不同的类型：

（1）按融资方式不同，金融机构可以分为直接金融机构和间接金融机构两类。

按资金融通方式，可以将金融分为直接金融和间接金融。直接金融是指投融资双方不与金融机构直接构成债权债务关系的资金融通方式。间接金融是指投融资双方通过金融中介机构并与金融机构发生债权债务关系的资金融通方式。相应地，可将金融机构分为直接金融机构与间接金融机构。直接金融机构是指在直接融资领域，为资金盈余者（投资者）和资金短缺者（筹资者）提供中介服务的金融机构，它们为筹资者和投资者双方牵线搭桥，提供策划、咨询、承销、经纪服务等业务，如投资银行、证券公司、证券经纪人，以及证券交易所等。间接金融机构是指介于债权人与债务人中间，为资金余缺双方进行资金融通的金融机构,一方面,它以债务人的身份从资金盈余者手中筹集资金;另一方面,它又以债权人的身份向资金短缺者提供资金。商业银行是最典型的间接金融机构。

(2)按从事金融活动的目的不同,金融机构可以分为管理型金融机构与经营型金融机构。

管理型金融机构,是指承担金融宏观调控、金融监管责任的金融机构,它们不以盈利为目的,一般是一些政府机构、行业协会等,如中央银行、中国证券监督管理委员会、中国保险监督管理委员会及中国银行业监督管理委员会等。经营型金融机构,是指以盈利为目的,向社会公众提供多种金融产品和金融服务的金融机构,如商业银行、证券公司、投资公司、保险公司、信托投资公司等。

(3)按业务特征的不同,金融机构可以分为银行金融机构和非银行金融机构。

银行金融机构,是指以存款、放款、汇兑和结算为核心业务的金融机构,如中央银行、商业银行、储蓄银行等。非银行金融机构,是指除银行金融机构以外的其他各种金融机构,因此,非银行金融机构是一个庞杂的体系,它包括保险、证券、信托、租赁和投资机构等。

(4)按是否承担政策性业务,金融机构可以分为政策性金融机构和非政策性金融机构。

政策性金融机构是指为实现政府的产业政策而设立的、不以盈利为目的的金融机构,政策性金融机构可以获得政府资金或税收方面的支持,如中国农业发展银行。非政策性金融机构,是指以盈利为目的的金融机构,如商业银行。

二、金融机构形成和发展的理论基础

(一)降低交易成本

交易成本(Transaction Costs),是指从事交易活动所花费的一切费用。在交易发生之前有可能发生的成本包括,资金供求双方相互之间寻找到对方的搜寻成本、鉴别对方交易信息真假的鉴别成本以及讨价还价的谈判成本。在交易发生之后,还有监控合约执行的监管成本以及可能发生违约而需要付出的诉讼成本等。交易成本的存在阻碍了许多小额储蓄者与借款者之间的直接融资,从而阻碍了金融市场正常作用的发挥。

下面举一个例子就可以使我们对这个问题有比较清楚的认识。假如你有5000元准备投资,而且想投资于股票市场。由于只有5000元,你只能买少量的股票。股票经纪人会告诉你:"你的购买量是如此的小,你支付的佣金在你的购买价格中将占较大的比重。"如果你要购买债券,问题将会更严重,因为许多国家的债券交易都有一个最低购买量要求(如10000元),而你没有那么多钱,也就无法投资。事实上,经纪人可能对你的投资并不感兴趣,因为你的投资额太小,他认为不值得花时间去考虑。你发现你不能将辛苦积累起来的钱投资于金融市场去赚取利润。但是,你也可能会得到些许安慰,因为你并不孤独,你并不是唯一被过高的交易成本所困扰的人。即便在美国,也只有大约1/2的人拥有有价证券。由于较高的交易成本,你还会面临另外一个难题,即投资的本钱太

小而使你不能进行分散投资，你不得不把钱放在一个地方，即"全部鸡蛋放在一个篮子里"，因而暴露在极大的风险之下。

金融机构可以降低交易成本。有什么办法能够降低交易成本，使资金在储蓄者与借款者之间顺畅融通呢？那就是利用银行等金融机构的服务，金融机构利用其所具有的规模经济效应和特殊专长，可以降低金融交易的成本。金融机构降低交易成本的方法之一就是把许多储蓄者的资金聚合起来，发挥规模经济优势。金融机构能很方便地将资金的最终供求双方吸引过来，节约搜寻成本。金融机构所具有的专业化经营优势又可以使其更有条件和能力，比单个借款人或放款人在更大程度上节约其他各类交易费用，从而使资金交易规模扩大，各方获得更有利的交易条件。金融机构降低交易成本的方法之二是通过研发出的专门计算机技术，能够以极低的交易成本提供多种便利的金融服务，如银行 ATM 的运用。交易成本的降低使金融机构能为客户提供更为方便的流动性服务。

（二）缓解信息不对称

现代金融经济学认为，银行等金融机构存在的另外一个主要原因是金融市场上存在不对称信息（Asymmetric Information）。所谓不对称信息或信息不对称，是指交易一方对另一方的了解不充分，使双方处于不平等地位的一种状态。在金融市场上，资金需求者与资金供给者之间普遍存在着信息不对称现象。通常在交易发生之前，知情较少的一方可能因知情较多的另一方故意隐瞒信息而面临对自己不利的局面，即发生所谓的"逆向选择"（Adverse Selection）；在交易发生之后，知情较少的一方可能因知情较多的另一方故意隐蔽行动（如不采取有力措施防范不利事件的发生）而遭受损失，即发生所谓的"道德风险"（Moral Hazard）。

1. 金融市场上的"逆向选择"和"道德风险"问题

金融市场上的逆向选择，是指市场上那些最有可能造成不利（逆向）结果（造成违约风险）的融资者，往往就是那些寻求资金最积极，而且最有可能得到资金的借款者。也就是说，由于逆向选择，贷款者将资金贷给了最有可能违约的借款者。面对这种情况，贷款者会采取相应的保护措施，例如，提高融资的门槛和交易价格，结果那些风险较小（因而收益较低）的借款者退出市场，从而进一步提高了贷款者的风险并迫使其采取更加严格的保护措施。双方重复博弈的结果将不利于融资活动的良性发展，并有可能导致金融市场的萎缩。金融市场上的道德风险，是指贷款者把资金贷放给借款者以后，借款者可能会从事那些为贷款者所不希望的风险活动，这些活动很可能导致贷款不能如期归还。道德风险的存在使股票融资和债券融资的规模有限，而银行等金融机构可以在一定程度上克服道德风险问题。

逆向选择现象的表现是"柠檬问题"（Lemons Problem）。"柠檬问题"的实质是信息不对称问题影响了市场的效率。因为在市场中由于交易双方对交易信息的掌握处在不对称的地位，这种不对称影响了市场效率的发挥，使优胜劣汰的市场机制失灵。如果这种不对称现象超过了市场承受的极限，那么这个市场就无法维持。所谓"柠檬"，在美国俚语中有"二手车"、"次品"的意思，美国经济学家阿克洛夫在 20 世纪 60 年代末对二手车市场进行研究发现，由于二手车的卖主和二手车的买主对车的质量信息掌握完全不对称，二手车的卖主了解车的质量，而买主处在信息的劣势，并不太了解二手车的质量，所以买主只愿意按照当时市场的平均价格购买。而这一平均价格低于质量好的二手车的真实价值，高于质量差的二手车的真实价值。这样就会导致质量好的二手车因为卖价低，卖主不肯卖而退出市场，质量差的二手车因为可以卖个好价钱而纷纷投入市场。结果导致整个二手车市场质量进一步下降。市场质量的进一步下降，又调低了购买者对整个市场平均价格的预期，因此质量好的二手车不断地被挤出市场，剩下的是质量差的二手车，在极端情况下，没有顾客愿意购买，整个市场崩溃。金融市场上也有类似二手车市场的"柠檬问题"。金融市场上证券的优劣依赖于公司经营状况的好坏，一般地，优良公司的证券的预期收益率高且风险小，而劣质公司的证券的预期收益率低且风险大。但是，由于信息不对称，证券的潜在购买者并不能识别证券的优劣，他们所愿意支付的证券价格只能是反映证券发行公司平均质量的证券价格，这一价格优于优良公司证券的真实价值，高于劣质公司证券的真实价值。因此，优良公司的所有者因购买者愿付的证券价格低于其真实价值，而不愿出售其证券；只有那些劣质公司才愿意出售其证券（即上市欲望强烈）。投资者也不是傻瓜，他们明白这种逆向选择，所以他们选择不在证券市场上直接投资。结果与二手车市场一样，由于逆向选择的存在，证券市场的融资功能不能得到正常发挥。

金融市场上的道德风险表现为股票市场上的道德风险和债券市场上的道德风险。股票市场上的道德风险源于所有者（股东）与代理人（管理者）之间的矛盾，代理人可能依照自己的利益而不是所有者的利益进行交易。公司所有权掌握在所有者手里，而公司的控制权掌握在代理人手中。所有权与控制权的分离导致道德风险产生：代理人和所有者各自掌握的公司信息是不对称的，掌握控制权的代理人比掌握所有权的所有者更加了解公司情况；由于仅持有很少的股权，代理人没有使公司利润最大化的动机，他可能会按照自己的利益而不是所有者的利益来进行决策。这样，由于道德风险的存在，极大地抑制了通过发行股票筹集资金的活动。道德风险在债券市场上依然存在。由于债券责任的有限性，借款者只需向债券持有者支付一个事先确定的比例，所获利润中超过这一比例的任何部分都由借款者所有。结果，借款者就有一种从事债券持有者不希望的高风险投资项目的冲动，道德风险由此产生。

2. 金融市场上完全信息的生产与销售所面临的问题

信息不对称影响了资金供求双方的直接交易，由此我们想到，解决信息不对称问题的办法就是向资金供应者提供那些正在寻求资金的个人或公司的详细情况，即提供完全信息。如成立一个信息生产公司，由该公司负责收集有关金融交易的全部信息，然后将信息销售给资金的供应者，美国的标准普尔公司、穆迪投资者服务公司就是这样的信息生产与销售公司，然而，这种做法存在以下问题，使靠专门公司生产与销售信息来解决信息不对称问题成为不可能。

（1）"搭便车"问题。金融市场上的"搭便车问题"（Free - rider Problem），是指一些人不付费地利用他人付费所得到的信息的一种现象。下面通过一个例子来说明为什么在信息的销售过程中会出现"搭便车问题"。例如，美国公民汤姆购买了标准普尔公司的信息，信息中包含了各家证券发行公司的质量及证券好坏的情况。汤姆据此信息选定了一种优良证券，这种证券的购买价格低于其真实价值，从而弥补其购买信息的成本。但是，由于金融市场的交易是公开的，其他人在看到汤姆购买该证券且获利了之后也会跟随购买这种证券，在从众心理的作用下购买的人越来越多，提高了该证券的市场需求，导致其价格上升。结果，在汤姆获利的同时，其他投资者也获得了价格上涨的好处。这就意味着汤姆并未取得该证券价格上涨的全部好处，部分好处被其他未付费购买公司信息的投资者分享了。这就是证券市场上的"搭便车问题"，在这种情况下，即使汤姆的获利较大，他也没有得到应有的全部利益。最后，汤姆认识到，他大可不必为首先得到信息而付出费用。因而，标准普尔公司所提供的信息是无法销售出去的。

（2）"可信度问题"和"剽窃问题"。即使信息生产公司投入一定成本，通过调查研究等手段获得了潜在投资者所关心的有关投资对象的信息，这些信息具有潜在的价值。但是，要实现信息的潜在价值并不容易，在信息出售过程中会出现两个主要问题：第一，信息买方无法判断信息的真假和质量，即存在"可信度问题"（Reliability Problem）；第二，信息是一种准公共品，信息买方可在购买信息后转售给他人，这通常并不影响信息的价值，出现所谓的"剽窃问题"（Appropriability Problem）。所以，即使信息具有真实价值，信息生产公司也难以获得生产信息的全部回报，生产信息具有不经济性。

由上述的"搭便车问题"、"可信度问题"和"剽窃问题"可知，穆迪投资者服务公司和标准普尔公司的信息实际上是卖不出去的（只能免费向市场发布）。

3. 银行等金融机构有助于解决信息不对称问题

在克服信息不对称问题上，以银行为代表的金融机构具有明显的优势。银行等金融机构可以在一定程度上缓解信息不对称导致的上述问题，这是从二手车交易商的作用中得到启发的。二手车市场的一个重要特征是大多数的二手车并不是在个人之间直接买卖转手，而是通过中介机构——二手车交易商来买卖的。这些交易商买进二手车，再将它卖给其他人。二手车交易商成为鉴别二手车质量优劣的专家，他们能够收集信息，辨别二手车的质量好坏，并在销售时提供某种形式的担保。这种担保使人们愿意购买二手车，二手车交易商也能因低价买进、高价卖出而获得利润，这个利润正是二手车交易商生产信息的收益。银行作为主要的金融机构，是公司信息的生产高手，因为银行掌握多家借款者的私人信息，收集信息的成本低，具有规模经济的优势。银行从存款者那里获得资金，然后根据掌握的信息将资金发放给那些信誉好、效益好的企业。在此过程中，银行从存贷利差中获得收益，这种收益正是对银行生产信息的回报。而且，由于银行贷款是非公开进行的，具有一定的保密性，避免了其他人在信息上搭银行的便车。因而，银行的贷款利率也不会因为竞争而被拉下，以致难以补偿因收集公司信息而耗费的成本。由此可见，银行等金融机构正是凭借贷款的非公开性等方法在一定程度上克服了信息不对称问题，弥补了证券市场融资的不足，有效地实现了社会资金的融通。

（三）协调流动性偏好

流动性偏好指的是经济中的当事人往往喜欢较高的流动性，即喜欢那种根据需要可以随时将其他资产转换为现金资产的境界。但是，不同的当事人对流动性偏好的程度不一致。一般地，资金最终供给者对流动性偏好较强，期望在未来自己需要用款时能够随时收回资金；资金最终需求者则相反。银行可以通过与资金最终供求双方分别签订合同，同时满足双方对流动性的偏好，也即，一方面，通过存款合约向资金最终供给者承诺，满足其随时可能提出的对流动性的需要；另一方面，通过贷款合约向资金最终需求者承诺，满足其在一定时间之内对"无须担心流动性"的需要。这就是银行的"金融中介化"过程。

银行通过"金融中介化"过程，通过"借短贷长"进行某种期限的转换，从而使资金最终供求双方的需要完好地得到满足。

（四）分散和承担风险

银行等金融机构可以利用其专业优势向众多的借款人同时放款，使风险得以分散；银行等金融机构也承担了部分风险，更好地保证资金最终供给者的权益。

第二节　西方国家的金融机构体系

西方国家的金融机构体系主要由中央银行、商业银行、各类专业银行和非银行金融机构等组成。

一、中央银行

中央银行是银行业发展到一定阶段的产物，并随着国家对经济生活干预的日益加强而不断发展和强化。中央银行最初一般由商业银行演变而成，如1656年成立的瑞典银行和1694年成立的英格兰银行，最初都是商业银行，后来分别被政府改组为中央银行。但多数国家的中央银行是由政府直接设立的，如美国的联邦储备体系和第二次世界大战后许多发展中国家建立的中央银行。中央银行是各国金融机构体系的中心和主导环节，对内它代表国家对整个金融体系实行领导和管理，维护金融体系的安全运行，实施宏观金融调控，是统制全国货币金融的最高机构；对外则是一国货币主权的象征。一个世纪以前，全世界只有18个中央银行，而目前几乎所有国家或地区都设立了中央银行或类似中央银行的金融机构。

由于世界各国的社会制度、经济发展水平以及金融业发展程度不同，各国的中央银行制度也有所不同。西方国家的中央银行制度主要有四种形式：①单一的中央银行制度。即在一国范围内单独设立一家中央银行，通过总分行制，集中行使金融管理权，多数西方国家采取这种制度。②二元的中央银行制度。即在一国范围内建立中央和地方两级相对独立的中央银行机构，分别行使金融管理权，如美国、德国。③跨国中央银行制度。即几个国家共同组成一个货币联盟，各成员国不设本国的中央银行，或虽设立本国

的中央银行但由货币联盟设立的中央银行领导。例如，1998年6月，欧盟在法兰克福设立欧洲中央银行，要求成员国的中央银行接受其领导，并逐步摆脱本国政府的干预。④准中央银行制度。即一个国家或地区只设类似中央银行的机构，或由政府授权某个或某几个商业银行行使部分中央银行职能。

二、商业银行

商业银行是最早出现的现代金融机构，其主要业务是经营个人储蓄和工商企业的存、贷款，并为顾客办理汇兑结算和提供多种金融服务。通过办理支付结算，商业银行实现了国民经济中的绝大部分货币周转，同时起着创造存款货币的作用。

在西方国家，商业银行因机构数量多、业务渗透面广和资产总额比重大而成为金融机构体系中的骨干和中坚，具有其他金融机构不能代替的重要作用。

三、各类专业银行

专业银行是指专门经营指定范围的金融业务和提供专门性金融服务的银行。其特点是：①专门性。专业银行体现了社会分工的发展，其业务具有专门性，服务对象通常是某一特定的地区、部门或专业领域，并具有一定的垄断性。②政策性。专业银行的设置往往体现了政府支持和鼓励某一地区、部门或领域发展的政策导向，尤其是开发银行和进出口银行等专业银行的贷款，具有明显的优惠性，如含有政府贴息和保险，借款期限和还款限期均较长等。③行政性。专业银行的建立往往有官方背景，有的本身就是国家银行或代理国家银行。

西方国家专业银行种类繁多、名称各异，这里主要介绍以下几种。

1. 开发银行

开发银行是指专门为社会经济发展中的开发性投资提供中长期贷款的银行。开发性投资具有投资量大、见效慢，周期长、风险大等特点，一般商业银行不愿意承担，如新产业的开发、新经济区的基础建设，以及全国性公共设施的建设等都属于这类投资。由于开发银行多为政府主办，不以盈利为目的，所以往往由开发银行承担这类项目。西方第一家开发银行于1822年在比利时建立。第二次世界大战后设立的德国复兴信贷银行、墨西哥国家金融开发银行，巴西东北开发银行等都属于这类银行。开发银行的资金来源主要依靠政府提供，以及通过发行债券、借入资金和吸收存款等方式筹资；资金运用主要是对开发项目提供贷款、参与直接投资或提供债务担保。

2. 投资银行

投资银行是投资性金融中介，是专门为工商企业提供证券投融资服务和办理长期信贷业务的银行。投资银行与商业银行的划分，与直接融资和间接融资这两种融资体系的区别是紧密相关的。如果说商业银行是间接融资中介，投资银行则是直接融资中介，它通过设计和买卖证券而成为资金供求双方的中介机构。与商业银行不同，投资银行的资金来源主要依靠发行自己的股票和债券而不是吸收存款，但有的国家也允许投资银行接受大额定期存款。投资银行的业务从广义上说，是指所有资本市场业务，包括在一级市场上为融资者服务和在二级市场上充当证券买卖的经纪人和交易商。从狭义上说，仅指传统的投资银行业务，即在一级市场上为融资者服务的业务。这里指的投资银行业务主要是从广义上说的，包括：对工商企业的股票和债券进行直接投资；提供中长期贷款；为工商企业代办发行或包销股票与债券；参与企业的创建、重组和并购活动；包销本国和外国的政府债券；提供投资和财务咨询服务等。总之，除了传统的证券承销和融资业务外，现代投资银行业务涵盖了证券经纪、证券交易、投资管理、收购兼并、财务顾问、金融创新、衍生工具、项目融资、杠杆租赁等广泛的领域。投资银行是美国和欧洲大陆的通用名称，英国称之为商人银行，法国称之为实业银行，日本则称之为证券公司。此外，投资银行还有其他的形式和名称，如长期信贷银行、证券银行、承兑银行、金融公司、持股公司、投资公司、财务公司等。实际上，在许多对直接投资和间接投资分业经营管理的国家，金融当局往往不是将投资银行纳入银行系统，而是将其作为非银行金融机构进行管理。

3. 进出口银行

进出口银行是指专门为对外贸易提供结算、信贷等国际金融服务的银行。最早出现的专门从事进出口融资的金融机构是1919年成立的英国出口信贷担保局，而美国的进出口银行成立于1934年。目前大多数国家都建立了进出口银行，但名称各异。如法国称之为对外贸易银行，瑞典称之为出口信贷公司。这类银行一般都是官方或半官方的金融机构。创建它们的宗旨是推动本国的进出口贸易，特别是大型机电设备的出口，加强国际间金融合作，广泛吸引国际资本和收集国际市场信息。

4. 储蓄银行

储蓄银行是指专门吸收居民储蓄存款并为居民提供金融服务的银行。这类银行的服务对象主要是居民消费者，资金来源主要是居民储蓄存款，资金运用主要是为居民提供消费信贷和其他贷款等。如对居民发放住房抵押贷款、对市政机构发放贷款等。此外，也在可靠的债券市场或房地产市场投资。储蓄银行既有私营的，也有公营的。为了保护众多小额储蓄者的利益，许多国家对储蓄银行的业务活动制定了专门的法规加以约束，限定其聚集的资金的投向，如不得经营一般工商信贷等。但近些年来这些规定已有所突破，储蓄银行业务正在向商业银行靠近。储蓄银行的名称在各国有所不同，美国称之为互助储蓄银行、信贷协会、储蓄贷款协会等，英国称之为信托储蓄银行，许多国家的邮政储蓄系统也属于储蓄银行的性质。由于储蓄银行直接服务于广大居民，因而其数量较多。

5. 农业银行

农业银行是指在政府的指导和资助下，专门为农业、畜牧业、林业和渔业的发展提供金融服务的银行。由于农业部门担保和收益能力低、资本需求期限长且具有季节性，一般金融机构很难满足其融资需求，需要由政府提供指导和资助，设立专门的金融机构为之服务。如美国有联邦土地银行、联邦中期信贷银行、合作社银行，法国有土地信贷银行、农业信贷银行，德国有农业中央银行、土地信用银行、地租银行，它们一般都是官方或半官方的金融机构。农业银行的资金来源主要是政府用于农业发展的资金、发行债券、组合成员存款、出资团体根据有关法规的缴纳款等；资金运用主要是提供低息贷款支持农、牧、渔民创业和发展生产。

6. 住房信贷银行

住房信贷银行是指专门为居民购买住房提供融资服务的金融机构。美国的住房信贷体系，与农业信贷体系和进出口银行一样，同属于联邦代理机构，具体包括联邦住房贷款银行委员会及其所属银行、联邦住宅抵押贷款公司、联邦住宅管理局、联邦全国抵押贷款协会等机构。英国称之为住房信贷协会。住房贷款的偿还期可长达 15～25 年，由借款人偿还。还本付息方式有两种：一种是借款人按月偿付利息，本金则分期偿付，一般是最初几年只付利息，剩余期限偿付本息，但利息按本金递减计算；另一种是抵押贷款和借款人的定期人寿保险相结合，借款人在借款期间按月支付利息，同时缴纳人寿保险费，人寿保险到期时，借款人用其到期的保险收入偿还抵押贷款本金。

此外，还有合作银行、抵押银行、信托银行、清算银行、外汇银行以及专门为中小企业服务的银行等各种类型的专业银行。

四、非银行金融机构

非银行金融机构通常指中央银行、商业银行、专业银行以外的金融机构，如保险公司、退休养老基金会、投资基金机构、邮政储蓄机构、信用合作社等。

1. 保险公司

保险公司是各国最重要的非银行金融机构。保险公司是主要依靠投保人缴纳保险费，建立保险基金，对发生保险事故进行经济补偿的金融机构。保险公司同时是契约性储蓄和金融投资机构。保险公司在其发展中不仅以收取的保险费进行补偿，还要进行自身的经营。西方国家的保险业十分发达，保险业务渗透到社会生活的方方面面，保险公司也因设立的保险种类而形式多样，如人寿保险公司、财产保险公司、灾害和事故保险公司、老年和伤残保险公司、信贷保险公司、存款保险公司、再保险公司等。以美国为例，保险公司分为两大类：人寿保险（寿险）公司和财产—意外险公司。寿险公司又分普通险、团体险、工厂员工险、信用险四种，其中前两种保险占人寿保险单（保单）的 90% 以上。由于保险公司的资金来源稳定，其聚集的大量货币资本成为西方国家金融体系长期资本的重要来源。保险公司筹集的资金，除保留一部分以应付赔偿所需外，其余部分主要投向有稳定收入的政府债券、企业债券和股票，以及发放不动产抵押贷款、保单贷款等。

2. 退休养老基金会

退休养老基金会是指以定期收取退休或养老储蓄金的方式，向退休者提供退休收入或年金的金融机构。这类机构与保险公司一样，同属契约性储蓄机构，通常由雇主或雇员按期缴付工资的一定比例，受益人退休后可一次性取得或按月支取退休养老金。退休或养老基金是在第二次世界大战后迅速发展起来的。20 世纪 70 年代后期以前，这类基金大多数是由保险公司管理的，其资金运作也比较简单，主要用于购买国债和存放银行生息。20 世纪 70 年代后期，由于西方国家的人口老龄化问题越来越突出，完全依靠增加企业和个人负担来筹集足够的退休养老金越来越困难，养老基金运营开始转向股市化，即越来越多的养老基金投向企业股票和债券，并依靠独立的投资经理人来管理和监督资金的运营。20 世纪 90 年代初以来，养老基金运营开始走向国际化，即养老基金投向海外证券市场的比例不断上升，这是因为海外投资回报率比国内市场高。

3. 投资基金机构

投资基金机构是一种把许多投资者的不同投资份额汇集起来，交由专业的投资经理进行操作，所得收益按投资者出资比例分享的金融机构。投资基金本质上是一种金融信托。投资者持有的每一单位基金，都代表着基金所有投资组合的一个相应比例的份额。投资基金的优点主要在于投资组合、分散风险、专家理财、规模经济。投资基金在不同的国家具有不同的名称。美国称之为共同基金，英国称之为单位信托基金，世界上最早的投资基金是英国于1886年成立的海外殖民信托基金。美国于1924年在波士顿成立第一家公司型开放式投资基金。投资基金的组织形式分契约型投资基金与公司型投资基金两种。契约型投资基金是指基金的设定人（基金经理或基金管理公司）设计特定类型的基金，以信托契约的形式发行收益凭证，募集投资者的定期资金，进行运营和投资。基金的募集、保管、利润分配、收益及本金的偿还支付等业务则委托银行具体办理。契约型基金成立的重要依据是信托契约，它包括委托人（基金经理公司）、受托人（基金保管银行或公司）和投资人（受益人）三个当事人。公司型投资基金是指通过组建基金股份有限公司来发行基金股票，募集投资者的资金，由公司投资经理部门或委托其他投资管理公司操作投资，并以基金股息、红利形式将收益分配给投资者，基金资产的保管与业务处理可以由公司本身负责，也可以委托银行办理。公司型投资基金的最大特点是基金与投资者之间的关系是股份有限公司与股东的关系。美国绝大部分投资基金属于此类型。根据交易方式不同，投资基金还可以分为开放式基金和封闭式基金两种。开放式基金的股权是开放的，基金可以无限制地向投资者追加发行股份，投资者（持股人）也可随时退股，因此其基金股份总数是不固定的。而封闭式基金通常一次发行一定数量的基金股份，以后不再追加，在规定的封闭期限内一般不允许退股，投资者只能寻求在二级市场上转让。

4. 邮政储蓄机构

邮政储蓄机构是指利用邮政机构网点设立的非银行金融机构，主要经营小额存款，其吸收的存款一般不用提缴准备金，其资金运用一般是存入中央银行或购买政府债券。邮政储蓄机构于1861年首创于英国，其设立的初衷是利用邮政部门广泛的分支机构，提供廉价有效的邮政汇款服务，提高结算速度，加速资金周转，因此在各国发展比较普遍。近年来，邮政储蓄机构正在朝两个方向发展：一是逐步回归商业银行性质；二是在政府支持下，变成一种公共事业，为社会提供各种服务，便利人们的生活。英国在1861年创立的邮政储蓄银行的基础上发展起来的国民储蓄银行是典型的邮政储蓄机构。目前，该银行提供两种储蓄账户：一种是普通账户，存款数额不得超过1万英镑，利率随货币借贷利率的总水平而变动。另一种是1966年后增设的投资账户，该账户的利率主要根据在国债市场进行投资后获得的收益来确定，但通常比普通账户的利率高。如果要提取投资账户的存款，则须提前一个月通知银行。瑞典邮政总局的划拨银行也是专门的邮政银行，独立核算，可办理所有银行业务。法国国家邮政总局的国家储蓄银行是邮政金融业务局，可办理部分银行业务。这两类邮政金融机构都办理种类繁多的邮政储蓄业务。

5. 信用合作社

信用合作社简称信用社，是西方国家普遍存在的一种由个人集资联合、以互助合作为宗旨的金融机构。其基本的经营目标是：以简便的手续和较低的利率向社员提供信贷服务，帮助经济力量薄弱的个人和中小企业解决资金困难，以免受高利贷的盘剥。信用合作社通常可按地域划分为农村信用社和城市信用社，或按专业领域划分为农业生产信用社、渔业生产信用社、林牧业生产信用社及土地信用社等。信用社的资金主要来源于其成员交纳的股金和吸收存款，贷款则用于解决其成员的资金需要。信用社主要的传统业务是发放短期生产贷款和消费贷款，但现在一些资金充裕的信用社也提供中、长期贷款，以解决企业在生产设备更新和技术改造中的资金需求。

除此之外，非银行金融机构还有信托投资公司、租赁公司、企业集团财务公司等。总之，西方国家的金融机构体系庞大而复杂，图6-1、图6-2归纳了美国和英国金融机构体系的基本构成。

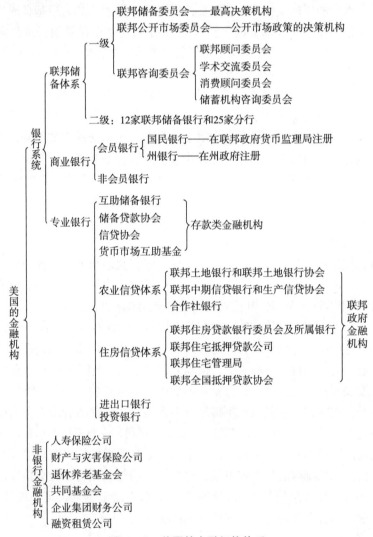

图6-1　美国的金融机构体系

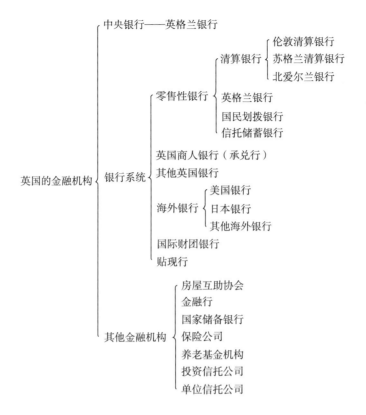

图6-2 英国的金融机构体系

第三节 我国的金融机构体系

一、旧中国的金融机构

早在1000多年前的唐代，中国就出现了兼营银钱的机构，如邸店、质库等。后来又有了宋代专营银钱交易的钱馆、钱铺，明代的钱庄、钱肆，清代的票号和汇票庄等。这些金融机构虽然还不是真正意义上的银行，但已具备银行的一些性质。中国出现真正意义上的银行是在近代外国资本主义入侵之后。1845年和1848年，英国的丽如银行（后改称东方银行）先后在香港、上海设立分行。随后美、法、德、俄、日等许多国家争相来华设立银行，到1935年时外国在华银行已多达53家、153个机构。外国银行曾长期控制着中国的金融市场，甚至一度把持了中国的财政经济命脉。国民党政府统治时期，官僚资本把持的"四行二局一库"在全国金融体系中占据了垄断地位。"四行"是指中央银行（1928年）、中国银行（1912年）、交通银行（1908年）和中国农民银行（1935年）；"二局"是指邮政储金汇业局（1930年）和中央信托局（1935年）；"一库"是指

115

中央合作金库（1946 年）。此外，旧中国还有不少地方政府办的官僚资本银行、民族资本银行和其他非银行金融机构，如钱庄、信托公司、保险公司、证券行、证券交易所和票据交换所等。

中国民族资本创办的第一家银行是 1897 年 5 月 27 日成立的中国通商银行。之后中国的民族资本银行逐步增加，据统计，到 1946 年全国共有各类银行 3489 家，民族资本银行 1043 家。其中，较有影响的有所谓"南三行"（浙江兴业、浙江实业、上海商业储蓄银行）、"北四行"（盐业银行、金城银行、中南银行、大陆银行）和"小四行"（中国通商银行、四明银行、中国实业银行、中国国货银行）。非银行金融机构则主要集中在天津、汉口、广州、上海、南京、济南等一些大城市。由于中国民族资本主义的软弱，民族资本银行也先天不足，难以成长。它们投入民族工业的资金微乎其微，而且一直主要从事公债、地产等投机活动。

二、新中国金融机构体系的建立与演变

（一）新中国金融机构体系的建立

中国人民银行的建立是新中国金融体系诞生的标志。早在新中国成立之前，中国共产党领导下的革命根据地和解放区就先后建立了自己的银行，发行了自己的货币。1931 年 11 月，中央苏区在瑞金建立了最早的苏维埃共和国国家银行。抗日战争和解放战争时期，在各主要抗日根据地和解放区，相继建立了陕甘宁边区银行、晋察冀边区银行、西北农民银行、北海银行、华北银行、华中银行、中州农民银行、南方人民银行、长城银行、内蒙古银行、关东银行、东北银行等金融机构。随着解放战争的节节胜利，原来分隔的解放区连成一片，原来各地分设的银行也开始逐步合并。1948 年 12 月 1 日，在原华北银行、北海银行和西北农民银行的基础上，合并建立了中国人民银行，并发行了人民币。随后，原来各解放区的银行逐步改组为中国人民银行的分支机构，形成了大区分行体制，并划分为西北区行、东北区行、华东区行、华北区行、中南区行、西南区行六大区行。

新中国成立初期的中国金融机构体系是以中国人民银行为核心，通过合并解放区银行、没收官僚资本银行、改造私人银行与钱庄，以及建立农村信用社等途径建立起来的。根据对官僚资本实行剥夺的总政策，中国人民银行接管了官僚资本的银行及其他金融机构，包括国民党政府的中央银行、省市地方银行和资本全部属于官僚资产阶级的商业银行，对于其中的交通银行和中国银行，根据它们过去的业务特点，被分别改组为长期投资银行和外汇专业银行。根据对民族资产阶级实行利用、限制、改造的总政策，国家对民族资本银行和私人钱庄采用了保存、监督和逐步改造的办法，所有私人银行和钱庄于 1952 年 12 月组成了统一的公私合营银行，完成了私人金融业的社会主义改造。根据对农业实行社会主义改造的总政策，在农村打击高利贷活动和改造旧的信用关系的基础上，按照农民自愿、互利和平等的原则，逐步建立起农村信用合作社，这意味着社会主义的金融体系在中国广大农村开始扎根。到 1953 年前后，中国已基本上建立了以中国人民银行为核心和骨干、少数专业银行和其他金融机构为辅助与补充的新中国金融机构

体系，这个体系适应了当时的革命和建设事业发展的需要。

（二）新中国金融机构体系的演变

新中国金融机构的演变可以分为两个阶段：

1. 第一阶段：1953—1978 年金融机构由分分合合走向大一统的阶段

1953 年中国开始实施经济建设第一个五年计划，参照苏联模式，逐步建立起了高度集中统一的计划经济体制。之后这种体制不断强化，一直持续到 20 世纪 70 年代末。金融体系作为整个经济体制的一个重要组成部分，在这期间也随之走向高度集中统一。作为金融体系载体的金融机构则在分分合合中走向中国人民银行一家包揽全部金融业务的格局。在农业合作化中，1955 年 3 月成立的中国农业银行于 1957 年撤销，1963 年 10 月再次成立，1965 年又合并于中国人民银行，直至 20 世纪 70 年代末。在农村，虽然建立了大量的信用合作社，但后来演变成为中国人民银行在农村的基层机构，在许多地方甚至直接与农村的营业所合二为一。1954 年 9 月将交通银行改建为中国人民建设银行，其任务是在财政部领导下专门对基本建设的财政拨款进行管理和监督，实际上并不经营存贷款业务，因而成为财政部下属机构。1949 年接管的中国银行，虽然一直保持独立存在的形式，但它只经办中国人民银行划定的对外业务，有一段时间则直接成为中国人民银行办理国际金融业务的一个部门。在对私人金融业改造的基础上建立的一批公私合营银行，1955 年与中国人民银行有关机构合并。1949 年成立的中国人民保险公司，最初隶属中国人民银行，1952 年划归财政部，1959 年又转交中国人民银行国外局，全面停办国内业务，专营少量国外业务。这样，从 1953 年至 20 世纪 70 年代末改革开放以前，全国金融机构一步一步地走向了中国人民银行大一统的道路，中国人民银行实际上成为中国唯一的银行，垄断了几乎所有金融业务。它的分支机构按行政区划逐级遍设全国各地，各级分支机构按总行统一的计划办事；它既是金融行政管理机关，又是具体经营银行业务的金融机构；它的信贷、结算、现金出纳等业务活动的开展，全都服从于实现国家统一计划的任务与目标。

2. 第二阶段：1979 年以来金融机构恢复、发展和完善的阶段

改革开放使中国的金融体系发生了深刻的变化，金融机构也迎来了蓬勃发展的春天。1979 年 2 月，中国农业银行再次恢复建立；3 月，中国银行从中国人民银行中分设出来，实行完全独立经营。1979 年上半年，中国人民建设银行从财政部分设出来，下半年开始实行基本建设投资拨款改贷款试点，1983 年明确中国人民建设银行为全国性金融实体，除执行拨款任务外，大量开展一般银行业务，1996 年改名为中国建设银行。1983年 9 月，中国人民银行转变为专司中央银行职能，另设中国工商银行（1984 年 1 月）办理中国人民银行原来办理的全部工商信贷业务和城镇储蓄业务。20 世纪 90 年代初，为了有效地推进中国工商银行、中国农业银行、中国银行、中国建设银行四大国有专业银行的商业化改革，相继建立了多家政策性银行，办理原来由四大国有专业银行办理的政策性业务。1986 年 7 月重建交通银行，这是中国按照商业银行要求建立的第一家商业银行，以后陆续建立了 10 多家商业银行。1979 年河南省驻马店成立第一家城市信用社，1984 年后大中城市相继成立了许多城市信用社，1995 年城市信用社改建为城市合作银

行，1998 年以后又相继改建为城市商业银行。

改革开放以来，中国的非银行金融机构发展迅猛，以农村信用社为代表的合作金融机构获得了恢复和发展。1997 年以前，农村信用社由中国农业银行管理。之后，农村信用社从中国农业银行独立出来，目前正朝农业合作银行方向发展。1980 年，中国人民保险公司恢复国内保险业务；1988 年 3 月和 1991 年 4 月，中国平安保险公司和中国太平洋保险公司先后建立。1979 年 10 月成立中国国际信托投资公司，1981 年 12 月成立专营世界银行等国际金融机构转贷款业务的中国投资银行。自 1983 年上海成立上海市投资信托公司开始，各省市相继成立了一大批地方性的信托投资公司和国际信托投资公司。1990 年 12 月和 1991 年 7 月，上海和深圳证券交易所相继建立，之后经营证券业的证券机构和基金组织不断增加。1992 年 10 月，中国证券委员会和中国证券监督管理委员会成立。1998 年 11 月，中国保险监督管理委员会成立。2003 年 3 月，中国银行业监督管理委员会成立。证券业、保险业和银行业的监管职能相继从中国人民银行的职能中分离出来。

自 1979 年第一家海外银行在北京开设办事机构以来，中国的境外金融机构数量不断增多，设立地点正从特区和沿海大中城市向内地大中城市扩散。1996 年 12 月和 1998 年 8 月，中国先后允许符合条件的外资银行在上海浦东和深圳特区试办人民币业务。2001 年 12 月中国加入 WTO 后，逐步兑现承诺，不断扩大开放银行业。2006 年 12 月开始实施《中华人民共和国外资银行管理条例》，自此中国银行业向外资银行全面开放。同时，中国商业银行和保险公司在境外设立的金融机构也不断增加。截至 2011 年 6 月末，中资银行业金融机构拥有海外机构 113 家。总的来看，改革开放以来中国金融机构体系改革的措施可概括为：①建立独立经营、实行企业化管理的专业银行，并在此基础上将其转变为国有商业银行，继而再改组为股份制银行；②建立专司金融宏观调控和金融行政管理职能的中央银行体制；③在国有商业银行之外，组建其他商业银行，增加非国有的经济成分；④组建一批政策性银行，担负政策性融资任务；⑤建立包括信用合作社、保险公司、信托投资公司、证券公司、企业集团财务公司、金融租赁公司、投资基金等在内的诸多非银行金融机构，完善金融机构体系；⑥引进大批外国金融机构，促进中国金融市场的国际化；⑦建立全国统一的证券市场、外汇市场和银行同业拆借市场，组建上海、深圳两家证券交易所，促进直接融资市场发展。

三、中国金融机构体系的现状

目前，中国金融机构体系是以中国人民银行、中国银行业监督管理委员会（以下简称银监会）、中国保险监督管理委员会（以下简称保监会）、中国证券监督管理委员会（以下简称证监会）为领导，以商业银行、政策性银行为主体，以非银行金融机构、外资金融机构等为补充，多种金融机构并存、分工协作的金融机构体系格局。

（一）中国人民银行

1983 年 9 月中国人民银行剥离商业银行业务，专门行使中央银行职能。1995 年 3 月，第八届全国人民代表大会第三次会议通过《中华人民共和国中国人民银行法》（以下简称《中国人民银行法》），就中国人民银行的设立、职能等以立法形式作出了界定。中国人民银行总行设在北京，并在全国设有众多的分支机构。1997 年以前，按照中央、省（市）、地（市）、县（市）四级分别设置总分支行，省市及以下分支行的管理实行条块结合，地方政府干预较多。1997 年下半年，中央银行体制进行重大改革，撤销省级分行，设置大区分行，实行总行、大区分行、中心支行和县市支行四级管理体制。中国人民银行现有总行 1 个、大区分行 9 个、直属营业管理部 2 个（北京、重庆）、中心支行 25 个。

2003 年 3 月，第十届全国人民代表大会第一次会议决定将银行监管职能从中国人民银行中分离出来，单独设立中国银行业监督管理委员会，对银行、金融资产管理公司、信托投资公司及其他存款类金融机构实施监督管理。中国人民银行在分离了监管职能后，将主要履行宏观调控职能，更好地执行货币政策，更好地发挥在宏观调控和防范与化解金融风险中的作用。中国人民银行和银监会在以后的实践中加强合作，建立了密切的联系机制。中国人民银行的主要职责是履行宏观调控职能，更好地执行货币政策。其分支机构按照总行的授权，负责本辖区的金融调控、货币政策执行职能。不负责为地方经济发展筹集资金。在总行和分支机构之间，银行业务和人事干部实行垂直领导、统一管理，地方政府需保证和监督中央银行贯彻执行国家的方针政策，但不能干预中央银行的职责。国家外汇管理局是中国人民银行代管的国务院直属局，代表国家行使外汇管理职能，其分支机构与同级中国人民银行合署办公。

（二）金融监管机构

中国金融业实行分业经营、分业监管，银监会、证监会和保监会分别监管银行业、证券业和保险业。

1. 银监会

根据第十届全国人民代表大会第一次会议通过的《关于国务院机构改革方案的决定》，国务院决定设立中国银行业监督管理委员会，2003 年 4 月 28 日，银监会正式挂牌。银监会的成立，是中国银行监管工作中的一件大事，标志着银行监管工作迈入了一个新阶段，有利于银行监管水平的提高。同时，将银行监管职能从中国人民银行中分离出来，有利于中国人民银行履行宏观调控职能，更好地执行货币政策。

在银监会设立之前，根据《中国人民银行法》的规定，货币政策与银行监管都是中国人民银行的重要职能，但货币政策和银行（金融）监管的目标是不同的，货币政策的着眼点是整个宏观经济形势，它通过各种货币政策工具影响金融机构，进行调节整体经济运行使之达到或接近理想状态；金融监管则只着眼于金融系统和金融市场，防范和化解其金融风险。在不同的历史阶段，两者的地位是不同的。当金融体系和金融市场积聚的风险过大，容易爆发局部乃至全国的金融危机时，降低和化解金融风险成为中央银行的首要任务，金融监管上升到第一的位置，货币政策则居其次；当整个金融系统稳健运行，金融市场泡沫较小，不至于发生局部的或全国的金融风险时，货币政策则放在较重要的地位，金融监管退居其次。

由于货币政策与银行监管具有较大的差别，而中央银行的货币政策部门和银行监管部门之间的做法经常不一致，以致会严重地损害货币政策的效应和金融监管的效率。例如，货币政策主要是运用利率等货币政策工具，通过利益导向实现对经济主体的间接调控，它不具有强制性，而是靠利益驱动作用对经济进行调节；金融监管则主要是运用法律、行政手段，通过确定审慎监管指标，规范和约束金融机构行为，具有强制性。货币政策具有"逆周期"特性，根据经济的景气情况进行逆风向调节，经济不景气时采取扩张性货币政策，经济发生通货膨胀时采取紧缩性货币政策。而银行监管具有"顺周期"特性，当经济景气时，企业经营状况好，银行不良贷款率低，金融监管比较宽松；当经济衰退时，企业产品销路差，银行不良贷款率上升，金融风险加大，金融监管趋于严格。历史经验表明，中央银行肩负的执行货币政策与银行监管的双重角色一旦发生冲突，中国人民银行往往是"保一头"（更多的时候是保货币政策），在经济形势需要中央银行放松银根时，银行监管也随之放松；当形势需要中央银行加强银行监管时，银根也随之收紧。

银监会的设立，可以使中央银行更超脱地从事货币政策的制定，避免宏观调控目标和微观监管需要之间的冲突，为国民经济的稳定健康发展提供政策保障。银监会整合了中国人民银行对银行、资产管理公司、信托投资公司及其他存款类金融机构的监管职能。作为国务院直属的正部级事业单位，银监会将根据授权统一监督管理商业银行、政策性银行、信托公司、农村合作金融机构、金融资产管理公司、金融租赁公司、企业集团财务公司、汽车金融公司和货币经纪公司等金融机构。

银监会既要防范银行业的系统性风险，也要防范个别银行机构的非系统性风险，其主要职责包括：制定银行业监管的规章制度和办法，统一编制并按规定公布全国银行业数据、报表，通过各种手段监管和审批各个银行机构及其分支机构的业务与高级管理人员等。

2. 证监会

改革开放以来，随着中国证券市场的发展，建立集中统一的市场监管体制势在必行。1992 年 10 月，国务院证券委员会（以下简称国务院证券委）和中国证券监督管理委员会宣告成立，标志着中国证券市场统一监管体制开始形成。国务院证券委是国家对证券市场进行统一宏观管理的主管机构。证监会是国务院证券委的监管执行机构，依照法律法规对证券市场进行监管。在证监会成立之前，中国的证券监督管理体制的发展大体上可划分为三个阶段，经历的是一个从多头到统一、从分散到集中的过程。

第一阶段：从 20 世纪 80 年代到 1992 年 5 月，在国务院的部署下，由上海、深圳两地地方政府管理为主的阶段。

在这一阶段，中国对证券市场没有实行集中统一管理，而是在中国人民银行和中国经济体制改革研究会等部门的决策下，由上海、深圳两地地方政府管理。首先，证券发行与交易限于上海和深圳两市试点，并由中国人民银行和中国经济体制改革研究会等部门共同决策。其次，在实际的运作过程中，上海、深圳两地地方政府充当了主要管理者的角色，两地政府与两地中国人民银行分行相继出台了一些有关法规，对证券发行与交易行为进行规范。

第二阶段：从 1992 年 5 月到 1997 年底，由中央与地方、中央各部门共同参与管理向集中统一管理过渡的阶段。

在这一阶段，1992 年 5 月，中国人民银行成立证券管理办公室；7 月，国务院设立国务院证券管理办公会议制度，代表国务院行使对证券业的日常管理职能。中央政府参与证券市场的管理，是证券发行与交易规模日益扩大，要求建立全国统一市场的必然结果。同年 10 月，国务院成立国务院证券委和证监会，同时将发行股票的试点由上海、深圳等少数地方推广到全国。这种制度安排，事实上是以国务院证券委代替了国务院证券管理办公会议制度，代表国务院行使对证券业的日常管理职能，以证监会替代了中国人民银行证券管理办公室。另外，地方政府仍在证券管理中发挥重要作用。上海、深圳证券交易所由当地政府归口管理，由证监会实施监督；地方企业的股份制试点，由省级或计划单列市人民政府授权的部门会同企业主管部门审批。

第三阶段：从 1997 年底到现在，初步建立了集中统一的证券监管体制。

在这一阶段，1997 年 8 月，国务院决定将证券交易所由地方政府管理改为证监会管理。11 月，国务院证券监督管理机构依法对全国证券市场实行集中统一监督管理，原国务院证券委员会的职能、中国人民银行履行的证券业监管职能划入证监会。1998 年 4 月，证监会作为国务院正部级直属事业单位，成为全国证券期货市场的主管部门；国务院证券委撤销，其职能归入证监会，证监会的职能得到了加强。2004 年 8 月修订的《证券法》规定，证监会的职责是依法对证券市场实行监督管理，维护证券市场秩序，保障其合法运行。具体来说，主要包括：制定有关证券市场监督管理的规章、规则，并依法行使审批权或者核准权；对证券的发行、交易、登记、托管、结算，进行监督管理；对证券发行人、上市公司、证券交易所、证券公司以及中介公司等机构的证券业务活动，进行监督管理；制定从事证券业务人员的资格标准和行为准则，并监督实施；监督检查证券发行和交易的信息公开情况；对违反证券市场监督管理法律、行政法规的行为进行查处等。

3. 保监会

全称为中国保险监督管理委员会，于 1998 年 11 月 18 日成立，是全国商业保险的主管部门，为国务院直属正部级事业单位。2009 年 2 月修订的《中华人民共和国保险法》规定，保险监督管理机构的职责是对保险业实施监督管理，维护保险市场秩序，保护投保人、被保险人和受益人的合法权益。具体来说，主要包括：①拟定保险业规章制度，发展方针政策，制定行业发展战略和规划。②审批监管保险（集团或控股）公司、保险代理公司等保险中介机构及其分支机构的设立、分立、经营变更、解散以及破产清算等；审批境外保险机构代表处的设立，境内保险机构和非保险机构在境外设立保险机构；会同有关部门审批保险资产管理公司的设立。③制定保险从业人员的基本资格标准，审查、认定各类保险机构高级管理人员的任职资格。④审批监管各保险险种及其保险条款和保险费率；监管保险公司的偿付能力和市场行为。⑤负责统一编制并按规定公布全国保险业的数据、报表，并按照国家有关规定予以发布，制定保险行业信息化标准；建立保险风险评价、预警和监控体系，跟踪、分析、监测、预测保险市场运行状

况等。

（三）商业银行

中国的商业银行体系包括：①四大国有控股商业银行，即中国工商银行、中国农业银行、中国建设银行、中国银行。②邮政储蓄银行。为顺应中国邮政体制改革趋势，2007年3月6日，中国邮政储蓄银行有限责任公司（以下简称邮政储蓄银行）正式成立。成立后的邮政储蓄银行将继续依托邮政网络，按照公司治理架构和商业银行管理要求进行运营。邮政储蓄银行目前已经成为全国最大的覆盖城乡二元经济的金融机构，在国家经济建设和社会发展，特别是在服务"三农"、推进社会主义新农村建设中，发挥着十分重要的作用。③股份制商业银行。主要有1986年以后相继建立的交通银行、中信银行、招商银行、华夏银行、光大银行、民生银行、广东发展银行、兴业银行、平安银行、上海浦东发展银行、烟台住房储蓄银行（现为恒丰银行）、浙商银行、渤海银行等。④城市商业银行。1998年以来城市合作商业银行改建为城市商业银行，目前全国已形成100多家城市商业银行，机构遍布大中城市。⑤众多的外资银行也是中国商业银行体系的组成部分。

在中国的商业银行体系中，工行、农行、中行、建行四大国有控股商业银行是主体，它们的资产规模、负债规模以及中介业务在商业银行业务总量中占据50%以上。1995年9月10日颁布《中华人民共和国商业银行法》（以下简称《商业银行法》），根据2003年12月修订法规定，商业银行在中国境内"不得从事信托投资和证券经营业务"、"不得向非自用不动产投资"、"不得向非银行金融机构和企业投资"。这说明中国商业银行业务与信托、证券等投资银行业务必须实行分业经营。

（四）政策性金融

政策性金融是指在一国政府的支持与鼓励下，以国家信用为基础，运用种种特殊的融资手段，严格按照国家法规限制的业务范围、经营对象，以优惠的存贷款利率或条件，直接或间接地为贯彻、配合国家特定经济和社会发展政策而进行的一种特殊的资金融通行为或活动。政策性金融的投资领域往往是商业金融机构不愿意进入的，因为这些领域不盈利、风险太高或投资期限长、规模大，但这些领域对社会经济的长期发展又是非常重要的，如基础设施建设、农业开发项目以及进出口业务等。可见，政策性金融是相对于商业性金融而言的。政策性金融具有这样一些特征：①政策性，即服从或服务于政府的某种特殊的产业或社会政策目标意图；②优惠性，即以比商业银行更优惠的利息率、期限、担保等条件或保证提供贷款；③有偿性和融资性，即在一定期限内有条件让渡资金使用权的资金融通活动。

政策性金融机构是指那些多由政府创立、参股或保证，不以盈利为目的，专门为贯彻、配合政府的社会经济政策或意图，在特定的业务领域内，直接或间接地从事政策性融资活动的机构，它是各国金融体系重要的组成部分。政策性金融机构的基本职能与一般金融中介机构相同，如支付中介、信用中介职能。但政策性金融机构的资金来源主要是财政拨款、借款和发行债券，而不吸收任何形式的存款，只有少数国家的政策性金融机构仍吸收存款。1994年，中国组建了国家开发银行（4月）、中国农业发展银行（11

月）和中国进出口银行（4 月）三家政策性银行。建立政策性银行的目的是实现政策性金融与商业性金融分离，以解决商业银行身兼二任的问题，同时是为了割断政策性贷款与基础货币的直接联系，确保中国人民银行调控基础货币的主动权。三家政策性银行均实行自主经营、企业化管理、保本微利。其资金来源主要有两个渠道：一是财政拨付；二是发行金融债券。

三家政策性银行的分工是：中国农业发展银行主要办理粮食、棉花等主要农副产品的国家专项储备和收购贷款、扶贫贷款和农业综合开发贷款，以及国家确定的小型农、林、牧、水基本建设和技术改造贷款；中国进出口银行主要为扩大中国机电产品和成套设备出口提供出口信贷和有关的各种贷款，以及办理出口信贷保险和担保业务；国家开发银行主要为国家重点项目、重点产品和基础产业提供金融支持。但是，随着经济形势的发展，政策性银行面临的问题越来越多，特别是设立之初重点考虑的政策性业务已大幅萎缩，商业性业务比重上升。例如，国家开发银行在基础产业等领域的传统业务已经受到商业银行的竞争；中国机电产品出口竞争加剧，中国进出口银行这方面的传统业务比重大幅下降，而以支持"走出去"为主的自主经营业务迅速上升；中国农业发展银行也逐步开展了一些与其职能相关的商业性业务。

在这种背景下，三大政策性银行都在积极进行转型和改革。2008 年，国家开发银行启动商业化改革，12 月 16 日国家开发银行股份有限公司成立，标志着该行改革发展进入了新阶段。但由于各自特点与发展状况不同，三大政策性银行的改革模式难以统一，未来的改革将遵循"分类指导、一行一策"的改革原则。总之，政策性银行改革的目标是实现其政策性目标和商业性目标的有机统一。

（五）非银行金融机构

1. 保险公司

1980 年以后，中国人民保险公司逐步恢复了停办多年的国内保险业务，1995 年 9 月，国务院批复了中国人民银行《关于中国人民保险公司体制改革的报告》，中国人民保险公司改建为中国人民保险集团公司（以下简称中保集团）。中保集团下设中保财产保险有限公司、中保人寿保险有限公司、中保再保险有限公司。中保集团及三个专业公司均为企业法人。1998 年 10 月，中国人民保险集团公司宣告撤销，其下属的三个子公司成为三家独立的国有保险公司：中国财产保险有限公司、中国人寿保险有限公司、中国再保险有限公司。

2. 证券机构

它是指从事证券业务的金融机构，包括证券公司、证券交易所、期货公司、证券登记结算公司、证券投资咨询公司、证券评估公司等。其中，证券公司和证券交易所是最主要的证券机构。证券公司是专门从事有价证券发行和买卖等业务的金融机构。它不仅受托办理证券买卖业务，同时自己从事有价证券的买卖经营。根据 2005 年 10 月修订的《证券法》，中国证券公司的主要业务包括：证券经纪，证券投资咨询，与证券交易、证券投资活动有关的财务顾问，证券承销与保荐，证券自营，证券资产管理，其他证券业务。但并非所有证券公司均可经营以上业务，因为中国将证券公司分为综合类证券公司

和经纪类证券公司进行分类管理。两者的区别在于，综合类证券公司可以经营证券经纪业务、证券自营业务、证券承销和经证监会核定的其他证券业务，经纪类证券公司只能经营证券经纪业务。

为了适应证券市场对外开放的需要，我国于 2002 年 7 月颁布了《外资参股证券公司设立规则》，并于 2007 年 12 月进行了修订。中国中外合资证券公司包括摩根士丹利国际公司入股的中国国际金融有限公司，高盛（亚洲）有限公司入股的高盛高华证券有限责任公司等。

证券交易所是不以盈利为目的的，为证券的集中和有组织的交易提供场所、设施，并履行相关职责、实行自律性管理的会员制金融机构。中国目前有两家证券交易所，即上海证券交易所和深圳证券交易所。其职能是：提供证券交易的场所和设施；制定证券交易所的业务规则；接受上市申请、安排证券上市；组织、监督证券交易；对会员和上市公司进行监管；设立证券登记结算公司；管理和公布市场信息及证监会许可的其他职能。

3. 投资基金机构

中国的投资基金最早产生于 20 世纪 80 年代后期，1987 年，中国银行和中国国际信托投资公司共同推出面向海外投资者的基金。1991 年，武汉成立中国第一家面向国内投资者的"武汉证券投资基金"。较规范的证券投资基金产生于 1997 年 11 月《证券投资基金管理暂行办法》出台之后，根据要求，证监会对此前的基金进行了清理规范，同时审批新基金的设立，1998 年，6 家规模分别为 20 亿元的第一批试点证券投资基金陆续发行上市，其均为封闭式基金，此后又不断有新的、规模更大的封闭式证券投资基金推出。2000 年 10 月，证监会发布《开放式投资基金试点办法》，对开放式基金的公开募集、设立、运作及相关活动作出规定，这是中国开放式基金发展的起点。2004 年 6 月 1 日，《证券投资基金法》正式施行，前述"暂行办法"废止，中国证券投资基金进入一个新的发展阶段。投资基金的发展有助于维持中国证券市场的增量资金，改善投资者结构，同时有助于提高证券市场的管理水平，有利于信息披露的规范化，并有利于促进投资理念由短期炒作转向中长期投资。

4. 信托公司

因为《信托公司管理办法》自 2007 年 3 月取代了《信托投资公司管理办法》，所以原信托投资公司改称信托公司。所谓信托公司，是指经银监会批准设立，以营业和收取报酬为目的的，以受托人身份承诺信托和处理信托事务的金融机构。《信托公司管理办法》规定，中国信托公司的基本业务主要有以下三类：①信托业务，包括资金信托、动产信托、不动产信托、有价证券信托、作为投资基金或者基金管理公司的发起人从事投资基金业务、其他财产或财产权信托；②咨询业务，包括经营企业资产的重组与购并、项目融资、公司理财、财务顾问，办理居间、咨询、资信调查等业务；③代理业务，包括代理保管与保管箱，受托经营国务院有关部门批准的证券的承销业务。信托公司经营信托业务时，可以开展存放同业、拆放同业、贷款、租赁、投资等业务，但投资业务限定为金融类公司股权投资、金融产品投资和自用固定资产投资。

5. 农村信用合作社

这是中国历史最长、规模最大、覆盖面最广的合作金融机构，其业务与普通商业银行基本相同，受银监会监管。在近些年的发展中，经济比较发达地区的一些农村信用合作社已发展成为农村商业银行，而在经济发展比较落后的地区，大量农村信用合作社的处境相当困难，难以自负盈亏。

6. 金融资产管理公司

这是中国实施国有商业银行改革、处置国有银行不良资产的政策性产物。1999 年 3～10 月，中国先后组建四家注册资本均为 100 亿元的国有资产管理公司，即信达、华融、长城、东方资产管理公司，它们分别负责处置中国建设银行、中国工商银行、中国农业银行、中国银行剥离的 1996 年以前的不良资产，通过综合运用出售、置换、资产重组、债转股、证券化等方法，对贷款及抵押品进行处置，为债务人提供管理咨询、收购兼并、分立重组、包装上市等方面的服务，对确属资不抵债、需要关闭破产的企业申请破产清算。随着 1.4 万亿元不良资产的处置工作逐步完成，四大金融资产管理公司正在逐步向商业化转型，积极开展金融创新，加快多元化经营发展步伐。

7. 金融租赁公司

它是指经银监会批准，以经营融资租赁业务为主的非银行金融机构。中国第一家金融租赁公司中国对外贸易租赁公司成立于 1986 年 11 月。到 2011 年 3 月末，全国有金融租赁公司 17 家。2007 年 1 月颁布的《金融租赁公司管理办法》规定，经银监会批准，金融租赁公司的业务范围包括下列部分或全部本外币业务：融资租赁业务；吸收股东 1 年期（含）以上定期存款，但不得吸收银行股东的存款；接受承租人的租赁保证金；向商业银行转让应收租赁款；经批准发行金融债券；同业拆借，向金融机构借款；境外外汇借款；租赁物品残值变卖及处理业务；经济咨询；经银监会批准的其他业务。

8. 企业集团财务公司

它是以加强企业集团资金集中管理和提高企业集团资金使用效率为目的，为企业集团成员单位提供财务管理服务的非银行金融机构。1987 年 5 月，中国第一家企业集团财务公司东风汽车工业财务公司成立，目前能源电力、石油化工、钢铁冶金、装备制造等基础产业和各个重要领域的大型企业集团几乎都拥有了自己的财务公司。企业集团财务公司的主要资金来源与资金运用限定在集团内部，其业务受银监会领导和管理，行政上则隶属各企业集团。2004 年 9 月颁布的《企业集团财务公司管理办法》规定其主要业务有：吸收成员单位 3 个月以上定期存款，对成员单位办理贷款，提供担保；办理成员单位的商业汇票承兑及贴现、委托贷款、委托投资以及其产品的消费信贷、买方信贷及融资租赁；对成员单位，办理财务顾问、信用鉴证及其他咨询代理业务；发行和代理发行有价证券；同业拆借；等等。

9. 汽车金融公司

它是指经银监会批准设立的、为中国境内的汽车购买者及销售者提供贷款的非银行金融机构。2003 年 10 月和 11 月，银监会相继颁布《汽车金融公司管理办法》及实施细则，在中国正式引入汽车金融制度。汽车金融公司的发展，有助于完善中国金融组织体

系，提升汽车金融服务水平。

10. 货币经纪公司

它是指经批准在中国境内设立的，通过电子技术或其他手段专门从事促进金融机构间资金融通和外汇交易等经纪服务，并从中收取佣金的非银行金融机构。银监会成立以后，以设立中外合资的货币经纪公司为试点，引入货币经纪制度，满足市场参与者的需求，增强金融市场的流动性，降低交易成本，提高金融市场运作效率。货币经纪公司在提高银行间市场价格透明度和流动性、降低价差和交易成本等方面，特别是在利率互换、货币互换等新兴产品领域引导市场发现价格、促进交易达成方面发挥重要作用。

11. 其他

此外，还有担保公司、小额贷款公司、村镇银行、股权交易所等。

（六）外资金融机构

1979 年，中国拉开了银行业对外开放的序幕，允许外资银行在华设立代表处。1981年，允许外资银行在深圳等 5 个经济特区设立营业性机构，从事外汇金融业务，并逐步扩大到沿海开放城市和所有中心城市。1982 年 1 月，深圳特区甫健，南洋商业银行即在深圳开设分行，成为第一家在中国营业的外资银行。经过 30 多年的发展，在华外资金融机构的数量和业务规模不断扩大，已成为中国金融体系的重要组成部分，外资金融机构在促进中国金融业改革与发展、支持中国经济建设方面发挥了重要作用。2001 年 12月 11 日，中国正式加入 WTO。按照与有关国家签署的协议，中国采取循序渐进的原则开放金融业，其目标是在协议中承诺的加入 WTO 5 年过渡期满后，中国全面开放金融业，从而实现外资金融机构在中国的国民待遇。中国对外资金融机构的引进主要采取三种形式：①允许其在中国设立代表机构；②允许其设立业务分支机构；③允许其与中国金融机构设立中外合资金融机构。另外，外资金融机构也可通过参股入股的方式加入中国金融机构。

【专栏】

对冲基金——百万富翁的理财俱乐部

对冲基金（Hedge Fund）是私募基金的一种，是专门为追求高投资收益的投资者设计的基金。为了避开不同的法律规定，对冲基金存在两种规模形式：一种是最多有99 个投资者，每个投资者至少出资 100 万美元；另一种是最多有 499 个投资者，每人最少出资 500 万美元。规模较大的基金也可以接受机构投资者，如退休基金、共同基金或保险公司，只要它们的净资产达到 2500 万美元。因此，这事实上是一个百万富翁的理财俱乐部。

从投资策略上看，对冲基金分为宏观基金和相对价值基金两大类。

宏观基金主要利用各国宏观经济的不稳定性进行环绕宏观经济不均衡波动的套利活动。当发现一国的宏观经济变量偏离均衡值时，便集中资金对目标国的股票、利率、汇率、实物进行大规模的反向操作。比较著名的宏观基金是索罗斯领导的量子基金，它被认为是1997年泰国金融危机的始作俑者。例如，面对一国宏观经济过热，预期资产价格将下跌时，它们会大量卖空该国资产；一旦该国宏观经济形势真的发生逆转，资产价格将大幅贬值，宏观基金就大量买进该国资产从中获得巨额的收益。因此，宏观基金对全球金融体系的破坏性较大。

相对价值基金与宏观基金不同，它一般不冒较大的市场风险，只对密切关注的证券进行投资。由于证券的价格差异一般较小，如果不用财务杠杆效应的话，就无法取得高额收益。因此，相对价值基金更倾向于使用高财务杠杆操作。一种典型的操作思路是"多头—空头基金"，即卖空相对价格会下降的公司股票，然后用卖空所得购买预期相对价格会上升的公司股票。对冲基金最大的特点是广泛运用期权、期货等金融衍生工具，在股票市场、债券市场和外汇市场上进行投机活动。一般由一个一般合伙人或者经理负责基金的管理。经理薪酬很高，每年他会收到总资产2%的年费再加上利润的20%。因此，如果某一年的投资回报率为10%的话，则一个平均规模为5亿美元的基金经理会拿到2000万美元的报酬。

归纳起来，对冲基金的典型特点是：第一，"暗箱操作"，投资策略高度保密。因为私募基金是不受管制的，因此，对冲基金无须像公募基金那样在监管机构登记、报告、披露信息，外界很难获得对冲基金的系统性信息，即便是对投资者来说，也很难知道投资组合的具体情况。这种保密性极有可能导致道德风险。于是，为了保证基金经理与投资者的动机一致，基金经理必须拥有基金一定比例的份额。第二，高财务杠杆比率。对冲基金一般都大规模地运用财务杠杆扩大资金运作规模，一般情况下，基金运作的财务杠杆比率为2~5倍，最高可达20倍。例如，美国长期资本管理公司在运作期间，几乎向世界上所有的大银行融通过资金。在1998年8月出现巨额亏损的前夕，其财务杠杆比率高达56.8倍，并在此基础上建立了1.25万亿美元的金融衍生交易头寸。在高财务杠杆比率的作用下，如果基金经理预测准确，则基金能够获取极大的回报；一旦基金经理预测失误，财务杠杆也会成倍地放大损失的数额。第三，主要投资于金融衍生产品市场，专门从事各种买空、卖空交易。

总之，不管运用什么策略，所有的基金经理都力图拿到大约等同于股票市场的回报（通过一种复杂的指数，如标准普尔500指数来进行测量），同时又与股票市场不相关。因此，即便单只基金风险很大，每年有10%的基金会倒闭，但投资于大量这些基金的组合仍可获得等同于股票市场平均的回报率而风险又很小。这就是为什么人们那么热衷于基金，为什么成功的基金经理薪酬如此之高。

【本章小结】

本章分三节阐述了金融机构及其体系的知识。第一节主要介绍了金融机构的含义和分类，金融机构形成和发展的理论基础；第二节主要介绍了中央银行、商业银行、各类

专业银行和非银行金融机构等西方国家金融机构体系的构成；第三节主要介绍了旧中国的金融机构构成，新中国金融机构体系的建立与演变以及我国金融机构体系构成的现状。

通过本章的学习，要求学生掌握金融机构的含义和分类，金融机构形成和发展的理论基础；了解西方国家金融机构体系的构成；了解旧中国的金融机构构成，了解新中国金融机构体系的建立与演变，掌握我国金融机构体系构成的现状。

【关键词汇】

金融机构　信息不对称　逆向选择　道德风险　商业银行　投资银行　政策性金融
投资基金　信托　金融租赁

【问答和思考题】

1. 简述金融机构有哪些基本类型。
2. 简述金融机构形成和发展的理论基础是什么。
3. 如何从交易成本的角度解释银行业存在的合理性？
4. 逆向选择如何影响直接融资活动？
5. 什么是"柠檬问题"？"柠檬问题"在证券市场上如何体现？
6. 如何理解道德风险对金融市场的影响？
7. 试比较商业银行与投资银行的区别。
8. 中国的金融机构体系与西方国家的金融机构体系比较有什么异同？

第七章

商业银行

【本章导读】

商业银行，也称"存款货币银行"，是指从事各种存款、贷款和汇兑等业务，承担信用中介功能的金融机构。商业银行是金融机构体系中形成历史最为悠久、特别重要的金融组成部分，也是现代金融体系的主要组成部分之一，其经营管理的效率状况对整个经济体系的健康运行起着至关重要的作用。本章主要介绍商业银行的组织、运行、主要业务和经营管理等知识。

第一节　商业银行概述

一、商业银行的产生与发展

商业银行是为适应市场经济发展和社会化大生产而形成的一种金融组织。商业银行不仅是历史最悠久的银行形态，而且作为综合性、多功能的金融企业，商业银行是现代金融体系的主要组成部分，在现代金融体系和国民经济运行中占据着特殊地位，起着举足轻重的作用。商业银行的产生和发展经过了三个主要阶段。

1. 货币经营业的产生

货币产生后，逐渐出现了货币经营业。因不同国家和不同地区所使用的货币种类不同，在交换商品中产生了货币的兑换问题，逐渐有一部分商人从普通商人中分离出来专门从事货币兑换业务。起初货币经营商仅从事货币（金属铸币）鉴定和兑换业务，即对不同成色的金银和金属铸币进行鉴定和折算，把不同国家、不同地区的铸币兑换成金块或银块，或兑换成本国（或本地区）铸币，因此也被称为货币兑换业。早在古巴比伦和古罗马，这种货币兑换业就已经存在。据《大英百科全书》记载，公元前 6 世纪，在巴比伦已有一家"里吉比"银行。历史上的货币经营业就是在货币兑换业的基础上逐渐形成的。随着时间的推移，货币经营商又开始为各种商人办理货币保管业务，这时的保管业务不仅没有利息，还收费。同时受商人委托，办理货币收付、结算、汇兑等业务。古

罗马的货币经营商不仅经营货币兑换业务,还经营贷放、信托等业务,已具有近代银行业务的雏形。近代银行是由货币经营业演变而来的,可以说,货币经营业是近代银行的前身。中国古代也曾经有过钱庄、银号、票号,从事汇兑、放债业务,但由于封建社会的漫长,未能实现向现代银行业的转化。

2. 近代银行业的产生

随着货币经营业务的扩大,货币经营者集中了大量货币资金,这就为发展贷款业务提供了前提。货币经营者发现手中聚积的大量货币中总是有一部分并不需要立即支付,于是他们就将这部分货币贷出去赚取利息。同时,货币兑换商由原来被动接受客户的委托保管货币转而变为积极主动揽取货币保管业务,并且从降低保管费或不收保管费发展到给委托保管货币的客户一定好处时,保管货币业务便逐步演变成了存款业务。当货币活动与信用活动结合时,在货币经营业务基础上产生的货币存贷业务的发展,使货币经营业转变为近代银行业。

近代银行出现在 13 世纪的意大利,此后扩展到欧洲其他国家。"银行"一词英文为"bank",是由意大利文"banca"演变而来的。在意大利文中,banca 是"长凳"的意思。最初的银行家均为祖居在意大利北部伦巴第的犹太人,他们为躲避战乱,迁移到英伦三岛,以兑换、保管贵重物品、汇兑等为业,在市场上人各一凳,据此经营货币兑换业务。倘若有人遇到资金周转不灵,无力支付债务时,就会招致债主们群起捣碎其长凳,兑换商的信用也就宣告破碎。英文"破产"为"bankruptcy",即源于此。英文把banca 转化为 bank 后,最早的意思是存放钱的柜子,后来泛指专门从事经营存款、贷款、结算和汇兑等业务的金融机构。早在 1272 年,意大利的佛罗伦萨就出现了一个巴尔迪银行。1310 年,佩鲁齐银行成立。1397 年,意大利设立了麦迪西银行。这些近代银行主要从事存放款业务、汇兑业务,它们经营的贷款业务主要面向政府,并具有高利贷的性质。商人很难从这些银行获得低利息的贷款。因此,近代的银行是高利贷性质的银行,而不是现代意义上的商业银行。

在我国,银行一词出现于清朝咸丰年间。我国之所以将经营货币信用业务的金融机构翻译为银行,是因为在相当长的时间内,我国以白银作为货币,而又把经商的店铺称为"行"。

3. 现代商业银行的产生

随着资本主义生产关系的确立和资本主义商品经济的发展,高利贷性质的银行业不能适应资本扩张的需要,这在客观上要求建立能够服务于资本主义生产的现代资本主义银行。

这一变化首先出现在英国。1694 年,在英国政府的支持下,由私人创办的英格兰银行在伦敦成立,英格兰银行是世界第一家按照资本主义的原则建立的私人股份制银行。该行一开始就把向工商企业贷款的利率定为 4.5% ~ 6%,而当时的高利贷利率高达 20% ~ 30%。英格兰银行的成立标志着现代商业银行的诞生。英格兰银行以高达120 万英镑资本的雄厚实力,动摇了高利贷银行在信用领域的地位,欧洲其他主要资本主义国家纷纷按英格兰银行的组建模式,建立了规模巨大的现代股份制商业银行。

这些银行资力雄厚、业务全面、利率较低，促进了资本主义生产的发展，同时也使商业银行成为现代金融业的主体。

二、商业银行的性质和职能

商业银行这一称谓通行于英美等国，在欧洲大陆习惯称之为"信贷银行"，在日本银行法中则称之为"普通银行"，国际货币基金组织把接受活期存款并可以创造存款货币的金融机构统一称为"存款货币银行"。尽管有许多不同的称谓，商业银行的本质却是相同的，都是以获取利润为目标，以金融资产和金融负债为经营对象，为客户提供综合性服务的金融企业。我国的商业银行是指依照《商业银行法》和《公司法》设立的吸收公众存款、发放贷款、办理结算等业务的企业法人。

（一）商业银行的性质

1. 商业银行是企业

商业银行的本质就是企业，其经营目标和经营原则与一般企业一样。追求利润最大化既是商业银行经营与发展的基本前提，也是其发展的内在动力。商业银行在经营原则上也与一般企业一样，实行依法设立、依法经营、照章纳税、自担风险、自负盈亏、自求发展的原则。

2. 商业银行是特殊的企业

与一般的工商企业相比，商业银行又有其特殊性，是特殊的企业。商业银行的特殊性主要表现在以下几个方面：

首先，经营对象的特殊性。一般企业经营的是具有一定使用价值的商品，而商业银行经营的对象是一种特殊商品——货币。

其次，经营内容的特殊性。工商企业从事的是一般商品的生产和流通，而商业银行是以金融资产和金融负债为经营对象，从事货币支付、借贷以及各种与货币运动有关的金融服务。从扩大社会再生产的过程来看，商业银行的经营活动过程服务于生产和流通的各个环节，所以它并不直接创造价值，它所获得的利润是产业利润的再分配。

最后，对社会经济的影响特殊。商业银行对社会经济的影响远远大于一般工商企业，一般工商企业生产经营状况的影响面比较小，而商业银行的经营状况直接关系到整个社会经济生活的安全和稳定。由于商业银行对社会经济的特殊影响，国家对商业银行的管理比对普通工商企业的管理更严格，管理范围更广。

3. 商业银行是一种特殊的金融企业

在金融企业中，商业银行也有其特殊性。

首先，与中央银行相比，商业银行具有特殊性。中央银行不以盈利为目的，其服务对象是政府和金融机构，不对普通居民和企业办理具体的信贷业务。而商业银行以利润最大化为目标，其服务对象是工商企业、公众及政府。

其次，与专业银行和其他非银行金融机构比较，商业银行具有特殊性。专业银行和各种非银行金融机构，如投资银行、抵押银行、保险公司、证券公司、信托投资公司等金融机构，只能从事某些方面的金融服务，业务经营范围相对来说比较狭窄，而商业银

行作为"金融百货公司"，其业务范围广泛，功能齐全、综合性强，尤其是商业银行能够经营活期存款业务，它可以借助于支票及转账结算制度创造存款货币，使其具有信用创造的功能。

（二）商业银行的职能

商业银行的职能是由商业银行的性质决定的。商业银行具有以下几方面的职能：

1. 信用中介职能

信用中介职能是商业银行最基本也是最能反映其经营特征的职能。它的实质是商业银行通过负债业务，将社会上的各种闲散货币资金集中到银行，再通过资产业务将货币资金投向社会经济各部门。商业银行作为货币资金的贷出者和借入者来实现货币资金的融通。一方面，商业银行通过支付利息吸收存款，集中货币；另一方面，为获利发放贷款，存贷款的利息差额，便是商业银行所获利润。

同其他企业的商品经营不同，商业银行买卖的不是货币资金本身的所有权，而是货币资金的使用权，但正是这种使用权的转变，对经济活动起到了多层面的调节转化作用。

（1）将暂时闲置的资本转化为可用资本

商业银行通过各种存款形式，把再生产过程中暂时闲置的资本转化为生产资本、商品资本等职能资本，在社会资本总量不变的情况下，提高资本使用效率，同时也提供了扩大生产和就业的机会。

（2）将消费资金转化为投资资本

在利息的吸引下，居民会将准备在以后消费的收入存入商业银行，商业银行通过办理信贷业务将货币投向生产部门，这就实现了货币从消费领域到生产领域的转移，从而扩大了社会资本总量，促进了经济的发展。

（3）将短期资金转化为长期资金

商业银行将若干个短期小额存款在期限上相衔接，就形成数额巨大的长期稳定资金余额，从而能满足长期贷款需求。

2. 支付中介职能

支付中介职能是指商业银行为客户办理各种货币结算、代理货币支付和转移存款等业务活动。商业银行通过办理这些业务，成为工商企业、团体和个人的货币保管者、出纳或支付代理人。以商业银行为中心，形成经济过程中无始无终的支付链条和债权债务关系。商业银行之所以能成为企业的支付中介，是因为它具有较高的信誉和较多的分支机构。由于商业银行广泛使用支票等结算支付工具，大大减少了现金的使用，节约了社会流通费用，加速了结算过程和货币资金周转，增加了生产资本的投入。

3. 信用创造职能

商业银行的信用创造职能，是在信用中介和支付中介职能的基础上产生的。信用创造职能是指商业银行在根据日常经验留足存款准备金后，用其所吸收的存款发放贷款和从事投资业务，在支票流通和转账结算的基础上，贷款又转化为存款，从而衍生出更多的存款，最后在整个银行体系，形成数倍于原始存款的派生存款，扩大了货币供应量。

长期以来，商业银行是各种金融机构中唯一能吸收活期存款、开设支票账户的机构，在此基础上产生了转账结算和支票流通，而这种存款不提取现金或不完全提现是信用创造职能的基础之一。

4. 金融服务职能

现代社会经济生活向商业银行提出了各种各样的金融服务需求，如企业要求代发工资以及代收水电费、电话费、煤气费，提供投资咨询、财务咨询、代理融通、信托、租赁、现金管理等服务。个人消费也由原来简单的现金结算发展到转账结算、银行卡服务、网上银行等。经济社会的发展、电子计算机技术和网络技术的广泛应用，使商业银行具备了为客户提供信息服务和咨询服务的条件，为商业银行提供了广阔的服务空间。在强烈的业务竞争压力下，各商业银行也不断开拓服务领域，通过金融服务业务的发展，进一步促进资产负债业务的扩大，并把资产负债业务与金融服务有机结合起来，开拓新的业务领域，提高了银行的盈利能力。

三、商业银行的经营模式与组织制度

（一）商业银行的经营模式

按经营模式不同，可将商业银行分为职能分工型银行和全能型银行。

1. 职能分工型商业银行

职能分工型商业银行也称分业经营模式，其基本特点是：法律规定银行业务与证券、信托业务分离，商业银行不得兼营证券业务和信托业务，不能直接参与工商企业的投资。这类商业银行以经营工商企业短期存放款和提供结算服务为基本业务，而长期资金融通、信托、租赁、证券等业务由长期信贷银行、信托公司、租赁公司、投资银行、证券公司等金融机构承担。美国、日本等国家的商业银行在1929—1933年经济大危机后长达60多年的时间里都采用这种模式。职能分工体制下的商业银行，与其他金融机构的最大差别在于两方面，一是只有商业银行能够吸收使用支票的活期存款；二是商业银行一般以发放1年以下的短期工商信贷为其主要业务。

20世纪60年代以来，由于银行竞争的加剧和金融创新不断涌现，分离型银行体制受到严峻挑战。商业银行的业务范围不断扩展，呈现向全能型商业银行发展的趋势。其原因在于在金融业竞争日益激烈的条件下，商业银行面对其他金融机构的挑战，利润率不断降低，这就促使商业银行必须从事更广泛的业务活动以加强竞争实力。在此形势下，实行分离型商业银行的国家相继放宽对商业银行业务分工的限制，从而出现了向全能型商业银行制度方向发展的趋势。以美国为例，20世纪70年代后，确立美国银行和证券分业经营模式的《格拉斯—斯蒂格尔法案》已经严重阻碍了美国商业银行的进一步发展，削弱了美国商业银行在国际上的竞争力。1999年，《金融服务现代化法案》废除了1933年《格拉斯—斯蒂格尔法案》的有关条款，从法律上消除了银行、证券、保险机构在业务范围上的边界，结束了美国长达66年之久的金融分业经营的历史。

在我国，根据1995年颁布的《商业银行法》，我国实行金融分业经营和分业管理，商业银行的业务仅限于银行业务，不得从事政府债券以外的证券业务和非银行金融业务

如信托、租赁等业务。

2. 全能型商业银行

这种模式也称混业经营模式，商业银行可以经营一切银行业务，包括各种期限和种类的存款与贷款以及全面的证券业务、保险、信托、支付清算、金融衍生业务等金融业务。采用全能型模式的国家以德国、奥地利和瑞士等国为代表。

在日益激烈的市场竞争中，全能型银行具有以下显而易见的优势：

第一，能够快速适应市场，更有利于分散风险。全能型银行的多元化经营为银行开发金融产品和开拓业务市场提供了巨大的发展空间，从而提高了商业银行适应金融市场变化的能力，使其能及时根据金融市场的发展变化调节自身的经营管理活动。全能型商业银行业务多元化，某一领域金融业务的亏损可由其他金融业务的盈利来弥补，资产组合的多样化使银行的风险得以分散，使银行经营更加稳健，有利于整个银行体系保持稳定。

第二，全能型银行作为"金融百货公司"，提供全方位、最广泛的金融服务，降低了服务成本，能够吸引更多的客户，有利于扩大市场份额。客户可以也愿意在同一家银行办理各项存款、贷款及代理事务，以节约时间、精力和费用。

第三，全能型银行和客户之间的关系更加深入全面，有利于银行业务的稳定。一方面，全能型银行模式有利于形成银企之间的利益制衡关系。双方都不会轻易破坏彼此之间的信任关系，有利于建立一种双方内在的守信机制。另一方面，因为全能型银行可以开展投资银行业务，持有或承销企业的各类有价证券，甚至作为股东代理机构行使股东权利，银行与客户之间建立了紧密持久的联系。

（二）商业银行的组织形式

商业银行的组织形式是指一个国家用法律形式所确定的商业银行的体系结构以及组成这一体系的各类银行、金融机构的职责分工和相互关系。它受所在国政治、经济、法律等多方面因素的影响，同时也受到国际金融发展的影响。

1. 单一银行制

单一银行制又称为单元银行制，是指银行业务完全由一个独立的机构去经营，而不设立或者不允许设立分支机构的商业银行体制。最典型的代表就是美国。美国曾长期实行完全的单一银行制，不许银行跨州经营和设立分支机构，甚至在州内也不准设立分支机构。

美国商业银行分为在联邦政府注册的国民银行和在州政府注册的州银行两种。1863年的《国民银行法》规定，禁止国民银行在任何地方、以任何形式设立分支银行。这项规定既包括禁止国民银行跨州建立分支银行，也包括禁止国民银行在本州建立分支银行，形成了一种极为典型的单一银行制。美国建立单一银行制的历史原因有两个：一是美国实行联邦制，各州的独立性较大，州与州之间的经济发展水平又有很大的差距，为均衡发展经济，反对各州之间的相互渗透，各州都通过州银行法，禁止或限制银行开设分支银行，特别是禁止在其他州开设分支银行；二是为了限制垄断，鼓励竞争。银行的生命力在于竞争，只有在竞争中，一国的银行体系才能提供灵活多样的金融服务，才能不断提高银行的服务效率。如果银行可以任意开设分支行将会导致银行的集中和垄断，势必会出现金融托拉斯吞并小银行的现象。

一般而言，实行单一银行制的主要优点在于：（1）由于不许或限制设立分支机构，商业银行业务规模的扩大受到制约，可防止银行业过度集中和垄断；（2）单一银行制只在本地区营业，有利于地区经济的发展，也有利于与地方政府协调；（3）银行管理层次少，具有独立性和自主性，其业务经营具有较大的灵活性。

但是，单一银行制也有其不利的一面：（1）在单一银行制下，银行规模较小，经营成本高，难以取得规模经济效益；（2）银行组织资金、运用资金的能力有限，业务又相对集中，风险较大；（3）不利于商业银行提供全方位的服务，限制了商业银行的业务发展和金融创新，削弱了商业银行的竞争力。

正因为如此，随着经济的发展，地区经济联系的加强以及金融业竞争的加剧，美国从 20 世纪初就开始逐步放宽对商业银行开设分支机构的限制，银行的组织结构发生了巨大的变化，其发展趋势是分支机构增加，银行分支网络发展。部分州准许银行在本州范围内开设分支机构，部分州允许银行在同一城市开设分支机构，但还有一些州仍然实行严格的单一银行制度。

2. 分支银行制

分支银行制又称总分行制，它是指允许银行在银行总行之下，在国内外、本地或外地普遍设立若干分支机构的一种银行组织制度。实行分支银行制的商业银行，其总行一般都设在各大中心城市，下属分支机构由总行领导，分支银行的业务和内部事务统一遵照总行的规章和指示办理。

分支银行制按总行管理方式的不同，又可进一步划分为总行制和总管理处制。总行制指总行除管理各分支银行外，本身也对外营业，办理银行业务。总管理处制则指总行作为管理处，只负责管理各分支银行，不对外办理银行业务，总行所在地另设对外营业的分支银行或营业部。

目前世界各国一般都采用分支银行制，其中尤以英国、德国、日本等为典型。由于分支银行制更能适应现代市场经济发展的需要，因而成为当代商业银行的主要组织形式。我国银行也主要采取总分行制。

分支银行制有许多优点：（1）实行分支银行制的商业银行，其分支银行遍布各地，有利于迅速发展各种银行业务，为社会提供多样化的金融服务；（2）便于银行扩大经营规模，增强银行实力，使银行经营取得较好的规模经济效益；（3）分支机构较多，业务范围较广，易于组织资金，资金实力较强；分支行之间可以相互调剂资金，能增强银行总体的安全性，又能提高银行资金的运用效率，银行资产可以在地区之间实行有效的组合，从而大大降低银行风险；（4）一定程度上克服了地方干预，促进了银行业务开展，并使金融业突破地域的局限性，更好地为经济运行提供服务。

当然，分支银行制也有其缺点：（1）分支银行制加速了大银行对小银行的兼并，形成金融垄断，不利于竞争；（2）从银行内部管理看，分支银行制管理层次较多，管理的难度较大。

3. 持股公司制

持股公司制又称集团银行制、控股银行制，是由某集团或某家大银行发起成立金融或银行控股公司，再由该公司控制或收购若干银行而建立的一种银行制度。在法律上这些银行是独立的，但实际上控股公司往往已直接或间接拥有并控制了这些银行25%以上的股权，控制了银行董事会的选举，对银行的经营政策有着决定性的影响。持股公司制有两种类型，即非银行性持股公司和银行性持股公司。前者是非银行的大企业通过控制银行的大部分股权而组织起来的，后者是大银行通过控制小银行的大部分股权而组织起来的。例如，花旗银行就是银行性持股公司，它控制着300多家银行。

持股公司制早在19世纪就已经出现，但到20世纪20年代后才引起人们重视。由于持股公司制可以回避开设分支机构的限制，20世纪50年代后在美国得到迅速发展，成为美国一种非常重要的银行组织形式。持股公司银行制度的出现和发展是美国长期实行单一银行制的结果，其目的是纠正单一银行制所造成的银行实力相对较弱、市场竞争力不足的弊端。事实上，银行持股公司已经成为金融资本和产业资本高度结合的组织形式。

持股公司制的优越性很明显。（1）和小银行相比，大银行的资金利用的效率更高，母公司可以统观全局，统一调配资金，有效扩大资本总量，增强银行的实力。（2）持股公司可以同时控制大量的非银行企业，这就为它所控制的银行提供了稳定的资金来源和客户关系。（3）通过持股公司的方式，集团可以同时经营非银行业务，增加盈利。缺点是加重了金融垄断的程度。

4. 连锁银行制

连锁银行制又称联合银行制，是指由某一个人或某一集团控制两家或两家以上的银行，这种控制可以通过持有股份、共同指导或法律允许的其他方式完成。连锁银行制的成员银行在法律上是独立的，保持独立的法人地位，但其所有权、经营权和业务由某一个人或某一集团控制，形成连锁银行。连锁银行往往是围绕一个地区或一个州的大银行组织，成员银行的董事会由同一批人组成，其中的大银行为集团确立银行业务模式，并以大银行为中心，形成集团内部的各种联合。由此可见，连锁银行之间有一种类似于总分行之间的分工协作关系，正因为如此，连锁银行制与银行控股公司一样，都是为了弥补单一银行制的不足，回避对设立分行的种种限制而采取的一种银行组织形式。它与银行控股公司制的区别在于它不需设立控股公司。与银行控股公司制相比，连锁银行制下，银行容易受到某个人或某集团的控制。连锁银行制在美国的中西部较为发达。

第二节　商业银行的业务

一、商业银行的资产负债表

商业银行的业务活动一般可分为负债和所有者权益业务、资产业务和中间业务三大类。负债和所有者权益形成商业银行的资金来源，资产形成商业银行的资金运用。负债业务和所有者权益及资产业务反映在商业银行的资产负债表中，中间业务不在资产负债表中反映。资产负债表是银行的主要会计报表之一，它反映银行总的资金来源和资金运用情况。资产负债表包括三大类项目：资产、负债和所有者权益（或股东权益）。其中，负债和所有者权益记录在资产负债表的右栏，资产记录在资产负债表的左栏，它们满足下列关系：

$$资产 = 负债 + 所有者权益$$

表 7-1　　　　　　　　　　　**简化的商业银行资产负债表**

资产	负债及所有者权益
现金资产	负债
库存现金	存款
存款准备金	向中央银行借款
存放同业款项	同业拆入
在途资金	发行债券
贷款	
贷款	所有者权益
贷款损失准备金	实收资本或股本
应收利息和其他应收款	资本公积金
投资	盈余公积金
短期证券投资	未分配利润
长期证券投资	
票据贴现	
其他资产	
资产总计	负债及所有者权益总计

由于各国银行法规不同，银行面临的经济背景和开办的业务种类各有其特点，在具体细目划分和科目设置上，不同国家的银行甚至同一国家的不同银行也有所区别，但从总体看还是大同小异。

二、所有者权益

所有者权益即股东权益或自有资本，是商业银行自身所拥有的资金，是商业银行所有者的权益。自有资本是商业银行可独立运用的最可靠、最稳定的资金来源，包括实收资本、资本公积、盈余公积和未分配利润。

1. 实收资本

实收资本是商业银行投资者实际投入商业银行经营活动中的各种财产物资，即商业银行所有者对商业银行的原始投入。实收资本反映了资金的属性，表明了商业银行所有者对商业银行应负担的义务和享有的权利。我国目前实行注册资本制度，要求商业银行的实收资本与注册资本一致。注册资本是商业银行设立时在工商行政管理部门登记的资

本。我国《商业银行法》规定，设立全国性商业银行的注册资本最低限额为 10 亿元人民币；设立城市商业银行的注册资本最低限额为 1 亿元人民币；设立农村商业银行的注册资本最低限额为 5000 万元人民币。

2. 资本公积

资本公积是商业银行在非经营业务中发生的资产增值。其中包含一些本属资本属性，但不列入实收资本的项目，主要有商业银行在筹集资金过程中的资本溢价、股票溢价、法定资产重估增值，以及接受捐赠的资产价值等。资本溢价，是指商业银行设立时实际收到投资者投入的资金总额超过其注册资本的部分。股票溢价，是指股票发行价格超过其面值的部分。

3. 盈余公积

盈余公积是商业银行按照有关规定，从税后利润中提取的公积金，它既可以用于弥补亏损，又可以转增银行资本。我国法律规定，商业银行应在税后利润中提取 10% 作为盈余公积，当盈余公积达到注册资本的 50% 时可不再提取。

4. 未分配利润

未分配利润是商业银行在经过各种形式的利润分配后剩余的利润。这部分利润尚留存于商业银行，是银行增加自有资本的重要途径，特别是对那些难以进入股市筹资的银行。在经济发展缓慢、资金紧张或所得税税率较高时，商业银行也往往选择这种方法增加自有资本。

三、负债业务

(一) 商业银行的负债业务的概念

商业银行的全部资金来源包括自有资本（所有者权益）和吸收外来资金（负债）两部分。商业银行负债指银行存款、借款等一切非资本性的债务，由存款负债、借入负债和其他负债构成。相应地，其负债业务可分为存款业务和非存款性负债。商业银行的负债业务是商业银行最主要的资金来源，是商业银行经营活动的基础。与一般工商企业不同的是，商业银行的自有资本在其全部资金来源中只占很小的比例，商业银行的全部资金来源中，通常 90% 以上来自负债。负债结构和成本的变化决定银行资金转移价格的高低，从而极大地影响银行的盈利水平和风险状况。而银行负债的规模和结构，大体决定了整个银行的经营规模和经营方向，进而决定了商业银行开展资产业务和中间业务、获得利润的能力。

(二) 存款业务

存款是商业银行最主要的负债和最主要的经常性资金来源。在金融业激烈的竞争中，商业银行把争取存款放在一个很重要的地位，根据社会上各种需求和偏好，设计了各种名目的存款品种。从性质和来源上划分，存款分为活期存款、定期存款和储蓄存款三大类。实际生活中，虽然存款名目繁多，但都不外乎是这三类存款的变种。

1. 活期存款（Demand Deposits）

活期存款是指不规定期限，可以由存户随时提取的存款。这种存款在支用时须使用银行规定的支票，因此也称支票存款。这种存款没有确定的期限规定，银行也无权要求客户取款时做事先的书面通知。银行有义务对客户签发的支票即时付款。该账户的支票可用于支付并可以经背书后转让。开立这种存款账户的目的是为了通过银行进行各种支付结算。由于活期存款存取频繁，而且还要提供多种服务，因此活期存款的营业成本较高，所以活期存款通常不支付或较少支付利息。虽然活期存款的平均期限很短，流动频繁，但在大量此存彼取、此取彼存的流动过程中，银行总能获得一些较为稳定的存款余额用于对外放款，成为商业银行低成本的资金来源。活期存款是密切银行与客户关系的桥梁。银行通过与客户频繁的活期存款的存取业务建立比较密切的业务往来，从而争取更多的客户，扩大银行的经营规模。

2. 定期存款（Time Deposits）

定期存款是指客户与银行预先约定存款期限的存款，一般期满前不能提款的有息存款。定期存款存入时，银行向存户出具可转让或不可转让存单、存折等，多采用不可转让定期存款单的形式。利率视期限长短而高低不等，但定期存款的性质使其流动性很低，故定期存款的利率较高，要高于活期存款，以补偿客户的流动性损失。为了吸引客户，商业银行提供了各种存款期限的定期存款，从 30 天到若干年不等，期限最长可达 5 年或 10 年。定期存款一般要到期才能提取，对于到期未提取存单，按惯例不对过期的这段存款支付利息，我国目前则以活期存款利率对其计息。储户不能随时支取，若提前支取，西方国家对提前支款一般要罚款，我国没有对定期存款提前支取的罚款规定，但全部按活期存款利率计息，并扣除提前日期的利息。与活期存款相反，定期存款对客户来说，是一种盈利性强、流动性差的投资方式。对商业银行而言，由于定期存款期限较长，按规定一般不能提前支取，因而是银行稳定的资金来源。

3. 储蓄存款（Savings）

储蓄存款是为个人积蓄货币并取得利息收入而设定的一种存款。储蓄存款分活期存款和定期存款两大类。储蓄存款多数是个人为了将来的消费，将暂时不用的收入积蓄起来，为积蓄购买力而进行的存款。有些国家只准专门的金融机构经营储蓄存款业务，不准商业银行以及其他金融机构经营这项业务。这种存款是一种非交易用的存款，通常由银行发给存户存折，以作为存款和取款的凭证，不能签发支票，储户凭存折到银行提取现金。随着科技的发展，银行为了争取客户，一方面推出通存通兑服务，另一方面纷纷将储蓄存款改为使用提款卡的形式，即银行在公共场所以及银行内安装自动柜员机，储户可以在各地的自动柜员机上 24 小时方便地自助存取款项。

4. 存款品种创新

由于商业银行之间以及商业银行和其他金融机构之间竞争日益激烈，为了适应激烈的金融竞争，吸收存款，近年来西方商业银行纷纷开发出一些新的存款品种。其特点是既能灵活方便地支取，又能给客户计付利息。这些新的存款品种，为客户提供了更多的选择，充分满足了存款者对安全性、流动性和盈利性的要求，从而吸引了更多的客户，为商业银行扩大了资金来源。

（1）可转让支付命令账户（Negotiable Order of Withdrawal Accounts，NOWS）。可转让支付命令账户是一种对个人和非营利机构开立的、计算利息的支票账户，也称为付息

的活期存款。它以支付命令书取代了支票，实际上是一种不使用支票的支票账户。开立这种账户的存户，可随时开出支付命令书，或直接提现，或直接向第三者支付，对其存款余额可取得利息收入。该账户的特点是，存款者可以利用有息储蓄存款账户签发可转让支付命令书。但这种账户只适用于个人和非营利性组织。

（2）自动转账服务账户（Automatic Transfer Service Accounts，ATS）。该账户规定存款人可以在银行开立两个账户：有息的储蓄账户和无息的支票账户。客户对支票账户上的平均余额有一个授权限额，客户的存款平时放在储蓄账户计收利息，当支票账户出现透支时，银行自动将资金从储蓄账户转移到支票账户上。ATS账户使客户兼得活期账户和储蓄账户的双重好处，既可以利用活期账户开出支票对外支付，又可以利用储蓄账户获取利息收入。

（3）货币市场存款账户（Money Market Deposit Accounts，MMDAS）。这种账户性质介于储蓄存款和活期存款之间，可支付较高利率，并可以按货币市场利率调整浮动，还可使用支票。这一账户的存款者可定期收到一份结算单，记载所得利息、存款余额、提款或转账支付的数额等。但是开立账户需要一定条件，账户使用也有一定限制，如最低存款限额为2500美元，如果每月的账面余额低于2500美元，银行就只支付普通可转让支付命令账户的利率。向第三者支付时，不论是签发支票，还是电话通知，每月不能超过6次，客户提款时必须提前通知（至少7天）。

（4）可转让定期存单（Negotiable Certificate of Deposit，CDs）。可转让定期存单是一种固定期限、固定利率、可在市场上转让的大额银行存单，它是西方国家商业银行执行负债管理政策的主要金融工具。可转让定期存单面额较大，在美国为10万美元以上，日本为5亿日元以上。利率一般高于同期储蓄存款，且可随时在二级市场出售转让，因此对客户颇具吸引力。

（三）非存款性负债

1. 借款业务

各类非存款性借款也是商业银行负债的重要构成，而且其地位越来越重要。商业银行的对外借款根据期限不同，可分为短期借款和中长期借款。

（1）短期借款

短期借款是指期限在一年以内的对外借款，有同业拆借、向中央银行借款、回购协议以及向金融市场借款等主要方式。短期借款是满足商业银行周转金需要的重要手段，同时提高了商业银行的资金管理效率，扩大了银行的经营规模，对商业银行经营具有重要意义。短期借款主要用于弥补短期头寸的不足，对时间和金额的要求较高，因此利率风险较高。

①同业拆借

同业拆借是指金融机构之间的短期借款，主要用于临时性调剂资金头寸的需要，支持日常性的资金周转。同业拆借一般是通过商业银行在中央银行的存款账户完成的。同业拆借的期限较短，多为1~7个营业日。大商业银行和城市银行多为资金的拆入行，而边远地区小银行和长期业务居多的金融机构，多为资金的拆出行。同业拆借有两种形式，一种是拆借双方通过专门的短期资金公司或经纪人来安排，另一种是银行之间直接进行交易。

②向中央银行借款

向中央银行借款是中央银行向商业银行提供的信用，主要有再贴现和再贷款两种形式。再贴现是经营票据贴现业务的商业银行将其买入的未到期的贴现汇票向中央银行再次申请贴现，也称间接借款。再贷款是中央银行向商业银行的信用放款，也称直接放款。再贴现和再贷款是中央银行宏观金融调控的重要手段。在金融市场发达的国家中，由于商业票据和贴现业务广泛流行，再贴现就成为其商业银行向中央银行借款的主要渠道；而在商业信用不太发达，商业票据不太普及的国家，则主要采取再贷款的形式。

中央银行是商业银行的最后贷款人。因此当社会上资金紧张时，商业银行可以向中央银行借款，以维持资金周转。西方国家中央银行向商业银行所提供的贷款一般是短期性的，无论是对商业银行还是对中央银行而言，向中央银行借款都只占很小的比重。但在我国，由于体制的原因，向中央银行借款一直是国有商业银行的一项比较重要的资金来源。长期以来，我国商业银行向中央银行借款主要采取再贷款这一直接借款形式，今后，随着我国票据贴现市场的不断发展，逐步以再贴现取代再贷款，将是历史发展的趋势。

③回购协议

回购协议是指资金需求者在通过出售证券购入资金时，同时安排在将来一个约定的日期按事先确定的价格买回这些证券。在这种融资方式下，金融证券实际起到了担保的作用。

西方商业银行普遍采用回购协议借入资金的原因主要有：第一，回购协议可以充分利用金融市场，成为银行调节准备金的灵活工具；第二，有些国家不要求对政府证券担保的回购协议资金持有准备金，从而可以大大降低融资成本；第三，这种融资方式的期限很灵活，短则1天，长可至几个月。

④向金融市场借款

近30年来，各国商业银行普遍通过在国内或国际货币市场上直接借款、发行可转让大额定期存单、发行短期银行债券、出售商业票据、出售银行承兑票据等方式筹集短期资金。

（2）长期借款

长期借款是指偿还期在一年以上的对外借款。商业银行的长期借款一般采用发行各种类型的中长期金融债券的形式，增加了负债的稳定性。

发行中长期金融债券的优点有以下几个方面：第一，拓宽了商业银行的负债渠道，促进了银行负债来源的多样化。它面向社会筹资，筹资范围广泛，既不受银行所在地区资金状况的限制，也不受银行自身网点和人员数量的束缚。第二，债券的高利率和流动性相结合，对客户有较强的吸引力，有利于银行提高筹资的数量和速度。第三，发行债券所筹的资金不用缴纳法定准备金，这也有利于提高银行资金的利用率。第四，发行中长期金融债券作为商业银行筹集长期资金的主要途径，使银行能根据资金运用的项目需

要，有针对性地筹集长期资金，以便资金来源和资金运用在期限上保持对称，从而成为商业银行推行资产负债管理的重要工具。

发行金融债券的局限性主要有：金融债券发行的数量、利率、期限都受到管理当局有关规定的严格限制，银行筹资的自主性不强；金融债券除利率较高外，还要承担相应的发行费用，筹资成本较高，受银行成本负担能力的制约；债券的流动性受市场发达程度的制约，在金融市场不够发达和完善的发展中国家，金融债券种类少，发行数量也远远小于发达国家。

2. 其他负债

其他负债是指商业银行利用除存款负债和借款负债以外的其他方式形成的资金来源。主要包括代理行的同业存款负债、客户结算资金占用等。

同业存款是指其他银行和金融机构存放在本行的资金。同业存款针对接纳该笔存款的银行和金融机构而言，是资金的来源，是负债。由于商业银行同业间所开立的存款账户都属于活期性质，可随时支用，因此将其视为现金资产。

结算资金占用是指商业银行在为客户办理转账结算等业务过程中可以暂时占用客户的一部分资金。银行办理转账结算业务，实行先收款后付款的原则，即要求付款单位先将应付资金交给银行，然后银行才向收款单位进账。由于有一部分付款单位同收款单位不在同一城镇或虽在同一城镇但不在同一银行开户，银行从付款单位收取款项，经过联行划转到收款单位账户，需要一段时间。在这段时间里，结算资金就停留在银行，成为银行的结算中占用资金。从任一时点上看，总会有那么一些处于结算过程之中的资金，构成商业银行可资运用的资金来源。其特点是时间短，但是由于周转金额巨大，占用的资金数量相当可观。

四、资产业务

商业银行的资产业务是指其资金运用业务，也是商业银行主要的利润来源。商业银行在以自有资本和负债的方式形成资金来源以后，只有将它们运用出去，并取得收益，方能维持经营开支并获取利润。因而资产业务也就成为商业银行最基本的业务。商业银行的资产业务主要包括现金资产业务、贷款业务和证券投资业务。

（一）现金资产

银行现金资产是商业银行预先准备为应付存款支取所需的资金，主要由库存现金、在中央银行的存款、在同业的存款和托收中的现金等项目组成。现金资产是商业银行所有资产中最富有流动性的部分，是银行随时用来支付客户现金需要的资产。各国均把现金资产作为支付客户提取，满足贷款的需求，以及支付各种费用的一线准备。但现金资产是非盈利性资产，不能为商业银行带来收益或只带来甚微的收益，故各国商业银行都希望把现金资产减低到必要的最低水平。

1. 库存现金

库存现金是指商业银行保存在金库中的现钞和硬币。库存现金的主要作用是银行用来应付客户提取现金和银行本身的日常零星开支。库存现金最能及时满足银行流动性需要。但从经营的角度讲，库存现金不宜太多。库存现金的经营原则就是保持适度的规模。

2. 在中央银行存款

这是指商业银行存放在中央银行的资金，即存款准备金。规定缴存存款准备金的最初目的，是为了银行备有足够的资金以应付存款人的提取，避免流动性不足而产生流动性危机，导致银行破产。目前，存款准备金已经演变成为中央银行调节信用的一种政策手段。缴存法定比率的准备金具有强制性。在中央银行存款由两部分构成，一是法定存款准备金，二是超额准备金，而只有超额准备金才是商业银行的可用资金。法定存款准备金是按照法定准备率向中央银行缴存的存款准备金。

3. 存放同业存款

存放同业存款是指商业银行存放在代理行和相关银行的存款。在其他银行保持存款的目的，是为了便于银行在同业之间开展代理业务和结算收付。由于存放同业的存款属于活期存款的性质，可以随时支用，因此可以视同银行的现金资产。

4. 在途资金

在途资金，也称托收未达款或托收中现金，是指银行应收而尚未收到的清算资金。在支票清算过程中，商业银行每天会收到大量支票，其中有些是需要本行付款的，有些是要求本行向其他付款银行收取款项的，这类需向其他银行收取的款项称为"托收中现金"。由于实际上商业银行还未收到这部分资金，这些支票所载金额在未划入本行收款账户前也被称为在途现金。在途资金在收妥之前，是一笔占用着的资金，又由于通常在途时间较短，收妥后即成为存放同业存款或者增加该银行在中央银行准备金账户上的存款余额，所以将其视同现金资产。

（二）贷款（Loan）

贷款是商业银行作为贷款人按照一定的贷款原则和政策，以还本付息为条件，将一定数量的货币资金提供给借款人使用的一种借贷行为。贷款是商业银行的传统核心业务，是商业银行最重要的资产业务，还是商业银行取得利润的主要渠道，是商业银行经营管理的重点。商业银行通过贷款方式将所集中的货币和货币资金投放出去，满足社会扩大再生产的补充资金需要，促进经济的发展；同时也可由此取得贷款利息收入，增加银行本身的积累。

1. 贷款的分类

根据不同的标准，贷款可以分为不同种类。

（1）按贷款期限是否既定划分，分为定期贷款和活期贷款。

定期贷款是指银行与借款人事先约定偿还期，到期须偿还的贷款。定期贷款按期限的长短，又可分为短期贷款、中期贷款和长期贷款。短期贷款，是指贷款期限在1年以内（含1年）的贷款；中期贷款，指贷款期限在1年以上（不含1年）5年以下（含5年）的贷款；长期贷款，是指贷款期限在5年以上（不含5年）的贷款。活期贷款又称通知贷款，是指商业银行与借款人事先并不约定偿还期，借款人可以随时偿还，商业银行也可随时通知借款人还款的贷款。

（2）按贷款是否有担保来划分，分为信用贷款、担保贷款和票据贴现。

①信用贷款是指以借款人的信誉发放的贷款。这种贷款的风险很大，因此，除了一些资信特别好、资金实力雄厚的客户外，一般不对其他客户发放。

②担保贷款，包括保证贷款、抵押贷款和质押贷款。保证贷款，是指以第三人承诺在借款人不能偿还贷款时，按约定承担一般保证责任或者连带责任而发放的贷款。抵押贷款，是指以借款人或第三人的财产作为抵押物发放的贷款。质押贷款，是指以借款人或第三人的动产或权利作为质物发放的贷款。作为抵押物和质押物的资产必须是能够在市场上出售的。如果贷款到期借款人不愿偿还，银行可以取消抵押物和质押物的赎回权并将其处理。

③票据贴现。票据贴现是指银行应客户的要求，以现款或活期存款买进客户持有的未到期的商业票据的方式发放的贷款。收款人或持票人在资金不足时，将未到期的银行承兑汇票向银行申请贴现，银行按票面到期值扣除贴现利息后将余额支付给收款人的一项银行授信业务。也就是说，票据贴现实行预扣利息，票据到期后，银行向票据载明的付款人收取票款。其中两个重要的概念是，贴现利息和实付贴现金额。贴现利息是指持有人向银行申请贴现票据面额而付给银行的利息；实付贴现金额是指票据到期值减去应付贴现利息后的净额，也叫贴现净额，或贴现付款额，即票据持有人办理贴现后实际得到的款项金额。

实付贴现金额和贴现利息的计算公式如下：

实付贴现金额 = 票据到期值 − 贴现利息

= 票据到期值 × （1 − 年贴现率 × 未到期天数 /360）

贴现利息 = 票据到期值 × 年贴现率 × 未到期天数 /360

关于式中的票据到期值，对于不带息票据，票据到期值就是票据面值，但是对于带息票据，票据到期值为票据到期本利和，计算公式如下：

票据到期值 = 票据面值 × （1 + 票面年利率 × 票据期限）

上式中票据期限应该是年数，如果不是年数，是月数或天数，则应该先转化为年数。

而未到期天数等于票据到期日减去企业已持有票据期限（贴现日），或者用贴现日到票据到期日的实际天数减去 1，也就是"算头不算尾"或"算尾不算头"。

（3）按照贷款对象与目的分类，分为工商业贷款、农业贷款、消费贷款、不动产贷款、对经纪人或交易商的证券购买和周转贷款等。

（4）按利率调整方式不同分类，分为固定利率贷款和浮动利率贷款。

固定利率贷款是指在贷款期限内，不论银行利率如何变动，借款人都将按照合同签订的固定利率支付利息，不会因为利率变化而改变还款数额。浮动利率贷款是指在整个借款期内利率随市场利率或法定利率等变动定期调整的贷款，调整周期和利率调整基准的选择，由借贷双方在借款时议定。采用此浮动利率的优点是，一方面，利率贴近市场利率水准，当利率下滑时，可节省发行成本；另一方面，锁定利差，可避免利率风险。

（5）按贷款的偿还方式分类，分为一次性偿还和分期偿还两种方式。

一次性偿还贷款是指在贷款到期日一次性还清贷款本金的贷款，其利息可以分期支付，也可以在贷款到期时一次性付清。短期贷款一般采用一次性偿还方式。分期偿还贷款是指借款人按规定的期限分次偿还本金和支付利息的贷款。中长期贷款大都采用分期偿还方式。按偿还方式划分贷款的种类，一方面有利于银行监测贷款到期和贷款收回情况，准确测算银行头寸的变动趋势；另一方面，也有利于银行考核收息率，加强对应收利息的管理。

2. 贷款的原则

西方国家的商业银行，为了确保贷款的安全，非常重视对借款客户信用状况的审查，并在多年的实际操作中逐渐形成了系统的衡量标准，这就是通常的贷款审查"6C"原则。

（1）品德（Character）

主要考察借款人是否具有清偿债务的意愿以及是否能够严格履行合同条件。还款的愿望是否强烈，是否能够正当经营，包括作风、观念、责任心及还款记录。如果借款人是个人或代理人，其品德主要表现在道德观念、个人习惯和偏好、经营方式、经营业务、个人交往以及在企业和社区中的地位与声望等方面。如果借款人是公司法人，其品德主要体现在管理的完善、在企业和金融界的地位和声望、经营方针和政策的稳健等方面。不论借款者是个人还是公司，其履行合同条款的历史记录，在评价其品德情况上，具有非常重要的意义。

（2）能力（Capacity）

主要指借款人的偿还能力。偿还能力用借款者的预期现金流量来测定。能力不仅反映预期的现金收入，而且反映建立在这些收入之上的其他需求。如果其他的承付款项、债务或优先索赔款有可能消耗掉预期的收入，那么也就没有资金来偿还贷款了。

（3）资本（Capital）

即借款者的自有资本、货币价值，通常用净值来衡量。资本反映借款者的财富积累，并在某种程度上表明了借款者的成就。需要注意的是账面价值有时不能准确反映市场价值。

（4）担保或抵押（Collateral）

指贷款申请者可以用做还款担保和抵押品的任何资产。有时由保证人保证贷款归还，作为资产抵押的补充，或替代资产抵押。在这种情况下，还要考虑保证人的信誉。担保的设立提供了一种保护，是偿还贷款的后备力量，而非偿还贷款的主要来源。

（5）环境（Condition）

指厂商得以在其中运营的经济环境或贷款申请者的就业环境。必须将厂商经营所面临的经济环境、整个贷款使用期间的经济规划，以及使借款者对经济波动特别敏感的任何特征都包括在信用评估分析之内。

（6）事业的连续性（Continuity）

指借款企业持续经营的前景。现代科技飞速发展，产品更新换代的周期越来越短，产业结构的调整也日趋迅速，市场竞争异常激烈。企业只有适应经济形势以及市场行情

的变化，才能继续生存发展下去。只有这样，银行的贷款才能顺利收回。

（三）证券投资

商业银行的证券投资（Investment）是指对有价证券的购买。证券投资是商业银行重要的资金运用业务，也是收入的主要来源之一。由于有价证券的流动性较强，因此可以兼顾资产的盈利性和流动性。

商业银行的投资与通常所说的投资不同。普通投资是指以资本从事工商业的经营活动，而商业银行的投资是指证券投资业务，即商业银行以其资金在金融市场上购买各种有价证券的业务。商业银行从事证券投资业务的目的主要是为了增加收益和提高资产的流动性。商业银行主要以各类债券特别是政府债券为投资对象。至于股票投资，各国的规定有所不同。在金融分业经营的国家中，对商业银行的股票投资，管理极为严格，不允许购买和持有股票，或进行严格限制，如只允许商业银行以其自有资金及盈余的极小比例投资于股票。在金融混业经营的国家，对商业银行的股票投资并无严格的管理，但不少国家在投资数量上也有限制性的规定，商业银行的证券投资仍以各类债券，特别是以政府债券为主要对象。

我国目前实行的是金融分业经营管理制度，按照《商业银行法》和《证券法》的有关规定，商业银行不得从事境内信托投资和股票业务。我国商业银行证券投资的对象主要是政府债券和政策性银行发行的金融债券等。

五、中间业务

根据中国人民银行颁布的《商业银行中间业务暂行规定》，商业银行中间业务广义上是指不构成商业银行表内资产、表内负债，形成银行非利息收入的业务。由于广义的表外业务是指商业银行从事的，按通行的会计准则不列入资产负债表内，不影响其资产负债总额，但能影响银行当期损益，改变银行资产报酬率的经营活动。所以可以看出，我国的中间业务等同于广义上的表外业务。它包括两大类业务，一类是不形成或有资产、或有负债的中间业务（即一般意义上的金融服务类业务），另一类是形成或有资产、或有负债的中间业务（即一般意义上的表外业务，狭义的表外业务）。前者是传统的无风险的中间业务，而后者是有风险的。

为了规避资本管制，增加盈利来源，转移和分散风险，并适应客户对银行服务多样化的要求，商业银行除了经营存款、贷款和投资等基本资产业务和负债业务外，还大力发展中间业务。在银行业竞争激烈、存贷利差不断缩小的今天，中间业务成为银行利润的主要来源。近30年来，西方国家商业银行的中间业务有了相当惊人的发展。从中间业务的收入来看，目前西方发达国家商业银行的中间业务收入占银行总收入的60%以上，花旗银行等大银行的中间业务收入占比甚至达到了80%。中间业务已成为西方商业银行最主要的盈利来源。

（一）金融服务类业务

金融服务类业务是指商业银行不运用自己的资金，不直接以债权人或债务人的身份参与，而是代理客户承办支付和其他委托事项，并据此收取手续费的业务。这些业务具有收入稳定、风险度较低的特点，它集中体现了商业银行的服务功能。主要包括：支付结算类业务、银行卡（信用卡）业务、信托业务、租赁业务、代理类中间业务、信息咨询业务、基金托管类业务和其他类中间业务如保管箱业务等。

1. 支付结算业务

商业银行支付结算是指通过银行账户的资金转移实现款项收付的行为，即银行接受客户委托代收代付，从付款单位存款账户划出款项，转入收款单位存款账户，以此完成债权债务的清算或资金的调拨。国内银行结算方式主要有银行汇票、商业汇票、银行本票、支票、汇兑、委托收款、托收承付等。

银行汇票是汇款人将款项交存当地出票银行，由出票银行签发的，由其在见票时，按照实际结算金额无条件支付给收款人或持票人的票据。银行汇票有使用灵活、票随人到、兑现性强等特点，适用于先收款后发货或钱货两清的商品交易。单位和个人各种款项结算，均可使用银行汇票。

商业汇票是指由付款人或存款人（或承兑申请人）签发，由承兑人承兑，并于到期日向收款人或被背书人支付款项的一种票据。商业汇票的收款人、付款人或承兑申请人一般指供货或购货单位。商业汇票的付款人为承兑人，其付款地为承兑人所在地。商业汇票按照承兑人的不同，分为商业承兑汇票和银行承兑汇票。

银行本票是申请人将款项交存银行，由银行签发的承诺自己在见票时无条件支付确定的金额给收款人或者持票人的票据。分为定额本票和不定额本票两种。不定额银行本票签发时根据实际需要填写金额，并用压数机压印金额。定额银行本票在凭证上会预先印有固定面额，面额为 1000 元、5000 元、10000 元和 50000 元，其提示付款期限自出票日起最长不得超过 2 个月。

支票是一种以金融业者为付款人的即期票据，可以看做汇票的特例。我国《票据法》将支票定义为：支票是出票人签发的，委托办理支票存款业务的银行或者其他金融机构在见票时无条件支付确定金额给收款人或者持票人的票据。

汇兑是指企业（汇款人）委托银行将其款项支付给收款人的结算方式。单位和个人的各种款项的结算，均可使用汇兑结算方式。汇兑结算适用范围广，手续简便易行，灵活方便，因而是一种应用极为广泛的结算方式。

委托收款，是指收款人委托银行向付款人收取款项的结算方式。委托收款分邮寄和电报划回两种，由收款人选用。前者是以邮寄方式由收款人开户银行向付款人开户银行转送委托收款凭证、提供收款依据的方式，后者则是以电报方式由收款人开户银行向付款人开户银行转送委托收款凭证，提供收款依据的方式。凡在银行或其他金融机构开立账户的单位和个体经济户的商品交易，公用事业单位向用户收取水电费、邮电费、煤气费、公房租金等劳务款项以及其他应收款项，无论是在同城还是在异地，均可使用委托收款的结算方式。

托收承付结算是指根据购销合同由收款人发货后委托银行向异地购货单位收取货款，购货单位根据合同对单或对证验货后，向银行承认付款的一种结算方式。

2. 银行卡（信用卡）业务

银行卡（信用卡）是由经授权的金融机构（主要指商业银行）向社会发行的具有消费信用、转账结算、存取现金等全部或部分功能的信用支付工具。按是否提供信用透支功能，银行卡主要分为借记卡和信用卡。

借记卡，人们通常称为储蓄卡，其主要作用是储蓄存款，持卡人通过银行建立的电子支付网络、卡片所具有的磁条读入和人工密码输入，可实现刷卡消费、ATM 提现、转账、各类缴费，通过卡片进行的费用支出等于储蓄账户余额的减少。当账户余额为零，该卡的支付作用也降为零。借记卡的申办十分简单，开立一个储蓄账户即可申办一张借记卡，无须银行进行审批，一般可实现即办即取。借记卡不具备透支功能。

信用卡，其主要作用是小额透支贷款，可用于消费或提现。其申办要符合一定的条件，透支余额的大小由银行根据申请人的个人资信情况而确定。信用卡按是否向发卡银行交存备用金又可分为贷记卡和准贷记卡两类。贷记卡是指发卡银行给予持卡人一定的信用额度，持卡人可在信用额度内先消费、后还款的信用卡；准贷记卡是指持卡人须先按发卡银行要求交存一定金额的备用金，当备用金账户金额不足支付时，可在发卡银行规定的信用额度内透支的信用卡。

3. 信托业务

信托即信任委托，是指委托人为了自己或第三者的利益将自己的财产或有关事物委托别人管理、经营的一种经济行为。信托业务一般牵涉三个方面的当事人：授人信用的委托人、受信于人的受托人和受益于人的受益人。其运作的基本程序是：委托人依照契约的规定，为了自己或第三者（受益人）的利益，将财产权利转让给受托人，由受托人依据谨慎原则占有、管理和使用信托财产，并处理其收益。

商业银行主要从事的是金融信托业务，即商业银行作为受托人接受客户的委托，为了委托人的利益，代为管理、经营、处理有关钱财方面的事项，商业银行在其业务中收取手续费和佣金。商业银行开展信托业务，有利于增加银行收益，而且也扩大了银行的业务范围，丰富了银行的业务种类，从而分散了银行的经营风险，提高了银行资产的安全性。但是由于我国实行的是分业经营模式，根据《商业银行法》的规定，我国的商业银行不得从事信托业务。

4. 租赁业务

租赁业务是由银行垫付资金购买商品再出租给承租人，并以租金的形式收回资金的业务。银行的租赁主要分为以下两大类。

（1）经营性租赁，即银行作为出租人购买设备、车辆、船只、电子计算机等大型设备，然后向承租人提供短期使用服务，这种方式通常适用于那些技术更新较快或使用次数不多的设施和仪器等。

（2）融资性租赁也称金融租赁，是以融资为主要目的的一种租赁活动。即客户需添购或更新大型设备、仪器，但一时资金不足，于是由银行出资购买这些设备，客户使用它们并按时交纳租金。就租赁目的而言，承租人是为了进行设备投资而进行租赁的；承租人在租赁期满后，对租赁设备有停租、续租的权利，也有留购的选择权，即可以按一定的价款取得设备的所有权；出租人提供的租赁物一般不是通用设备，而是承租人根据自己的生产需要而选定的具有一定规格、性能和型号的生产设备；从租赁期限上看，融资租赁的期限较长，并且是不中断的，承租人必须按合同定期交付租金，不得中途解除合同。

融资性租赁是具有融资和融物双重性能的信用交易，它是企业进行长期资本融通的一种手段。由于融资性租赁是以"融物"的形式进行"融资"，采取的是金融和贸易相结合的方式，因此不同于银行借款、发行公司债券、分期付款等长期信贷方式，而成为一种独立的信用形式。

5. 代理类中间业务

代理类中间业务是指商业银行接受政府、企业单位、其他银行或金融机构以及居民个人等客户委托，以代理人的身份代为办理客户指定的经济事务、提供金融服务并收取一定费用的业务。从事代理业务的银行不使用自己的资产，不为客户垫款，不参与收益的分配，只收取代理手续费。代理类中间业务包括代理政策性银行业务、代理中国人民银行业务、代理商业银行业务、代收代付业务、代理买卖业务、代理有价证券业务、代理保险业务、代理融通以及其他代理业务等。

6. 信息咨询业务

信息咨询业务是指商业银行运用自身积累的大量信息资源，以专业的知识、技能和经验为客户提供专业服务的业务。信息咨询业务主要包括工程项目评估、企业信用等级评估、企业注册资金验证、资信咨询、专项调查咨询、企业管理咨询、投资咨询等。

7. 基金托管业务

基金托管业务是指有托管资格的商业银行接受基金管理公司委托，安全保管所托管的基金的全部资产，为所托管的基金办理资金清算、款项划拨、会计核算、基金估值、监督管理人投资运作等业务。

8. 保管箱业务

保管箱业务是商业银行利用自身安全可靠的商誉和条件，设置各种规格的保险专柜，供客户租用以保管贵重物品的业务。

（二）表外业务

商业银行表外业务通常是指狭义的表外业务，即不在资产负债表内反映，对银行的资产负债表没有直接影响，但能够为银行带来额外收益，同时也使银行承受额外风险的业务。狭义的表外业务通常会构成商业银行或有负债及或有资产，在银行履行贷款承诺时或在衍生金融工具交易对手违约时，相应的表外业务会向表内业务转化，成为银行的现实负债或资产。商业银行狭义的表外业务有以下几类：

1. 贸易融通类业务

贸易融通类业务主要有银行承兑业务与商业信用证业务。

（1）银行承兑业务

银行承兑业务是由银行为客户开出的商业汇票提供承兑服务，即承诺兑付。经承兑后的票据，可贴现流通。汇票到期后，承兑银行成为票据的第一支付人，承兑行付款后再向客户收取款项。银行提供承兑业务可获得收入，但同时也必须承担客户的信用风

险，一旦客户支付困难，银行将无法收回已支付的款项。

（2）商业信用证业务

商业信用证是在国际贸易中由银行开出的一种支付保证书，属于结算业务，也是银行担保业务的一种类型，主要发生在国际贸易结算中。商业信用证业务是一种重要的表外业务。在该业务中，银行以自身的信誉为进出口商之间的业务活动作担保。银行在开立信用证时，往往要求开证申请人（进口商）交足一定比例的押金，一般来说不会大量占用银行自有资金，但可以收取手续费，是银行获取收益的一条重要途径。

2. 金融保证类业务

金融保证类业务主要由备用信用证、贷款承诺、票据发行便利、保函等业务构成。

（1）备用信用证业务

备用信用证是银行应客户要求为其开立的信用保证书，属于一种信用担保。当客户与其受益人达成某种协议，表明客户对受益人负有偿付义务，客户为确保自己的信誉，可要求银行为其开立备用信用证，保证客户无力支付时，由银行代客户向受益人进行偿付，银行为此支付的款项变成了向客户的贷款。银行开立备用信用证，提高了客户的信誉，银行据此可收取手续费。备用信用证与商业信用证的不同之处在于，商业信用证业务中银行承担的是第一支付人的责任；而在备用信用证业务中，银行只承担了支付的连带责任，只有在客户无法履行支付义务时，才由银行代为支付。

（2）贷款承诺业务

贷款承诺是指银行与借款客户达成的一种具有法律约束力的契约，银行将在契约的有效期内，按照双方约定的金额、利率，随时准备应客户的要求提供贷款。银行提供这种承诺的同时，按一定比例向客户收取承诺费，即使在规定期限内客户并未申请贷款，也需交纳承诺费。

（3）票据发行便利业务

票据发行便利是指银行承诺帮助工商企业或政府发行短期票据融资，售不出去的部分将全部由银行按事先约定的价格买下。银行赚取承诺费，但同时承担流动性风险和信贷风险。

（4）保函业务

保函业务是一种较简单的担保业务，银行为客户的融资或其他活动出具保函，提供信用担保，并收取担保费，一旦客户到期不能履约支付，银行负有连带支付责任。

3. 金融衍生工具交易类业务

金融衍生工具交易类业务是指商业银行为满足客户保值或自身头寸管理等需要而进行的货币互换、利率互换、远期合约、期货、期权等金融衍生工具交易的业务。商业银行通常是以衍生金融合约一方当事人的身份从事交易，因此会面临较大的信用风险、市场风险。一旦出现合约对方当事人违约，或市场出现不利于己方的变化，商业银行就会产生现实亏损。20世纪80年代以来，金融衍生业务已经成为西方商业银行的重要利润来源，同时也大大增加了商业银行的经营风险，因此对商业银行的风险管理提出了更高的要求。

第三节　商业银行的经营与管理

商业银行的经营管理是指对银行的资产业务、负债业务和中间业务进行科学的协调和管理，以实现在保证资金安全性、流动性的前提下获得尽可能多的盈利的战略目标。

一、商业银行的经营原则

商业银行作为金融企业，必然和所有企业一样，以实现利润最大化为最终经营目标。但是商业银行作为一种特殊的金融企业，以货币资金为经营对象，资金来源中绝大部分是负债，商业银行如果把追求利润作为经营的唯一目标，忽略资金的流动性和资产的安全性，将面临极大的经营风险。营运对象的特殊性使商业银行的经营原则和管理方法有别于一般工商企业。商业银行经营管理是一个权衡利弊、趋利避害的过程，在长期的经营实践中，形成了三大经营管理原则，即盈利性原则、流动性原则、安全性原则。

（一）盈利性原则

1. 盈利性的概念

盈利性原则，是指商业银行要以实现利润最大化为经营目标。获取利润是商业银行经营的最终目标，商业银行的所有经营活动，包括设立分支机构、开发新的金融产品、提供金融服务、建立资产组合等均要服从这一目标，这是由商业银行的企业性质所决定的。坚持盈利性原则，对于提高信贷资金运用效率、扩大银行业务范围、加强银行经营管理、改善银行服务质量，具有重要意义。

2. 盈利性的衡量

（1）净利润＝利息收入＋其他收入－利息支出－其他支出－税收

商业银行税后净利润的多少，反映了一定时期内商业银行经营成果的大小，对商业银行的市场价值的大小和市场地位的高低具有决定性的影响。

（2）净资产收益率＝净利润/当年平均净资产（权益）

净资产收益率也称权益报酬率，这是银行股东最关心的指标，也是反映银行经营管理能力的最重要的指标。它除了反映资产净利率的内容之外，还体现了经营的效率。一般此比率越高，盈利性越强。

（3）总资产收益率＝净利润/当年平均资产总额

这是反映资产总体盈利水平的主要指标。在总资产中，包括盈利资产和非营利资产；而净利润受存贷规模、利差、管理费用、税收等因素的影响。因此，这一指标可以比较全面地反映银行的经营水准。

（4）利差收益率＝（利息收入－利息支出）/盈利资产

这是银行企业特有的盈利能力指标。盈利资产指那些能带来利息收入的资产。银行总资产中，除去现金资产、固定资产外，均可看做盈利资产。

（二）流动性原则

1. 流动性的概念

流动性是指商业银行随时应付客户提现和满足客户借贷的能力。流动性的高低对商业银行的业务经营至关重要，过高的资产流动性会使商业银行失去盈利机会甚至出现亏损；过低的流动性则可能使商业银行出现信用危机、客户流失、丧失资金来源，甚至会因为挤兑导致商业银行倒闭。因此，商业银行必须保持适度的流动性。这就要求商业银行经营管理者及时、果断地把握时机和作出决策，在流动性不足时，及时予以补充和提高；而当流动性过高时，尽快安排资金运用，提高盈利能力。

流动性有两层含义，即资产的流动性和负债的流动性。资产的流动性是指商业银行资产在不受损失的前提下随时变现的能力。负债的流动性是指商业银行能经常以合理的成本吸收各种存款和其他所需资金。一般情况下，我们所说的流动性是指前者，即资产的变现能力。为满足客户取款等方面的要求，银行在安排资金运用时，一方面要使资产具有较高的流动性，另一方面须力求负债业务结构合理，并保持较强的融资能力。

2. 流动性的衡量

流动性缺乏普遍适用的衡量标准。在银行经营实践中，通常以下列指标来粗略衡量流动性。

（1）贷款对存款的比率。它是指存款资金被贷款资产所占用的程度。这一比率高，说明银行存款资金被贷款占用比率高，急需提取时难以收回，银行存在流动性风险。一般该比率越高，流动性越低。然而，这一比率和银行的大小、经营管理水平的高低都有关，并且它未能反映存贷的期限、质量，未能说明贷款之外的其他资产的情况。

（2）流动性资产对全部负债的比率。这一比率反映了负债的保障程度，比例越高，说明流动性越充分。

（3）超额存款准备金。超额存款准备金是相对于法定存款准备金而言的。法定存款准备金是按中央银行规定的比例上交的部分。商业银行存款总准备金减去法定存款准备金就是超额存款准备金。因为超额存款准备金可以随时使用，它的绝对值越高，表明流动性越强。

（4）流动资产减易变性负债。所谓易变性负债是指季节性存款、波动性存款和其他短期负债。其差额大于零，表明有一定的流动性，其数值越大，表明流动性越高；若其差值小于或等于零，表明流动性短缺。

（5）存款增长额（率）减贷款增长额（率）。该数值大于零，表明流动性上升；该数值小于零，表明流动性下降。这一指标只能大体上反映商业银行的流动性变化趋势。

上述指标体系能综合反映银行的流动性状况，其中个别指标难以准确、全面地反映银行整体流动性状况并说明其流动性高低的原因，只有对各种指标加以综合分析，并相互印证，才能正确地判断流动性状况，并进行相应的调整。

（三）安全性原则

安全性是指商业银行的资产、收益、信誉及经营生存发展条件免遭损失的可靠程度。安全性的反面就是风险性，即遭受损失的可能性。因此，讨论商业银行的安全性就是讨论商业银行的经营风险，这是一个问题的两个角度。

1. 商业银行的风险特征

商业银行风险是指银行在经营过程中，由于各种不确定因素的影响，使商业银行的实际收益与预期收益产生偏差，从而存在蒙受损失或获取收益的可能性。

由于商业银行在经济金融体系中所处的特殊地位及其特殊的经营对象和经营内容，使其面临的风险也具有特殊之处，主要表现为：首先，银行风险表现为货币资金损失风险。商业银行的经营对象是货币资金，而不是具有一定使用价值的商品。因此，商业银行所面临的各种风险均直接表现为货币资金损失风险。其次，银行风险带来的损失涉及面广，金额巨大。随着商品经济的发展和经济货币化程度的提高，人们在日常生活中的支付都离不开货币，都需要与银行发生广泛的业务联系。因此，一旦商业银行的风险由可能转化为现实，其所带来的损失将远远大于一般工商企业的风险损失。最后，商业银行的特殊职能，使其风险被放大。商业银行具有信用创造的特殊职能。通过这一职能的发挥，商业银行的负债总额，尤其是活期存款总额将成倍增加。相应地，商业银行应对存款人取款的流动性需求就会增加。一旦银行的流动性供给不能满足流动性需求，就会形成流动性风险。因此，商业银行的信用创造职能，有可能使其信用活动风险被放大，并形成连锁反应，给整个经济金融体系带来负面影响。

在商业银行经营中，往往面临以下几种风险。

（1）信用风险，又称违约风险

是指交易对手未能履行约定契约中的义务而造成经济损失的风险。这是对银行的存亡至关重要的风险。这种违约主要源于两种情况，可能是银行的客户违约，即银行的客户作为受信人不能履行还本付息的责任而使作为授信人的商业银行预期收益与实际收益发生偏离的可能性，导致贷款逾期不能归还，出现呆账、坏账，导致银行资产损失。另一种情况是银行违约，即出现存款者挤兑而银行没有足够的现金进行及时支付。

（2）利率风险

这是一种因市场利率变化引起资产价格变动或银行业务使用的利率跟不上市场利率变化所带来的风险。当市场利率上升时，银行持有现金的机会成本上升，原长期贷款由于利率相对下降蒙受损失。同时存款资金的成本也会上升，如果不提高存款利率，将面临存款流失。

（3）外汇风险，也称汇率风险

是指经济主体持有或运用外汇的经济活动中，因汇率变动而蒙受损失的可能性。银行面临的外汇风险主要是外汇买卖风险、外汇信用风险以及外汇借贷风险。外汇买卖风险指外汇银行在经营外汇买卖业务中，持有外汇多头头寸或空头头寸时，因汇率变动而蒙受损失的可能性。外汇信用风险指外汇银行在经营外汇业务时因对方信用问题所产生的外汇风险。外汇借贷风险指外汇银行在以外币计价进行外汇投资和外汇借贷过程中所产生的风险。

（4）管理风险

主要有战略决策失误风险、新产品开发风险、营业差错风险、贪污盗窃风险。它们

主要与经营管理不当有关。

（5）政策风险，也称国家风险

国家政府的更替、政策的变更都可能导致银行经营大环境的变化，直接影响到银行的效益。

2. 风险的衡量

（1）贷款对存款的比率。由于贷款一旦贷出，不能随意收回，而存款则面临客户任意时刻的提款需要，因此这一比值越大，风险越大，安全性越小。一般而言，银行的存款总是大于贷款，即存差，因为银行要保留足够的法定准备金和超额准备金。

（2）资产对资本的比率，也称杠杆乘数。资本是银行的自有资金，资产对资本比率越高，银行资产中自有资本的比重越小，银行经营的风险越大。

（3）负债对流动资产的比率。流动资产包括现金、存放央行、存放同业、短期证券等，它们可以用来迅速地清偿债务。这一比率越高，风险越大。可以使用流动负债或全部负债来计算各自的比率。

（4）有问题贷款对全部贷款的比率。比率越大，说明银行贷款的风险越大。这里需要讨论贷款风险分类的问题。我国的不良贷款多年以来一直是"一逾两呆"的分类法，即逾期贷款（贷款到期限未还的贷款）、呆滞贷款（逾期两年以上的贷款）和呆账贷款（需要核销的收不回的贷款）。自 2002 年 1 月 1 日起，在我国商业银行内全面推行贷款风险分类管理。按借款人的最终偿还贷款本金和利息的实际能力，确定贷款受损失的风险程度，将贷款质量分为正常、关注、次级、可疑和损失 5 类。其中后三类被称为不良资产。这种贷款风险分类方法被称为五级分类法。

①正常：借款人能够履行合同，没有足够理由怀疑贷款本息不能按时足额偿还。

②关注：尽管借款人当前有能力偿还，但存在可能影响其清偿力的不利因素。

③次级：借款人还款能力有明显问题，依靠其正常经营收入已无法保证按时足额偿还本息。

④可疑：借款人无法足额偿还本息，即使执行抵押或担保，也肯定会有损失。

⑤损失：在采取所有可能的措施和一切必要的法律手段后，贷款本息仍无法收回或只能收回极少部分。

这种分类有利于银行估计贷款的信用风险的大小，并据此计提专项准备金。

（四）"三性"的对立统一

商业银行盈利性、流动性和安全性原则，既有相互统一的一面，又有相互矛盾的一面。作为经营管理者，必须协调商业银行的三原则，既达到利润最大化，又照顾到商业银行的流动性和安全性。

一般来说，商业银行的安全性与流动性呈正相关关系。流动性较大的资产，风险较小，安全性也较高。而盈利性较高的资产，由于时间一般较长，风险相对较高，因此流动性和安全性就比较差。因此，盈利性与安全性和流动性之间的关系，往往呈反方向变动。

盈利性、流动性和安全性三原则之间的关系可以简单概括为：流动性是商业银行正常经营的前提条件，是商业银行资产安全性的重要保证。在亚洲金融危机中，东南亚一些国家的商业银行由于缺乏适当的流动性，最终导致商业银行倒闭。安全性是商业银行稳健经营的重要原则，离开安全性，商业银行的盈利性也就无从谈起。盈利性原则是商业银行的最终目标，保持盈利是维持商业银行流动性和保证银行安全的重要基础。作为商业银行的经营者，要依据商业银行自身条件，从实际出发，统筹兼顾，通过多种金融资产的组合，寻求"三性"的最优化。

二、商业银行经营管理理论

在漫长的历史发展过程和长期的管理实践中，西方商业银行总结出了许多经营管理经验，创立并发展了商业银行的经营管理理论。按其发展的历程，商业银行经营管理理论可分为资产管理理论、负债管理理论、资产负债综合管理理论和中间业务管理理论。

（一）资产管理理论

资产管理理论产生于商业银行建立初期，一直到 20 世纪 60 年代，它都在银行管理领域中占据着统治地位。这种理论认为，从资金来源的角度来看，一方面，由于在 20 世纪 60 年代以前，银行资金的来源大多是吸收活期存款，负债取决于客户的意愿，在银行看来，存否、存多少及存期长短的主动权在客户手中，银行管理起不了决定作用，因而是一种被动业务。另一方面，此时金融市场不发达，银行资金来源渠道固定，从金融市场借款比较困难。但是从资金应用的角度来看，一方面银行掌握着资金运用的主动权，银行能够主动加以管理的是资产业务，另一方面，银行利润主要来自资产运用。因此，银行的管理应该主要放在资产业务管理上，通过对资产规模、结构和层次的管理，以谋求盈利性、安全性和流动性的协调。资产管理理论的演进经历了商业贷款理论、资产可转换理论和预期收入理论等阶段。

1. 商业贷款理论

商业贷款理论又称真实票据理论，源于亚当·斯密 1776 年发表的《国富论》一书。这一理论认为，银行资金来源主要是吸收流动性很强的活期存款，为应付存款人事先难以预料的提存，满足客户兑现的要求，商业银行必须保持资产的高流动性，这样才能确保不会因为流动性不足给银行带来经营风险。因此，银行只适宜发放短期的、与商品周转相联系的商业贷款。这种贷款具有自偿性，即随着物资周转、产销过程完成，贷款自然地从销售收入中得到偿还。据此，该理论强调贷款必须以商业交易为基础，以真实的商业票据为抵押，一旦企业不能偿还贷款，银行即可根据所抵押的票据处理有关商品。商业银行的资产业务应主要集中于以真实票据为基础的短期的、商业性的、自偿性贷款，以保持与资金来源高度流动性相适应的资产的高度流动性。短期自偿性贷款主要指的是短期的工商业流动资金贷款。在相当长的时期内，真实票据理论占据着商业银行资产管理理论的支配地位，对于自由竞争条件下银行经营的稳定起到了一定的作用。

商业贷款理论是在商业银行发展初期产生的，它侧重于银行资产的流动性和安全性方面的管理，为银行保持流动性和安全性提供了理论依据。这种理论在商业银行发展过程中有过很广泛的影响，并在很长的历史时期内占有统治地位。

然而，随着经济的发展，这一理论的缺陷也越来越明显。首先，它没有认识到活期存款的余额具有相对的稳定性和长期存款比重的上升，忽略了银行扩展自身资金来源的潜力。其次，忽视了贷款需求的多样性，无法满足生产和消费活动对贷款的需求。最后，忽视了贷款清偿的外部条件，限制了银行业务的扩张。

2. 资产可转换理论

又称资产转移理论。这一理论认为，银行保持资产流动性的关键在于资产的变现能力，因而不必将资产业务局限于短期自偿性贷款上。如果银行持有的资产可以转让或出售给他人而变成现金资产，银行就能保持其资产的流动性，而保持资产流动性的最好办法是购买那些随时可以出卖的资产。因此，银行也可以将资金的一部分投资于具有转让条件的证券上，作为银行资产的二级准备，在需要满足存款支付时，把证券迅速而无损地转让出去，兑换成现金，保持银行资产的流动性。但是这类资产必须满足质量高、期限短、易出售的要求。

转移理论是在第一次世界大战以后，西方国家金融市场不断发展和完善的历史背景下产生的。特别是20世纪30年代的经济大危机之后，西方各国政府为恢复经济发展开始大量发行短期国债，这就为银行提供了新的流动性资产，而短期证券市场的活跃又为银行提供了可选择又能变现的交易环境。同时经济危机又使企业的贷款需求减少，客观上导致了银行以短期证券代替商业性贷款的趋势。

转移理论沿袭了商业贷款理论应保持高度流动性的主张，但突破了商业贷款理论对银行资金运用的狭窄局限，扩大了银行资金组合的范围，增强了商业银行的盈利性。但转移理论也存在不足，它对银行短期资产的变现能力缺乏全面认识，从短期证券自身的变现能力考虑得多，而对短期证券变现的外部环境考虑得少。未考虑到在危机期间，在人们竞相抛售证券的时候，银行也很难不受损失地将所持证券顺利转让以达到保持流动性的预期目的，没有考虑到证券的大量抛售和价格暴跌而引发银行资产的巨额损失的可能性。

3. 预期收入理论

这一理论认为，贷款的偿还或证券的变现能力，取决于将来的收入即预期收入。如果将来收入没有保证，即使是短期贷款也可能发生坏账或到期不能收回的风险；如果将来的收入有保证，即便是长期放款，仍可以按期收回，保证其流动性。只要预期收入有保证，商业银行不仅可以发放短期商业性贷款，还可以发放中长期贷款和非生产性消费贷款。

预期收入理论产生于第二次世界大战以后，当时，西方国家的经济已逐渐从战争中恢复过来，开始高速发展。经济的发展带动了对资金需求的多样化，不仅需要短期资金，而且又产生了对固定资产投资和设备更新等中长期资金的需求。同时，货币金融领域竞争的加剧，也使商业银行迫切地需要开拓新的业务领域。

预期收入理论具有积极的意义。首先，它深化了对贷款清偿的认识，指出贷款清偿的来源是借款人的预期收入，要求银行的资产与预期收入直接挂钩，克服了商业贷款理论的缺陷，这是银行信贷经营理论的一次重要进步；其次，这一理论为银行进一步拓宽业务领域提供了理论依据。银行的经营范围不再受自偿性和可转让性的限制，商业银行开始发放中长期设备贷款，银行由生产经营的局外人成为企业扩大再生产的参与者，从而加强了银行对经济活动的渗透和控制。

预期收入理论的不足之处在于，银行对借款人未来收入的预测建立在银行主观判断的基础上，由于预期收入很难预测，客观经济条件经常发生变化，借款人将来收入的实际情况往往与银行预期存在一定的差距，所以以这种理论为依据发放贷款，常常会给银行带来更大的经营风险。

（二）负债管理理论

资产管理理论虽然长期盛行，但随着时代的变迁，这种理论在银行界的统治地位也开始动摇。第二次世界大战后，从资金供给角度来看，银行资金来源明显不足。一方面，西方各国对商业银行利率严格控制，另一方面，随着金融体系的发展、非银行金融机构的不断涌现、证券市场的成熟以及各种金融机构对资金的争夺，金融市场上较高利率的各种金融工具对银行资金来源造成了很大冲击，商业银行的资金来源无论是在渠道上还是在数量上，都受到严重的竞争威胁，出现了"脱媒"状况。从资金需求角度来看，第二次世界大战后，经济处于发展黄金时期，资金需求缺口变大，尤其到 20 世纪 60 年代，通货膨胀困扰各国。因此，银行不可能再忽视资金来源的性质、成本和易变性，来进行资金运用决策。为了寻求资金，扩大负债，美国的花旗银行于 1961 年推出了一种创新金融工具即可转让大额定期存单，取得显著效果，使银行的存款迅速上升。由此，导致了商业银行经营管理思想的转变，出现了负债管理理论。

负债管理理论盛行于 20 世纪五六十年代的西方商业银行。负债管理理论认为，银行资金的流动性不仅可以通过强化资产管理获得，还可以通过灵活地调剂负债达到目的。商业银行保持资金的流动性无须经常保有大量的高流动性资产，从而减少银行持有的高流动性资产，最大限度地将资产投入到高盈利的贷款中去。而商业银行根据资产的需要调整和组织负债，让负债适应和支持资产，通过发展主动型负债的形式，扩大筹集资金的渠道和途径，也能够满足多样化的资金需求，以向外借款的方式也能够保持银行资金的流动性。商业银行完全可以主动地负债，在金融市场上争夺资金。只要有了更多的负债，就会有更多的资产从而获利，并要求银行的经营管理重点应从资产管理转向负债管理。

负债管理理论意味着商业银行经营管理思想的创新，它变被动的存款观念为主动的借款观念，为银行找到了保持流动性的新方法，也为银行扩大业务范围和规模提供了条件。对于传统银行业来说，负债管理理论确实是一场"革命"，它一反银行界传统的稳健保守的作风，强调进取心，更为主动和灵活，鼓励不断地创新。

负债管理理论经历了两个发展阶段：购买理论和销售理论。

1. 购买理论

首先出现的是购买理论。在 20 世纪六七十年代，停滞和通货膨胀并存，购买理论兴起并得到了银行界的普遍认同。购买理论认为，银行对于负债并非消极被动、无能为力，银行完全可以主动地负债，主动地购买外界资金，变被动的存款观念为主动的借款观念，这是购买理论的精髓。购买理论的主要内容是：银行购买资金的主要目的是增强流动性，而资金的供应者是十分广泛的，抬高资金价格是实现购买行为的主要手段；面对日益庞大的贷款需求，通过购买负债，摆脱存款数额对银行的限制。

购买理论的盛行代表了富于进取心和冒险精神的新一代银行家的崛起。购买理论被称为银行负债思想的创新、银行业的革命。然而，这种理论的效果也有两面性：一方面，商业银行更加积极主动地吸收资金，有助于信用扩张和经济增长，增强了商业银行的实力；另一方面，它又刺激商业银行片面扩大负债，盲目竞争，加重债务危机和通货膨胀。

2. 销售理论

到了20世纪80年代，出现了一种新的负债理论：销售理论。销售理论认为，银行是金融产品的制造企业，银行负债管理的中心任务就是迎合顾客的需要，努力推销金融产品，扩大商业银行的资金来源。销售理论是在金融改革和金融创新风起云涌、金融竞争和金融危机日益加深的形势下产生的，它同以往的负债理论的显著不同之处在于，它不再单纯着眼于资金，而是立足于服务，创造形形色色的金融产品，为范围广泛的客户提供多样化的服务。银行负债管理的中心任务是推销产品，从中既获得所需的资金，又获得应有的报酬。

该理论是金融改革和金融创新的产物，它给银行负债管理注入了现代企业的营销观念，即围绕客户的需要来设计资产类或负债类产品及金融服务，并通过不断改善金融产品的销售方式来完善服务。

（三）资产负债综合管理理论

20世纪70年代后期，伴随金融创新的不断涌现，各种新型金融工具和交易方式以各种形式抬高资金价格，市场利率大幅上升，使负债管理理论在提高负债成本和增加银行经营风险等方面的缺陷越来越明显，单纯的负债管理已经不能满足银行经营管理的需要。同时，随着西方各国银行管制的放松和金融自由化浪潮的涌现，商业银行在金融市场上主动融资增加，吸收存款的压力减少，于是一种将资产管理理论和负债管理理论相结合，从整体上考虑银行经营管理的理论，即资产负债综合管理理论应运而生。

该理论认为，银行应该根据经营环境的变化，运用现代技术方法对资产和负债进行分析，进行全面的综合管理，使两方面保持协调，不可偏重一方，从而在保持银行流动性和安全性的前提下，实现利润最大化。资产管理理论过于注重流动性和安全性，而忽视了盈利性，负债管理理论虽然较好地解决了盈利性和流动性之间的矛盾，但过多的负债经营又会给银行带来更大的经营风险。资产负债综合管理理论总结了资产管理和负债管理的优缺点，通过资产与负债结构的全面调整，实现商业银行流动性、安全性和盈利性管理目标的均衡发展。

资产负债综合管理理论的基本思想是将资产和负债加以对照并作对应分析，围绕缺口，协调不同的资产和负债在利率、期限、风险和流动性等方面的搭配，进行优化组合。该理论认为，商业银行应根据金融市场的变化，通过资产结构和负债结构的共同调整，对资产和负债关系进行统一协调，以达到盈利性、流动性的均衡，实现其经营目标。它强调的是从资产和负债两方面来整体上考虑商业银行的经营管理问题。这一理论的产生是银行管理理论的一大突破，它为银行乃至整个金融业带来了稳定和发展，对完善和推动商业银行的现代化管理具有积极的意义。

该理论的主要管理方法有利率敏感性缺口管理法、资产负债比例管理法、金融衍生品交易等。

1. 利率敏感性缺口管理法

20世纪70年代以来，西方国家的市场利率波动加剧，给银行利息收入带来影响。西方商业银行创造了许多控制和操作利率敏感资金的方法，其中最主要的是利率敏感性缺口管理法。

利率敏感性缺口管理方法认为，商业银行应根据对市场利率趋势的预测，适时地对资产、负债两者比例进行调节，以保持银行的盈利，同时降低风险。所谓利率敏感性缺口，是指银行资金结构中，利率敏感性资产与利率敏感性负债之间的差额，也就是浮动利率资产与浮动利率负债之间的差额。

利率敏感性缺口有三种情况：

（1）零缺口，即浮动利率资产等于浮动利率负债。在这种情况下，利率水平上升，资产收益和负债成本都将同比例上升，反之则同比例下降。所以从理论上讲，银行收益不受利率波动的影响。

（2）正缺口，即浮动利率资产大于浮动利率负债。在这种情况下，利率水平上升，资产收益增加较大，而负债成本增加较少，所以银行利差收入会扩大，银行利润增加。反之，利率水平下降，银行利差收入会减小，利润减少。

（3）负缺口，即浮动利率资产小于浮动利率负债。这种情况与正缺口相反，若利率水平上升，银行利润会下降；反之，若利率水平下降，银行利润会上升。

| 浮动利率资产 | 浮动利率负债 |
| 固定利率资产 | 固定利率负债 |

零缺口

| 浮动利率资产 | 浮动利率负债 |
| 固定利率资产 | 固定利率负债 |

正缺口

| 浮动利率资产 | 浮动利率负债 |
| 固定利率资产 | 固定利率负债 |

负缺口

银行在进行缺口管理时，通过对利率走势的预测，调整计划期内的资金缺口的正负和大小，以维持或提高利润水平。当预测利率将要上升时，银行应尽量减少负缺口，力争正缺口；当预测利率水平将要下降时，则应设法把资金缺口调整为负值。

利率敏感性缺口分析是银行实行利率风险管理的最基本手段之一，它通过资产与负债的利率、数量和组合变化来反映利息收支的变化，从而分析它们对银行利息差和收益

率的影响，在此基础上采取相应的缺口管理。利率敏感性缺口分析可以量化计算由于利率变动给银行的生息资产和生息负债带来的影响程度，在判断利率未来的变动走势的情况下，引导银行主动进行资产负债结构的调整，达到趋利避害的目的。在利率波动较频繁的环境中，资金缺口管理方法对商业银行增加收益，降低成本的效果是明显的，但这种方法对银行的利率预测能力要求极高，银行必须精确地判断出利率变动趋势和利率周期变动的拐点，否则，银行可能因资金缺口和时间的控制不当而导致更大损失。

2. 资产负债比例管理法

资产负债比例管理，是指通过一系列指标体系约束银行的资金运用，以确保银行资金的安全性、盈利性、流动性三者均衡与协调，从而使银行能够做到稳健经营的一种管理方法。它既可以作为商业银行自身的一种业务管理方式，也可以作为监管当局对商业银行实施监管的一种手段。因此，商业银行从业务管理角度确定比例指标时，应受监管当局确定的比例指标的约束。这种管理方法所定的比例指标体系一般分为四大类：第一类是流动性指标，如存贷比例、备付金比例、同业拆借比例、中长期贷款比例等；第二类是安全性指标，如抵押、担保贷款比例，资本充足率比例，单项贷款比例等；第三类是盈利性指标，如资金利润率、贷款收息率等；第四类是业务发展指标，如盈利资产增长率、存款增长率等。

在我国，为了适应新的金融管理体制，增强商业银行自我约束和自我发展能力，改进人民银行宏观调控方式，保证银行业的稳定发展，从1994年开始，人民银行对商业银行的资金使用实行比例管理。

我国商业银行资产负债比例管理主要由以下指标组成：

（1）资本充足率指标

资本总额月末平均余额/加权风险资产月末平均余额≥8%

核心资本月末平均余额/加权风险资产月末平均余额≥4%

（2）存贷比例指标

各项贷款旬末平均余额/各项存款旬末平均余额≤75%

（3）中长期贷款的比例控制

余期1年以上（含1年）的中长期贷款月末平均余额/余期1年以上（含1年）的存款月末平均余额≤120%

（4）资产流动性指标

流动性资产月末平均余额/流动性负债月末平均余额≥25%

（5）单个贷款比例指标

对同一借款客户贷款余额/资本总额≤10%

对最大10家客户发放的贷款总额/资本总额≤50%

（6）拆借资金比例指标

拆入资金旬末平均余额/各项存款旬末平均余额≤4%

拆出资金旬末平均余额/（各项存款－存款准备金－联行占款）旬末平均余额≤8%

（7）对股东贷款比例

对股东贷款余额/该股东已缴纳股本总额≤100%

（8）贷款质量

我国的贷款质量指标长时间以来使用逾期贷款率和呆滞、呆账贷款率，近年来，按国际惯例我国逐步推行贷款五级分类管理，其中次级、可疑和损失贷款被视为不良贷款。以五级分类管理作为衡量贷款质量的主要依据，使贷款质量由期限管理过渡为风险管理。

3. 金融衍生品交易

在利率频繁波动的时期，使用金融期货进行套期保值交易可以帮助银行对某一项资产或负债进行管理，但不能解决整个资产负债管理问题。银行进行套期保值的一般做法是在期货市场上做一笔与现货市场金额相同但方向相反的交易，这样就可以锁定成本，减小损失，但也同时失去了获得更多利润的机会。

当预计利率将下降时，银行可通过多头套期来抵消资产收益的下降。当前银行通过购入利率期货合约，进行多头套期保值，未来在利率下降时，合约价格会上涨，银行再出售这份合约，通过贱买贵卖，银行就可以通过其在期货市场的盈利，来弥补其在现货市场由于利率下降造成的资产收益下降的损失。

在预计利率将上涨时，银行可通过空头套期来抵消借入成本的增加。银行出售一份合约，此后如果利率上涨，则合约价格下降，这时银行再以较低的价格买进，通过在期货市场的交易，银行获得的利润就可以抵消借款成本的上升。如果与预期的相反，利率下降了，那么银行在期货市场上的损失则可以通过借款成本的下降弥补。这样，无论未来利率水平是上升还是下降，银行在很大程度上锁定了借款成本，并避免因利率上升或下降带来的风险。同样，金融衍生品交易也可以消除汇率波动带来的风险。

（四）中间业务管理理论

20世纪80年代以后，金融外部环境趋向于放松管制，银行业的竞争空前激烈，同时货币政策相对偏紧，通胀率下降，这些都抑制了银行利率的提高和银行经营规模的扩大，迫使商业银行寻找新的经营思路以摆脱困境。在这一背景下，西方国家商业银行的表外业务发展迅速，表外业务的金额已超过商业银行的资产总额，表外业务收入已成为商业银行最主要的盈利来源。然而，有风险的表外业务，尤其是投机性的表外业务，很有可能导致银行的经营陷入困境，因而商业银行越来越注重表外业务的管理。在这种情况下，兴起了资产负债表外业务管理理论，即中间业务管理理论。

这种理论思想认为，银行是生产金融产品、提供金融服务的机构，同时也从事提供信息服务的经营活动，因而一切同信息服务有关的领域，银行都应当介入，除了资产负债表内所反映的业务外，银行还应开展表外业务，开拓银行业务新的经营领域。

传统的中间业务已有信托、保管、代理保险、汇兑结算、兑换等。而新开拓的以信息处理为核心的表外业务日益显示其重要性，这些业务有投资咨询与信托（包括筹资和投资方面），为客户进行调查、谋划、定价、承购承销、项目可行性分析和评估等。其中，贸易调查与介绍，是为客户提供贸易对手的资信调查，为贸易双方牵线搭桥，提供市场环境，提供贸易融资信用担保等；消费引导与服务，主要为客户安排设计重大消费

计划、提供财务透支和劳务服务。其他还有利用银行的计算机中心系统为客户提供电脑服务等。

表外业务管理思想着力于新业务领域的开拓，甚至将原属表内的业务转为表外业务，如商业性贷款转让，即银行在一笔贷款签约后，立即把贷款全部或部分地出售给第三者。这样，银行虽然要负责首笔贷款的资信调查、本息收付和监督最终债务人履行合同，但不需为这笔贷款提供全部或部分资金。银行可以从最终债务人所给付的较高利息和银行付给贷款买进者的相对较低的利息之间赚取一笔利差。

【专栏】

电子银行——生活理财的好帮手

如果有电子银行的帮助，我们的生活将更轻松。电子银行业务是指银行通过面向社会公众开放的通信通道或开放型公众网络，以及为特定自助服务设施或客户建立的专用网络等方式，向客户提供的离柜金融服务。主要包括手机银行、自助银行、网上银行以及其他离柜业务。

手机银行

手机银行是网上银行的延伸，也是继网上银行、电话银行之后又一种方便银行用户的金融业务服务方式，有贴身"电子钱包"之称。它一方面延长了银行的服务时间，扩大了银行服务范围，另一方面无形地增加了许多银行经营业务网点，真正实现了 24 小时全天候服务，大力拓展了银行的中间业务。

作为一种结合了货币电子化与移动通信的崭新服务，移动银行业务不仅可以使人们在任何时间、任何地点处理多种金融业务，而且极大地丰富了银行服务的内涵，使银行能以便利、高效而又较为安全的方式为客户提供传统和创新的服务。而移动终端所独具的贴身特性，使之成为继 ATM、互联网、POS 机之后银行开展业务的强有力工具，越来越受到国际银行业者的关注。

目前，国内各大商业银行纷纷推出手机银行服务，基本实现了银行的各类基础业务。以中国工商银行为例，客户可以获得全天候的服务，包括查询账户、转账/汇款资金瞬间到账、进行捐款、缴纳电话费和手机话费、网上消费实时支付等。在用户获得方便、减少排队麻烦的同时，银行也更愿意其客户使用此项业务，因为手机银行交易成本仅为传统方式的五分之一。因此，利用手机提供的便利性，能减少银行的营运成本，增加移动运营商的收入，让消费者及相关公司都能受惠。

自助银行

自助银行又称"无人银行"，它属于银行业务处理电子化和自动化的一部分，是近年在国外兴起的一种现代化的银行服务方式。它利用现代通信和计算机技术，为客户提供智能化程度高、不受银行营业时间限制的 24 小时全天候金融服务，全部业务流程在没有银行人员协助的情况下完全由客户自己完成。

时至今日，自助银行已经不是什么新鲜事物了，它们会出现在商厦和商务楼的底层或者娱乐中心和机场的附近。它们往往披着华丽的外衣，闪烁着灿烂的灯光，点缀着城市的风景。对于百姓来讲，自助银行的好处就是，它不受银行营业时间的限制，能够 7×24 小时不间断地为客户提供服务。说到这里，可能会有些人想急切地问，我们常说的或者常用到那个 ATM 是自助银行吗？业内人士表示，ATM 是自助银行的初始模样，现在属于自助银行设备中的一部分。从理论上来讲，ATM 应该算是自助银行的一种模式——设备不齐全的自助银行。

网上银行

网上银行又称网络银行、在线银行，是指银行利用 Internet 技术，通过 Internet 向客户提供开户、查询、对账、行内转账、跨行转账、信贷、网上证券、投资理财等传统服务项目，使客户可以足不出户就能够安全、便捷地管理活期和定期存款、支票、信用卡及个人投资等。可以说，网上银行是在 Internet 上的虚拟银行柜台，它不受时间和地点的限制，可以随时随地提供各种银行服务。

与传统银行业务相比，网上银行业务有许多优势：

全面实现无纸化交易。以前使用的票据和单据大部分被电子支票、电子汇票和电子收据所代替；原有的纸币被电子货币，即电子现金、电子钱包、电子信用卡所代替；原有纸质文件的邮寄变为通过数据通信网络进行传送。

服务方便、快捷、高效、可靠。通过网络银行，用户可以享受到方便、快捷、高效和可靠的全方位服务。任何需要的时候都可以享受网络银行的服务，不受时间、地域的限制。

经营成本低廉。由于网络银行采用了虚拟现实信息处理技术，网络银行可以在保证原有的业务量不降低的前提下，不需设置物理的分支机构或营业网点，减少了人员费用，提高了银行后台系统的效率，从而大大降低了银行经营成本，有效提高了银行盈利能力。

简单易用。只要会使用互联网，就会使用网上银行。其实，手机银行也是网上银行的一种形式，但手机银行目前尚不能涵盖所有网上银行的功能。互联网早已成为普通人生活的一部分，网上银行也已成为传统银行的发展方向。

【本章小结】

本章分三节介绍了商业银行的相关知识。第一节主要介绍了商业银行的发展历史、性质和职能、经营模式与组织制度；第二节主要介绍了商业银行的负债业务、资产业务和中间业务；第三节主要介绍了商业银行的经营原则和经营管理方法。

通过本章的学习，要求学生掌握商业银行的性质和职能，了解商业银行与一般企业和金融机构的不同，了解商业银行的经营模式与组织制度有哪些；理解并掌握商业银行业务的主要种类及特点；掌握商业银行的经营原则和经营管理方法，理解并掌握商业银

行资产负债管理的一般方法和技术。

【关键词汇】

商业银行　金融持股公司　连锁银行制　活期存款　可转让支付命令账户
可转让定期存单　回购协议　贴现　中间业务　表外业务　信用风险
利率风险　利率敏感性缺口

【问答和思考题】

1. 商业银行的性质是什么？
2. 商业银行有哪些职能？
3. 比较分析单一银行制和总分行制的优缺点。
4. 请具体分析商业银行的资产负债业务的主要内容。
5. 列出商业银行存款业务创新的品种及特点。
6. 比较商业银行贴现业务与贷款业务的异同。
7. 简述商业银行贷款"6C"原则。
8. 简述商业银行的表外业务特点及主要种类。
9. 简述商业银行的经营原则及其相互关系。
10. 什么是商业银行的资产负债管理？其主要方法有哪些？
11. 当预测利率处于不同的波动阶段时，银行应如何配置利率敏感性资金？

第八章

中央银行

【本章导读】

中央银行是一种特殊类型的金融机构。中央银行是现代金融业发展的产物，其在现代金融业发展的基础上建立和发展起来的同时，也对现代金融业的发展产生了重大的影响，并在现代经济生活的货币供给和宏观经济的货币政策调控中起着重要的作用。本章主要阐述中央银行的产生与发展、中央银行的制度类型和职能以及中央银行的主要业务等。

第一节　中央银行概述

一、中央银行产生的客观经济原因

中央银行是指专门从事货币发行、管理金融市场、执行国家货币政策的银行。中央银行虽然也叫银行，但和普通意义上的银行不同，经营目的并非盈利，而是属于国家机构，行使法律赋予国家机构的公权力。

中央银行作为当今各国金融体系的核心和金融机构及金融市场的管理者，在银行业早期的一段时期里并不存在。中央银行是商品经济发展到一定阶段的产物，其产生的客观经济原因有以下几方面。

（一）统一发行银行券的需要

在银行业发展的初期，没有专门发行银行券的银行，众多的商业银行均从事银行券的发行。这样分散的银行券发行制度逐步暴露出了很大的缺点：一个国家内部同时流通众多的银行券，这给使用者带来了不便；许多小银行信用活动有着地域的限制，它所发行的银行券只能在部分地区使用，这和商品经济发展对统一的大市场的需要是背道而驰的；众多的商业银行良莠不齐，如果其中一部分银行由于经营不善出现信用问题，不能兑现银行券，必将引发信用危机，从而使货币流通陷入混乱状态。

随着银行数量的不断增加，上述货币分散发行给经济带来的问题越来越严重。因

此，客观上要求货币的发行权应该走向集中统一，由实力雄厚、全国范围内信誉卓著的银行承担全国的货币发行。1803 年，法兰西银行在巴黎地区获得为期 15 年的货币发行垄断权。1826 年，英格兰银行获得伦敦城 65 英里以内地区的货币发行垄断权。

（二）统一票据交换和清算的需要

随着信用经济的发展，银行业务不断扩大，银行间的债权债务关系日趋复杂，由各个银行自行清算已非常困难，而票据交换及清算如不能得到及时、合理的处置，就会影响经济运行的正常进行。企业间的支付由银行来完成，银行间的支付就需要一家银行的银行来为之服务。所以，在客观上需要建立一个全国统一的、有权威的、公正的清算机构来完成这个使命。1770 年伦敦的几家私人银行建立了伦敦票据交换所，但是只有成员银行才能参加，直到 1854 年 6 月才允许其他银行参加。同时，由于英格兰银行货币发行和流通的范围广、信誉好，因此其他银行愿意在英格兰银行保留一些存款用于结算，这为日后英格兰银行成为最终的清算银行奠定了基础。

（三）最后贷款人的需要

银行业是一个特殊的行业，是一个对流动性要求很高的行业。银行为满足借款人的资金需要，同时也为了自身获利的需要，会尽量减少支付准备金。但是当贷款不能按期收回或者存款人大量提现时，有些银行就会发生资金周转不灵、兑现困难的情况。如果同业拆借、出售部分资产等方式仍然无法应急，银行的破产倒闭在所难免。而且随着银行业务规模的扩大和业务活动的复杂化，因一家银行支付困难而波及多家银行甚至整个金融业发生支付危机的现象也可能发生。所以客观上需要一个统一的机构作为其他银行的后盾，在它们出现资金周转困难时给予必要的资金支持，渡过难关，避免出现大量银行破产的现象。

（四）金融监管的需要

随着经济的不断发展，银行业的竞争也日趋激烈，对高额利润的追逐推动着银行从事风险很大的业务，从而使银行破产的可能性大大增加，而银行的破产比普通企业的破产会引起更大的经济动荡和社会的不稳定。如果完全依靠行政手段来监管金融业，则会大大降低金融市场效率，增加金融动荡的可能性，难以发挥金融促进经济发展的作用。因此，客观上也需要一个代表政府意志的专门机构从事对金融业的监督管理和协调工作。

二、中央银行的产生与发展

中央银行产生于 17 世纪后半期，中央银行的产生和中央银行制度的形成与发展迄今已经经历了 300 多年的历史。它的产生主要有两条渠道：一是由信誉好、实力雄厚的大银行逐步演变而成。商业银行在发展过程中不断地密切与政府的关系，不断得到政府的首肯和特权，最终演变成中央银行。二是由政府出面直接组建中央银行。

（一）中央银行的初创时期

如果从 1656 年最早成立中央银行的瑞典银行算起，到 1913 年美国建立联邦储备体系为止，中央银行的创立经历了 258 年的曲折历程，而整个 19 世纪到 20 世纪初期则是各国成立中央银行的第一次高潮。

这一时期成立的中央银行主要有：瑞典国家银行（1656 年）、英格兰银行（1694年）、法兰西银行（1800 年）、芬兰银行（1809 年）、荷兰银行（1814 年）、奥地利国民银行（1817 年）、挪威银行（1817 年）、比利时国民银行（1850 年）、西班牙银行（1856 年）、俄罗斯银行（1860 年）、德国国家银行（1875 年）、日本银行（1882 年）、美国联邦储备银行（1913 年）等。在创立时期成立的中央银行中，具有典型代表意义的是英格兰银行。

英格兰银行成立于 1694 年，是现代中央银行的鼻祖，它在中央银行的发展史上是一个重要的里程碑。

中央银行初创时期有以下特点：

1. 普通银行的自然演进

早在中世纪，就从商业资本家中分化出了货币兑换商，他们为商人进行货币兑换、收付、保管以及办理存贷款业务。后来，货币兑换商逐步转变为货币经营商。随着资本主义经济的迅速发展，各国纷纷设立银行，许多私人银行均办理银行券的发行业务，实际上都是普通的商业银行。这一时期产生的中央银行一般称为自然演进型的中央银行，它与以后特别是 20 世纪一些国家成立的政府创设型中央银行有明显区别。

2. 货币发行的逐步集中

由于资本主义商品经济的发展，单纯的金属铸币流通已远远不能满足商品流通中对流通手段和支付手段的需要，银行发行的可随时向银行兑换金属货币的银行券成为对金融铸币的补充。银行券通过银行贷款的程序投入流通，开始时许多大银行分别发行各自的银行券，后来政府为了满足筹集资金、办理政府借款、代理国库和集中管理的需要，授予一些银行拥有银行券发行的特许权力，最后又逐步改变为由一家银行即中央银行垄断发行。银行券的垄断发行强化了中央银行的地位和职能。

3. 政府控制财富动机的增强

资产阶级政府为了进一步发展商品经济，开辟海外市场，占据海外原料产地和保护其经济特权，需要拥有巨大的货币财富，也必然要求有相应的货币信用制度和银行制度配套。资产阶级政府为了避免和解决频繁出现的经济危机，不得不从金融体制上找原因，从而产生了控制银行券发行的动机。银行在信用普遍发展的基础上不断趋于集中，为了保证政府部门的地位和资金需要，政府逐渐萌发了加强控制和监督整个银行体系的要求。

4. 对商业银行提供服务

初创时期的中央银行虽是银行之首，但同时为商业银行提供服务，如为商业银行办理票据交换、资金划拨、办理贷款和再贴现等。通过对商业银行提供服务，中央银行一方面充当商业银行的清算中心和资金后盾；另一方面在服务中不断树立自己的威信，提高自己的地位。

（二）中央银行制度的普遍推行时期

从 20 世纪初至 20 世纪中叶第二次世界大战结束，是中央银行制度的普遍推行时期。

第一次世界大战爆发后，各主要资本主义国家普遍发生了严重的通货膨胀，金融领域出现了剧烈波动，迫使各国先后放弃了金本位，纷纷宣布停止或限制银行券兑现、提高贴现率以及禁止黄金输出等措施，各金融中心的交易所也相继关闭，金融市场极端混乱。由此，各国政府当局和金融界人士深切感到必须加强中央银行的地位和对货币信用的管制。于是，1920 年在比利时首都布鲁塞尔召开国际金融会议。会议提出：凡未设中央银行的国家应尽快建立中央银行，中央银行应摆脱各国政府政治上的控制，实行稳定的金融政策。布鲁塞尔会议大大推进了各国中央银行的普遍建立。

当然，中央银行制度的普遍推行，还有一些不容忽视的其他原因：（1）第一次世界大战后，新出现一些国家，为解决国内经济金融问题，这些新出现的国家先后设立了中央银行。（2）第一次世界大战后普遍出现恶性通货膨胀，各国为稳定货币，迫切要求重建币制，保持货币发行的统一和独立，建立比例准备制度。这些政策措施的实施，必须寄望于中央银行。（3）一批老中央银行为新的中央银行的建立提供了借鉴，加上国际联盟的援助等，为中央银行的普遍化提供了条件。

（三）中央银行制度的强化时期

20 世纪中叶至今，是中央银行制度的强化时期。第二次世界大战后，世界政治形势发生了重大变化，世界范围内的民族解放运动风起云涌。在东欧出现了多个社会主义国家，在亚洲、非洲和拉丁美洲也陆续出现了一些新独立的国家。各国为了稳定货币、筹集资金，都以货币信用政策作为干预再生产过程和调节国民经济生活的主要工具和手段。在此背景下，负有制定和执行货币政策等重要职责的中央银行也随之发生了深刻的变化。

1. 由一般货币发行向国家垄断发行转化

创立时期的中央银行与普通商业银行没有严格的区别，因为当时许多商业银行除办理其他信用业务外也发行银行券，而中央银行除发行银行券外也办理商业银行的信贷业务。银行券的分散发行对信用控制和组织货币流通带来了一定的困难，为解决这些问题，一般由国家出面帮助私人以股份有限公司的形式创立中央银行，少数国家如瑞典、加拿大、智利、中国、苏联的中央银行也收归国有，银行券也逐渐由分散发行过渡到代理政府集中发行。第二次世界大战后，各国对中央银行的认识有所深化，强化了对它的控制，从而大大加快了中央银行的国有化进程，实现了中央银行由一般的发行银行向国家垄断发行即真正的发行银行的转化。

2. 由代理政府国库款项收支向政府的银行转化

创立时期的中央银行一般代理政府国库款项，为政府提供服务。当中央银行成为真正的发行银行后，一方面，随着银行券与金属货币停止兑换，中央银行发行的纸币从本质上说是政府通过法律强制流通的；另一方面，发行银行一般独占国库收支代理业务。这种将货币发行和国库收支捆在一起的做法，使中央银行不仅代理政府国库款项，而且在实质上具备了政府代理人的资格，其活动顺应和体现了政府的施政方针和政策意向。随着中央银行国有化进程的加快，中央银行对国家负责，中央银行的最高首脑由国家任命，许多国家的银行法规明确规定了中央银行作为政府代理人的身份，从而实现了中央银行向政府银行的转化。

3. 由集中保管准备金向银行的银行转化

在 20 世纪 30 年代的经济大危机中,金融机构的倒闭和破产对社会经济造成震荡,使人们认识到集中储备制度和严格准备金制度的重要性,这也成了中央银行管理金融的重要手段。20 世纪中叶,中央银行在整个金融体系中的地位日趋提高,它逐步退出了对企业的信用关系,变为与商业银行和国家政府发生信用关系。由于商业银行都在发行银行有存款,所以各商业银行之间的清算业务也通过发行银行来办理。同时,各商业银行在资金短缺时,可以在发行银行取得信用支持,使中央银行成为最终的信用支持者。中央银行不与普通商业银行争利益,行使管理一般银行的职能并成为金融体系的中心机构,这标志着它向银行的银行转化。

4. 由货币政策的普通运用向综合配套运用转化

制定货币政策,运用货币政策工具保证货币政策得以实施,是各国中央银行适应经济和社会发展的重要职责。这一时期货币政策的三大工具(法定存款准备金、再贴现政策和公开市场业务)已经制度化、经常化,因此在具体运用中不仅需要注意单个政策工具的操作,更要关注各种货币政策工具的综合配套。随着国家干预的加强和信用制度的变化,货币政策又出现了一些选择性的工具,如特别存款制、限额分配制、道义劝告和窗口指导等。货币政策的最终目标一般也由单纯的一个、两个发展到四大目标,即稳定货币、发展经济、充分就业和平衡国际收支。货币政策的中间目标也由重视利率和金融市场转向重视货币供应量。一些发展中国家还强化了计划干预经济发展的功能。总之,中央银行的货币政策已离不开一个国家经济发展的总目标,在具体运用中须大大加强并注重其综合功能的发挥,即由过去的一般性运用向综合配套运用转化。

5. 各国中央银行的金融合作加强

随着各国商品经济和国际贸易的发展,为保证各国国际收支平衡和经济稳定,世界性的金融合作提上了议事日程。第二次世界大战期间,美、英两国分别提出了重建国际货币体系的计划。1944 年 7 月 1 日,由 44 个国家在美国布雷顿森林召开联合国货币金融会议,通过了《国际货币基金协定》,成立了国际货币基金组织。其宗旨是:促进国际间的货币合作,便利国际贸易的扩大和平衡发展,稳定国际汇率,消除外汇管制,通过贷款调整成员国国际收支的暂时失衡等。与国际货币基金组织同时成立的还有国际复兴开发银行,即世界银行。大多数国家的中央银行代表本国参加了这些机构,为开展全球性的中央银行合作创造了条件。20 世纪 90 年代以来,国际金融事件屡屡发生,金融风暴席卷全球。为了共同抵御风险,加强金融监管,各国中央银行彼此之间的合作越来越紧密。

三、中央银行的制度类型

目前,世界各国中央银行制度主要有以下四种基本类型。

（一）单一式中央银行体制

单一式中央银行是指国家单独建立的中央银行机构，全面行使中央银行的职能。单一式中央银行又分为两种类型：

1. 一元式中央银行体制

一元式中央银行体制是指全国只设一家统一的中央银行机构，由该机构全面行使中央银行职能并兼有金融监管的一种制度。这种制度一般采取总分行制，通常总行设在首都，按照行政或经济区划设立分支机构。这种形式的中央银行的特点是权力集中统一、职能完善，根据需要在全国设立一定数量的分支机构，是中央银行最完整和标准的形式。至于分支机构的多少依据各国中央银行的性质和在本国经济中的地位而定。目前，世界上大多数国家实行这种制度，如英国、法国、日本等，我国也实行这种中央银行制度。

2. 二元式中央银行体制

二元式中央银行体制是指中央银行体系由中央和地方两级相对独立的中央银行共同组成。中央级中央银行和地方级中央银行在货币政策方面是统一的，中央级中央银行是最高管理机构和金融决策机构，地方级中央银行虽然也有其独立的权力，但其权力低于中央级中央银行，并接受中央级中央银行的监督和指导。在组织结构上，一般来说，地方级中央银行与中央级中央银行并不是总、分行的关系。实行这种二元式中央银行体制的主要是一些联邦政治体制的国家，如美国、德国等。

（二）复合式中央银行体制

复合式中央银行体制是指一个国家（或地区）没有专门设立行使中央银行职能的机构，而是由一家大银行既行使中央银行的职能，同时又经营商业银行的业务，这种中央银行制度往往与中央银行初级发展阶段和国家实行计划经济体制相适应，主要存在于实行社会主义的苏联和东欧国家以及1984年以前的中国。

（三）跨国式中央银行体制

跨国式中央银行体制是指由参加某一货币联盟的所有成员国联合组成的中央银行机构，在联盟各国内部统一行使中央银行职能的中央银行制度。这种中央银行在货币联盟成员国内发行共同的货币，制定统一的金融政策，以推进联盟内各成员国的经济发展和货币稳定。采用跨国式中央银行体制的宗旨是为了适应联盟内部经济一体化的进程，主要是一些国土相邻、文化与民俗相近、国力相当的国家。以往主要有西非货币联盟的西非国家中央银行（1962年设立）、中非货币联盟的中非国家中央银行（1973年设立）、东加勒比货币区的东加勒比中央银行（1983年设立）等。1998年7月1日正式成立的欧洲中央银行是欧盟的中央银行，是现代跨国中央银行的代表。

（四）准中央银行体制

准中央银行体制是指有些国家或地区不设中央银行机构，只有政府设置类似中央银行的货币管理机构或授权某个或某几个商业银行来行使部分中央银行职能的制度。采用这种中央银行制度的国家和地区很少，主要是面积较小而同时又有一家或几家银行在本国或本地区处于垄断地位的国家和地区，如新加坡、利比里亚及我国的香港特别行政区等。

四、中央银行的职能

中央银行的性质具体体现在其职能上。中央银行的职能，从不同的角度分析，可以有多种分类。由于各国社会历史状况、经济和政治制度、金融环境等不同，所以中央银行行使其职能的程度也有所差异。从中央银行业务活动的特征分析，中央银行有发行的银行、政府的银行、银行的银行三大职能。

（一）中央银行是发行的银行

所谓发行的银行是指中央银行是国家货币的发行机构。它集中货币发行权，统一全国的货币发行。目前世界上除了少数国家（如美国、日本等）的铸币由财政部发行外，大都是由中央银行负责货币的发行。

中央银行发行的银行券还是政府筹集资金的重要来源。在金币流通条件下，既要使发行的银行券有黄金和信用的双重保证，又要使发行的银行券能兑换黄金，以实现银行券的发行与商品流通对货币的需求相适应。在此情况下，中央银行靠发行银行券来筹集资金是有限制的。在资本主义垄断时期，由于经济危机的频繁爆发，金本位制度彻底崩溃，银行券的发行保证从过去的黄金和信用票据演变为国家有价证券，促使了银行券纸币化。由此，银行券的发行往往成了弥补财政赤字的手段，破坏了银行券发行的保证制度。由于流通中的货币过多，会引起单位纸币贬值、通货膨胀和物价上涨。可见，虽然中央银行发行银行券是政府筹集资金的重要来源，但靠过度发行货币来筹资，往往带有虚假成分，最终会导致通货膨胀，影响经济的稳定发展。

（二）中央银行是政府的银行

所谓政府的银行，是指中央银行无论其表现形式如何，都是管理全国金融的国家机构，是制定和贯彻国家货币政策的综合部门，是国家信用的提供者，并代理国家执行国库出纳职能。

1. 制定和执行货币政策

当前，世界各国都面临着如何建立和完善宏观经济管理制度的问题。而宏观经济管理的一个显著特点，就是货币政策已成为国家整个经济政策的重心。作为制定和执行货币政策的中央银行，扮演着调节和控制宏观经济的重要角色，这在当今世界已形成共识。

货币政策一般也称金融政策，它是中央银行为实现一定经济目标而在金融领域采取的方针和各种调节措施。货币政策之所以重要，是因为它与价格、经济活动之间存在密切的内在联系。货币政策的变化必然引起币值和物价的变化、资本（资金）流动及其投向和投量的变动、整个经济结构的变化和经济发展速度的变化。这些变化，最终将集中反映在社会总供给和社会总需求的总量和结构上。可见，中央银行制定和执行货币政策的过程，也就是它发挥调节和控制宏观经济职能作用的过程。

2. 监督和管理金融业

作为一国的金融管理当局，中央银行还必须承担对辖区内的金融机构监督和管理的责任。各国银行法通常规定，一切吸收存款的机构均须向中央银行注册，请求批准。凡在国

内新建立的银行等金融机构或本国银行在国外设立分支机构，均须经过中央银行批准，按照立法程序完成登记注册手续，并定期呈报材料，接受监督。中央银行有权制定一般银行和其他金融机构的业务管理规章细则，经常检查它们的业务和账户，了解它们的业务经营状况，在必要时向它们发出政策性通告与训令，使之遵循有关金融政策和法令。

中央银行在对金融市场实施监督和管理的过程中，不仅对金融市场的不同市场层次的交易进行监督和管理，还直接参与金融市场的交易，以控制金融市场，使之服从于政府的经济决策和货币政策的要求。

3. 代理国库

代理国库是指中央银行通过代理政府的财政收支，执行国库出纳职能，管理政府资金，为政府服务。具体包括：（1）收受国库的存款。国家通常把暂时闲置的货币资金存入中央银行的活期账户，使中央银行成为国库现款中心。同时，这些资金是中央银行的重要资金来源。（2）为国库办理支付和结算。中央银行根据政府签发的支票，为它的供应者付款或转账，成为国库的出纳员。（3）代理国库办理代收税款以及公债的认购、推销、还本、付息等。例如，美国联邦储备银行、法兰西银行、英格兰银行等均代理财政部的政府收支，并负责各项资金的入库、国内外资金的划拨、买卖债券和经办还本付息等活动。

4. 为政府提供信用

为政府提供信用是指国家为了应付因财政支出急剧变动而出现短期财政收入不足以抵补财政支出的状况，往往向中央银行借款。这样，中央银行就成为弥补国家财政赤字的重要资金供应者。中央银行为政府提供的信用往往是短期的，主要用于弥补财政收支暂时的不平衡，一般不承担向政府提供长期借款或无限额贷款（或透支）的责任。所以，中央银行向政府提供信用，一般采取国库券贴现或以国家有价证券作抵押的方式进行。为了防止国家长期的、经常的财政赤字对货币流通产生不利影响，堵住政府利用自己的权力向中央银行增加借款而扩大货币发行量的漏洞，大多数国家通常以立法程序采取一些严格限制的措施或规定。例如，美国联邦储备银行只有向政府提供短期贷款的义务，政府需要的长期款项只能靠在公开市场发行债券来筹集。

（三）中央银行是银行的银行

所谓银行的银行，是指中央银行的地位处于商业银行和其他金融机构之上，即中央银行代表政府管理和监督商业银行以及其他金融机构的货币信用业务。具体表现为：

1. 保管和调度一般金融机构的存款准备金

法律规定，商业银行和其他金融机构都要按法定比例向中央银行缴存存款准备金，即中央银行具有为各经营存款业务的金融机构集中保管一部分准备金的特权。中央银行集中保管存款准备金的本意是加强银行的清偿能力，增加货币供给的弹性。当一般金融机构资金周转困难时，通过中央银行加以调剂，既能保障存款人的安全，又能防止银行发生挤提而倒闭。随着中央银行作用的强化，存款准备金更重要的作用在于，通过中央银行在规定的幅度内变更法定存款准备金率，控制商业银行的信贷规模，进而控制全国货币供应量。

纵观各国存款准备金制度的历史和现状，虽然它们的结构有简单的也有复杂的，但总的发展趋势都是从简单到复杂。例如，美国最初只有两个分类指标，后来发展到四个，选择分类指标的依据，最初只考虑到存款性质和银行的地理位置，后来也有所拓展。1984 年以后，依据银行规模的大小，对非居民定期存款按期限长短提缴不同比例的存款准备金。存款准备金率最复杂的是德国，存款准备金率要依据商业银行及其他金融机构的远近、商业银行规模的大小、存款的性质与种类、存款来源的类别、负债的增加率五项指标来确定。

2. 作为金融机构的最后贷款人

中央银行对商业银行和其他金融机构办理票据再贴现和再抵押的融资业务时，就成为"最后贷款人"。

所谓票据再贴现，是指商业银行或票据贴现所等把工商企业向自己贴现的合格票据（如国库券、短期公债、短期商业票据等）再向中央银行贴现以融通资金的一种方式。它是解决商业银行临时资金需要的办法，所以贷款的期限较短。票据再贴现是一种票据买卖行为，其债权随着票据再贴现而转移给中央银行。作为中央银行调节信用的三大法宝之一的票据再贴现，各国有不同的规定和做法。例如，美国联邦储备银行对会员银行向其提供的贴现票据，认为是真实可靠且不超过 4 个月的，可以提供贷款。德国联邦银行可以对金融机构发放期限不超过 3 个月的贷款，且规定有最高限额。

票据再抵押是中央银行以商业银行提供的票据作抵押而向商业银行发放的贷款。与票据再贴现相比，虽然都是中央银行提供短期贷款的一种方式，但票据再抵押可以负担较少的利息，它的票据债权仍属商业银行。商业银行通常以政府债券作抵押，向中央银行取得贷款。

3. 作为支付清算系统的最后清算人

中央银行通过票据交换所为各商业银行及金融机构相互间应收应付的票据进行清算时，就成了作为最后清算人的银行。这一职能是在中央银行货币发行和集中保管存款准备金的基础上发展起来的。由于中央银行掌握货币发行权，集中保管存款准备金，所以各银行和金融机构都在中央银行开设有存款往来账户，这为中央银行主持银行间的票据交换和差额清算提供了条件。中央银行将结算轧差直接增减各银行的存款准备金，手续简便，有利于加速资金周转，从而成为全国的票据清算中心。例如，美国联邦储备银行每年要处理几十亿张票据，日本商业银行月收付轧差的余额，都要通过在日本银行开立的活期存款账户进行清算。

第二节 中央银行的业务

一、中央银行的资产负债表

中央银行的资产负债表是其资产负债业务的综合会计记录。中央银行资产负债业务的种类、规模和结构，都综合反映在一定时期的资产负债表上。因此，要了解中央银行的业务活动和资产负债情况，必须了解中央银行的资产负债表及其构成。表 8-1 为简化的中央银行资产负债表，与商业银行的资产负债表编制原理相同，但具体内容却存在较大区别。下面将具体介绍中央银行的资产负债业务。

表 8-1   简化的中央银行资产负债表

资产	负债
贴现及放款	流通中现金
政府债券和财政借款	国库及公共机构存款
外汇、黄金占款	商业银行及其他金融机构存款
国外资产	对外负债
其他资产	其他负债和资本项目
总计	总计

二、中央银行的负债业务

中央银行的负债是指金融机构、政府、个人及其他部门持有的对中央银行的债权。中央银行的负债业务主要由货币发行业务、存款业务、其他负债业务和资本业务构成。

（一）货币发行业务

货币发行是中央银行根据国民经济发展的需要，通过信贷形式向流通中注入货币，构成流通领域的现金货币。货币发行有两重含义：一是指货币从中央银行的发行库通过各家商业银行的业务库流到社会；二是指货币从中央银行流出的数量大于流通中回笼的数量。这两者都被称为货币发行。

目前，世界各国中央银行均享有垄断货币发行的特权。货币发行是中央银行的基本职能，也是中央银行主要的负债业务。中央银行的货币发行，通过再贴现、再贷款、购买证券、收购金银外汇等投入市场，从而形成流通中的货币，以满足国民经济发展对流通手段和支付手段的需求，促进商品生产的发展和商品流通的扩大。

中央银行虽然垄断了货币发行权，但货币发行也是有客观界限的，也就是说，货币发行必须符合国民经济发展的客观要求。因为纸币发行过多，会引起纸币贬值、物价上涨，发生通货膨胀，这必然导致一系列的社会经济问题。反之，纸币发行过少，也会妨碍国民经济的正常运行，使国民经济因缺少货币而达不到应有的增长速度。

在此简要介绍一下我国的货币发行程序。

中国人民银行对现金的投放与回笼一直编制现金计划，作为执行的依据。人民币的具体发行是由中国人民银行设置的发行基金保管库（以下简称发行库）来办理的。所谓发行基金，是指中国人民银行保管的已印好的但尚未流通的人民币票券。发行库在人民银行总行设总库，一级分行设分库，二级分行设中心支库，县支行设支库。在不设人民银行机构的县，发行库由商业银行代理。

各商业银行对外营业的基层行处设立业务库。业务库保存的人民币是作为商业银行办理日常收付业务的备用金。为避免业务库过多存放现金，通常由上级银行和同级人民银行为业务库核定库存限额。

人民币发行的关键是发行数额的掌握。我国人民币发行计划由国务院审批。人民银行总行与各商业银行总行联合向基层行处下达各基层行处的发行或回笼计划。这就是基层行处据此向发行库领取发行基金的限额。凡货币从发行库出库，必须有上级发行库的出库命令。

具体的发行程序是：当商业银行基层行处现金不足支付时，可到当地人民银行在其存款账户余额内提取现金。这样，人民币从发行库转移到商业银行基层行处的业务库。这意味着人民币进入流通领域；当商业银行基层行处收入的现金超过其业务库库存限额时，超过的部分自动送交人民银行，该部分人民币进入发行库，意味着退出流通领域。

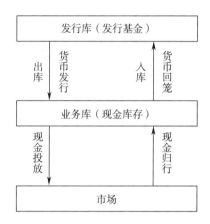

图 8－1　我国的货币发行程序

（二）存款业务

中央银行的存款业务一般可分为商业银行等金融机构的准备金存款业务、政府存款业务、非银行金融机构存款业务、外国存款业务、特定机构和私人部门存款业务、特种存款业务几种。

1. 准备金存款业务

存款准备金是商业银行等存款货币机构按吸收存款的一定比例提取的准备金。它由几部分组成：一部分是自存准备金，通常以库存现金的方式存在；另一部分是法定存款准备金，即根据法律规定，商业银行必须按某一比例转存中央银行的部分，在中央银行存款中超过法定存款准备金的部分称为超额存款准备金。存款准备金制度是各国中央银行执行货币政策的一个重要的工具。

2. 政府存款业务

政府存款的构成各国有些差异。有的国家就是指中央政府存款，而有的国家则将各级地方政府存款、政府部门存款也列入其中，即便如此，政府存款中最主要的仍是中央政府存款。中央政府存款一般包括国库持有的货币、活期存款、定期存款及外币存款等，中国人民银行资产负债表中的"中央政府存款"是指各级财政在中国人民银行账户

上预算收入与支出的余额。中央银行收存中央政府存款是在经理国库业务中形成的。

3. 非银行金融机构存款业务

非银行金融机构在中央银行的存款，有的国家中央银行将其纳入准备金存款业务，按法定要求办理；有的国家中央银行则单独作为一项存款业务。目前中国各种非银行金融机构在中国人民银行都有存款，主要也是用于清算。

4. 外国存款业务

外国存款或属于外国中央银行，或属于外国政府，它们持有这些债权构成本国的外汇，随时可以用于贸易结算和清算债务，存款数量多少取决于它们的需要，这一点对于本国中央银行来说有较大的被动性。不过，虽然外国存款对本国外汇储备和中央银行基础货币的投放有影响，但由于外国存款的数量较小，影响并不大。

5. 特定机构和私人部门存款业务

特定机构是指非金融机构，中央银行收存这些机构的存款，或是为了特定的目的，如对这些机构发放特别贷款而形成的存款，或是为了扩大中央银行的资金来源。多数国家法律规定不允许中央银行收存私人部门的存款，有些国家虽然法律允许收存，但也只限于特定对象，并且数量很小。

6. 特种存款业务

特种存款是指中央银行根据商业银行和其他金融机构信贷资金的营运情况，以及银根松紧和宏观调控的需要，以存款的方式向这些金融机构集中一定数量的资金而形成的存款。特种存款业务作为调整信贷资金结构和信贷规模的重要措施，成为中央银行直接信用控制方式之一。特种存款业务有几个特点：①非常规性，中央银行一般只在特殊情况下为了达到特殊目的而开办；②特种存款业务对象具有特定性，一般很少面向所有金融机构；③特种存款期限较短，一般为1年；④特种存款的数量和利率完全由中央银行确定，具有一定的强制性，特定金融机构只能按规定的数量和比率及时足额地完成存款任务。

从银行的资产负债关系来看，中央银行与商业银行不同，商业银行是资金来源决定资金运用，而中央银行则是资金运用创造了资金来源。

中央银行收取存款主要有以下几个方面的意义：①有利于控制贷款规模与货币供应量。一方面，中央银行通过对法定存款准备金比率的规定，直接控制商业银行创造信用的规模；另一方面，中央银行可以通过存款业务集中相当的资金，以利于在金融市场上自主展开贴现业务和公开市场操作，从而达到控制货币供应量的目的。②有利于维护金融业的安全。中央银行集中保管存款准备金，充当商业银行的最后贷款人和管理者，当商业银行出现清偿力不足时予以贷款支持，发挥其最后贷款人的职能，帮助商业银行渡过难关。中央银行通过为商业银行开立账户，有利于分析商业银行资金运用状况，加强监督管理，从而提高商业银行的经营管理水平。③有利于国内资金的清算。中央银行作为全国的资金清算中心，主持金融机构间的清算事宜，有利于商业银行及其他金融机构之间债权债务关系的顺利清算，从而加速全社会资金周转。

（三）中央银行的其他负债业务

1. 发行中央银行债券

中央银行债券发行的对象主要是国内金融机构。中央银行通过发行债券实施公开市场业务，主要目的是减少商业银行或其他非银行金融机构的超额储备，以便有效控制货币供应量。

2. 对外负债

对外负债主要包括从国外银行借款、对外国中央银行的负债、国际金融机构贷款、在国外发行的中央银行债券。对外负债的主要目的是平衡国际收支，维持本币汇率水平，应对货币危机或金融危机。

（四）中央银行的资本业务

中央银行的资本业务是指筹集、维持和补充自有资本的业务。中央银行自有资本形成有三条途径：政府出资、地方政府和国有机构出资以及私人银行或部门出资。

三、中央银行的资产业务

中央银行的资产是指中央银行在一定时点上拥有的各种债权。中央银行的资产业务主要包括再贴现业务、再贷款业务、证券买卖业务、黄金和外汇储备业务等。

（一）再贴现业务

再贴现指商业银行以尚未到期的商业票据向中央银行申请转让，中央银行据此以贴现方式向商业银行融通资金的业务。这项业务之所以称为"再贴现"，是为了区别于企业或公司向商业银行申请的"贴现"和商业银行与商业银行之间的"转贴现"。

（二）再贷款业务

再贷款业务包括对商业银行等金融机构贷款、对非货币金融机构贷款、对政府贷款以及其他贷款。

1. 对商业银行等金融机构贷款

这是中央银行贷款中最主要的种类。中央银行通常定期公布贷款利率。商业银行提出借款申请后，中央银行审查批准具体数量、期限和利率，有的还规定用途。一般借款都是短期的，多以政府证券或商业票据担保。为商业银行等金融机构融通资金，保证其流动性和支付能力，是中央银行作为"银行的银行"最重要的职责之一。

2. 对非货币金融机构贷款

非货币金融机构是指不吸收一般存款的特定的金融机构。在中国国家金融统计中，主要包括国家开发银行和中国进出口银行两家政策性银行（另一家政策性银行中国农业发展银行由于吸收存款，所以在统计分类中归于存款货币银行）、金融信托投资公司和租赁公司。

3. 对政府贷款

在政府收支出现失衡时，各国中央银行一般都负有提供信贷支持的义务。中央银行对政府的贷款一般是短期的，且多是信用贷款。另外，有些国家还规定，政府可在法律允许的限度内向中央银行透支，但许多国家不允许这样做，中国即如此。中央银行除了对政府提供贷款外，一般还采取通过购买政府债券的方式向政府提供融资。

4. 其他贷款

其他贷款主要有两类：①对非金融部门的贷款。这类贷款一般都有特定的目的和用途，贷款对象的范围比较窄，各国中央银行都有事先确定的特定对象。中国人民银行为支持老少边穷地区的经济开发发放的特殊贷款，即属此类。②中央银行对外国政府和国外金融机构的贷款，这部分贷款数量在统计中一般放在"国外资产"项下。

（三）证券买卖业务

一般来讲，中央银行从事证券买卖业务都是通过公开市场进行的。中央银行在公开市场上买进证券就是直接投放了基础货币，而卖出证券则是直接回笼了基础货币。尽管中央银行在证券的买卖过程中会获得价差收益，但就中央银行自身的行为而言，目的在于通过对货币量的调节，以影响整个宏观经济，而不是盈利。

中央银行在公开市场上买卖的对象主要是国债以及流动性很高的有价证券。但是，由于各国的国情不同，也存在一些差别，如有的国家只允许中央银行买卖国债，而有些国家的中央银行还可以买卖在证券交易所正式挂牌的上市债券。中央银行一般只能在证券的交易市场上，即二级市场上购买有价证券，这是保持中央银行相对独立性的客观要求。同时，中央银行只能购买流动性非常高、随时都可以销售的有价证券，通常以国债为主要对象。这一点是由中央银行资产必须保持高度的流动性这一业务原则决定的。

（四）黄金和外汇储备业务

黄金和外汇储备是保持对外购买力、进行国际清算的支付手段，各国把黄金和外汇作为储备资产，由中央银行经营和管理。

中央银行保管与经营黄金和外汇储备的主要目的有以下几方面：

1. 稳定币值

为了保证经济的稳定，中央银行必须保持本国货币稳定。为此，许多国家的中央银行都保留一定比例的黄金和外汇储备。当国内商品供给不足、物价呈上涨趋势时，就利用持有的黄金和外汇储备从国外进口商品或直接向社会售出上述国际通货，以回笼货币，平抑物价，使币值保持稳定。

2. 稳定汇价

在实行浮动汇率制度的条件下，一国货币的对外价值会经常发生变动。汇率的变动对该国的国际收支乃至经济发展会产生重大影响。因此，中央银行通过买进或卖出国际通货，使汇率保持在合理的水平上，以稳定本国货币的对外价值。

3. 调节国际收支

当国际收支发生逆差时，就可以动用黄金和外汇储备补充所需外汇的不足，以保持国际收支的平衡。从结构上看，当国际收支经常项目出现顺差、黄金和外汇储备充足有余时，中央银行则可以用其清偿外债，减少外国资本流入。

四、支付清算业务

（一）支付清算业务的定义及意义

中央银行的支付清算业务，是指中央银行作为一国支付清算体系的参与者和管理者，通过一定的方式、途径，使金融机构之间的债权债务清偿及资金转移顺利完成并维护支付系统的平稳运行，从而保证经济活动和社会生活的正常进行。

商业银行在办理业务的过程中，会产生大量的同业往来以及同业间的债权债务清偿和资金划转。尽管商业银行可以通过建立双边或多边清算机制实现相互间的资金清算，但在一个复杂的、金融机构众多的金融体系中，依靠商业银行自行组织清算效率低下，因此需要银行的银行即中央银行来提供支付清算服务。

由于中央银行集中了商业银行的存款准备金，因而商业银行彼此之间由于交换各种支付凭证所产生的应收应付款项，就可以通过中央银行的存款账户划拨来清算，从而中央银行成为全国清算中心。各国中央银行都设立专门的票据清算机构，处理各商业银行的票据并结清其差额。中央银行不仅为商业银行办理票据交换和清算，而且还在全国范围内为商业银行办理异地资金转移。中央银行为了提供上述服务，必须设有电子资金划拨系统，并将全国各主要地区的主要政府部门和银行用网络连接起来。

中国人民银行作为中央银行是我国的清算中心。各商业银行和其他金融机构都在中国人民银行总行或分行开设存款账户，这一账户是人民银行组织银行之间清算的依据。无论是同城票据交换，还是异地款项划拨；无论是各商业银行内部，还是各商业银行之间的款项划拨，最终都要通过各商业银行在中国人民银行所开设的存款账户办理转账划拨及资金的清算。

（二）资金清算业务的主要内容

1. 组织票据交换清算

票据交换是同城银行间进行债权债务和资金清算最基本的手段。具体是指各银行收到客户提交的支票、本票和汇票等票据之后，需通过票据交换的方式，将代收的票据交给付款行，并收回其他银行代收的以己方为付款行的票据，彼此间进行债权债务抵消和资金清算。

2. 办理异地跨行清算

由于各行间的异地债权债务形成了各行间的异地汇兑，会引起资金头寸的跨行、跨地区划转。各国中央银行通过各种方式、途径提供服务，保证异地跨行清算的顺利进行。

3. 提供证券和金融衍生工具交易清算

由于证券交易金额大，不确定因素多，易引发支付系统风险。尤其是政府证券交易直接关系到中央银行公开市场业务的操作效果，所以中央银行对其格外关注，有些国家的中央银行甚至直接参与其支付清算活动。

4. 提供跨国清算

跨国清算就是按照一定的规则、程序并借助结算工具和清算系统，清偿国际间债权债务和实现资金跨国转移的行为。中央银行作为一国的货币当局，不仅为国内经济与金融活动提供支付清算服务，在国家的对外支付结算和跨国支付系统网络建设中，也发挥着不可或缺的重要作用。

【专栏】

神秘的美联储

美联储确实是一个比较神秘的机构。它既是一个确确实实的政府机构，又是一个私人所有的中央银行。既被阴谋论者斥为金融资本家剥削人民和国家的工具，担负着巨大的恶名；又实际上维系着美国乃至一定程度上世界金融的稳定，被另一些人歌颂为居功至伟。

前一段时间，一本在中国国内非常畅销的著作《货币战争》说："美联储的私有性质有多少美国人、中国人和其他国家的人知道这一点呢？这才是问题的可怕之处！"

那么美联储到底是个官方机构，还是一个私人拥有的中央银行呢？答案是两者都对，美联储既是一个政府机构，也是一个私有中央银行。美国联邦储备体系是一个比较复杂的体系，主要由五个部分组成：联邦储备体系理事会、联邦储备银行、联邦公开市场委员会、成员银行、联邦顾问委员会。

（一）联邦储备体系理事会（Board of Governors of the Federal Reserve System）

联邦储备体系理事会简称为理事会（the Board）。这是一个纯粹的政府机构，总部位于华盛顿。理事会的主要职责是制定存款准备金率和批准联邦储备银行提议的贴现率，参加公开市场委员会对公开市场操作进行投票，监督和规范联邦储备银行的运营。因此，可以说理事会控制了联邦储备体系甚至国家信用体系的方方面面。

（二）联邦储备银行（Federal Reserve Banks）

考虑到商业便利和习惯做法，联邦储备法案将美国划分为12个联邦储备区，每区各设一家联邦储备银行。每个联邦储备区都有一个序号和字母代表。这些储备银行可以在本区的其他城市设立分行，目前有24家分行。

联邦储备银行的成员银行都是私有银行，缴纳股本并按其实交股本取得每年6%的红利。因此，从财产所有权来看，联邦储备银行是私人所有的。这也是有评论者认为"美联储"是私人所有的中央银行的原因。

但是，从管理和组织结构来看，联邦储备银行又是一个准公共机构，体现了公共因素和私人因素的联合。每个联邦储备银行的董事有9人，分为A、B、C三类。A类董事由成员银行选举产生，是职业银行家；B类董事同样由成员银行选举产生，是代表农业、商业、工业、服务业、劳工及消费者的知名人士；C类董事由联邦储备理事会任命，代表公众利益，不得是任何银行的职员、董事、雇员或股东。C类董事中的一人应指定担任该联邦储备银行董事会主席及联邦储备代理人。9名董事决定本联邦储备银行的总裁和第一副总裁人选（需经联邦储备体系理事会批准）。

12家联邦储备银行及其分行的职能包括：经营一个全国范围内的支付体系，分配国家的纸币和硬币，监督和规范成员银行和银行控股公司，并作为服务美国国库的银行家。作为联邦储备体系的组成部分，各联邦储备银行理论上受国会监督。

（三）联邦公开市场委员会（Federal Open Market Committee, FOMC）

公众和报纸杂志通常将联邦公开市场委员会称为"美联储"。联邦公开市场委员会是联邦储备的货币政策决定中心，其主要职责是制定联邦基金目标利率，通过提供公开市场操作政策指示，调控联邦基金利率，决定美国经济中货币和信贷的成本和可获得性。联邦公开市场委员会还指导美联储在外汇交易市场的运作。

从其组成和职责来看，联邦公开市场委员会是一个不伦不类的组织，根据其组成，既有理事会的官员，又有"私有"银行总裁；但是公开市场操作的目的，主要是维持目标利率，调节基础货币供给，使经济增长向其预想方向发展，具有"中央计划经济"的特点。在布雷顿森林体系崩溃之前的金本位制度下，公开市场操作恐怕还不能不考虑盈亏的因素，委员会的作用受到限制。但在当前的"点石成金"（一些人夸张地称为"无中生有"）货币制度下，联邦公开市场委员会越来越具有中央计划经济部门的特点。

（四）成员银行（Member Banks）

美国的商业银行根据颁发营业执照的政府部门以及是否为联邦储备体系的成员决定。截至 2004 年 3 月，在美国全国大约 7700 家商业银行中，大约 2900 家是联邦储备体系的成员，其中大约 2000 家是国民银行，900 家是州立银行。

成员银行必须按照其资本和公积金的 6% 认购其所在地区的联邦储备银行的股票，其中半数必须交付，另外一半根据理事会的命令交付。但是，持有这种股票，并不像盈利组织的普通股持有者一样具有控制和经济利益，只是联邦储备体系成员资格的一种法定义务，不能转让或作为贷款的抵押。

（五）联邦顾问委员会（Federal Advisory Council）

联邦顾问委员会由 12 家联邦储备银行董事会每年从该联邦储备区各推选 1 人组成。主要就理事会职权管辖范围内的任何事项提出口头或书面意见。该委员会的组成人员都是私人银行家。因此，说这一机构代表私人利益并不过分。

根据联邦储备法案，联邦储备银行也可以是政府和私人混合所有。联邦储备法案第二条第 8 段、第 10 段规定储备银行组织委员会授权在银行认股不充分时，可以给美国公众、政府分配联邦储备银行股票。然而，事实上成员银行认股充分，没有必要授权给美国政府分配股票。美国政府也就没有参股联邦储备银行，该段规定就成了一纸空文。

【本章小结】

本章分两节介绍了中央银行及其业务的相关知识。第一节介绍了中央银行产生的客观经济原因，中央银行产生与发展的历程，中央银行的制度类型与职能；第二节介绍了中央银行的资产负债表以及中央银行的负债、资产和支付清算业务。

通过本章的学习，要求学生掌握中央银行产生的客观经济原因，了解中央银行产生和发展的历程，了解中央银行的制度类型，理解并掌握中央银行的职能；掌握中央银行资产负债表的构成，理解并掌握中央银行的负债、资产和支付清算业务的运作。

【关键词汇】

中央银行　货币发行权　银行的银行　政府的银行　最后贷款人　再贷款　再贴现
支付清算系统

【问答和思考题】

1. 简述中央银行产生的客观经济原因。
2. 简述中央银行的职能。
3. 中央银行的制度类型有哪几种？
4. 中央银行作为"银行的银行"的主要职责有哪些？
5. 简述中央银行的"政府的银行"职能的主要内容。
6. 简述货币发行的原则。
7. 简述中央银行吸收存款的目的和意义。
8. 简述中央银行的支付清算业务的主要内容。

第九章

货币供给

【本章导读】

中央银行的基本职能之一是控制货币供给。货币供给的变化，会引起现实经济生活中物价、利率、股票市场、企业投资和消费者消费数量的变化。这会对人们的生活乃至整个国民经济的健康运行产生影响。那么，什么是货币供给呢？货币供给的机制是什么呢？货币供给又由哪些因素决定呢？为了明确这些问题，鉴于现代经济生活中一国的货币供给离不开银行体系的创造过程和中央银行的基础货币投放，本章主要阐述银行体系的货币创造过程、中央银行体制下的货币供给模型等内容。

第一节　货币供给概述与银行体系的存款货币创造

一、货币供给概述

（一）货币供给的定义

在纸币流通完全取代金属货币流通，以及在中央银行垄断了货币发行权之后，客观经济形势就迫切需要人们对货币供给问题进行深入研究。

货币供给是指某一国或货币区的银行系统向经济体中投入、创造、扩张（或收缩）货币的过程。货币供应量是指一个国家在一定时点上流通中的现金和银行存款货币的总和，它包括个人、企业、政府及各金融机构等持有的货币总量。货币供给和货币供给量这两个概念在很多情况下不加区分，需要初学者注意。在更多场合，货币供给指的是货币供给量而非货币供给过程。

理解这个定义需要掌握以下要点：

（1）货币供给是一个存量概念，是一国在某一时点上的货币量。

货币供给不外乎是指被财政部门、各生产经营单位、家庭和个人持有的，由银行体系供给的存款量和现金发行量。因此，影响和决定货币存量大小的是银行的信贷收支。银行是供给和改变货币供给存量大小的重要机构。

（2）货币供给中货币是指广义的货币。

有了信用后，货币的概念不再局限于现金。货币的职能开始扩大，除了价值尺度外，只要能充当支付手段、流通手段的信用凭证，都可以充当货币使用。例如，人们签出的支票、汇票、本票、银行的大额存单等，只要真实可信，都可以成为货币。这样一来，货币供给的数量就很容易扩大，为货币供给失控埋下了伏笔。

（3）研究货币供给的目的，是使社会实际提供的货币量与商品流通和经济发展对货币的需求（即预测的货币需求量）相适应。

所以，对货币供给有重要研究价值的不是实际的货币供给量，而是合理的货币供给量，即指由银行通过各项资产业务实际投放的货币量与社会对货币的正常需求量相一致。

（二）货币的供给主体

某一时点的货币供给量，由通货与存款货币构成，两者分别为中央银行和商业银行的货币性负债。流通中的现金量的多少由中央银行的资产业务以及社会的现金偏好来决定，而存款货币量的多少则由商业银行持有的准备金及社会公众的资产选择行为来决定。这就是说，一定时期的货币供给量是由中央银行、商业银行及社会公众三个部门共同决定的，这三个部分在货币供给过程中分别发挥不同的作用。由于货币供应量包括通货与存款货币，货币供给的过程也分解为通货供给和存款货币供给两个环节。其中，通货（现金）是由中央银行供给的。国家赋予中央银行发行现金的特权，凡是从中央银行流出的现金，都是中央银行的负债，它构成了中央银行的资金来源。存款形式的货币供给，是由商业银行和中央银行共同作用完成的，它是通过派生存款机制向流通中供给货币的过程。中央银行在存款货币的创造机制中起着基础性作用。因此，在现代经济中，货币供给的主体就是发行流通中货币（现金）的中央银行和经营存款业务的商业银行。

（三）货币供给的内生性和外生性

在经济学中，有内生变量和外生变量这两个基本的经济学范畴。内生变量，又称非政策性变量。它是指在经济机制内部由纯粹的经济因素所决定的变量，不为政策所左右。如市场经济中的价格、利率、汇率等变量。外生变量，又称政策性变量，是指在经济机制中易受外部因素影响，由非经济因素所决定的变量。它是能够由政策决策人控制，并用做实现其政策目标的变量。税率就是一个典型的外生变量。

货币供给究竟是内生变量还是外生变量，长期以来存在激烈争论。

货币供给的内生性认为，货币供给量是一内生变量，中央银行不能完全直接控制货币供给量，货币供给的变动是由经济体系各经济主体的行为共同决定的，中央银行对货币供给的控制只能是相对的。从金融领域来看，一方面商业银行的存款和资产规模受到存款的资产偏好和银行贷款、投资机会的影响，另一方面其他非银行金融机构存款创造能力也会随着其贷款融资活动的增加而提高，而社会公众资产偏好导致的资产结构又是现实经济运行经常调整变化的结果，这就使货币供给的变化具有内生性。力主货币供给的内生性并不等于否认中央银行控制货币供给量的有效性。只不过货币资产与其他金融资产之间、商业银行的货币创造能力与非银行金融机构的货币创造能力之间的替代性会大大地降低中央银行对货币供给量的控制效应。

货币供给的外生性观点认为，货币供给量主要是由经济体系以外的货币当局即中央银行决定的，是经济系统运行的外生变量，中央银行可通过发行货币、规定存款与储备比率等方式来控制货币供给量。因而，中央银行只要确定了经济发展所需的合理货币需求量，然后再由中央银行供给适量货币，货币供需就能实现均衡。如果货币需求量是合理的，则当货币失衡时，完全可以由中央银行通过政策手段的实施加以矫正。强调货币供给的外生性分析并不否认经济系统中实际经济活动对货币供给量决定的影响，只是表明实际经济活动中对货币供给量决定的影响远不如中央银行对货币供给量决定的影响那么强。

应该说，货币供给的内生性或外生性是一个很复杂的问题，很难简单地用非此即彼的逻辑进行判断。争论仍在继续，但越来越多的经济学者认为，货币供给具有内外共生性：从总体上看，中央银行对货币供给量具有相当的调控能力，这说明货币供给量存在着较强的外生性，但这种外生性也不是绝对的，因为货币供给量还要受经济运行中其他经济主体行为的影响，因而货币供给量又具有一定的内生性质。货币供给量所具有的这种双重性质，虽然没有严格合乎计量经济学的要求，但却比较客观地反映了现实状况。

二、银行体系的存款货币创造过程

前文已述及，商业银行区别于其他金融机构的一个重要特征是能够吸收活期存款，并且通过发放贷款的方式创造派生存款，因此在货币供给机制中扮演着非常重要的角色。不管是我国还是其他国家，统计数据表明，各国货币供给量的绝大部分是由各种存款构成的，现金只占很小一部分，从这点来看，商业银行在整个货币创造过程中的作用是不容忽视的。

（一）原始存款和派生存款

银行的存款来源不外乎两种：一是原始存款，二是派生存款。原始存款是指商业银行吸收的现金存款或商业银行从中央银行获得再贷款、再贴现而形成的存款，是银行从事资产业务的基础。这部分存款不会引起货币供给总量的变化，仅仅是流通中的现金变成了银行的活期存款，存款的增加正好抵消了流通中现金的减少。

原始存款对于银行而言，是现金的初次注入，是银行扩张信用创造存款通货的基础。由于现金和中央银行签发的支票都属于中央银行向流通中投入的货币量，所以，商业银行能吸收到多少原始存款，首先取决于中央银行发行多少货币，其次取决于商业银行对中央银行发行货币的吸收程度。

银行在经营活动中，只需要保留一小部分现金作为付现准备，可以将大部分现金用于放款。客户在取得银行贷款后，一般并不立即提取现金，而是转入其在银行的活期存款账户，这时银行一方面增加了放款，另一方面增加了活期存款。银行用转账方式发放贷款、贴现和投资时创造的存款，即为派生存款。在信用制度发达的国家，银行的大部分存款都是通过这种经营活动创造出来的。可见，原始存款是派生存款创造的基础，派

生存款是信用扩张的条件。

原始存款和派生存款是可以相互转化的。原始存款转化为派生存款的过程是：当中央银行用再贷款形式向商业银行发放贷款时，贷款转入借款人存款账户，成为可供借款者使用的存款。但由于存款的所有权属于银行，所以表现在银行账面上，在原有存款的基础上，又引申出一笔存款来。依此类推，这些引申出来的存款，就是派生存款。

派生存款转化为原始存款的过程是：如果一笔由银行创造的货币，由甲银行贷款转入乙银行，从整个银行系统来看，只是派生存款的转移，即甲银行由贷款派生的存款转移到乙银行，但从乙银行来看，有相当部分会作为存款准备金；如果由一家银行通过多存多贷促使存款不断派生，在每笔派生的存款中也须有相当部分作为存款准备金。由此看出，商业银行在不同层次的存款派生过程中，总有数量不等的存款准备金交存中央银行，与此同时，形成一定量的原始存款，作为存款派生的基础。

在原始存款和派生存款的相互转化中，必须以贷款作为条件。由于贷款的发放，原始存款转化为派生存款；由于作为下一步贷款的基础，派生存款转化为原始存款。这里，一方面不断促使原始存款向派生存款转化而扩大资金运用；另一方面不断促使派生存款向原始存款转化而扩大资金来源。正是由于这种相互之间的转化，才使现代银行在存款不断派生的基础上获得了不断扩大信贷规模的能力。

（二）商业银行创造存款货币的前提条件

现代银行采用的部分准备金制度和非现金结算制度构成商业银行创造信用的基础，也是商业银行存款创造的前提条件。

存款准备金，是指商业银行在吸收存款后，以在中央银行的存款的形式保留的，为保证存款人随时提取存款和资金清算的需要而准备的那部分流动资产储备。它由库存现金和在中央银行的存款组成。按照用途的不同，存款准备金可分为法定存款准备金和超额存款准备金两种。法定存款准备金是指按中央银行的规定，商业银行依照一定的比例保留在中央银行的准备金。这个比率（比例）就是法定存款准备金率。超额存款准备金是指商业银行超过法定存款准备金而保留的准备金，其金额由商业银行自主决定。超额存款准备金与存款总额的比例是超额存款准备金率。

法定存款准备金 = 法定的准备金率 × 存款总额

超额存款准备金 = 存款准备金总额 − 法定存款准备金

存款准备金总额 = 法定存款准备金 + 超额存款准备金

部分准备金制度是相对于全额准备金制度而言的。它是指商业银行留下一部分准备金，把其余的资金全部贷出的制度。银行不用把所吸收的存款都作为准备金留在金库中或存入中央银行；如果是在100%的全额准备金制度下，则银行不可能用所吸收的存款去发放贷款，银行就没有创造存款的可能。部分准备金制度是银行信用创造能力的基础，对一定数量的存款来说，准备金比例越大，银行可用于贷款的资金就越少；准备金比例越小，银行可用于贷款的资金就越多。所以部分准备金制度，是银行创造信用的基本前提条件。

非现金结算制度可以使人们能够以开出支票的形式进行货币支付，银行之间的往来进行转账结算，不需要使用现金。如果不存在非现金结算，银行不能用转账的方式去发放贷款，一切贷款都必须付现，则无法派生存款，银行也就没有创造信用的可能。因此，非现金结算制度也是商业银行创造信用的前提条件。

（三）商业银行创造存款货币的过程

在采用部分准备金和非现金结算制度的情况下，商业银行会将其吸收的存款扣除掉准备金之后，全部用于对外发放贷款，借款者借到款后加以运用，进行购买、支付，由于实行转账支付，结果，一笔贷款又成为另外客户的收入而存入银行，形成本银行或者另一家银行的新存款，总之这一笔贷款没有流出银行体系之外，只是银行存款的转移。接受了这笔新存款的银行，在扣除准备金之后，又可以将剩余部分用于发放贷款，这样，又会产生新的存款和新的贷款，不断地循环延续下去，就可以创造出大量的存款。下面举例说明商业银行存款创造的过程。

为了便于分析商业银行创造存款的过程，要先作出如下假设：

（1）整个银行体系由一家中央银行和至少两家商业银行构成；

（2）活期存款的法定准备金率为20%；

（3）商业银行只有活期存款，无定期存款；

（4）商业银行无超额准备金，即每家商业银行只保留法定存款准备金而不持有超额准备，其余部分全部贷出；

（5）银行的客户不持有现金，即客户收入的一切款项均存入银行，而不提取现金。

假设甲客户将10000元存入A银行，该增加原始存款10000元，按照20%的比例提取2000元法定存款准备金，将剩余8000元全部贷给乙客户，则A银行的资产负债会发生相应变动，用T形账户可以表示为

A 银行资产负债

资产		负债	
法定存款准备金	+2000 元	活期存款	+10000 元
贷款	+8000 元		

假定乙客户将8000元贷款存入其往来银行B银行，B银行存款增加8000元。该银行按照20%的比例提取1600元法定存款准备金后，又将剩余6400元贷给丙企业，则B银行的资产负债变动情况用T形账户可以表示为

B 银行资产负债

资产		负债	
法定存款准备金	+1600 元	活期存款	+8000 元
贷款	+6400 元		

假定丙企业将6400元存入其往来银行C银行，C银行存款增加6400元，继续按照20%的比率提取准备金1280元，并向丁企业贷款5120元，则C银行的资产负债变动情况用T形账户可以表示为

C 银行资产负债

资产		负债	
法定存款准备金	+1280 元	活期存款	+6400 元
贷款	+5120 元		

这个过程会一直持续下去，银行吸收的存款、计缴的法定准备金和发放的贷款数额最后递减为零，存款创造过程终结。存款创造过程可用表 9 – 1 来表示。

表 9 – 1   银行体系的存款创造过程   单位：元

银行	存款	法定准备金	贷款
A	10000	2000	8000
B	8000	1600	6400
C	6400	1280	5120
D	5120	1024	4096
E	4096	819.2	3276.8
…	…	…	…
总计	50000	10000	40000

上述存款创造过程表明，如果法定存款准备率为 20%，商业银行吸收 10000 元的原始存款，经过存—贷—存—贷这样一个无穷尽的过程，最终使银行系统的存款总额远远超过原始存款数额，超出的部分即为派生存款。派生存款全部来自商业银行的贷款，故此派生存款是由商业银行的信贷业务在一定约束条件下创造出来的。

不难看出其中的规律，表中由上而下不断变化的数字实际上是一个无穷等比递减数列，即 10000，10000 × （1 – 20%），10000 × （1 – 20%）^{2}，10000 × （1 – 20%）^{3}…根据无穷等比递减数列的求和公式，容易计算出整个银行体系的存款总额。令 D 为存款总额，R 为原始存款，r_d 为法定准备率，有如下计算公式：

$$D = R + R(1 - r_d) + R(1 - r_d)^2 + R(1 - r_d)^3 + \cdots$$
$$= R\{1 + (1 - r_d) + (1 - r_d)^2 + \cdots + (1 - r_d)^{n-1}\}$$

当 $n \to +\infty$ 时，由于 $0 < r_d < 1$，则上式可简化为

$$D = R/r_d$$

由上式可以得到

$$D/R = 1/r_d$$

可知，活期存款的变动与原始存款的变动之间明显存在一种倍数关系，用 k 来表示，则可以写为

$$k = 1/r_d$$

k 称为存款乘数，或者派生倍数、派生乘数，与法定准备率成反比。由于 $0 < r_d < 1$，k 必然为一个大于 1 的倍数。法定准备率越高，存款乘数越小，法定准备率越低，存款乘数越大。若 r_d 降为 10% 时，则存款可扩张 10 倍；若 r_d 升至 25%，则存款只能扩张

4 倍。

派生存款创造原理在相反方向上同样适用，即派生存款的紧缩也呈现多倍紧缩过程。上述存款扩张过程是由客户将 10000 元现金存入 A 银行，使 A 银行原始存款等额增加而引起的。相反，如果客户从 A 银行提取现金 10000 元，在银行体系无超额存款准备金的前提下，A 银行为了应付提款需求，必然要回收贷款和投资。A 银行收回的贷款可能是客户收取的货款，也可能来自其他银行（如 B 银行）。B 银行也无超额存款准备金，则势必也要紧缩放款和投资。依此类推，经过各银行的辗转清算，最初减少的 10000 元存款和准备金，将使整个银行体系紧缩 50000 元。其原理和前述扩张过程完全相同，不同之处在于：在扩张的过程中，存款的变动为正数；在紧缩的过程中，存款的变动为负数。

三、银行体系存款乘数的影响因素

存款乘数 k 值是原始存款能够扩大的最大倍数，但是实际过程的扩张倍数往往达不到这个值，这是因为存款乘数还会受到其他因素的影响，如现金漏出、定期存款、超额准备金等。

（一）现金漏损率（c）

现金漏出也称现金漏损，是指客户从银行提取现金，使一部分现金流出银行系统。现金漏损率是指公众提取现金所形成的现金漏损额与活期存款总额之比，也称现金比率或提现率，用 c 代表。也可以这样定义：现金漏损率是银行体系存款的净流失的比率。如果客户从银行提取现金，就会使一部分现金流出银行系统，不再参与存款货币的创造。因此现金漏损会降低商业银行创造派生存款的能力，现金漏损率越高，商业银行派生存款创造能力越低。

在上例中，如果借款人乙获得 8000 元贷款后，从账户中提取了 1000 元现金，则存入 B 银行的存款就减少为 7000 元，B 银行吸收的存款减少，发放的贷款也就相应减少，派生存款创造能力就下降了。通常用 c 来表示现金漏损率，在考虑现金漏损率的情况下，派生存款乘数就相应变为

$$k = \frac{1}{r_d + c}$$

假定现金漏损率为 10%，则根据上面公式，派生存款乘数 $k = \frac{1}{20\% + 10\%} = 3.33$。与不考虑现金漏损的情况相比，派生存款乘数变小，派生存款创造能力下降。

现金漏损率的高低主要取决于社会公众的资产偏好。公众一般具有流动性偏好，更愿意持有流动性最强的现金。例如，银行存款利息率下降，导致生息资产收益减少，人们就会减少在银行的存款而宁愿多持有现金，这样就提高了现金漏损率。现金漏损率的提高会使存款乘数下降，派生存款的数量下降。也就是说，现金漏损率与法定存款准备金率一样，与存款派生乘数呈反向变动，成为影响商业银行派生能力的又一个重要因素。这是因为漏出银行体系的现金已经脱离银行的掌控，银行可用于发放贷款的资金相

应减少，派生的存款也会减少。

（二）超额准备金率（e）

为了应付各种意外情况，银行需要保持资金的流动性，因此必须在法定存款准备金之外，持有一定数额的超额准备金。在这里，超额准备金是广义的概念，是指商业银行在必须缴存中央银行的法定准备金之外所保留的所有用于流动性支出的资金，既包括商业银行存在中央银行的超过法定准备金的那部分存款，也包括应付日常提现需要而保留的库存现金。超额准备金还有个狭义的概念，仅指商业银行存在中央银行的超过法定准备金的那部分存款，而不包括库存现金。在后文中，更经常使用的是狭义的超额准备金概念。与法定准备金一样，超额准备金也不能用来发放贷款和进行投资，因此也不能参与派生存款的创造过程，属于银行的非盈利资产。超额准备金与存款的比率即超额准备金率 e。

超额存款准备金率对商业银行存款派生能力的影响原理与法定存款准备金率相同，也与存款派生乘数呈反向变动关系。银行持有的超额存款准备金越多，用于放款的资金就会越少，银行存款派生倍数就越小；反之，就越大。通常用 e 来表示超额存款准备金率，在考虑现金漏损率和超额存款准备金率的情况下，派生存款乘数计算公式相应变为

$$k = \frac{1}{r_d + c + e}$$

在上例中，A 银行如果需要保留 1000 元的超额准备金，则能够用来发放贷款的资金就会相应减少 1000 元。如果其他银行也都提取相应的超额准备金，则银行系统的派生存款创造能力就会下降。假定各银行都提取 10% 的超额存款准备金，则派生存款乘数变为

$$k = \frac{1}{20\% + 10\% + 10\%} = 2.5$$

与不考虑超额存款准备金的情况相比，派生存款乘数进一步下降为 2.5 倍。

影响超额存款准备金率的因素有市场利率、融资难易程度、公众的流动性偏好等。市场利率决定了商业银行贷款和投资收益的大小，因此，市场利率上升，商业银行将会减少超额准备金持有比率，反之则增加。如果商业银行能够很容易从中央银行、金融市场特别是短期金融市场借入资金，则持有的超额准备金就会减少，反之则增加。如果社会公众偏好流动性强的资产，为防止清偿力不足的风险，商业银行就会增加超额准备金，反之则减少。

（三）定期存款

商业银行除了活期存款，还有定期存款，定期存款也需要缴纳准备金。令定期存款的法定准备金率为 r_t，定期存款占活期存款的比例为 t。也就是说，活期存款每增加 1元，就增加 t 元定期存款，相应地，$t \times r_t$ 元成为定期存款法定准备金，银行就不能利用它来进一步扩张存款。由于定期存款派生能力低于活期存款，因此定期存款占活期存款的比例越高，银行派生存款创造能力就越低，反之就越高。

考虑到流动性的不同，各国中央银行都针对商业银行存款的不同种类规定了不同的法定准备金率。由于定期存款的流动性较弱，通常定期存款的法定准备金率低于活期存

款。这样即便在定期存款与活期存款的法定准备金率不变的情况下，定期存款与活期存款间的比率改变也会引起实际的平均法定存款准备金率改变，最终影响存款乘数的大小。

影响定期存款与活期存款间的比率 t 的主要因素有银行的定期存款利率、通货膨胀预期等。一般来说，如果定期存款的利率上升，则会导致活期存款向定期存款转化，从而使 t 值增大，反之 t 值减小。t 值的大小同人们的通货膨胀预期有较密切的关系，预期通货膨胀率高时，t 降低，预期通货膨胀率低时，t 提高。

通过以上分析可知，存款乘数的大小主要由法定存款准备金率（r_d 和 r_t）、超额准备金率（e）、现金比率（c）及定期存款与活期存款间的比率（t）等因素决定。将上述因素综合加以考虑，得到存款乘数的计算公式为

$$k = \frac{1}{r_d + t \times r_t + c + e}$$

上例中，假定定期存款的法定准备金率为 10%，定期存款占活期存款的比例为 20%，在综合考虑现金漏损、超额准备金等因素后，存款乘数变为

$$k = \frac{1}{20\% + 20\% \times 10\% + 10\% + 10\%} = 2.38$$

与不考虑定期存款的情况相比，派生存款乘数又变小了，银行派生存款创造能力进一步下降了。

第二节 中央银行体制下的货币供给

前面分析了银行体系存款创造的过程，说明了商业银行体系对于货币供给的重要作用。但是商业银行只能创造派生存款，原始存款和现金并不是商业银行创造的，而是来源于中央银行。相对于商业银行的派生存款创造，中央银行创造并向社会投放基础货币的机制是整个货币供给机制的基础。

一、基础货币

（一）基础货币的定义和作用

基础货币，也称强力货币，因其具有使货币供应总量成倍放大或收缩的能力，又被称为高能货币，是指中央银行能够直接控制，并能作为商业银行存款创造基础的那部分货币。具体而言，是中央银行所发行的现金货币（即流通中的现金），以及对各商业银行负债的总和（包括商业银行持有的库存现金、在中央银行的法定准备金存款以及超额准备金存款），实际上也是中央银行对社会大众的负债总额。此处超额准备金是从狭义的角度来界定的，请读者注意鉴别。用公式来表示，则

基础货币 = 存款准备金 + 流通中的现金

= 法定准备金 + 超额准备金 + 商业银行的库存现金 + 社会公众手持现金

即 B = R + C

其中，B 代表基础货币（Base Money），有时也用符号 H 来表示，意指高能货币（High – powered Money），R 表示商业银行的存款准备金（Reserve），C 为流通于银行体系之外的通货（现金）。

基础货币是整个商业银行体系创造存款货币的基础，是整个商业银行体系的存款得以倍数扩张的源泉，而中央银行是基础货币的提供者，基础货币的多少由中央银行决定。中央银行向商业银行扩大基础货币供给，商业银行的存款货币创造能力就加强；中央银行向商业银行收缩基础货币供给，商业银行的存款货币创造能力就减弱。正因为如此，在现代银行体系中，中央银行对宏观经济活动的调节很大程度上是通过变动基础货币来实现的。

（二）基础货币的变动

中央银行不能无偿地向社会提供基础货币，而是以与社会经济主体进行交易的方式提供基础货币，这就决定了中央银行资产负债的变化直接关系到社会货币供给量的多少。一般情况下，中央银行是通过公开市场业务和贴现窗口来控制基础货币的变化，从而影响货币供给量的。

1. 公开市场业务对基础货币的影响

（1）公开市场业务与银行准备金

在主要的西方国家，中央银行影响基础货币变动的主要方式是在公开市场上买卖政府债券以调控基础货币构成中的银行非借入准备金。假定中央银行买卖政府债券的对象是一家银行，那么公开市场业务的结果将只影响银行准备金，而不影响流通中的现金。例如，当中央银行从一家商业银行购买 1000 元政府债券，支付 1000 元支票，这家银行或者把支票存入它在中央银行的准备金账户中，或者把支票兑现，计入库存现金。这两种情况都意味着这家银行增加了 1000 元的准备金资产，减少了 1000 元的证券资产。该业务反映在银行系统的 T 形账户的情况如下：

银行系统

资产		负债
证券	− 1000 元	
准备金	+ 1000 元	

同时，中央银行的资产负债表也发生了变化：负债方的银行准备金增加了 1000 元，资产方增加了 1000 元政府债券，账户如下：

中央银行

资产		负债	
政府债券	+ 1000 元	银行准备金	+ 1000 元

这次公开市场购买的净结果是：银行准备金增加了 1000 元，而这时候流通中现金并没有什么变化，所以基础货币的变化就等于银行准备金的变化。

如果中央银行向某个非银行公众购买 1000 元的债券，则需要考虑两种情况。第一种情况是，假设向中央银行出售 1000 元债券的个人或公司将出售所得的中央银行支票存入其往来的当地银行，反映在 T 形账户是

非银行公众

资产		负债
债券	−1000 元	
支票存款	+1000 元	

其往来银行收进这张支票后，在存款者账户上贷记 1000 元，然后把支票存入该银行在中央银行的账户，从而增加了它的银行准备金。反映在银行系统的 T 形账户就是

银行系统

资产		负债	
准备金	+1000 元	支票存款	+1000 元

这笔交易对中央银行的资产负债表的影响是：资产方增加了 1000 元政府债券，负债方增加了 1000 元银行准备金。

中央银行

资产		负债	
政府债券	+1000 元	银行准备金	+1000 元

因此，当中央银行支票被存入一家银行时，中央银行从非银行公众的公开市场购买的净结果和它从银行的公开市场购买是相同的，即公开市场购买的金额等于基础货币中银行准备金增加的金额。

（2）公开市场业务与流通中货币

第二种情况是，假如出卖债券给中央银行的个人或公司把中央银行的支票在当地一家银行或在中央银行兑现，那么对基础货币的影响就不同了，结果会导致流通中通货增加。

在上述中央银行向非银行公众购买政府债券的过程中，如果是第二种情况，结果会导致银行准备金无变化，而流通中现金发生了变化，从而也影响到基础货币。

假定向中央银行出售政府债券的个人将得到的中央银行支票在当地银行兑现，则该个人增加了 1000 元货币而减少 1000 元的债券。他的账户情况如下：

非银行公众

资产		负债
债券	−1000 元	
货币	+1000 元	

同时，中央银行发现它用 1000 元通货交换了 1000 元的政府债券，其账户如下：

中央银行

资产		负债	
政府债券	+1000 元	流通中货币	+1000 元

在这种情况下，公开市场购买的结果是：银行准备金不变，流通中货币增加了 1000元。结果，基础货币增加了 1000 元。

以上分析表明，公开市场购买对基础货币组成部分的影响如何，取决于债券出售者将所得款项是以通货形式保存还是存入银行。如果是前者，则公开市场购买对银行准备金无影响；如果是后者，银行准备金就会等额增加。

（3）公开市场业务同时影响通货和银行准备金

依照上例，如果证券出售者将出售所得的支票进行部分的兑现时，就会导致银行准备金和流通中货币同时发生变化，结果基础货币数量也发生变化。

总之，中央银行的公开市场业务对基础货币的影响是确定的，中央银行可以通过公开市场业务影响基础货币，从而影响货币供给量的变动。

2. 再贴现对基础货币的影响

中央银行还可以通过对商业银行的贴现贷款来影响银行的借入准备金，从而影响基础货币。

例如，当中央银行向商业银行发放 1000 元贴现贷款时，商业银行所得的贷款贷记为该银行在中央银行的准备金账户，中央银行和商业银行各自的 T 形账户变化如下：

中央银行

资产		负债	
贴现贷款	+1000 元	银行准备金	+1000 元

银行系统

资产		负债	
银行准备金	+1000 元	贴现	+1000 元

中央银行的负债现在增加了 1000 元，基础货币也增加了同样数额。

公开市场上证券买卖的主动权掌握在中央银行手中，而贴现贷款发放数量的多少虽然与中央银行制定的贴现率有关，却不完全取决于中央银行。由此看来，中央银行能够完全控制的基础货币是非借入性基础货币，而借入性基础货币不由中央银行完全控制。

3. 黄金和外汇业务对基础货币的影响

中央银行购买黄金和外汇也是其投放基础货币的一条渠道，原理与前述政府债券买卖的情况类似。如果中央银行向商业银行收购黄金和外汇，则会直接引起商业银行准备金增加；如果中央银行向企业或居民收购黄金和外汇，则或者使流通中现金增加，或者使企业或居民在商业银行的存款增加，从而使商业银行的准备金增加。无论哪种情况，都会使基础货币等额增加。反之，当中央银行出售黄金和外汇时，则会引起基础货币的相应缩减。

二、货币乘数

中央银行在货币创造的整个机制中处于基础性地位，但中央银行创造的基础货币在整个货币供给量中仅占很小一部分，不管是从狭义货币的角度还是从广义货币的角度，绝大多数货币都表现为各种存款的形式。基础货币和货币供给在量上有什么内在联系？基础货币是通过什么机制转化为其他形式的货币，并最终形成货币供给的？要回答这些问题，需要了解货币乘数这个概念。

（一）货币乘数的定义

基础货币供应增加后，货币存量不是简单地以 1:1 的比例增加。由于商业银行的派生存款创造，货币存量会以基础货币增量的若干倍数扩张。反映货币供应量与基础货币之间量的关系或两者增量之间倍数关系的数值称为货币乘数。货币乘数是指中央银行创造（或减少）一单位基础货币能使货币供应量扩张（或收缩）的倍数。货币乘数与货币供应量成正比关系，它和存款乘数是两个不同的概念，但有密切的内在联系。

货币乘数和存款乘数都可以说明现代信用货币的倍数扩张特点，但它们之间是有差别的。第一，二者分析的角度和着力说明的问题不同：货币乘数是从中央银行的角度进行分析，关注基础货币与全社会货币供应量之间的倍数关系；存款乘数是从商业银行的角度进行分析，主要揭示了银行体系是如何创造出存款货币的。第二，货币乘数和存款乘数的分子、分母构成不同。第三，存款乘数主要是通过商业银行体系的派生存款活动形成的，对货币供应量起重要的影响作用，而货币乘数则是通过基础货币来影响货币供应量的。第四，在基础货币的基础上，商业银行在一定条件下，通过派生存款活动，就可以多倍地扩张（或收缩）存款总额，从而也就能够多倍地扩张（或收缩）货币供应量。

货币乘数的这个定义可用公式简要表示为

$$m = \frac{M_s}{B} = \frac{C + D}{C + R}$$

式中，m 代表货币乘数，B 代表基础货币，M_s 代表货币供给量，活期存款为 D，流通中的现金为 C，商业银行的存款准备金为 R。

可以得到货币供给量和货币乘数的关系：

$$M_s = B \times m$$

此式说明，货币供给量数倍于基础货币量，这个倍数就是货币乘数。

基础货币与货币供给量的关系可以用图 9–1 表现出来。图 9–1 中，顶边代表基础货币 B，$B = C + R$，底边代表货币供给 M_s，$M_s = C + D$。货币乘数 $m = \frac{M_s}{B} = \frac{C + D}{C + R}$，即为货币供给量和基础货币的比值。基础货币中的通货，即处于流通中的现金 C，因为不参与存款货币的创造，所以其数量在期初和在期末是一样的，不可能有倍数的增加。但是商业银行的存款准备金 R 完全参与了存款货币的创造过程，能够创造出派生存款，因此导致货币供给数倍于基础货币的量。

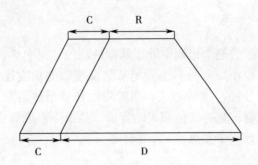

图 9 - 1　基础货币与货币供给量的关系示意图

（二）货币乘数的推导

假定活期存款为 D，流通中的现金为 C，则一定时期内的狭义货币供应量 M_l 为：

$$M_l = D + C \tag{1}$$

假定商业银行的存款准备金总额为 R，它由活期存款的法定准备金 R_d，定期存款的法定准备金 R_t 和超额准备金 E 两部分组成。假定活期存款准备率为 r_d，定期存款准备率为 r_t，定期存款为 T，则

$$R = R_d + R_t + E = D \times r_d + T \times r_t + E \tag{2}$$

假定流通中的现金 C、定期存款 T、超额准备金 E 分别与活期存款 D 维持较稳定的比例关系，其系数分别用 c、t、e 表示，则

$$C = D \times c \tag{3}$$
$$T = D \times t \tag{4}$$
$$E = D \times e \tag{5}$$

基础货币 B 由商业银行的总准备金和流通中的现金两部分构成，即

$$B = R + C \tag{6}$$

若将式（2）、式（3）代入式（6）中，则基础货币公式为

$$B = D \times r_d + T \times r_t + E + D \times c \tag{7}$$

再将式（4）、式（5）代入式（7）式中，得

$$B = D \times r_d + D \times r_t \times t + D \times e + D \times c$$
$$= D \times (r_d + r_t \times t + e + c) \tag{8}$$
$$或 D = B/(r_d + r_t \times t + e + c) \tag{9}$$

其中，$1/(r_d + r_t \times t + e + c)$ 便是活期存款扩张倍数。

根据式（3），得

$$M_1 = C + D = D \times c + D = D \times (c + l) \tag{10}$$

将式（9）代入式（10），则得出货币供应量 M_1 的一般模型为

$$M_1 = \frac{c + 1}{r_d + t \times r_t + e + c} \times B \tag{11}$$

其中，B 为基础货币。假定狭义货币乘数为 m_1，则

$$m_1 = \frac{c+1}{r_d + t \times r_t + e + c} \qquad (12)$$

这样就推导出了狭义货币乘数为 m_1。

按照同样的思路，还可以推导出广义货币乘数 m_2。

由于广义货币 M_2 = 流通中现金 + 活期存款 + 定期存款

$$= C + D + T = m_2 \times B$$

所以广义货币乘数

$$m_2 = \frac{M_2}{B} = \frac{C+D+T}{R_d + R_t + E + C}$$

$$= \frac{(C+D+T)/D}{(R_d + R_t + E + C)/D} = \frac{c+1+t}{r_d + t \times r_t + e + c} \qquad (13)$$

需要注意的是，货币乘数和存款乘数在量值上存在区别。存款乘数 $k = \dfrac{1}{r_d + t \times r_t + e + c}$，而狭义货币乘数 $m_1 = \dfrac{c+1}{r_d + t \times r_t + e + c}$，货币乘数计算公式的分子多了一个变量 c，即现金漏损率。原因在于，基础货币包括流通中现金和存款准备金两部分，但两者在货币扩张过程中的作用是不一样的。流通中现金构成货币供给，但其数量并不发生变化，引起货币量倍数增加的只有存款准备金。反映在货币乘数和存款乘数的区别上，就是两者的分子不一样，货币乘数要大于存款乘数，两者的差别大小取决于现金流出银行体系的程度。在严格的无现金漏损的假定下，货币乘数等于存款乘数。

三、影响货币供给量的因素

根据上述货币供给模型，一国货币供应量大小取决于基础货币和货币乘数两个因素。在基础货币一定的条件下，货币乘数与货币供给成正比。货币乘数越大，则一定的基础货币所引起的货币供给量也就越多；货币乘数越小，则同样的基础货币所引起的货币供给量也就越少。而货币乘数的大小取决于现金漏损率（c）、定期存款比率（t）、超额准备金率（e）、活期存款法定准备率（r_d）和定期存款法定准备率（r_t）。以上各因素都与货币乘数负相关。

在货币创造过程中，中央银行能够控制的因素只有基础货币和法定存款准备率。中央银行可以根据预定的货币政策目标，确定货币政策的方向，制定和实施相应的货币政策。如果要实施扩张性的货币政策，中央银行就需要增加基础货币投放，降低法定存款准备率，以达到扩张货币供给、增加社会需求的目的；如果要实施紧缩性的货币政策，中央银行就需要减少基础货币投放，提高法定存款准备率，以达到收缩货币供给，降低社会需求的目的。在这两个因素之外，影响货币创造的超额准备率、现金漏损率及定期存款与活期存款的比率等因素，则主要由商业银行和社会公众的行为所决定。

（一）超额准备金率（e）

超额准备金率主要决定于商业银行的经营决策行为。所以，任何影响商业银行经营决策行为的因素，都是影响超额准备金率的因素。

1. 市场利率

市场利率决定商业银行贷款和投资的收益率高低，从而也反映了商业银行持有超额准备金的机会成本。因此，若市场利率上升，商业银行将减少超额准备金，增加贷款或投资，以获得更多的收益，从而超额准备金率就会下降。反之，若市场利率下降，则超额准备金率上升。

2. 借入资金的难易程度及资金成本的高低

如果商业银行在需要资金时能够较容易地从中央银行或其他地方借入资金，且资金成本较低，商业银行就可减少超额准备金，超额准备金率就下降。反之，则超额准备金率上升。

3. 社会公众的资产偏好

当社会公众偏好通货，纷纷将活期存款转化为通货，即通货比率上升时，则商业银行的库存现金及在中央银行的准备金存款减少。为防止清偿力不足的风险，商业银行将增加超额准备金存款，超额准备金率就会上升。反之，如果社会公众偏好定期存款，纷纷将活期存款转化为定期存款，由于定期存款比较稳定，商业银行将减少超额准备金，超额准备金率下降。

4. 社会公众对资金的需求程度

商业银行贷款或投资的规模归根结底要受到经济主体对资金的需求程度的制约。在比较完善的市场经济中，如果经济主体对资金的需求量大，且具备贷款偿还能力，商业银行将增加贷款或投资，从而相应地减少超额准备金的持有，使超额准备金率下降。反之，如果社会公众对资金的需求量较小，则即使商业银行愿意增加贷款或投资，也将因需求缺乏而被迫将资金闲置于银行，从而形成超额准备，使超额准备金率上升。

由此可见，虽然超额准备金率直接决定于商业银行的经营决策行为，但商业银行的经营决策行为又在相当程度上受到社会公众等其他经济主体行为及整个宏观经济环境的影响。

（二）非银行公众的行为参数

非银行公众的行为参数，主要是指现金漏损率（c）和定期存款比率（t）。

1. 现金漏损率（c）

现金漏损率也称现金比率或提现率。这一比率的变动主要决定于社会公众的资产选择行为。影响人们资产选择行为，从而影响现金漏损率的因素主要有：

（1）社会公众的流动性偏好

现金是流动性最高的金融资产，持有现金的主要目的在于满足流动性偏好。若流动性偏好增加，则现金比率上升；反之，若流动性偏好减弱，则现金比率下降。

（2）财富变动的效应

从财富总额来看，非银行公众财富总额的增长将会使流通中现金、支票存款的数额都增加。但是由于这两种资产的财富弹性是不同的，它们之间的比率将发生变化。随着财富总额的扩大，以现金形式持有资产将显得越来越不方便，而以支票存款的方式进行交易将变得更加有吸引力。因此，流通中现金与支票存款的比率将随着财富的增加而下降。

（3）其他金融资产的预期收益率

现金是公众持有的各种金融资产中的一种，其他各种金融资产的预期收益率是其持有现金的机会成本。因此，其他金融资产预期收益率上升时，人们将增加其他金融资产的持有量，相应地减少现金的持有量，现金比率下降；反之，则现金比率上升。

（4）流动性变动的效应

现金和支票存款都可以充当交易媒介，但在某些情况下，现金作为一种交易媒介仍有着支票存款所无法替代的好处。例如，缺乏金融经验的人们通常不愿意从不相识的第三者那里接受支票，因此，现金与支票存款的比率和公众的金融经验呈负相关关系。另外，利用现金进行的交易不像通过支票存款进行的交易那样容易被警察或税务部门追查出来，因此，在非法的地下经济活动中，现金被大量使用。

现金比率的变动对货币乘数，进而对货币供给量的影响比较复杂。因为，根据货币乘数模型，c 同时出现于货币乘数公式的分子和分母中。因此，不能直观地根据公式来判断 c 的变动对货币乘数的影响方向。但是，从基本原理分析可知，人们持有的现金是一种潜在的准备金。如果将这种潜在的准备金转化为现实的准备金，即把持有的现金存入商业银行，从而 c 下降，则在部分准备金制度下，这部分现金即可通过商业银行的贷款或投资行为创造出几倍的派生存款，从而货币乘数扩大，货币供给量增加。反之，如果人们持有更多的现金使 c 上升，则这部分现金因流出商业银行体系，不再成为创造存款货币的基础，这就使货币乘数缩小，进而使货币供给量减少。所以，c 的变动将对货币乘数，从而对货币供给量产生相反的影响。

2. 定期存款比率（t）

定期存款比率的变动也主要决定于社会公众的资产选择行为。影响这种资产选择行为的因素主要有三个：

（1）定期存款利率

定期存款利率决定了持有定期存款所能取得的收益。在其他条件不变的情况下，定期存款利率上升，t 就上升；定期存款利率下降，则 t 就下降。

（2）其他金融资产收益率

其他金融资产收益率是人们持有定期存款的机会成本。因此，若其他金融资产收益率提高，则 t 下降；若其他金融资产收益率下降，则 t 上升。

（3）收入或财富水平的变动

收入或财富水平的增加往往引起各种资产持有额同时增加，但各种资产的增加幅度却未必相同。对于定期存款和活期存款两种资产而言，随着收入或财富的增加，定期存款的增加幅度一般大于活期存款的增加幅度。因此，收入或财富的变动一般引起 t 的同方向变动。

在狭义货币供给模型中，由于 t 仅仅出现在货币乘数公式的分母中，因此，t 的变动必然引起货币乘数的反方向变动。

综上所述，货币供给量是由中央银行、商业银行和社会公众这三类主体的行为共同决定的。在货币供给模型中，B、r_d、r_t 这三个因素代表了中央银行的行为对货币供给的

影响，e 代表了商业银行的行为对货币供给的影响，t 和 c 则代表了社会公众的行为对货币供给的影响。

【专栏】

怎样看待我国货币供给量迅速增大

近年我国货币供给量迅速增大。截至 2012 年底，我国货币供给量 M_2 已经达到 97.4 万亿元。2013 年如果按计划增长 13%，则 M_2 会达到 110 万亿元，在一年中净增 13 万亿元，超过全球增发货币的总量。怎样看待这种状况，需要结合中国的实际情况进行分析。

一、能不能用金融相关率去解释 M_2 的变化

在研究金融与经济的关系时，人们常用美国经济学家雷蒙德·W. 戈德史密斯提出的金融相关率（FIR）来说明经济货币化的程度，而且将 FIR 的计算公式表述为 M_2/GDP。按这一公式计算，得出的结果是：我国金融相关率 1978 年为 0.49，1993 年为 1.48，而到 2002 年为 1.80，此后一直保持在 1.80 以上。这就是说，改革开放以来我国金融相关率出现快速提高，这种状况大大超过了当时西方发达的市场经济国家（如美国金融相关率 1992 年为 0.59，英国为 1.04，日本为 1.14，德国为 0.7），也大大超过了当时的一些新兴市场经济国家（如 1992 年韩国的金融相关率为 0.44，而印度尼西亚为 0.46）。怎样来解释这种状况呢？

回答这一问题，在于理解公式的经济意义。首先，FIR 要表达的是在市场经济条件下融资的市场化程度。也就是说，通过 FIR 考察当家庭、企业、政府的资金短缺时，多大程度上需要外部融资，多大程度上靠内部融资。外部融资占国民生产总值的比率越高，表明储蓄与投资的分离程度越显著，而这二者分离程度越显著，反映融资的市场化程度越高。市场化与货币化紧密相连，经济货币化意味着实体经济与货币经济的关联程度和对市场的依存度，所以经济货币化的金融解释，其含义应当是融资的市场化。而融资市场化的程度反映了金融业的发展，所以，FIR 与其说是表明经济货币化的程度，不如说是表明金融业的发展程度。经济的发展与融资的市场化相关。

其次，FIR 要表述的是在市场经济条件下，经济的发展与金融资产的市场价值相关，金融资产的市场价值取决于供求，而供求很大程度上取决于利率。当金融资产的市场价值上涨时，意味着利率下跌，利率下跌，有利于投资，投资扩大使国民生产总值增长；反之则相反。所以，概括来说，这种相关性是资产价格—利率—投资—经济等这组经济变量的互动。在市场经济条件下，经济变量的互动（包括金融资产的市场价值）取决于人们的心理预期。从这个意义上说，FIR 反映了人们心理预期的变动，比例越高，反映人们的心理预期"利好"，金融工具作用于有形财富的力度增大，相反，力度缩小。可以说，FIR 是人们的一个信心指数。

二、哪个层次的货币供给量与 GDP 密切相关

我们要思考的是：哪一个层次的货币供给量与 GDP 的相关度密切。笔者认为不应

当是 M_2，而是 M_1（现金＋活期存款），其理论基础是：社会货币供给量中有作为媒介的货币和作为资产的货币。从债权债务关系来说，所有的货币都是资产，但我们所谓的"作为资产的货币"是指能保值增值的货币，而"作为媒介的货币"是指作为支付手段的货币。前者是潜在购买力，后者是现实购买力。在金融统计中，作为潜在购买力的货币叫"准货币"，即 $M_2 - M_1$。

如果说 M_1 与 GDP 的相关度密切，那么用 M_2 与 GDP 相比较求出的"金融相关率"就难以说明投入与产出的关系，它只能说明经济的货币化程度。

要考察货币是否供给过多或超量供给，需要考察的是 M_1 与 GDP 相关度的变化状况正不正常。

从 1992 年至 2011 年，M_1 和 M_2 的比例大致保持在 36%～45% 的区间内，波动幅度大致为 9 个百分点，一定程度上可以说作为支付手段的货币是相对稳定的，其主要原因是 GDP 与 M_1 的相关度较高，也就是说国民经济的产出决定了需要多少 M_1 作为支付手段。但值得注意的是，国民经济产出需要作为支付手段的货币有下降的趋势，而呈下降趋势的重要原因是货币替代品（如信用卡）的广泛发展。

在这二十年中，GDP 与准货币的比例关系最高是 1:1.97（1992 年），最低是 1:0.84（2011 年）。准货币中作为资产的货币可视同公众储蓄，也就是说，这二十年的开始几年，公众以银行存款形式储蓄较多，而之后几年，公众以银行存款形式储蓄较少。原因是之后几年其他信用形式有了较快的发展。这表明，其他信用形式的发展，推动了金融领域的脱媒现象，同时表明各种信用凭证（如各种有价证券）可替代作为资产的货币。

按马克思的货币流通原理和货币数量论的公式，货币供给的增长应等于经济增长和物价上涨之和。在这二十年中，前十年 M_1 同比的平均增长率为 21.8%，而经济同比的平均增长率为 9.88%，物价同比的平均增长率为 13.63%（其中商品零售价格指数同比的平均增长率为 5.41%，工业生产者购进价格指数同比的平均增长率为 8.22%），二者之和约等于 M_1 同比的平均增长率。后十年中，M_1 同比的平均增长率为 17.2%，而经济同比的平均增长率为 10.06%，物价同比的平均增长率为 7.35%（其中商品零售价格指数同比的平均增长率为 1.97%，工业生产者购进价格指数同比平均上涨 5.39%），也约等于 M_1 同比的平均增长率。

这样的计算证明，这二十年间我国 M_1 的增长是与经济增长和物价上涨相适应的，不存在超额供给问题。真正超额供给的是作为资产的货币即准货币。如果我们把准货币视为社会公众的储蓄，而且把这储蓄转化为投资，则这样的超额供给实际上是以货币去动员可利用的资源，发展经济。如果发展经济所形成的资产有效，则超额供给货币所形成的负债是有偿还能力的。当然，如果靠货币动员资源发展经济所形成的资产无效，则这样的负债就缺乏偿还动力。要偿还，只有靠后人承担。

（来源：新华网 2013－09－17，作者曾康霖）

【本章小结】

本章分两节阐述了货币供给的相关知识：第一节主要介绍了货币供给的含义、银行体系的存款货币创造过程和银行体系存款乘数的影响因素等；第二节主要介绍了基础货币、货币乘数和影响货币供给量的因素等内容。

本章比较重要，所有内容都要理解并掌握！

【关键词汇】

货币供给　原始存款　派生存款　部分准备金制度　超额存款准备金

法定存款准备金　存款乘数　现金漏损率　基础货币　货币乘数

【问答和思考题】

1. 简述银行体系的存款货币创造的过程是怎样的。
2. 简述存款乘数的公式。
3. 影响存款乘数的因素有哪些？
4. 中央银行的公开市场业务如何影响基础货币的变动？
5. 简述货币乘数的推导过程。
6. 影响货币供给量的因素有哪些？
7. 中央银行向银行或者向公众购买1000元的证券，对基础货币的影响是否相同？
8. 假定支票存款的法定准备金率为6%，非交易存款的法定准备金率为3%，银行超额准备金率为2%，流通中现金与支票存款的比率为30%，非交易存款与支票存款的比率为250%，货币乘数是多少？

第十章

货币需求与货币均衡

【本章导读】

货币供给和货币需求的相互关系和相互作用是现代货币理论的基石，二者的均衡状况是中央银行制定货币政策的依据，并与商品市场的均衡状况相互作用，决定了现代经济运行的效率。第九章介绍了货币供给的相关知识，本章主要阐述货币需求和货币均衡的相关知识。

第一节 货币需求

一、货币需求的含义及分类

（一）货币需求的含义

货币需求是指在既定时间上一国社会各部门（居民、企业及政府）在既定的收入或财富范围内能够而且愿意持有货币的数量。在现代商品经济条件下，货币可以作为媒介进行交换、支付费用、偿还债务、从事投资或保存价值等，所以便产生了持有货币的需求。

对于货币需求的理解，需要把握以下几点：

1. 货币需求是一个存量的概念

货币需求考察的是在特定的时点和空间内，社会各部门在其拥有的全部资产中愿意以货币形式持有的资产数量，而不是在某一段时间内，各部门所持有的货币数额的变化量。因此，货币需求是个存量概念，而非流量概念。

2. 货币需求是一种有支付能力的需求

经济学意义上的需求指的是有效需求，不单纯是一种心理上的欲望，而是能力和愿望的统一。货币需求作为一种经济需求，与个人的经济利益及其社会经济状况有着必然的联系，始终是一种能力和愿望的统一，是一种客观的货币需求。

3. 人们对货币的需求既包括了执行流通手段和支付手段职能的货币需求，也包括了

执行价值储藏手段职能的货币需求

人们对货币需求的根本原因在于货币所具有的职能。在现代市场经济社会中，人们需要以货币方式取得收入，用货币作为交换和支付的手段，用货币进行财富的储存，因此，对货币需求的理解要结合货币的职能。

（二）货币需求的分类

1. 宏观货币需求与微观货币需求

宏观货币需求是以宏观经济发展目标为出发点，分析国民经济运行总体对货币的需求，一般指货币执行流通手段职能和支付手段职能需要的货币量，不包括货币发挥储藏手段职能需要的货币量。研究宏观货币需求，有利于货币政策当局制定货币政策，为一国政府在特定时期内的经济发展作出贡献，同时能在一定程度上平衡社会的总需求与总供给。

微观货币需求是从微观角度考察的货币需求，是指个人、家庭、企业单位在既定的收入水平、利率水平和其他经济条件下产生的对执行储藏手段职能的货币的需求。研究微观货币需求，有助于进一步认识货币的职能，对货币需求的分析起到重要作用。

2. 名义货币需求与实际货币需求

名义货币需求是实际货币需求的对称，是指社会各经济部门适应物价变化幅度在名义上增减的货币需求，即用货币单位来表示的货币数量，如5万元人民币、1万美元等，通常以 M_d 表示。

在短期分析中，即价格不变的条件下，名义货币需求量有实际意义。在价格不变时，按票面额计量的单位货币购买力不变，经济个体可以按票面额计量的货币量安排生产和消费，即可以不考虑货币购买力的变化安排货币需求量。

一旦价格发生变动，名义货币量代表的购买力也就发生了变动。如果想要保持经济个体的既有的生产和消费规模，名义货币需求量就必须发生变动。反之，如果名义货币需求量不变，生产和消费规模就必然发生变动。

实际货币需求是指名义货币数量在扣除物价变动因素之后的那部分货币余额，它等于名义货币需求除以物价水平，即 M_d/P，其中 M_d 是名义货币需求，P 是价格水平。

名义货币需求与实际货币需求的根本区别，在于是否剔除了通货膨胀或通货紧缩所引起的物价变动的影响。

对于货币需求者来说，重要的是货币所具有的购买力的高低而非货币数量的多少，因此，他们更关注实际货币需求。但在物价总水平有明显波动的情况下，区分并研究名义货币需求对于判断宏观经济形势和制定并实施货币政策具有重要意义。

二、货币需求理论

货币需求理论是研究货币需求的动机、影响因素、数量决定和其与物价、产出之间关系的理论。一国经济发展在客观上需要多少货币量以及根据客观货币需求量供给多少货币，是货币理论研究的中心问题，也是中央银行货币政策制定和执行的基本思路。

（一）传统货币数量说

货币数量说是指以货币的数量来解释货币的价值或一般物价水平的一种货币理论。核心内容是货币数量的变动与物价或货币价值的变动之间存在因果关系，即在其他条件不变的情况下，物价水平或货币价值由货币数量决定。货币数量增加，物价随之正比例上涨，货币价值随之反比例下降；货币数量减少，物价随之正比例下跌，货币价值随之反比例上升。

西方经济学家一般把凯恩斯以前的经济学家统称为古典学派。一般来说，传统货币数量论就是指古典学派的货币需求理论。传统货币数量论主要有两个基本学说：费雪的现金交易数量说和剑桥学派的现金余额数量说。

1. 现金交易数量说

美国经济学家费雪于 1911 年出版了《货币的购买力》一书，对古典的货币数量论进行了最好的概括和总结。他认为，货币的唯一功能是充当交易媒介，货币并不能直接满足人们的欲望，人们需要货币仅仅是因为货币具有购买力，可以用来交换商品和劳务。因此，他提出了著名的交易方程式，即费雪方程式：

$$MV = PT$$

其中，M 代表流通中的货币数量，V 代表货币流通速度，T 代表商品和劳务的交易量，P 代表一般物价水平。等式右边 PT 为交易总值，等式左边 MV 为货币总值。在交易中发生的货币支付总额 MV 等于被交易商品或劳务的总价值 PT。费雪分析了决定方程式中 M、V、P、T 的各种因素以及方程式中各项因素的变化情况。费雪认为，货币流通速度（V）是由制度因素决定的，在短期内是稳定的，可视为不变的常数；商品和劳务的总交易量（T）在短期内也保持不变，也可视为常数；由于 V 和 T 都保持不变，所以货币供应量 M 的变化就将完全体现在价格 P 的变化上。货币数量的变动是因，一般物价水平的变动是果。由此看出，费雪认为货币的需求只是被动地决定于货币供给。

由于商品和劳务的交易量 T 很难得到，一定时期的商品和劳务的交易额（PT）也用名义国民收入 PY 表示。这里的 Y 表示实际国民收入。因此费雪方程式也有如下表达式：

$$MV = PY$$

费雪方程式侧重于宏观分析，即货币总量和总产出及总的价格水平的关系，因而没有注意微观经济主体行为对货币需求量的影响，这是其理论的一大缺陷。

2. 现金余额数量说

现金余额数量说是以马歇尔和庇古为首的英国剑桥大学经济学家创立的。他们从另一角度研究了货币数量和物价水平之间的关系。剑桥学派认为现金交易数量说没有说明使货币流通速度发生变化的原因，而要发现这些原因，就必须考察社会公众愿意以货币形态保持其购买力的数额，而这又要分析人们持有货币余额的动机，即分析决定货币需求的因素。

剑桥学派认为，个人对货币的需求，实质是选择以怎样的方式保持和安排自己资产的问题。经济主体愿意持有的平均货币数量或现金余额，即人们对货币的需求 M_d，在名义国民收入 Y 中保持一个稳定的比例 K，因此货币需求可以用公式表示为

$$M_d = KY$$

由于名义国民收入（Y）是实际产量或实际收入（y）与物价水平 P 的乘积，即 $Y = Py$，因此上述公式又可写为

$$M_d = KPy$$

这就是剑桥方程式。这样，剑桥学派所建立的实际上是一种货币需求方程式。

由于包括传统货币数量论在内的古典经济学都认为经济可以自动趋于均衡，因此货币供求也趋于均衡，故 $M_d = M_s = M$，即 M 的下标可省略。此一替换便得到剑桥方程式的另一个表达式：

$$M = KPy$$

该方程式说明人们意愿持有的货币存量 M 与国民收入保持一个固定的或稳定的比例 K。如果 K、y 都为常数，则物价水平与货币存量成同比例且同方向的变化。这就从另一个方面得出了与费雪相同的结论。

K 是由人们持有货币的动机即人们的选择行为决定的，它受多种因素（如利率、预期通货膨胀等）的影响，因而可能上下波动，而不会保持固定不变。剑桥学派从货币需求函数出发推导出货币数量论，蕴含着较多的合理成分，因为它的出发点是正确的。但是剑桥学派放弃了对货币需求函数的进一步研究，简单地将 K 视为一个常数，显然缺乏理论依据，也经不起现实社会经济生活的检验。剑桥学派开创的这一研究角度，为后来的经济学家研究货币需求以及货币和国民收入的关系，奠定了坚实的基础。凯恩斯的流动性偏好理论正是在现金余额数量说的基础上发展起来的。

（二）凯恩斯的货币需求理论

20 世纪 30 年代以前，古典货币理论盛行于西方资本主义世界。但是 20 世纪 30 年代爆发了资本主义世界经济大危机，因为货币当局未能拿出有效的解决经济危机的方案，导致古典货币理论名声扫地。20 世纪 30 年代以后，由于《就业、利息和货币通论》的发表，凯恩斯的经济学说成为主流经济学，凯恩斯的货币理论取代了古典货币理论的地位，成为政府制定经济政策的主要理论依据，而传统货币数量说逐渐式微。

凯恩斯在 1936 年出版的名著《就业、利息和货币通论》一书中系统地阐述了其关于货币需求的观点。由于师从马歇尔，凯恩斯的货币理论在某种程度上是对剑桥学派货币需求理论的进一步发展。凯恩斯详细分析了人们持币的各种动机，进而得出了货币需求不仅受实际收入的影响而且受利率影响的结论。

凯恩斯认为，人们之所以需要持有货币，是因为存在流动性偏好这种普遍的心理倾向，这一流动性偏好就构成了对货币的需求。所谓流动性偏好，是指人们在心理上偏好流动性，愿意持有货币而不愿意持有其他缺乏流动性资产的欲望。这种欲望构成了对货币的需求。因此，凯恩斯的货币需求理论也被称为流动性偏好理论。那么人们为什么偏好流动性，为什么愿意持有货币呢？凯恩斯认为，人们的货币需求是出自以下三种动机：交易动机、预防动机和投机动机。

1. 交易动机

交易动机指个人或企业为了应付日常交易需要而产生的持有货币的欲望，基于交易动机而产生的货币需求被称为交易需求。凯恩斯将交易需求看做收入的稳定函数，取决于收入的数量和收支的时距长短。由于收支的时距在短期内相对稳定，因此，交易需求主要受到收入水平的影响。收入越多，此项货币需求就越大；收入越少，此项货币需求也就越小。因此，交易动机下的货币需求是收入水平的增函数，这一点与交易方程式和剑桥方程式相似。

2. 预防动机

又称谨慎动机，是指人们为了应付紧急和突发情况而持有一定数量货币的动机，这类货币需求就称为货币的预防需求，它的产生主要是因为未来收入和支出的不确定性。这一货币需求的大小也主要取决于收入水平。因为人们拥有的货币越多，应对意外事件的能力就越强。生活中，经常会出现一些未曾预料到的、不确定的支出，这类事件包括两类：一类是不好的意外事故，如失业、疾病等；另一类是意料之外的有利的购买机会，如没有料到的进货机会。不难推断出这类动机下的货币需求同样在很大程度上受收入水平的影响，收入越高，越愿意多持有货币以应付上述两类事件的发生，因此，预防动机下的货币需求也是收入的增函数。

由于交易动机和预防动机的货币需求都主要取决于收入水平，而对利率变化则不很敏感，所以可以把这两种货币需求函数合二为一，用下式表示：

$$M_1 = L_1(Y)$$

其中，M_1 代表为满足交易动机和预防动机而持有的货币量，Y 代表收入水平，L_1 代表 M_1 与 Y 之间的函数关系。M_1 货币需求是收入水平 Y 的递增函数。

3. 投机动机

投机动机是指人们根据对市场利率变化的预测，需要持有货币以便满足从中投机获利的动机，由此产生的货币需求称为货币的投机需求。这也是凯恩斯货币需求理论中最有特色的内容。出于投机动机的货币需求的大小与利率相关而与收入无关。若当前利率高于正常利率，投机者就会预期利率下降；若当前利率低于正常利率，投机者就会预期利率上升。在一般情况下，货币市场利率与债券价格反向变动，人们预期利率上升，则意味着预期债券价格下降，而预期利率下降，则意味着预期债券价格上升。这种预期影响着人们持有资产的决策，从而影响投机性货币需求。具体而言，当前利率较低时，人们预期利率会上升，将抛出债券，持有货币；而当前利率较高时，人们预期利率下跌，将抛出货币而持有债券。所以，投机动机的货币需求是当前利率水平的递减函数。公式表示为

$$M_2 = L_2(r)$$

其中，M_2 代表为满足投机动机而持有的货币量，r 代表市场利率，L_2 代表 M_2 与 r 之间的函数关系。

综合而言，凯恩斯理论的货币总需求函数是

$$M = M_1 + M_2 = L_1(Y) + L_2(r)$$

即货币的总需求是由收入和利率两个因素决定的。

凯恩斯认为，一般情况下，由流动偏好决定的货币需求在数量上主要受收入和利率

的影响。其中，交易性货币需求和预防性货币需求是收入的递增函数，投机性货币需求是利率的递减函数。

把利率作为影响货币需求的重要因素是凯恩斯货币需求理论的一大贡献。在此之前的古典货币数量论，如现金交易数量说根本否认利率对货币需求的作用，现金余额数量说也只提到利率对货币需求产生影响的可能性。只有凯恩斯明确地将货币需求对利率的敏感性作为其宏观经济理论的重要支点。凯恩斯认为，在有效需求不足的情况下，可以通过扩大货币供应量来降低利率，以刺激投资、增加就业、扩大产出，从而促进经济增长。凯恩斯货币需求理论对西方经济理论和经济政策产生了重要影响。

凯恩斯货币需求理论的主要缺陷是缺乏微观经济分析基础。从形式上讲，凯恩斯的货币需求理论直接以个人的行为作为分析对象，但是交易需求分析本质上是一种静态分析，交易需求本身是需要加以说明的。固然，凯恩斯主义货币经济模型通过将物品市场、劳动市场和货币市场连接成一般均衡模型，交易需求在某种程度上得到说明，然而这种说明是不充分的，它只是停留在宏观层次，而没有解决货币需求如何由个人的最优化行为导出。这里个人的最优化行为不仅仅是指个人的最优理财行为，同时也指个人的最优消费行为。后者将由消费者动态效用最大化决定，因此，货币需求必须在个人理财费用的约束下由个人动态消费效用最大化导出。但是，在凯恩斯的货币需求模型中，个人理财费用得到了充分的强调，而个人效用最大化基本没有涉及，这是凯恩斯货币需求理论动态化方面的重大缺陷。

（三）凯恩斯流动性偏好理论的发展

20世纪50年代以后，针对流动性偏好理论的不足，一些凯恩斯学派的经济学家对这一理论作了进一步研究，发展完善了凯恩斯的货币需求理论。

1. 平方根定律

平方根定律即鲍莫尔模型，是美国经济学家鲍莫尔于1952年提出，将利率因素引入交易性货币需求分析而得出的货币需求理论。平方根定律论证了交易性货币需求受利率影响的观点，从而修正了凯恩斯关于交易性货币需求对利率不敏感的观点。

鲍莫尔将存货管理理论运用于货币需求分析中，认为持有货币如同持有存货一样，也有一个最优规模问题。如果持有货币过多，将不会带来任何收益，就会形成资金的浪费。如果持有货币过少，又不能满足日常交易所需。因此，需要确定一个最佳货币持有量。

鲍莫尔作了以下假设：

（1）人们收入 Y 的数量既定，间隔一定；支出的数量事先可知且速度均匀。

（2）人们将现金换成生息资产采用购买短期债券的形式，它们具有容易变现、安全性强的特征。

（3）每次变现（出售债券）与前一次的时间间隔及变现数量 C 都相等。

根据存货管理理论，最佳的货币持有量应该是持币成本最小的量。持有货币的成本至少分为两类：一类是变现成本或交易成本，即每次出售债券获得现金所支付的手续费 b，则在一个支出期间内，全部手续费为 $b \times \dfrac{Y}{C}$。另一类是持币的机会成本，即因持有货币而放弃的债券利息收入。在支出期间的平均货币持有量为 $\frac{C}{2}$，设利率为 r，因此失去的利息收入为 $r \times \frac{C}{2}$。若以 TC 代表持有货币的总成本，则有

$$TC = b \times \frac{Y}{C} + r \times \frac{C}{2}$$

对上式求关于 C 的一阶导数，可求出使总成本 TC 最小的变现量，得到 $C = \sqrt{\frac{2bY}{r}}$。

由于人们在整个支出期间的平均货币持有量为 $\frac{C}{2}$，所以最优交易需求 $M = \sqrt{\frac{bY}{2r}}$。

上式中，M 表示货币交易需求，b 表示变现成本，Y 为收入，r 为利率。由公式可以看出，交易动机引起的货币需求是收入的增函数，是利率的减函数。

平方根定律表明：

（1）交易货币需求是收入 Y 的增函数，随着收入增加，用于交易的货币需求量也会增加，但交易货币需求并不与收入按同样的比例变化，而是与收入的平方根依同一方向变化。

（2）交易货币需求与利率负相关，利率的上升会导致交易货币需求下降，但也不是同比例地变动。交易货币需求与利率的平方根成反比，在这点上，鲍莫尔补充和发展了凯恩斯的货币需求理论。

但是，鲍莫尔模型的假设过于简单，使其结论的有效性大大削弱。

2. 托宾的资产选择理论

美国经济学家托宾发展了凯恩斯的投机性货币需求理论，提出了资产组合理论的基本思想。

按照凯恩斯的假设，人们对于货币和债券这两种财富持有形式的选择仅仅取决于它们的预期报酬率。凯恩斯认为公众对"正常利率"持有一种"点预期"，当实际利率低于该点时，投资者不愿持有任何债券而全部持有现金，当实际利率高于该点时，投资者会将其全部资产转向债券而不愿持有现金。因此，在凯恩斯看来，当市场利率变动时，人们只会在货币与债券之间选择其一，而不是两者兼有。这种观点无法解释人们同时持有货币和债券的现象，也无法说明人们同时持有其他收益率各不相同的金融资产这一现象，因而遭到不少批评。于是许多学者对凯恩斯的理论发表了新的见解，其中最有代表性的就是托宾模型，主要研究在对未来预计不确定性存在的情况下，人们怎样选择最优的金融资产组合，所以又称为资产组合理论。

资产组合理论是托宾对凯恩斯投机性货币需求理论的发展。通过这个理论，托宾论证了在未来不确定的情况下，人们依据总效用最大化原则在货币与债券之间进行组合，货币的投机需求与利率呈反方向变动。

托宾认为，资产的持有形式不外乎两种：货币和债券。持有债券可以得到利息，但也要承担由于债券价格下跌而遭受损失的风险，因此，债券被称为风险资产。持有货币虽然没有收益，但也没有风险，所以，货币被称做安全性资产。风险和收益同方向变

化，同步消长。由于人们对待风险的态度不同，就可能作出不同的选择，据此，托宾将人们分为三种类型：风险回避者、风险爱好者和风险中性者。托宾认为，现实生活中后两种人只占少数，绝大多数人都属于风险回避者，资产选择理论就以他们为主进行分析。

通过分析，托宾得到以下结论：

（1）人们依据总效用最大化原则在货币与债券之间进行组合

托宾认为，人们之所以选择持有没有收益的货币，是因为人们进行资产选择的原则不是预期收益最大化，而是预期效用最大化。持有任何一种金融资产都具有收益和风险两重性，收益增加会使投资者正效用增加，风险增加会使投资者正效用减少或负效用增加。收益的正效用随着收益的增加而递减，风险的负效用随着风险的增加而增加。若某人的资产构成中只有货币而没有债券，为了获得收益，他会把一部分货币换成债券，因为减少了货币在资产中的比例就带来了收益的正效用。但随着债券比例的增加，收益的边际效用递减而风险的负效用递增，当新增加债券带来的收益正效用与风险负效用之和等于零时，他就会停止将货币换成债券的行为。同理，若某人的全部资产都是债券，为了安全，他就会抛出部分债券而增加货币持有额，一直到抛出的最后一只债券带来的风险负效用与收益正效用之和等于零时为止。只有这样，人们得到的总效用才能达到最大化。这就是所谓的资产分散化原则。这一理论说明了在不确定状态下人们同时持有货币和债券的原因，以及对二者在量上进行选择的依据。

（2）货币的投机需求与利率呈反方向变动

托宾认为，利率越高，债券的预期收益越高，因而对货币持有量的比例就越小，这就证实了货币的投机需求与利率之间存在反方向变动关系。托宾模型还论证了投机货币需求的变动是通过人们调整资产组合实现的。这是由于利率的变动引起预期收益率的变动，破坏了原有资产组合中风险负效用与收益正效用的均衡，使人们重新调整自己的资产组合，导致了投机货币需求的变动。所以，利率和未来的不确定性对于投机货币需求具有同等的重要性。

托宾模型虽然较凯恩斯投机货币需求理论更加切合实际，但也存在不足之处。例如，该模型忽略了物价波动的因素，而且只考虑两种金融资产即货币和债券，而不考虑其他金融资产，与金融市场的实际状况不符，削弱了该理论对现实的解释能力。

（四）现代货币主义的货币需求理论

第二次世界大战后，美、英等国家长期推行凯恩斯主义扩大有效需求的经济政策，虽然在刺激生产发展、延缓经济危机等方面起了一定作用，但同时却引起了持续的通货膨胀。弗里德曼从20世纪50年代起，以制止通货膨胀和反对国家干预经济为目标，向凯恩斯主义的理论和政策主张提出挑战。他在1956年发表《货币数量论——重新表述》一文中，对传统的货币数量说作了新的论述，标志着现代货币数量论的诞生，并形成了以他为首的一个崭新的宏观经济学派——货币学派或货币主义，对凯恩斯主义构成了有力的挑战。

弗里德曼继承了凯恩斯等人把货币视为一种资产的观点，从而把货币需求当做财富所有者的资产选择行为来加以考察。所不同的是，他不像凯恩斯那样，用债券代表货币之外的金融资产，从而把资产选择的范围限定在货币和债券之间，而是把债券、股票以及各种实物资产都列为可替代货币的资产，从而将资产选择的范围大大扩大，并从中得出了与凯恩斯主义截然不同的结论。

弗里德曼对货币需求诸因素的分析，从研究为什么需要货币入手。他指出，对于货币的需要，就像对别的商品和劳务的需要一样，同样可采用消费者选择理论来进行分析。一般消费者在对诸多商品进行选择时，必然要考虑以下几个因素：

1. 财富总量

它相当于消费者理论中的预算约束。由于在实际生活中，财富很难加以估计，所以必须用收入来代表。但是弗里德曼认为，利用一般的现期收入指标来作为衡量财富的指标是有缺陷的，因为它会受到经济波动的影响，必须用持久性收入来作为财富的代表。所谓持久性收入（也译为恒久性收入或永久性收入），是弗里德曼在他的消费理论中提出的一个概念。它是指消费者在较长一段时期内所能获得的平均收入。在实际计算中，可以用现在及过去年份实际收入的加权平均数来加以估算。利用这一变量可以排除一些暂时性的扰动因素。

2. 财富在人力与非人力形式上的划分

所谓人力财富，主要是指个人的谋生能力。由于人力财富向非人力财富的转化往往因社会制度的转化而局限在很小的范围内，所以人力财富的流动性较低，不像债券、股票那样随时可以出售。因此，人力财富在财富总额中占较大比例的所有者将试图通过持有较多的货币来增加其资产的流动性，因为货币是一种流动性最高的资产。弗里德曼据此认为，人力财富对非人力财富的比率（或者非人力财富占总财富的比率）是影响货币需求的重要因素。

3. 持有货币的预期报酬率

货币在弗里德曼看来不仅包括现金，也包括各种存款如储蓄存款和定期存款，因此持有货币会带来收益。持有货币的预期收益包括两个部分：首先是银行为存款支付的利息，其次是银行为支票存款提供的各种服务，如自动为存款人支付水费、电费等。显然，货币需求与持有货币的预期报酬率成正比。

4. 其他资产的预期报酬率，即持有货币的机会成本

它们包括两部分：首先是任何当期支付的所得或所支，如债券的利息、股票的股息以及实物资产的保管费用。其次是这些资产项目价格的变动，如债券和股票的资本利得，实物资产在通货膨胀时期的价格上涨。货币需求与其他资产的预期报酬率成反比。

5. 持有货币的效用

对于个人或企业来说，持有货币既可以用于日常交易的支付，又可以应付不测之需，还可以抓住获利的机会，这就是货币所提供的效用。这些效用虽然无法直接测量出来，但人们的感觉和现实证明它确实是存在的。这种流动性效用以及影响此效用的其他因素，如人们的嗜好、兴趣等都是影响货币需求的因素。

通过上述分析，弗里德曼得出了最终财富持有者个人的货币需求函数如下：

$$M = f(Y, w, rm, rb, re, \frac{1}{P} \times \frac{dP}{dt}, P, u)$$

其中，M 表示名义货币需求量，即财富持有者个人持有的货币量；Y 表示名义恒久性收入，P 表示一般物价水平；w 表示非人力财富占总财富的比率；rm 表示货币的预期名义收益率；rb 表示债券的预期名义收益率，包括债券价格的变动；re 表示股票的预期名义收益率，包括股票价格的变动；$\frac{1}{P} \times \frac{dP}{dt}$ 表示预期物价变动率，因而是实物资产的预期名义收益率；u 表示主偏好以及其他影响货币效用的非收入变量；f 表示名义货币需求和影响名义货币需求的上述各因素之间的函数关系。

弗里德曼货币需求函数的经济意义是：物价水平乃至名义收入（国民总收入）的水平是由货币供应和货币需求共同作用的结果。货币供应是由货币当局和有关立法来控制的，其变化独立于经济体系的内部运转，因此问题的关键在于了解货币需求函数的状况。理论分析和统计资料证明，货币需求函数是极为稳定的。货币需求函数的稳定性，使货币供应量的人为变化不能被货币需求抵消，从而作用于物价乃至名义收入，对经济生活产生影响。因此，货币供应量的不规则变动是经济波动的根本原因，通货膨胀就是货币供应过多的结果。如果要控制通货膨胀，实现经济的稳定增长，就必须实行"单一规则"的货币政策，即将货币供应量作为唯一的政策目标，并制定货币供应量增长的数量法则。

三、决定和影响货币需求的主要因素

货币需求取决于人们持有货币的动机和财务约束，因此凡是影响和决定人们持有货币的动机和财务约束条件的因素也就是决定和影响货币需求的因素。决定和影响货币需求的因素主要有以下方面：

（一）收入状况

收入状况是决定货币需求的主要因素之一。这一因素又可分解为收入水平和收入时间两个方面。

在市场经济中，各微观经济主体的收入最初都是以货币形式获得的，其支出也都要以货币支付。一般来说，收入提高，说明社会财富增多，人们以货币形式持有的财富就会相应增加。同时收入增加也会导致支出扩大，因而需要更多的货币量来满足商品交易。所以，货币需求与收入水平成正比。若用 M_d 表示需要的货币量，持币量在收入 Y 中的比率为 k，则 $M_d = kY$。

人们取得收入的时间间隔越长，则人们的货币需求量就越大；反之，则越小。因为一般情况下，收入通常是定期地取得，而支出则是经常陆续地进行，在两次收入的间隔中，人们要持有随时用于支出的货币。两次收入的间隔越长，人们需要持有的货币越多。

（二）市场利率

一般情况下，货币需求与市场利率反向变化。市场利率上升，货币需求减小；反

之，则增大。当市场利率提高时，一方面会增加人们持有货币的成本，另一方面又会使有价证券价格下降，吸引投资者购买有价证券，以便在未来有价证券价格回升时，获取资本利得，所以人们将减少货币需求量。而当市场利率下降时，一方面会减少人们持有货币的机会成本，另一方面会使有价证券的价格上升，人们为避免将来证券价格下降而遭受资本损失，就会抛售有价证券，转而持有货币，从而使货币需求量增大。

例如，1988年全国零售物价指数上升18.5%，而当时一年定期储蓄利率仅为年率7.2%，实际利率为负的状况导致人们大量挤提存款，抢购商品，货币需求急剧上升。当政府采取按物价指数保值贴补的储蓄办法后，实际利率上升，挤兑抢购的状况很快得到扭转，储蓄余额又开始上升，货币需求回落。

（三）价格水平

货币需求是在一定价格水平上人们需要的货币量。在商品和劳务量既定的条件下，价格越高，用于商品和劳务交易的货币需求也必然越多。因此，价格和货币需求，尤其是交易性货币需求之间，是同方向变动关系。如果某人原来有100元货币，现在商品价格上升了一倍，他必须用200元才能买到原先数量的商品。如果仍只有100元，则他只能买到原来商品数量的一半。可见，当价格水平提高时，为了保持原先持有货币的购买能力，需要持有的名义货币量必须相应增加。

（四）货币流通速度

货币流通速度是指一定时期内货币的转手次数。动态地考察，一定时期的货币总需求就是货币的总流量，而货币总流量是货币平均存量与速度的乘积。在用来交易的商品与劳务总量不变的情况下，货币速度的加快会减少现实的货币需求量。反之，货币速度的减慢则必然增加现实的货币需求量。因此，货币流通速度与货币总需求呈反方向变动关系。改革以来，我国的货币流通速度有减缓的趋势，客观上加大了货币需求量。

（五）信用的发达程度

如果在一个社会信用发达，信用制度健全，人们在需要货币的时候能容易地获得现金或贷款，那么人们所需要持有的货币就会少些，人们可以将暂时不用的货币先投资于其他金融资产，待需要使用货币时，再将其他金融资产出售以换回现金。另外，在信用制度发达的经济中，有相当一部分交易可通过债权债务的相互抵消来结算，这也减少了货币的需求量。而在信用制度不发达的经济中，人们要取得现金或贷款不太容易，于是人们宁愿在手头多持有些货币。一般来说，货币需求量与信用的发达程度呈负相关关系。

（六）其他因素

如人们的消费倾向、心理预期、体制变化、金融服务技术与水平等因素也会影响货币需求。

四、货币需求量的测算

近年来，不少学者对货币需求量的测算进行了一些有益的探索，主要有以下三种测定方法：

（一）三项挂钩法

这种方法提出，让货币需求量与经济增长、物价变动和货币流通速度三个因素挂钩，其计算公式如下：

$$M'_d = \frac{(1 + P')(1 + T')}{1 \pm V'} - 1$$

其中，M'_d代表货币需求量的增长率，P'代表计划的物价上涨率，T'代表经济增长率，V'代表货币流通速度变化幅度。

在上式中，经济增长率必须是实际增长率而不是名义增长率，否则物价上涨因素就会作一次重复计算。

主张三项挂钩法的学者还认为，如果经济增长、物价和货币流通速度的变化幅度都不大，即P'、T'和V'的值都很小，那么上式可以简化为

$$M'_d = P' + T' \pm V'$$

如果货币流通速度加快，那么它对于货币供应量就是一个否定因素，以上公式中就取减号；反之，如果货币流通速度呈减慢趋势，则公式中就取加号。这种方法从形式上看是正确的，因为它只是从增长率的角度对货币需求量规律（$M = PT/V$）加以变形得到的。

因为$M = PT/V$，等式两边取对数，再进行微分后，得到

$$\frac{dM}{M} = \frac{dP}{P} + \frac{dT}{T} - \frac{dV}{V}$$

其中，$\frac{dM}{M}$可以看做货币需求量的变动率，用M'_d代替表示；$\frac{dP}{P}$可以看做物价变动率，可用物价指数P'代替表示；$\frac{dT}{T}$可看做商品数量变动率，可用经济增长率T'代替表示；$\frac{dV}{V}$即货币流通速度变化率，可用V'代替表示。

于是上式就可以表示为

$$M'_d = P' + T' - V'$$

式中，如果货币流通速度加快，则V'为正数；反之，如果货币流通速度呈减慢趋势，则V'为负数。

尽管三项挂钩法在理论上是成立的，但将其付诸实施，也会遇到经济增长率、物价上涨率用什么指标表示，货币流通速度的变化率如何识别等困难。

（二）单项挂钩法

单项挂钩法是为了弥补三项挂钩法的缺陷而产生的，是指对货币需求量增长率进行单项指标跟踪，即只与经济增长率一个指标挂钩。单项挂钩法的特点是，让货币供应量增长率盯住经济增长率，但又不采取对应的挂钩方式，即不是经济每增长1，货币供应量就只能增长1，而是让二者保持一定的幅度差，通常称之为货币供应系数。用公式表示为

$$M'_s = aT'$$

其中，M'_s代表货币供应量的增长率，T'代表经济增长率，a表示货币供应系数。按

照单项挂钩法的思路，货币供应系数 a 一般是大于 1 的，即所谓的货币供应"超前增长"，其理由主要有：

（1）经济的增长需要货币供应超前增长。虽然货币供应的增长需要以经济发展为基础，但经济的发展并不是无条件的，它需要有货币供应作"原动力"。在经济发展过程中，每年都要有一定数量的基本建设投资，而项目的建设周期少则二三年，长则要几十年才能见效。即使有当年投资当年投产的，其投资收益也不能完全补偿其投资，而项目在建设期间或见效之前，需要不断注入货币，这形成了经济增长与货币供应的缺口。再者，项目建成后，企业一投产，周转备用金就要增加，流动资金占用会越来越多，而企业资金自给率一般较低。

（2）货币流通速度的延缓需要货币供应量的更快增长，才能使之与经济发展的需要相平衡。

（3）货币供应较之经济发展的超前增长不仅表现在数量上，还表现在时间上。因为商品还没有生产出来之前，货币就已经被预付到流通中去了。

（4）经济的增长固然是货币供应增加的决定性因素，但并不是唯一的因素。除了经济发展需要供应货币外，社会其他方面的进步也需要占用一定量的货币。特别是在经济全球化、市场化的进程中，不仅货币本身的内涵在不断扩大，而且货币仅以商品作为"物资保证"的理论也有所突破。目前，金融性交易需要的货币量已大大超过以货币为实物交易服务的比例。

单项挂钩法的困难是，货币供应超前系数究竟如何取值，学者们认为有两种可供选择的方法。第一种方法是截取一段历史时期，剔除某些非正常年份，选择正常年份为参数，观察不同年份的两个增长率的比值并综合求证。第二种方法是不作时间剔除，用大样本作时间参数，在一段历史时期中求平均数。按照这两种方法分别计算，其结果在 1.5 左右。

（三）对数模型

随着实证经济学和计量经济学的发展，货币需求的经验研究开始在货币分析中占据越来越重要的地位。美国联邦储备委员会根据普林斯顿大学教授格尔德菲尔德（Stephen Goldfeld）的研究成果，提出了一个计量模型，并得到了一定的实证检验，受到了人们的普遍关注。这一模型的公式为

$$\lg\left(\frac{Md}{P}\right) = a_0 + a_1\lg\left(\frac{Ms}{P}\right) + a_2\lg\left(\frac{GNP}{P}\right) + a_3\lg(R) + a_4(r)$$

其中，$\frac{Md}{P}$ 表示实际货币需求量；$\frac{Ms}{P}$ 表示上一期已知的实际货币供应量；$\frac{GNP}{P}$ 表示实际国民生产总值；R 表示联邦基金利率等短期利率的综合；r 表示定期存款利率及长期债券利率等长期利率的综合；a_1、a_2、a_3、a_4 为各变量的系数，通过相关统计资料，利用回归分析的方法，可计算求出。

【专栏】

近期市场对货币有短时需求

据银率网数据库统计，上周（2014年8月16日至2014年8月22日）北京地区发行的非结构性银行理财产品总数为461款，平均预期收益率为5.14%，较之前一周上升0.03个百分点，平均投资期限为133天。

按投资期限划分，上周投资期限在一个月以内的理财产品平均预期收益率下降0.25个百分点，至4.36%；1至3个月期限的理财产品平均预期收益率为5.03%，与之前一周持平；3至6个月期限的理财产品平均预期收益率上升0.04个百分点，至5.24%；6至12个月期限的理财产品平均预期收益率下降0.01个百分点，至5.36%；1年以上期限的理财产品平均预期收益率下降0.04个百分点，至5.63%。

银率网数据库统计，本周北京地区共75款人民币理财产品预售（预售时间：8月23日至8月29日）。其中预期收益率最高的是江苏银行发行的"聚宝财富2014专享财富"第8期人民币理财产品，该产品为非保本浮动收益类型，投资期限为70天，预期最高收益率为6.1%，投资起点为20万元。

保本类理财产品中，预期收益率最高的是浦发银行发行的"个人专项理财产品2014年第8期乐享盈计划之夕阳红——无忧款2101143603"，该产品投资起点为5万元，投资期限为357天，预期收益率为4.7%。

北京地区的银行理财产品平均预期收益率最近两周连续回升，银率网分析师认为这一现象仅是市场对货币出现短时需求的表现，并非是理财产品收益率下行趋势反转的信号。这从最近两周SHIBOR数据走势中可以得到佐证。在过去半个月，SHIBOR（1W）数据走势在过去半个月中有翘头趋势，而SHIBOR（2W）数据走势则呈现较为明显的先扬后抑走势，同时SHIBOR（1M）数据则一直保持下降走势。银率网分析师认为，SHIBOR不同期限的数据走势，表明货币市场短期内有从紧预期，而长期（至少是1M）来看，市场态度较为平和。

（资料来源：法制晚报，2014年8月27日）

第二节　货币均衡与非均衡

一、货币均衡与非均衡的含义

（一）均衡与非均衡

均衡是由物理学中引入经济学的一个概念，用于描述市场供求相适应的状态，此时市场上每个人都得到了满足；非均衡也叫失衡，是与均衡相对的一种状态，即指市场上供求不相符的状态。西方经济学家对于这一概念的界定角度不同有着不同的理解。

1. 瓦尔拉斯均衡与瓦尔拉斯失衡

这是由一般均衡分析理论的创始人瓦尔拉斯（Walras）提出的。一般均衡分析理论从市场上所有商品与要素的供给、需求和价格是相互作用、相互依存的前提出发，分别考察各种商品和要素的供给和需求同时达到均衡状态的价格决定问题。瓦尔拉斯均衡是指供给和需求完全相等时的市场状态。瓦尔拉斯认为，均衡是一种市场结清状态，是在所分析的市场上供求完全相等，既不存在时滞，也无短缺，即当且仅当市场上供给完全等于需求，市场运行处于瓦尔拉斯均衡；反之，则为瓦尔拉斯失衡。

瓦尔拉斯均衡要求市场且整个经济运行必须处于完全和谐状态，这不仅不可能，而且经济运行也不会按此理想状态进行。因此，许多学者对其进行了批判，其中最主要的有凯恩斯和科尔纳。

2. 凯恩斯均衡与凯恩斯失衡

凯恩斯在 20 世纪 30 年代经济大萧条的经济现实基础上，提出了非充分就业均衡，即凯恩斯均衡这一观点。凯恩斯均衡是指由有效需求决定的非充分就业均衡，相对应的凯恩斯失衡乃是指除凯恩斯均衡以外的经济运行状态。凯恩斯认为，瓦尔拉斯均衡是一种理想状态，它代表着传统的经济学均衡概念，对现代经济运行不能提供合乎现实的答案。他认为，在需求约束型经济中，普遍存在的是非自愿失业和非自愿的商品供给过剩，由于愿意提供的供给大于用于交换的需求，因此现实运行中的均衡是由有效需求决定的。

3. 科尔纳均衡与科尔纳失衡

如果说凯恩斯均衡是从供给大于需求的需求约束型经济来批判瓦尔拉斯均衡的，那么科尔纳均衡则是从需求大于供给的资源约束型经济出发来分析的。科尔纳认为，现实经济运行中，瓦尔拉斯均衡并不存在，客观存在的是广义的均衡和正常状态下的均衡。广义的均衡是指短缺和滞存都不超过一定幅度时的均衡，正常状态下的均衡是指均衡本身是一种正常状态，改变这种正常状态便是均衡到失衡的过渡。也就是说，科尔纳均衡是一种广义的均衡和正常状态下的均衡的有机结合。相对应地，科尔纳失衡是指短缺和滞存都超过了一定的幅度，或者经济运行不处于正常状态下时的经济状态。

凯恩斯均衡和科尔纳均衡一并称为非瓦尔拉斯均衡。经济学中的均衡概念不同于数学意义上的数量完全相等这一概念，供求完全相等的瓦尔拉斯均衡是不存在的。我们知道，货币需求量并非一个"点"，而是有一定宽度的"线"，因而货币均衡也只能是货币需求与货币供给之间存在的基本一致的趋势。也就是说，货币均衡是建立在非瓦尔拉斯均衡基础上的。

（二）货币均衡与非均衡

从理论上定义，货币均衡是指在一定时期内货币供给量与一国必需的货币需求量基本相适应的货币流通状态。

在现代商品经济条件下，一切经济活动都必须借助于货币的运动，社会需求都表现为拥有货币支付能力的需求，即需求都必须通过货币来实现。货币把整个商品世界有机地联系在一起，使它们相互依存、相互对应。整个社会再生产过程，就其表象而言，就

是由各种性质不同的货币收支运动构成的不断流动的长河，货币的运动反映了整个商品世界的运动。因此货币供求的均衡，也可以说是由这些货币收支运动与它们所反映的国民收入及社会产品运动之间的相互协调一致。

如果在货币流通过程中，货币需求 M_d 不等于货币供给 M_s，则货币失衡，即货币非均衡。在货币失衡的状态下，既可能存在货币需求大于货币供给的状态，即 $M_d > M_s$ 的情况；也会存在货币供给大于货币需求的状态，即 $M_s > M_d$ 的情况。不管哪种状态都会给国民经济带来不利的影响，均会导致市场价格和币值不稳定。在现实生活中，货币均衡有如下特征：

一是货币均衡是一种状态，是货币供给与货币需求的基本适应，而不是指货币供给与货币需求的数量上的绝对相等。

因为货币供给量对货币需求具有一定的弹性或适应性，理论界称之为"货币容纳量弹性"。货币容纳量弹性利用了货币资产、金融资产、实物资产之间的相互替代效应和货币流通速度的自动调节功能，使货币供给量可以在一定幅度内偏离货币需求量。

二是货币均衡是一个动态过程。

它并不要求在某一个时点上货币的供给与货币的需求完全相适应，而是承认短期内货币供求存在不一致状态，但长期内货币供求之间应大体上是相互适应的。

三是货币均衡在一定程度上反映了国民经济的总体均衡状况。

在现代商品经济条件下，货币不仅是商品交换的媒介，而且是国民经济发展的内在要素。货币供需的相互作用制约并反映着国民经济运行的全过程，货币收支把整个经济过程有机地联系在一起，一定时期内的国民经济状况必然要通过货币的均衡状况反映出来。可见，货币供求均衡对于国民经济来说是十分重要的，那么如何判别货币供求均衡呢？

在市场经济中，可以考虑同时考察价格信号作为经济是否均衡和货币供求是否均衡的指标。作为反映信号，价格波动在短期内是供求关系变化的灵敏指示器。从长时期考察，物价变动趋势则反映了经济从失衡走向均衡的自发取向。

二、货币均衡与社会总供求平衡

货币均衡是国民经济总供求平衡的必要条件，社会总供求平衡则是货币供求均衡在经济运行中的具体体现。

社会总供求平衡是指社会总供给与社会总需求的平衡。社会总供给是指在一定时期内一国实际生产的可供生产消费和生活消费的生产成果的总和，社会总需求是指在同一时期内该国实际发生的具有支付能力的购买力。从理论上讲，社会总供给决定货币总需求，货币总需求决定货币总供给，而货币总供给形成了有支付能力的购买力总和。所以，货币均衡同社会总供求平衡具有内在的统一性和一致性。

（一）货币供给与社会总需求

社会总需求（AD）的构成通常包括消费需求（C）、投资需求（I）、政府支出（G）和出口需求（X），用公式表示为

$$AD = C + I + G + X$$

以上各种需求在现代经济中均表现为有货币支付能力的需求，任何需求的实现都需支付货币。社会总需求由流通性货币及其流通速度构成，而不论是流通性的货币还是潜在的货币，都是由银行体系的资产业务活动创造出来的，由此我们知道，银行体系的资产业务活动创造出货币供给，货币供给形成有支付能力的购买总额，从而影响社会总需求；调节货币供给的规模就能影响社会总需求的扩张水平。因而，货币供给量是否合理决定着社会总需求是否合理，从而决定着社会总供求能否达到均衡。

（二）社会总供给决定货币需求

社会总供求的平衡包含商品劳务总供给与商品劳务总需求的平衡，又因为任何商品（包括劳务）都需要用货币来度量其价值并通过与货币交换实现其价值，商品市场上的商品供给由此决定了一定时期货币市场上的货币需求。另外，社会总供给对货币需求的影响，还表现在生产周期方面，即使生产规模不变，生产周期的延长，也要求追加货币量。并且，如果商品价格水平上涨或下跌，即使上述两个因素不变，也会扩大或减少对货币的需求。商品供给决定了一定时期的货币需求，有多少商品供给，必然需要相应的货币量与之对应。

（三）货币供给对社会总供给的影响

货币供给量在对社会总需求产生影响的同时，又通过两个途径影响社会总供给：一是货币供给量的变化发生在社会有闲置生产要素的前提下，这时货币供给量增加导致社会总需求相应增加，在此基础上生产要素进行有机组合，从而导致社会总供给增加和对货币需求增加，使商品市场和货币市场都恢复均衡；二是货币供给量增加和随之而来的社会总需求增加，并未引起社会总供给的实质性增加，而是引起价格上涨和总供给价格总额增加，对货币实际要求并未增加，从而使货币市场和商品市场只是由于价格上涨而处于一种强制的均衡状态。

（四）货币供求均衡与社会总供求平衡

从单个市场看，在货币市场上，货币的需求决定了货币的供给。这是因为货币需求是货币供给的基础，中央银行控制货币供给的目的便是力图使货币供给与货币需求相适应，以维持货币均衡。在商品市场上，商品供给与商品需求必须保持平衡，这不仅是货币均衡的物质保证，而且是总供需平衡的出发点和复归点。

货币均衡体现为 $M_s = M_d$，根据 $M_d = PT/V$，则有

$$M_s V = PT$$

上式左边表示社会总需求，右边表示社会总供给，两边处于平衡状态。由此可见，如果货币供求处于平衡状态，社会总供求也可以达到平衡状态，表现为经济的长期稳定增长及物价的相对稳定。因此，货币均衡是实现社会总供求平衡的前提条件，社会总供求平衡则是货币均衡的表现。

如果把总供求平衡放在市场的角度观察，它包括了商品市场的平衡和货币市场的平衡，社会总供求平衡是商品市场和货币市场的统一平衡。商品供求与货币供求之间的关系，可用图 10－1 来简要描述。

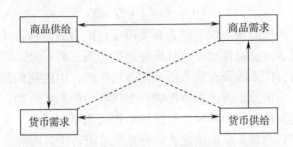

图 10 - 1　商品供求与货币供求之间的关系

图 10 - 1 是从商品供求出发所得出的货币供给、货币需求、商品供给、商品需求之间的基本关系。清楚地表明商品的供给决定了一定时期的货币需求，货币的需求决定了货币的供给，货币的供给形成对商品的需求，商品的需求必须与商品的供应保持平衡，这是宏观经济平衡的出发点和复归点。在这个关系图中，货币供求的均衡是整个宏观经济平衡的关键。要保持货币供求均衡，需要中央银行控制好货币供应量，使货币供给与客观货币需求经常保持一种相互适应的关系，保证经济发展有一个良好的货币金融环境。

三、货币失衡的原因

在现实经济生活中，货币失衡是一种常见的经济现象，当货币供应量与客观经济过程中对货币的需求不一致时，就出现了货币失衡现象。造成货币失衡的原因主要包括以下几个方面。

（一）中央银行或货币当局缺乏足够且有效的调控手段

中央银行只要通过利率调整，就可以有效防止和治理货币失衡。但 20 世纪 70 年代以来，中央银行所要治理的货币失衡主要是货币供给大于货币需求的情况，在这种情况下，许多国家的中央银行逐渐发现，调整利率通常不如直接控制货币供应量来得直接有效。一方面是因为利率的变动容易受到非政府因素的干扰，容易对中央银行的决策产生误导；另一方面，发展中国家由于大多缺乏利率机制发挥作用的基础，也缺乏有效的金融调控手段，是导致货币失衡的重要原因。

（二）国家财政收支难以保持基本平衡

大量财政赤字的出现往往迫使政府向中央银行借款，这会引起中央银行为弥补财政赤字而增加货币的投放。如果财政赤字导致货币增加的量超过实际货币需求，就必然会引起货币失衡和通货膨胀。当然，如果财政发生赤字并未向中央银行借款，而是通过发行国债的方式予以弥补，情况会有所不同。在某种情况下，财政政策对总供求尤其是总需求的调节往往比货币政策的效果更好，因而通过财政政策对社会总供求的调节来影响货币均衡，无疑是一条重要的途径。

（三）生产部门结构不够合理

生产部门结构如果不合理，会使发展过快的部门对某些产品产生过旺的需求，从而造成这些产品价格上涨的压力；反之，发展过慢的部门，由于需求不高，会造成产品积压，影响生产的正常发展。因此生产部门比例结构的严重失调必然引起商品供求结构的不合理，最终会引起货币供求的失衡。

（四）国际收支不能保持基本平衡

国际收支如果不平衡，不管是出现大量逆差还是出现大量顺差，都容易引起汇率的波动，使本币对外币贬值或升值，直接影响国内市场价格的稳定，使货币供求关系发生变化。因而，如果不能保持国际收支的基本平衡，很容易因国际收支失衡给国内市场带来强大冲击。

四、货币失衡的调整

分析了造成货币失衡的原因，下面再来探讨如何对货币失衡进行调整。货币当局对货币供求失衡的调整主要有以下方式。

（一）供给型调整

供给型调整，是指中央银行对失衡的货币供需进行调整时，以货币需求量作为参照系，通过对货币供应量的相应调整，使之适应货币需求量，并在此基础上实现货币供需由失衡状态到均衡状态的调整。

在货币供应量大于货币需求量时，从压缩货币供应量入手，使之适应货币需求量。从中央银行方面来看：一是在金融市场上卖出有价证券，直接回笼货币，二是提高法定存款准备金率，收缩商业银行的贷款扩张能力，三是减少基础货币供应量。从商业银行方面来看：一是停止对客户发放新贷款，二是到期的贷款不再展期，三是提前收回部分贷款。从财政方面看：一是减少对有关部门的拨款，二是增发政府债券以减少社会各单位和个人手中持有的货币量。从税收方面来看：一是增设税种，二是降低起征点，三是提高税率。

这种靠压缩现有货币供给量来达到货币均衡的供给型调整方式，如果仅仅从货币均衡的角度讲是有效的，可以说是一种积极的调节方式。但如果将之放到整个经济运行机制中去考察，从收缩货币供给量对国民经济的影响来看，那么这种调整方式在有些情况下可能是消极的。因为货币供给量的收缩不仅意味着货币供给量的减少，还意味着货币存量分布结构的改变。

（二）需求型调整

需求型调整，是指在货币供给量大于货币需求量时，从增加货币需求量入手，使之适应货币供给量；反之，在货币供应量小于相应货币需求量的失衡时，则从减少货币需求量入手，使之与货币供应量相适应。由于货币需求量主要是独立于银行外的内生变量，因此，对货币需求量的调节措施更多在银行之外，这包括：增加商品市场上的供给，由商品市场上的供给引导需求，从而实现货币市场上对货币需求的增加；中央银行运用黄金、外汇储备，组织国内急需生产资料进口，从而扩大国内的商品供给；提高物价来吸收过度的货币供给量。

（三）混合型调整

混合型调整，实际上是供给型调整和需求型调整的有机结合。面对货币供给量大于

货币需求量的失衡局面，不单纯压缩货币供给量，也不单纯增大货币需求量，而是双管齐下，既利用供给型调整也利用需求型调整，以尽快实现货币均衡而又不会给经济带来太大波动。

（四）逆向型调整

逆向型调整，是指在货币供应量大于货币需求量的货币供需失衡状态时，中央银行并不是通过压缩货币供应量，而是通过增加货币供应量的途径来促进货币供需均衡。其具体内涵是：若货币供应量大于货币需求量，同时现实经济中又存在尚未充分利用的生产要素，而且也存在着某些供不应求的短缺产品，社会经济运行对此需求量很大，而可供能力又相对有限，通过对这类产业追加投资和发放贷款，以促进供给增加，并以此来消化过多的货币供给，达到货币供需由失衡到均衡的调整。这是一种非常规的调整方法，不如供给型调整那么见效，短期内还会有扩大货币失衡的态势，但只要运用适度，有可能收到事半功倍之效。

【本章小结】

本章分两节介绍了货币需求和货币均衡的相关理论知识。第一节主要介绍了货币需求的含义及分类、货币需求的主要理论、决定和影响货币需求的主要因素以及货币需求量的测算方法等；第二节主要介绍了货币均衡与非均衡的含义、货币均衡与社会总供求均衡的关系、货币失衡的原因及调整对策等。

通过本章的学习，要求学生掌握货币需求的含义，了解货币需求的分类，掌握货币需求理论的主要思想，掌握货币需求的影响因素及货币需求量的测算方法有哪些；掌握货币均衡与非均衡的含义，理解并掌握货币均衡与社会总供求均衡的关系、货币失衡的原因及调整对策等。

【关键词汇】

货币需求　名义货币需求　实际货币需求　费雪方程式　剑桥方程式　交易动机
预防动机　投机动机　流动性陷阱　平方根定律　单一规则　货币均衡　货币失衡
经济均衡

【问答和思考题】

1. 比较费雪的交易方程式与剑桥方程式的异同。
2. 评述凯恩斯和后凯恩斯学派的货币需求理论。
3. 比较弗里德曼和凯恩斯的货币需求理论。
4. 简述凯恩斯关于货币需求动机的观点。
5. 简述凯恩斯的投机货币需求与利率的关系。

6. 简述鲍莫尔模型的主要内容和意义。

7. 简述托宾的资产组合理论的基本思想。

8. "单一规则"的货币政策的原理是什么?

9. 影响货币需求的因素主要有哪些?

10. 货币需求量的测算方法有哪些?

11. 货币均衡与社会总供求的均衡关系是怎样的?

12. 货币失衡的原因有哪些?

13. 货币失衡的调整方法有哪些?

第十一章

货币政策

【本章导读】

货币政策是指中央银行为实现既定的经济目标，运用各种政策工具调节货币供应量和利率等，影响宏观经济运行的方针和措施的总和。它是中央银行制度的产物，是中央银行宏观经济调控职能的体现。货币政策的实施会引起总需求和总供给、一般价格水平、经济增长速度和经济结构以及国际收支等的变化，因而它也是现代市场经济国家调控宏观经济最重要的手段之一。一个完整的货币政策体系包括货币政策目标、货币政策工具和货币政策的传导机制三大部分内容。因此，本章围绕货币政策体系，主要阐述货币政策的目标、工具和传导机制，货币政策选择的理论依据，以及货币政策效果的影响因素等知识。

第一节　货币政策的目标

中央银行制定货币政策，首先必须明确货币政策的方向和要达到的目的，即要实现的目标。货币政策目标是由最终目标和中间目标有机组成的目标体系，如图 11 - 1 所示。

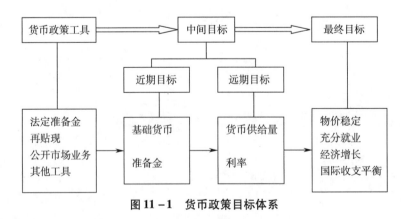

图 11 - 1　货币政策目标体系

一、货币政策的最终目标

货币政策的最终目标是指中央银行通过货币政策操作而最终要达到的宏观经济目标。货币政策是国家控制、调节和稳定货币的经济政策，其实质是反映货币与经济发展之间的关系。从这个意义上来说，货币政策目标就是国家宏观经济目标。

（一）货币政策最终目标的内容

1. 物价稳定

物价稳定是指将一般物价的变动控制在一个合理的范围内，在短期内不发生显著的或剧烈的波动，呈现基本稳定的状态。这里的物价指一般物价水平，而非某种商品的价格，一般物价水平所表明的是物价变动的趋势或平均水平。在实际生活中，整个社会物价稳定的同时，会出现某种商品价格上涨或下跌的情形，整个社会价格的稳定与个别商品的价格变动并不矛盾。这是由于社会对某种商品的需求增加或降低时，该商品的价格就会相应地上涨或下跌。这种价格变动促使全社会资源有效地分配，从而提高整个社会的经济效益。因此物价稳定不是简单地抑制物价水平的提升，而是维持物价总水平的基本稳定。

稳定物价的重心是控制通货膨胀，防止物价总水平普遍、持续、大幅度地上涨。关于物价上涨的合理范围，不同的国家和不同的经济学家有着不同的看法。有的经济学家认为，5% 以下的通货膨胀率对经济发展有一定的刺激作用，是经济所能承受的，是一种温和的通货膨胀；有的经济学家则认为 3% 以内的物价上涨幅度是可取的范围。因此，物价稳定目标的设定，要考虑具体的经济背景和人们对物价上涨的承受能力，不同国家的目标值可能存在较大的差别。

2. 充分就业

充分就业是指任何愿意工作并有能力工作的人都可以找到一个有合理报酬的工作。非充分就业表明存在社会经济资源特别是劳动力资源的浪费，容易导致社会不稳定和政治危机，因此各国政府一般都将充分就业作为重要的政策目标。宏观经济学中的充分就业是指所有能够被利用的资源全部得到利用，但是要测定市场资源的利用程度是非常困难的，因此充分就业的目标往往被限定在劳动力的利用程度，一般用失业率指标衡量。

在经济运行中，社会总是存在某种最低限度的失业。失业率，是指失业人数（愿意就业而未能找到工作的人数）与愿意就业的劳动力的百分比。失业率的大小表示与充分就业的差距。失业率越高，距离充分就业就越远；反之，就越接近。

即使一个国家的就业机会与愿意就业人数相等，也可能由于工作的转换、职业的挑选等原因使一部分人暂时失业。因此充分就业不是社会劳动力全部就业，而是扣除摩擦性失业和自愿性失业之后的就业水平。摩擦性失业，即由于经济制度的动态结构调整、技术、季节等原因造成的短期内劳动力供求失调而造成的失业；自愿性失业，即由于劳动者不愿意接受现有的工资水平或嫌工作条件不好而造成的失业。这两种失业在任何社会经济制度下都是难以避免的。除了摩擦性失业和自愿性失业之外，任何社会还存在一个可承受的非自愿失业幅度，即劳动者愿意接受现行的工资水平和工作条件，但是仍然

找不到工作，也就是对劳动力需求不足而造成的失业。

由于摩擦性失业、自愿性失业等的存在，现实的经济生活中不可能达到100%的就业水平。充分就业并不是追求零失业率，而是指将失业率降低到一个社会可以接受的水平。实际上每一个国家均会存在不同程度的失业率，中央银行货币政策目标就是使失业率降到最低水平。由于各国的社会经济情况不同，民族文化和传统习惯也有很大差异，所以各国对失业率的接受程度也是不同的。有的经济学家认为，3%的失业率就可以看做充分就业；也有的经济学家认为失业率长期控制在4%～5%就是充分就业；而美国的多数经济学家认为失业率在5%左右就算是充分就业。因此，究竟将失业率控制在多少才是充分就业只能根据各国不同的经济发展状况来判断。

3. 经济增长

经济增长是指一国人力和物质资源的增长。经济增长可以增加社会财富，提高国民生活水平，是各国宏观经济政策所要实现的重要目标。作为宏观经济目标的增长应该是长期稳定的增长，经济在一个较长的时间内不出现大起大落，始终处于长期稳定的增长状态中。过度追求短期的高速增长可能导致经济比例的失调、经济的剧烈波动。

关于经济增长的定义，通常存在两种观点。一种观点认为，经济增长就是指国内生产总值的增加，即一国在一定时期内生产的商品和劳务总量的增加，或者是人均国内生产总值的增加。另一种观点认为，经济增长就是指一国生产商品和劳务能力的增长，或者说经济增长代表一国生产可能性边界的扩展。经济增长的速度通常用国内生产总值增长率表示，但用该指标来衡量经济增长存在一些不足。主要是就目前的统计口径来看，国内生产总值增长没有将资源浪费和环境污染等引起的成本纳入考虑中，不能全面反映经济增长的质量，因此，经济学家很早就建议使用其他能更好地反映社会可持续发展状况的经济指标，如美国经济学家萨缪尔森在20世纪70年代提出的经济净福利指标，但由于统计上的困难，该指标并没有被各国政府采用。

世界各国由于发展水平和发展条件的不同，在增长率的选择上往往存在差异，发达国家多把经济年增长目标定在3%～5%，但对于不发达国家和发展中国家，这个目标值显然偏低。大多数发展中国家较发达国家更偏好于高的增长率。

4. 国际收支平衡

国际收支是指在一定时期内一个国家或地区与世界其他国家或地区之间进行的全部经济交易的总和。国际收支平衡主要指的是经常项目和资本项目的收支平衡。这种平衡不是收入和支出数量上的绝对相等，而是允许略有顺差或逆差，只要不是长期的、巨额的收支顺差和逆差，就被认为是实现了收支平衡。

一国国际收支失衡，不管是逆差还是顺差，都会给该国经济带来不利影响。如果是逆差，还要分析是经常项目逆差还是资本项目逆差，或均为逆差。如果是出现巨额逆差，很可能造成国内有效需求和国内资源利用不足，导致外汇市场对本币信心的急剧下降，国内投资不足，甚至出现严重的货币金融危机，其结果必然是国内货币贬值和国内经济发展停滞。而巨额的国际收支顺差，使大量的外汇储备闲置，还可能因为购买大量外汇而增发本国货币，导致或加剧国内通货膨胀。因此，各国调节国际收支失衡主要是为了减少甚至消除国际收支逆差。

从全世界的范围来看，一个国家的收支出现盈余势必意味着其他国家出现赤字。因此，每个国家都保持国际收支的顺差是不可能的，只能追求在短时期内允许国际收支略有顺差或略有逆差，避免长期出现大量的顺差或逆差。因此，各国选择货币政策目标时，不能只考虑经济增长、物价稳定等，国际收支平衡也是必须考虑的。

（二）货币政策最终目标的演变

货币政策目标不是经济学家和货币当局凭空想象出来的，而是以占主导地位的经济学思想为依据，根据经济发展的客观要求提出和逐步完善的。

在 20 世纪 30 年代经济危机之前，大多数西方学者和政府都信奉自由放任原则，认为市场具有自发调节经济、使之趋于均衡的功能。当时西方社会普遍存在各种形式的金本位制度，维持金本位制被认为是稳定货币的基础。因此，维持货币币值的稳定及物价稳定是当时货币政策的主要目标。

20 世纪 30 年代的世界经济大危机，造成了大量、持续的失业。各国政府及经济学家开始怀疑黄金本位的自动调节机制，纷纷抛弃金本位制度。同时，凯恩斯的《就业、利息和货币通论》从理论上证明货币政策在国家干预经济，实现充分就业中的积极作用。在第二次世界大战结束后的 1946 年，美国国会通过了《就业法》，正式将充分就业列入经济政策目标。从此，充分就业成为货币政策主要目标之一。

自 20 世纪 50 年代起，世界经济得到了迅速的恢复和发展。西欧各国和日本经济迅速复兴，出现了较高速度的增长，超过了美国的经济增长速度。这使美国的经济霸主地位受到了挑战。为了保持自身的经济实力和政治地位，美国政府率先把适度的经济增长作为当时的主要目标。以后西方各主要资本主义国家也纷纷效仿，货币政策目标发展为稳定物价、充分就业和促进经济增长三大目标。

20 世纪 50 年代末期以后，国际贸易得到了迅速发展。在长期推行凯恩斯主义的宏观经济政策后，各国普遍出现了不同程度的通货膨胀，国际收支状况也日益恶化，特别是美国国际收支出现巨额逆差，致使大量美元外流，严重影响人们对美元汇率的信心，也使各国国际储备增长太快而引发通货膨胀。许多国家把美国的巨额国际收支逆差看做是一种危险，纷纷要求美国实行国际收支平衡。伴随着 20 世纪 70 年代初发生的两次美元危机和布雷顿森林体系解体，不少国家又先后将国际收支平衡列为货币政策目标之一。至此，货币政策便有了 4 个目标：物价稳定、充分就业、经济增长和国际收支平衡。

（三）货币政策最终目标之间的关系

货币政策各个最终目标之间是既统一又矛盾的关系。从长期来看，这些目标之间是统一的，相辅相成的。但短期内这些目标之间却存在冲突，迫使各国政府或货币当局必须根据经济状况进行取舍，而无法同时实现所有目标。

1. 货币政策最终目标之间的一致性

从长期来看，货币政策的最终目标是一致的，各最终目标相互依存、相互促进。

（1）经济增长是其他目标的物质基础。经济增长可以扩大社会总供给，提供更多的

就业机会和就业渠道，增强进出口实力，从而有利于其他三个目标的实现。

（2）物价稳定是经济平稳运行从而持续增长的前提。持续、稳定、协调的经济增长是以合理的经济结构为条件的，而合理的经济结构必须有合理的价格结构和准确的价格信号作为引导，只有稳定的物价水平，才能向市场提供准确的价格信号。因此，物价稳定是经济增长的前提条件。

（3）充分就业与经济增长相互促进。充分就业意味着资源的充分利用，意味着企业更乐于进行资本设备投资以提高生产率，从而促进经济增长。同时，经济增长也可以促进市场提供更多的就业机会，促进充分就业目标的实现。

（4）国际收支平衡有助于其他目标的实现。国际收支平衡为其他三个目标的实现提供了有利的外部环境。因为国际收支平衡有利于国内物价稳定，有利于国际资源的充分利用从而有利于扩大国内生产能力，提供更多的国内就业机会，促进经济增长。

2. 货币政策最终目标之间的矛盾

（1）物价稳定与充分就业之间的矛盾

各国经济的发展历史表明，物价稳定与充分就业之间存在冲突。当物价上升过快时，中央银行为了稳定物价必须抽紧银根、紧缩信用，降低通货膨胀率。这样就会减小投资规模，其结果会导致失业率上升。反之，为了增加就业，又要采取放松银根、扩张信用的办法，通过增加货币供应量来刺激需求，增加投资规模。但这样做的结果又会导致物价上涨，加剧通货膨胀。这是英国经济学家菲利普斯研究了 1861 年至 1957 年近100 年英国失业率与物价变动率之间的关系后得出的结论，后来的经济学家把这种关系概括为"菲利普斯曲线"。根据菲利普斯曲线，充分就业与稳定物价是不能同时实现的。中央银行的货币政策，不能只考虑稳定物价，也不能只考虑充分就业，而只能根据实际的社会经济状况，在物价稳定和充分就业两个目标之间进行权衡，选择一个既能保持物价比较稳定，也能防止失业率过高的目标组合，并针对这一目标组合设计相应的货币政策。

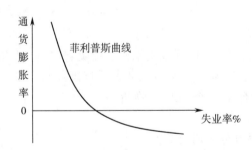

图 11 - 2　菲利普斯曲线：物价上涨率与失业率的关系

（2）物价稳定与经济增长的矛盾

从长期来看，物价稳定是经济持续稳定增长的前提，经济增长则是物价稳定的基础，二者在一定的范围内可以相互促进，超过了合理范围，经济增长则会导致物价上涨。因为经济增长往往是由于投资和消费需求的增长造成的，扩张型货币政策在刺激需求、促进经济增长的同时，往往造成流通中货币量大于与经济增长相适应的货币需求量，结果导致物价上涨。所以采取扩张性货币政策刺激经济增长时，也要防止政策作用过度。而为了防止通货膨胀，采取紧缩性货币政策，减少货币供给量，抑制投资和消费需求，虽然会减缓物价上涨速度，但是超过一定限度则会对经济增长产生负面影响，导致经济失速和严重失业。许多国家的经济发展实践表明，物价稳定和经济增长很难统一兼顾，因为推动经济增长就需要增加投资，扩张信用，增加货币供应量，客观上会导致通货膨胀的结果。

（3）物价稳定与国际收支平衡的矛盾

在开放的经济体系中，物价水平是否稳定经常会影响到国际收支平衡。从理论上讲，只有各国都维持基本稳定的物价水平，并保持贸易规模和商品输出输入结构不变，才能同时实现物价稳定与国际收支平衡，然而有关条件同时具备并不容易。若一国出现通货膨胀，而别国物价稳定，则本国商品价格相对于外国上升，就会使本国商品出口减少而进口增加，导致本国国际收支出现逆差。反过来，若一国物价稳定，而别国出现通货膨胀，则本国商品价格相对于外国下降，就会使本国商品出口增加而进口减少，导致本国国际收支出现顺差。除此之外，国际收支能否平衡还要取决于国内的经济发展战略、资源结构、生产结构与消费结构的对称状况以及国家的外贸政策、关税协定、利用外资策略等，同时要受相关国家政策与经济形势等诸多因素的影响。

（4）经济增长和国际收支平衡的矛盾

在正常情况下，随着国内经济的增长、国民收入的增加以及支付能力的增强，通常会增加对进口商品的需求。此时，如果出口贸易不能与进口贸易同步增加，则会使贸易收支发生大量逆差。尽管有时由于经济繁荣而吸引了若干外国资本，这种外资的注入可以在一定程度上弥补因贸易逆差而造成的国际收支失衡，但并不一定就能确保经济增长与国际收支平衡两项目标的同时实现。尤其是在国际收支出现失衡、国民经济出现衰退时，货币政策很难在两者之间进行合理选择，因为在国际收支逆差的情况下，通常必须压抑国内有效需求，其结果可能会消除逆差，但同时也必然带来国内经济的衰退；面对经济衰退，通常要采取扩张性的货币政策，其结果可能会刺激经济增长，但又有可能因输入增加导致国际收支逆差。所以，经济增长和国际收支平衡也难以同时实现。

（四）货币政策目标的选择

正因为货币政策的四个最终目标之间存在多重矛盾和冲突，一个国家不可能同时实现这四个目标。这就出现了货币政策目标的选择问题。各国由于经济发展水平和经济结构的差异，在货币政策目标上的选择是不同的，因此出现了不同的选择理论。

单一目标论认为，由于货币政策目标之间存在矛盾，货币政策只能以单一目标为己任。但在选择什么目标作为货币政策的唯一目标上又存在两种对立的意见：一种意见从稳定物价及经济正常运行和发展的基本前提出发，主张稳定物价是货币政策的唯一目标，例如，2002年7月欧元成为欧元区唯一合法货币之前，联邦德国的货币政策目标就是"保卫马克"。另一种意见认为经济增长是物价稳定的基础，主张以经济增长为货币政策的唯一目标。

双重目标论认为，中央银行的货币政策不应该选择单一的目标，而应该兼顾货币稳定和经济发展两方面的要求。经济增长和物价稳定之间是相互制约和相互影响的，只偏重某一目标的结果不仅不可能在长期经济运行中实现该目标，对整个国民经济的稳定协调发展也是不利的。例如，中国长期奉行的货币政策目标就是稳定币值和发展经济。

多重目标论认为，随着经济体制改革的进一步深化和对外开放的进一步扩大，就业和国际收支平衡问题对宏观经济的影响越来越大，不能以一个或两个目标作为政策目标，而应该在总体上兼顾各个目标，而在不同时期以不同的目标作为相对重点。例如，美国的货币政策目标就是强调国民经济的稳定和增长、就业水平的提高、美元购买力的稳定、对外贸易收支的合理平衡。

从各国中央银行货币政策的历史演变来看，无论是单一目标、双重目标或多重目标，都不能脱离当时的经济社会环境以及当时所面临的最突出的基本矛盾。例如，2008年国际金融危机爆发后，我国经济面临衰退的危险，我国的货币政策从稳健的货币政策转向适度宽松的货币政策，保增长成为政策的相对重点。而2010年我国经济已经有较快的复苏，通货膨胀开始加速，下半年货币政策开始转向，从适度宽松的货币政策转向稳健的货币政策，政策重点从保增长转向保持币值稳定。但货币政策要保持足够的稳定性和连续性，政策目标不能偏颇和多变。

（五）中国的货币政策最终目标

长期以来，我国理论界对货币政策最终目标的理解与认识一直存在分歧。比较有代表性的观点有两种：单一目标论和双重目标论。前者主张以稳定物价或者经济增长为货币政策目标，后者认为货币政策目标不应是单一的，而应当同时兼顾发展经济和稳定物价两个方面的要求。

从实践来看，对货币政策目标的提法也在不断发生变化。1986年，国务院发布的《银行管理条例》中首次对包括中央银行和商业银行在内的所有金融机构的"任务"作了界定，即"发展经济、稳定货币、提高社会经济效益"，这可以算是对中国货币政策目标的首次表述。1994年国务院发布的《关于金融体制改革的决定》以及1995年通过的《中国人民银行法》中，货币政策的目标被表述为"保持币值的稳定，并以此促进经济增长"。可见，我国货币政策最终目标不是单一目标，而是双重目标，包括两个有先后次序的目标，首先是保持物价稳定，其次是促进经济增长。

二、货币政策的中间目标

货币政策中间目标是指受货币政策工具作用并且能够影响货币政策最终目标的、具有传递性的金融变量指标。中央银行在实施货币政策之前，首先要确定货币政策的最终目标。但这个最终目标是一个宏观的目标，它必须借助一定的货币政策工具，通过一系列中间环节才能完成。在这个过程中，中央银行为了及时了解货币政策工具是否有效，最终目标能否实现，就要对一些具体的指标进行观察和调节，而这些中央银行可以直接控制和观察的指标就是中间目标。可见，中间目标是货币政策调节过程中一个十分重要的传导环节。虽然中间目标本身不是货币政策的预期目的，但是其选择是否正确，关系到货币政策最终目标能否顺利实现。

从西方货币理论来看，货币政策中间目标的重要性在于两点原因：一是人们长久以来认识到货币政策作用机理具有滞后性和动态性，因而有必要借助一些能够较为迅速地反映经济状况变化的金融指标，作为观察货币政策实施效果的信号；二是为避免货币政策制定者的机会主义行为，需要为货币当局设定一些经济参数作为判断标准，以便社会公众观察和判断货币当局的言行是否一致。因此，设置中间目标的作用可以概括为：第一，反映货币政策的实施进度；第二，为中央银行提供一个追踪监测的指标；第三，便于中央银行随时调整货币政策的力度和方向。

（一）货币政策中间目标的选择标准

中间目标并不是任意确定的，要根据一国经济金融条件和货币政策操作对经济的最终影响确定，它要符合以下几方面的条件：

1. 可测性

可测性是指中央银行所选择的中间目标，必须具有明确的计量标准、合理的测度手段，以便中央银行能迅速而准确地收集有关指标的数据资料，并进行定量分析和科学预测。

2. 可控性

可控性是指这些中间目标一旦发生偏差，中央银行能够运用各种货币政策工具对其进行有效的控制和调节。只有中央银行能够较为有效控制的金融变量，才有可能借此贯彻自身的货币政策意图，并随时根据政策实施状况和效果加以微调。

3. 相关性

相关性是指货币政策的中间目标必须与政策工具、最终目标紧密联系，中央银行才能根据这些中间目标的变化来了解最终目标的变化情况，才能有效地运用货币政策工具实现预定的目标。

4. 抗干扰性

抗干扰性是指这些中间目标应该不容易受到外部因素的干扰，能比较准确地反映货币政策的实施效果，通过对中间目标的分析，应能较准确地判断和把握货币政策的方向和力度是否恰当。

（二）货币政策中间目标的类型

中央银行货币政策发生作用的过程相当复杂，在这个过程中，要求充当中间目标的某一金融变量同时具备上述条件是很困难的。因此，货币政策中间目标往往不止一个，而是由几个金融变量组成的中间目标体系。在该体系中，中间目标可分为两类：一类是操作目标，是指在货币政策实施过程中，中央银行对其控制力较强，与货币政策最终目标较远的指标，也称近期目标。操作目标能为中央银行提供直接的和连续的反馈信息，借此衡量货币政策的初步影响。另一类是效果目标，是指中央银行对其控制力较弱，但与货币政策最终目标较近的目标，也称远期目标。在货币政策实施的后期，效果目标能为中央银行提供进一步的反馈信息，以衡量货币政策达到最终目标的效果。

1. 操作目标

操作目标能够被中央银行直接控制，因而在货币政策执行中发挥着重要作用。操作目标主要有准备金和基础货币。这些指标反映着商业银行及整个金融体系创造货币信用的能力，中央银行可以对其直接监测和控制。

（1）准备金

准备金有不同的计量口径：准备金总额、法定准备、超额准备、借入储备、非借入储备等。借入储备是指商业银行等存款货币机构通过向中央银行再贴现和贷款形成的储备；非借入储备则是指商业银行等存款货币机构通过公开市场业务形成的储备。法定准备金率的变动直接导致准备金变动再影响到效果指标；再贴现率的变动影响市场利率，再贴现贷款数量的变动影响商业银行借入储备；公开市场业务通过债券买卖影响商业银行的非借入储备。商业银行准备金越多，其增加贷款的能力就越强，同时意味着市场银根宽松；反之则相反。

因此，以准备金为操作指标，有利于监测政策工具的调控效果，及时调节和有效控制其方向和力度。但是对选择哪一个准备金指标作为操作指标还存在分歧。货币学派认为准备金总额是对货币供给量的最优控制器，而美联储则认为非借入储备更好。1979年10月至1982年10月，美联储主要使用非借入储备，此后则改为借入储备。我国在1998年3月21日对存款准备金制度进行改革以后，将法定存款准备金账户和备付金账户合二为一。这样，超额储备便成为中国人民银行一个主要的操作指标，但超额准备金的数量往往取决于商业银行的财务状况和其意愿，中央银行对其的控制力度是有限的。

（2）基础货币

基础货币又叫强力货币或高能货币，它由各商业银行的存款准备金和流通在银行体系以外的现金构成，是中央银行可以直接控制的金融变量，也是银行体系的存款扩张和货币创造的基础，与货币政策目标有密切关系，其数额的变化会影响货币供应量的增减。中央银行可以通过现金发行、买卖证券、再贴现等方式来调节基础货币，进而影响货币供应量。因为基础货币的数量易于测量也易于控制，所以很多国家把它视为较理想的近期指标。当然，中央银行对基础货币的控制也不是完全的。相比较而言，公开市场业务形成的那部分基础货币中央银行控制力较强，再贴现业务形成的那部分基础货币中央银行控制力较弱。

此外，通过基础货币控制货币供给量还取决于货币乘数是否稳定可测。货币乘数并不是一个常数，而是一个经常波动的变量。这必然影响通过基础货币控制货币供应量的效果。

2. 效果目标

效果目标受操作目标变动的直接影响，同时又与最终经济目标有密切联系。效果目标主要有货币供给量和利率。

（1）货币供给量

在经济发展过程中，要使包括各层次货币在内的货币供应量的增长与经济增长相适应，就要求中央银行通过各种货币政策工具来调节、控制市场货币供应量。如果市场货币供应量过多，就可能出现社会总需求大于社会总供给，商品价格上涨、通货膨胀；反之，则会出现需求不足、通货紧缩。如果出现第一种情况，中央银行就要采取缩减货币供应量的做法，以使货币供应量与市场需求相适应，实现商品市场均衡，平抑物价；如果出现第二种情况，中央银行就要采取增加货币供应量的做法，达到货币供求平衡的目的。

以货币供应量作为中介目标是各国最普遍的一种选择，因为它是较理想的中间性目标。其特点是：社会总供给与总需求不管因何而引起失衡，都会通过货币供应量的过多或过少体现出来，所以这一中介目标与货币政策的最终目标最为接近，两者之间高度相关。另外，货币供应量的可测性和可控性也较强，中央银行比较容易判断其政策效果。但是，因货币供应量本身包含的范围或统计口径比较复杂，加上当代金融创新使货币供应量的层次内容不断变化，在计算货币供应量时界定较难，计量难度较大。

（2）利率

利率是影响货币供应量和银行信贷规模、实现货币政策的重要指标。利率不仅能够反映货币与信用的供给状态，而且能够表现供求状况的相对变化，利率上升表明银根趋紧，反之则相反。同时，利率数据容易收集，中央银行可以及时掌握市场利率水平及其结构方面的资料，并根据货币政策的需要，通过调整再贴现率或公开市场操作，调节市场利率，影响消费和投资，进而调节总供求，达到宏观调控的目的。

20世纪50年代和60年代，西方各国都以利率作为主要中间目标，70年代以后改为货币供应量为主，90年代以后又成为美国等国的首选目标。在我国，利率仍未完全市场化，因此，利率主要是作为货币政策工具而非中间目标来使用的。

利率作为中间目标也有其局限性。利率本身是经济内生变量。当经济繁荣时，利率会因为资金需求增加而上升，而中央银行为了抑制过热采用紧缩政策，结果利率上升了，但这种上升究竟是经济本身推动的还是外部政策造成的，很难区分，使中央银行难以辨清真实情况而作出错误判断。同时，中央银行能够控制的是名义利率，而对经济运行产生实质影响的是预期实际利率。预期实际利率等于名义利率减去通货膨胀预期。由于没有计量通货膨胀预期的直接手段，因此预期实际利率是很难准确计量的，中央银行对预期实际利率就很难准确控制。

三、通货膨胀目标制

（一）通货膨胀目标制的含义

20世纪90年代以来，在国际货币政策领域出现了一个新框架——通货膨胀目标制。在这种政策框架下，稳定物价成为中央银行货币政策的首要目标，中央银行根据通货膨胀预测值的变化进行政策操作，以引导通货膨胀预期向预定水平靠拢。通货膨胀是否得到有效控制是公众评价货币政策绩效的重要依据。自1990年新西兰率先采用通货膨胀目标制以来，到2005年，已有加拿大、英国、瑞典等20多个国家先后实行。通货膨胀目标制的盛行，引起了国内外金融理论界的广泛关注。

通货膨胀目标制的基本含义是：货币当局明确以物价稳定为首要目标，并将当局在未来一段时间所要达到的目标通货膨胀率向外界公布，同时，通过一定的预测方法对目

标期的通货膨胀率进行预测，然后根据预测结果和目标通货膨胀率之间的差距来决定货币政策的调整和操作，使实际通货膨胀率接近目标通货膨胀率。如果预测结果高于目标通货膨胀率，则采取紧缩性货币政策；如果预测结果低于目标通货膨胀率，则采取扩张性货币政策；如果预测结果接近目标通货膨胀率，则保持货币政策不变。

在通货膨胀目标制下，传统的货币政策体系发生了重大变化，在政策工具与最终目标之间不再设立中间目标，货币政策的决策依据主要依靠对通货膨胀的定期预测。政府或中央银行根据预测提前确定本国未来一段时期内的中长期通货膨胀目标，中央银行在公众的监督下运用相应的货币政策工具使通货膨胀的实际值和预测目标相吻合。

（二）实行通货膨胀目标制的必要条件

1. 确定合理的通货膨胀目标区间

实行通货膨胀目标制国家的货币当局必定要将在未来一段时间所要达到的目标通货膨胀率向外界公布，换句话说，就是必须确定和公布合理通货膨胀目标区间。所谓通货膨胀目标区间是指在特定时期特定经济体中，客观存在的能够保持国民经济持续、稳定、健康增长的通货膨胀率的上下限，通货膨胀率位于此区间中是可接受的，或者说是可容忍的。

2. 对通货膨胀率的精确预测

从通货膨胀目标制的内涵可以看到，目标期通货膨胀率的预测值在通货膨胀目标制的操作过程中处于非常重要的地位，预测的准确与否将对通货膨胀目标制的效果产生决定性的影响。如果预测不准确的话，中央银行根据这个误差很大的预期通货膨胀率来调整货币政策，必然会使目标期的实际通货膨胀率偏离目标区间，那么实行通货膨胀目标制就没有实际意义了。由此可见，对通货膨胀率的精确预测是实行通货膨胀目标制的必要条件。

3. 中央银行的高度独立性

欲实行通货膨胀目标制就要求中央银行具有高度的独立性。中央银行的独立性是指中央银行在制定、实施货币政策时的自主性，就是中央银行可以不接受来自政府的指令，当然，可以与政府协商。中央银行的独立性体现在与制定和实施货币政策直接有关的职能领域，如确定中央银行贴现率、制定与调整金融机构的法定存款准备率、进行公开市场操作等。对中央银行独立性可能产生影响的还有中央银行的人事任免制度、经费预算制度、为政府提供信用服务等方面的制度规定。保证中央银行的独立性和可信度是通货膨胀目标制成功的关键。也就是说，中央银行要有绝对的权力选择必要的政策工具来实现通货膨胀目标。与此同时，增强中央银行的声誉和可信度也是至关重要的。一旦公众对中央银行的意愿和能力产生怀疑，其行为就会与中央银行的要求发生背离，以致影响政策实施的效果。

（三）通货膨胀目标制的优越性

与利率、货币供应量、汇率等货币政策中介目标相比，采用通货膨胀目标制的优越性是显而易见的。

1. 通货膨胀目标制克服了传统货币政策框架下单纯盯住某种经济、金融变量的弊

端，实现了规则性和灵活性的高度统一

通货膨胀目标制是建立在一定的规则之上的，货币当局一旦公布了通货膨胀目标，中央银行就要在政策连贯性方面作出承诺，维持实际通货膨胀率和目标通货膨胀率的基本一致；与此同时，中央银行有权自主决定使用何种货币政策工具来实现通货膨胀目标，并且这个目标是一个区间值，当发生无法预见的经济危机的时候，通货膨胀率允许超出这个区间范围。这样，通货膨胀目标制就实现了规则性和灵活性的高度统一。

2. 通货膨胀目标制提高了货币政策的透明度

实行通货膨胀目标制国家的中央银行不但预先公布明确的通货膨胀目标或目标区间，而且还定期向政府和公众解释当前的通货膨胀状况和应对措施。这样，中央银行、政府和公众之间就形成了一个开放、透明的沟通机制与监督机制。通过与公众的交流，一方面有利于增强公众对货币政策的信心，另一方面也有利于公众评估中央银行货币政策的实绩。

3. 通货膨胀目标制有助于经济的稳定

盯住汇率的货币制度往往为了实现外部均衡而放弃内部均衡。而直接盯住通货膨胀目标的货币制度是以国内经济均衡作为首要目标的货币政策制度，它可以直接缓和经济的波动，有利于经济的稳定。

（四）通货膨胀目标制的缺陷

在实行通货膨胀目标制的国家，失业的增加并不是偶然的现象。通货膨胀目标制过分重视来自需求方面的扰动，而在处理供给方面的因素的时候缺乏必要的弹性；同时完全忽视了货币政策对就业的影响以及频繁变动政策工具对实体经济的不利影响。

1. 实行通货膨胀目标制可能会导致失业增加

在通货膨胀目标制下，中央银行只对通货膨胀率负责而不需要考虑其他变量。当通货膨胀率的预测结果高于目标通货膨胀率时，采取紧缩性货币政策。根据传统的凯恩斯主义理论，如果这种价格的上涨是由过度需求引起的，那么紧缩性货币政策就是正确的；如果这种价格的上涨是供给冲击条件恶化的结果，那么紧缩性货币政策就是错误的，它将进一步减少产出，增加失业。1991年加拿大经济的严重衰退证实了这一结论。当时，加拿大保守党实行了通货膨胀目标制，恰好遇上世界石油价格的上涨和国内税收政策引起的供给冲击，中央银行为了尽快实现通货膨胀目标，实行提高利率等紧缩性货币政策，结果使产出减少，失业激增，导致加拿大经济严重衰退。

2. 通货膨胀目标制容易导致货币政策工具的过度波动

当货币政策工具对货币政策目标的影响随着时间的推移而逐渐增强时，不顾经济条件变化而长期盯住一个具体的政策目标会增加政策工具的波动性。货币政策时滞的存在，使政策变量对政策目标的当期影响较小而滞后影响较大。由于当今各国均以利率为货币政策的主要工具，因而实行通货膨胀目标制必然造成利率水平的过度波动。利率的频繁变化，不但增加了公众对未来的不确定性预期，提高了金融中介的成本，而且还降低了产出的增长率，使这些国家的失业率长期居高不下，阻碍了经济的进一步繁荣。

第二节 货币政策工具

货币政策工具是指中央银行为实现货币政策目标，进行金融调控时所运用的手段。中央银行通过直接控制和运用货币政策工具，直接对货币政策的中介目标产生影响，进而促进货币政策最终目标的实现。货币政策工具多种多样，各有其特点和适用条件，在不同时期不同国家的经济体制和金融体制不同，各国货币政策的目标不相同，所选择的货币政策工具也不相同。货币政策工具可分为一般性货币政策工具、选择性货币政策工具和其他货币政策工具三类。

一、一般性货币政策工具

一般性货币政策工具是对货币供给总量或信用总量进行调节和控制的政策工具，主要包括法定存款准备金政策、再贴现政策和公开市场业务三大政策工具，俗称"三大法宝"。这些工具主要针对总量进行调节，中央银行经常使用且对整个宏观经济运行产生重要影响。

（一）法定存款准备金政策

1. 法定存款准备金政策的含义和作用机理

法定存款准备金政策是指中央银行通过规定或调整商业银行等存款类金融机构缴存中央银行的存款准备金比率，控制商业银行信用创造能力，间接地控制货币供应量的措施。这是各国普遍使用的一种货币政策工具，也通常被认为是货币政策中最猛烈的工具之一。

存款准备金是银行及某些金融机构为应付客户提取存款和资金清算而准备的货币资金，准备金占存款或负债总额的比例就是存款准备金率。存款准备金分为法定存款准备金和超额存款准备金两部分。法定存款准备金是金融机构按中央银行规定的比例上缴的部分；超额存款准备金是指准备金总额减去法定存款准备金的剩余部分。法定存款准备金政策是指由中央银行强制要求商业银行等存款货币机构按规定的比率上缴存款准备金，中央银行通过提高或降低法定存款准备金率达到收缩或扩张信用的目标。实行存款准备金制度的本意是，银行所吸收的存款不能都贷放出去，而要留下一部分以应对存款人的随时支取。在现代银行，实行法定比率的存款准备金制度，其主要目的已经不是应付支取和防范挤兑，而是作为控制银行体系总体信用创造能力和调整货币供给量的工具。

世界上最早在法律上规定存款准备金的是美国路易斯安那州银行法（1824年）；最早将存款准备金集中于中央银行的是英格兰银行，18世纪英国的私人银行就将存款准备金的一部分存在英格兰银行，用于银行间的转账结算；最早规定商业银行必须向中央银行上缴存款准备金的法律是美国《联邦储备法》（1913年）；美联储最早获得改变存款准备金比率的权力（1935年），并将法定准备金率作为中央银行货币政策的工具使用。

目前，这一制度被世界各国广泛推行。

法定存款准备金率政策的真实效用体现在它对存款货币银行的信用扩张能力、对货币乘数的调节。由于存款货币银行的信用扩张能力与中央银行投放的基础货币存在乘数关系，而乘数的大小与法定存款准备金率成反比。因此，若中央银行采取紧缩政策，提高法定存款准备金率，存款货币银行可用于发放贷款的超额准备金就会减少，限制了其信用扩张能力，降低了货币乘数，最终起到收缩货币供应量和信贷量的效果。反之，则会起到扩张货币供应量和信贷量的效果。

2. 法定存款准备金政策的优缺点

法定存款准备金政策的优点是非常明显的。首先，对货币供应量具有极强的影响力，力度大、速度快，效果明显，是中央银行收缩和放松银根的有效工具。其次，对所有存款货币银行的影响是均等的。这不像公开市场操作或再贴现政策，只对参与市场操作或向中央银行借款的银行才发生作用。

但是，法定存款准备金政策存在几个缺陷：一是当中央银行调整法定存款准备金率时，存款货币银行可以变动其在中央银行的超额存款准备金，从反方向抵消法定存款准备金率政策的作用。二是法定存款准备金率对货币乘数的影响很大，作用力度很强，准备金比率的微小变动会通过银行信用的收缩和扩张产生放大作用，从而加剧经济的波动，因此法定存款准备金政策难以成为日常使用的政策工具。三是调整法定存款准备金率对货币供应量和信贷量的影响要通过存款货币银行的辗转存、贷，逐级递推而实现，成效较慢、时滞较长。因此，法定存款准备金政策往往是作为货币政策的一种自动稳定机制，而不将其当做适时调整的经常性政策工具来使用。四是易造成小银行的流动性危机。大银行比小银行有更多存款者，存款者集中提现的概率大大下降，所以大银行持有的超额准备金可以比小银行少。如果小银行持有与大银行相同的超额准备金，法定准备金比率的调高，极易造成小银行的流动性危机。从某种意义上来说，存款准备金制度对小银行并不公平，因此，美国对小银行要求的法定存款准备金比率较低。

考虑到法定存款准备金政策的局限性，20 世纪 90 年代以来，这一政策的重要性已经大幅下降。一些发达国家甚至完全取消了法定存款准备金要求，如英国、加拿大、澳大利亚、瑞典等国，这些国家的商业银行保留的准备金基本上维持在与其日常清算相适应的水平。

（二）再贴现政策

1. 再贴现政策的含义和作用机理

再贴现政策是指中央银行通过提高或降低再贴现率的办法，影响商业银行等存款货币机构从中央银行获得的再贴现贷款和超额准备，达到增加或减少货币供应量、实现货币政策目标的一种政策措施。在实务中，将中央银行的再贴现业务称为"贴现窗口"。

再贴现率实质上就是中央银行向商业银行的放款利率。中央银行提高再贴现率，就提高了商业银行的资金成本，限制了商业银行的借款愿望，这就影响了商业银行的超额存款准备金的持有量，从而影响了商业银行的融资决策。同时，商业银行会因融资成本上升而提高对企业放款的利率，从而减少社会对借款的需求，达到收缩信贷规模和货币

供应量的目的。反之,中央银行降低再贴现率,则会出现相反的政策效果。再贴现率一般是短期利率,最长不超过 1 年。

再贴现政策是国外中央银行最早使用的货币政策工具。早在 1873 年,英国就用其调节货币信用。美国的贴现率制度始于 20 世纪 30 年代,1946 年美国《就业法》确定了统一的官方贴现率(再贴现率),以便谋求政策目标的实现。德国的再贴现起源于帝国银行的前身普鲁士银行时期,至今,再贴现仍是德意志联邦银行重要的货币政策工具,再贴现贷款约占其中央银行总贷款的 1/3。20 世纪 70 年代初,日本银行就开始较频繁地调整官方贴现率,即再贴现率,以调节社会信贷总量。在第二次世界大战以后的经济重建过程中,日本银行的再贴现政策对日本经济的恢复和发展产生了积极的作用,它不仅为办理贴现的银行提供了优惠的资金来源和流动性,而且对于出口导向型企业的发展、经济结构的重建都有十分重要的推动作用。

2. 再贴现政策的优缺点

与法定存款准备金率工具相比,再贴现工具的弹性相对大一些、作用力度相对缓和一些,因此可以作为经常性的货币政策工具使用。除了调节货币供给量和信贷规模,再贴现政策在一些国家之所以得以广泛运用,还在于通过它能发挥以下作用:一是融资作用。这一作用与中央银行的再贷款具有形式上的相通性和本质上的区别性。再贷款只是中央银行的一种金融直接调控手段,而再贴现则是一种重要的货币政策工具。二是货币政策告示作用。因为再贴现政策的核心是调整再贴现率。中央银行一旦调整再贴现率,实际上是向商业银行和社会公众公布其货币政策的取向,从而改变商业银行的信用量,使货币供给量发生变化,进而影响市场利率的升降。三是宏观间接调控作用。一方面,中央银行可以控制再贴现总量,同时可适时调节再贴现率,产生控制货币供给总量和调节利率水平的双重效应;另一方面,中央银行通过调整再贴现率,促使金融机构紧缩或扩张信贷,最终影响市场利率水平发生变化。

再贴现政策也有一定的局限:一是在实施再贴现的过程中,商业银行是否愿意到中央银行申请再贴现、再贴现多少,都是商业银行自主的行为,中央银行始终处于被动地位,缺乏主动性;二是由于货币市场的发展,商业银行对中央银行再贴现窗口的依赖性降低,再贴现政策只能影响到前来贴现的银行,对其他银行只是间接地发生作用;三是再贴现政策缺乏弹性,中央银行若经常调整再贴现率,会引起市场利率的经常变动,使企业或商业银行无所适从,经济的正常秩序会被打乱。因此,中央银行在调整再贴现率时,必须综合考虑国民经济发展中的各种因素。

(三)公开市场业务

1. 公开市场业务的含义和作用机理

公开市场业务是指中央银行通过买进或卖出有价证券,吞吐基础货币,调节货币供应量的活动。与一般金融机构所从事的证券买卖不同,中央银行买卖证券的目的不是为了盈利,而是为了调节货币供应量。根据经济形势的发展,当中央银行认为需要收缩银根时,便卖出证券,相应地收回一部分基础货币,减少金融机构可用资金的数量;相反,当中央银行认为需要放松银根时,便买入证券,扩大基础货币供应,直接增加金融机构可用资金的数量。

所谓公开市场，是指非金融机构其至个人也能参加的金融市场。事实上，尽管信用形式和信用工具的迅速发展为中央银行的公开市场政策提供了客观物质基础，但是，很多国家因为公开市场的规模、运转机制和效率尚不能满足公开市场政策的要求，公开市场政策实际上是在同业市场进行的。因此，公开市场政策改称同业（或金融）市场政策似乎更名副其实。

公开市场业务起源很早，19世纪初，英格兰银行便把公开市场业务当做维持国债价格的手段。以后又被用来辅助"再贴现政策"。20世纪20年代，美国联邦储备体系也开始使用此工具。当时，美国联邦储备体系创建后，主要依靠再贴现政策作为货币政策工具，通过再贴现对商业银行放款向银行体系注入基础货币。但是20世纪末的严重经济危机影响了再贴现政策的作用，美联储开始通过购买美国政府债券来扩张信用和降低利率。到目前为止，在一般性货币政策工具中，公开市场业务是西方发达国家采用最多的一种货币政策工具。弗里德曼其至主张把公开市场业务作为唯一的货币政策工具。20世纪50年代以来，美国联邦储备委员会90%的货币吞吐是通过公开市场业务进行的，德国、法国等也大量采用公开市场业务调节货币供应量。从20世纪80年代开始，许多发展中国家将公开市场业务作为货币政策工具。

中央银行公开市场政策主要通过影响商业银行体系的准备金来进一步影响商业银行信贷量的扩大和收缩，进而影响货币供给量的行为。当经济出现萧条时，金融市场上的资金短缺，中央银行在公开市场上买进有价证券，实际上是向市场投放了一笔基础货币，商业银行准备金增加，商业银行贷款规模扩大，货币供应量增加，市场利率下降，刺激投资和消费扩张，刺激经济发展。反之，当金融市场上货币过多，出现通货膨胀时，中央银行就向市场抛售有价证券，减少市场上的基础货币量，达到减少货币供应量，控制通货膨胀的目的。

公开市场业务除了影响货币供给量，也会影响市场利率水平和利率结构。中央银行在公开市场买卖证券使证券需求发生变化，首先引起证券价格和证券市场利率变化。其次，引起商业银行准备金数量变化，并通过乘数作用导致货币供给变化，影响市场利率。最后，中央银行通过买卖不同期限的证券，也可以改变市场对不同期限证券的需求，使利率结构发生变化。公开市场业务还可以与其他货币政策工具配合使用，提高货币政策的效果。例如，中央银行提高再贴现率，商业银行持有较多超额准备而不依赖中央银行贷款，则紧缩性货币政策就难以奏效。此时，中央银行若以公开市场业务配合，在金融市场卖出证券，则商业银行的准备金必然减少，紧缩性目标得以实现。

2. 公开市场业务的优缺点

公开市场业务与其他货币政策工具相比，具有主动性、灵活性和时效性强等特点。公开市场业务可以由中央银行充分控制其规模，中央银行有相当大的主动权；公开市场业务是灵活的，多买少卖、多卖少买都可以，对货币供应既可以进行"微调"，也可以进行较大幅度的调整，具有较大的弹性；公开市场业务操作的时效性强，当中央银行发出购买或出售的意向时，交易立即可以执行，参加交易的金融机构的超额储备金相应发生变化；公开市场业务可以经常、连续地操作，必要时还可以逆向操作，由买入有价证券转为卖出有价证券，使该项政策工具不会对整个金融市场产生大的波动。由于上述优点，公开市场业务是中央银行最有力、最常用因而也是最重要的货币政策工具。

虽然公开市场业务具有以上明显的优点，但是它不可避免地存在一定的局限性：第一，公开市场操作较细微和频繁，技术性强，缺乏政策意图的告示作用，对公众预期的引导作用较差。第二，公开市场操作需要以较发达的有价证券市场为前提。如果市场完善程度不高，交易工具太少、证券交易立法不健全等因素会制约公开市场业务的效果。

二、选择性货币政策工具

选择性货币政策工具是指中央银行针对某些特殊经济领域或特殊用途的信贷，采用的信用调节工具。这些工具大多是结构性的，主要有消费者信用控制、证券市场信用控制、不动产信用控制和优惠利率。

（一）消费者信用控制

消费者信用是指商业银行或企业提供给消费者的信用，主要有消费贷款、分期付款等方式。在消费者暂时没有足够购买力购买商品时，消费信用是扩大商品销路的手段之一，这实际上是使消费者把未来的收入提前到当前来使用。这种消费者信用既可以刺激消费者需求起到刺激生产的作用，又会加剧通货膨胀，造成虚假的社会需求。为了不致使这种需求过大和通货膨胀加剧，中央银行对消费者信用也要加以控制。

所谓消费者信用控制，是指中央银行对消费者分期购买耐用消费品的贷款的管理措施，目的在于影响消费者对耐用消费品的有支付能力要求。在需求过旺及通货膨胀时，中央银行可以对消费者信用采取一些必要的管理措施，如对各种耐用消费品规定付现的最低额，并对用于购买这些商品的贷款规定最长期限，使社会用于购买耐用品的支出减少，缓解通货膨胀压力。相反，在经济衰退时期必须撤销或者放宽对消费者信用的限制条件，以提高消费者对耐用品的购买力，促使经济回升。这种管理措施能够有效地控制消费者信用的增长。因此，消费者信用控制是中央银行控制货币供给量、控制信用规模、调节宏观经济的一个有效的辅助性工具。

消费者信用控制的主要内容包括：（1）规定分期付款等消费信贷购买各种耐用消费品时第一次付款的最低金额；（2）规定用分期付款等消费信贷购买各种耐用消费品借款的最长期限；（3）规定用分期付款等消费信贷方式购买耐用消费品的种类，并规定哪些耐用消费品可以分期付款购买；（4）以分期付款等消费信用方式购买耐用消费品时，对不同的耐用消费品规定不同的放款期限。

（二）证券市场信用控制

证券市场信用控制是指中央银行对有价证券的交易，规定应支付的保证金限额，限制用借款购买有价证券的比重，以控制和调节证券市场资金流动的行为。为了防止证券投机行为，中央银行对各商业银行办理的以证券为担保的贷款，有权随时调整保证金的比率，保证金比率越高，信用规模越低。当证券价格上涨，中央银行认为有必要时，就提高保证金的比率，控制证券市场的信贷资金供求，平抑证券市场的价格，促进证券市场稳定。反之，则降低保证金的比率。

（三）不动产信用控制

不动产信用控制指中央银行对金融机构在房地产方面放款的限制措施，其目的是抑制房地产投机行为，抑制房地产泡沫。不动产信用控制的主要内容有对金融机构的房地产贷款规定最高限额、最长期限、首次付款最低金额以及分期还款的最低金额等。

当经济过热，不动产信用膨胀时，中央银行可通过规定和加强各种限制措施减少不动产信贷，进而抑制不动产的盲目生产或投机，减轻通货膨胀压力，防止经济泡沫的形成。在经济衰退时期，中央银行也可通过放松管制，扩大不动产信贷，刺激社会对不动产的需求，进而以不动产的扩大生产和交易活跃带动其他经济部门的生产发展，从而促使经济复苏。

（四）优惠利率

优惠利率是中央银行对国家拟重点发展的经济部门、产业和产品规定较低的利率，以鼓励其发展所采取的措施。实施优惠利率有利于刺激重点发展的经济部门的生产，调动其生产积极性，实现国民经济产业结构和产品结构的调整和升级换代。优惠利率在发展中国家使用较多，主要配合国家产业政策使用，对急需发展的基础产业、能源产业、新技术、新材料的生产、出口创汇企业等，制定较低的优惠利率，提供资金方面的支持。具体来说，中央银行可以对这些需要重点扶持发展的行业、企业和产品规定较低的贷款利率，由商业银行执行；也可以对这些行业和企业的票据规定较低的再贴现率，引导商业银行的资金投向和投量。

三、其他货币政策工具

除了以上两类货币政策工具外，中央银行还可以根据本国的实际情况和不同时期的具体要求，选择其他一些货币政策工具。这些货币政策中既有直接的信用控制，又有间接的信用控制。前者具有行政性、强制性，一般效果较直接；后者则具有指导性、间接性，工具的使用效果与中央银行独立性的强弱和权威性的高低相关。

（一）直接信用控制

直接信用控制是指中央银行以行政命令或其他方式，直接对金融机构尤其是商业银行的信用活动进行直接控制，而不是通过市场供求关系或资产组合的调整进行调控。其手段包括信用配额管理、利率最高限额、规定流动性比率、直接干预和特种存款等。

1. 信用配额管理

信用配额管理是指中央银行根据金融市场的供求状况和经济发展的需要，分别对各个商业银行的信用规模加以分配和控制，从而实现其对整个信用规模的控制。许多发展中国家，由于资金需求量较大而供给不足，所以这种方法应用得相当广泛。它也是我国计划经济时期和从计划经济向市场经济转轨时期主要的信用控制手段。但是，随着金融市场的逐步发展，金融工具的逐步增加，信用规模控制的作用已大大降低。1998 年 1 月 1 日，中国人民银行取消了国有商业银行的贷款规模限额控制，只对国有商业银行按年（季）下达贷款增量的指导性计划，实行"计划指导、自求平衡、比例管理、间接调控"

的信贷资金管理体制。中央银行对货币供给总量的控制转变为通过对基础货币的调控来实现。

2. 利率最高限额

利率最高限额是指中央银行直接对商业银行的存贷款利率水平实行限制，防止商业银行把利率作为竞争手段，扰乱金融秩序。但如果长期使用该工具，会使金融体系的效率受到损害，迫使受到干预的银行和金融机构寻求其他各种手段来阻碍或规避这些行政管制，从而降低金融体系分配资源的效率。

利率最高限额主要包括中央银行规定商业银行吸收存款的利率上限和发放贷款的利率下限，或者对定期和储蓄利率的最高限度实施控制。美国曾在1980年前实施的"Q条例"和"M条例"中规定，银行对活期存款不得支付利息，对储蓄存款和定期存款的利率设定最高限度，旨在避免商业银行通过提高利率来吸收存款进行过度竞争，加大商业银行经营风险。但是利率管制的实施，限制了存款的自由流动，破坏了金融市场的运行机制，损害了金融市场的运行效率。如果过多地采用利率管制，还可能会导致金融抑制。因此使用此种工具时，要注意它的正面作用和负面影响。

3. 规定流动性比率

规定流动性比率是指中央银行为提高商业银行的流动性，保护存款人的存款安全，规定商业银行必须符合一定的流动性要求。例如，我国《商业银行法》规定，商业银行流动性资产与流动性负债的比率不得低于25%。商业银行为了达到中央银行规定的流动性比率，必然要减少流动性较低的长期放款，提高短期贷款的比重，这就在一定程度上限制了商业银行的信用扩张。

4. 直接干预

直接干预是指中央银行依据有关法规直接对商业银行的授信业务进行干预。一般直接干预的方法有：对业务经营不当的商业银行拒绝再贴现或采取高于一般利率的惩罚性利率；直接干预商业银行对存款的吸收；直接规定各商业银行业务经营的方针、放款与投资范围，限制其放款额度等。

5. 特种存款

特种存款是指在银行体系中出现过剩超额储备时，中央银行要求商业银行等金融机构按一定比例把这种超额储备缴存中央银行冻结起来的一种存款方式。其目的在于限制商业银行的信用扩张能力，紧缩货币供给量。

（二）间接信用控制

间接信用控制指中央银行通过道义劝告和窗口指导的方式，对信用变动方向重点实施间接指导。

1. 道义劝告

所谓"道义劝告"，是指中央银行利用其声望与地位，对商业银行和金融机构经常发出通告，指示或与各金融机构的负责人举行面谈，劝告其遵守政府政策，自动采取若干相应措施。例如，在通货膨胀较严重时期，中央银行劝导各金融机构自动约束放款或提高利率；在房地产与股票市场投机过度时劝告各金融机构收缩这两个市场的信贷规模；在国际收支出现赤字的情况下，劝告金融机构提高利率或减少海外贷款；等等。

道义劝告既能控制信用的总量，也能调整信用的构成，在质和量的方面均起作用。中央银行的道义劝告不具有强制性，而是将货币政策的意向与金融状况向商业银行和其他金融机构提出，使其能自动地根据中央银行的政策意向采取相应措施。

在我国，自1987年开始中央银行与商业银行建立了比较稳定的行长、部主任碰头会制度。一方面商业银行报告即期的信贷业务进展情况，另一方面中央银行则向商业银行说明其对经济金融形势的看法，通报货币政策意向，提出商业银行改进信贷管理建议。

道义劝导工具的优点是较为灵活，无须劳民伤财花费行政费用。其缺点是没有法律的约束力，所以其效果视各金融机构是否与中央银行合作而定。

2. 窗口指导

窗口指导是指中央银行根据产业行情、物价趋势和金融市场动向，规定商业银行贷款重点投向和贷款变动数量。窗口指导虽然没有法律约束力，其影响大小也取决于中央银行的声望和各银行的合作态度，但鉴于中央银行的强大力量，其作用有时也很大。

窗口指导曾一度是日本银行货币政策的主要工具。日本银行利用其在金融体系中所处的中央银行地位和日本民间金融机构对其较大的依赖关系，劝告它们自动遵守日本银行提出的要求，从而达到控制信贷总量的目的。有时，窗口指导也提出民间金融机构的贷款投向，以保证日本经济中重点倾斜部门的资金需要，达到调整产业结构的目的。

我国在取消贷款规模控制以后，更注重窗口指导的作用，在1998年颁布了产业投资指导政策，以指导商业银行的贷款方向；定期对国有商业银行下达贷款增量的指导性计划，引导其贷款规模控制。特别是2008年国际金融危机和经济危机爆发以后，中国人民银行也加大了通过窗口对金融机构的政策指导。

第三节　货币政策的传导机制

货币政策的传导机制是指中央银行确定货币政策目标之后，从选择各种货币政策工具进行政策操作，到作用于各种经济变量，到最终影响整个经济活动、实现最终目标的途径和过程。这一传导过程是一个复杂的过程。以法定存款准备金为例，假如降低法定存款准备金率，商业银行和其他金融机构的储备就会增加，它们对企业或个人的贷款规模就会扩大，利率相对会下降，而结果是企业产出增加、就业增加，物价水平也随之发生变化。可见，货币政策的运用及产生政策效果，需要经过几个环节的传导过程，才能最终达到其宏观调控的目标。

货币政策的经济变量传导从中央银行变动货币政策工具开始，首先影响的经济变量是操作指标，如商业银行的准备金、基础货币，其后影响效果指标，如货币供应量、利率等，最后影响生产、物价、就业等最终目标。

货币政策传导机制主要有下述几种：

一、凯恩斯学派的货币政策传导机制

20 世纪 30 年代以前，大多数经济学家认为经济运行虽然会受到周期性冲击的影响，但市场力量能够使经济迅速恢复充分就业的均衡，货币不过是一种方便交易的工具或媒介，是资本得以流通和经济得以顺利运行的润滑剂，因而对货币或货币政策传导并没有给予太多关注。

20 世纪 30 年代的经济危机，引发了人们对包括货币政策在内的宏观经济政策的性质和作用的争论。现代意义上的货币传导理论源自凯恩斯 1936 年出版的《就业、利息和货币通论》中的观点。关于货币与经济的关系，凯恩斯提出了新的看法，他把对货币需求的分析纳入对总需求和总供给的分析框架中，形成了关于货币活动如何影响经济活动的途径，即货币政策传导机制的分析。凯恩斯的基本观点成为凯恩斯学派的货币政策传导机制理论的基础，并经过其他凯恩斯学派经济学家的发展，从早期的局部均衡分析到后来的一般均衡分析，形成了一套完善的货币政策机制理论。

（一）局部均衡分析

对于货币活动如何影响经济运行的途径，凯恩斯的思路是这样的：有效需求是社会总供给与社会总需求达到均衡时的总需求，社会总产量就由这种均衡态决定。但总供给在短期内不会有大的变动，因此，产量实际取决于社会总需求或有效需求。有效需求由边际消费倾向、资本边际效率、灵活偏好三大心理因素所决定的消费需求与投资需求所构成，在边际消费倾向递减从而消费需求不足时，投资需求必然成为弥补总供给与总需求缺口的关键因素。投资需求取决于利率与资本边际效率的对比关系，当资本边际效率随着投资增加而递减时，利率又成为决定投资需求的关键因素。由于利息是人们放弃灵活偏好的报酬，因此，利息率的高低便取决于人们对货币的灵活偏好程度即货币的需求程度。这样，货币、利率、投资、有效需求就被凯恩斯联结成为一个有机的整体，构成他的货币政策传导机制的重要变量。利率被赋予重要的传递中介或传递渠道地位。在货币政策的传导机制中，由于凯恩斯强调的是利率渠道的作用，因此整个货币政策的传导过程也就是利率效应产生的过程。

以扩张性货币政策为例，其基本思路可以表示为

货币政策工具$\rightarrow M$（货币供给）$\uparrow \rightarrow r$（利率）$\downarrow \rightarrow I$（投资）$\uparrow \rightarrow Y$（总产出）$\uparrow$

扩张性货币政策导致货币供给（M）相对于货币需求增加后，人们手持货币超过了灵活偏好程度，对债券的需求即会增加，从而债券价格上涨，利率（r）下降。当利率下降到小于资本边际效率时，就会刺激投资（I）增加，在消费倾向一定的情况下，投资增加通过乘数效应促进总需求和总产出（Y）的增长。

在这个传导机制发挥作用的过程中，利率是关键的环节，货币政策必然通过影响利率来影响其他经济变量，这是凯恩斯学派的基本观点，因此其理论被称为利率传导机制。货币供应量的调整必须首先影响利率的升降，然后才能使投资乃至总支出发生变化。如果货币供应量增加不能对利率产生影响，即存在流动性陷阱，则货币政策无效。

在一个标准的 IS – LM 模型中，凯恩斯学派的利率传导效应也是十分明显的，如图

11 – 3 所示。

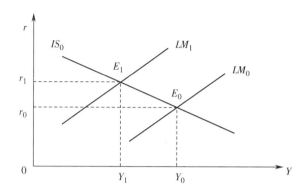

图 11 – 3　货币政策的利率传导过程

IS – LM 模型对于货币政策传导机制的表述如下：货币市场均衡曲线 LM_0 与商品市场均衡曲线 IS_0 的交点 E_0 就是经济的均衡点。货币当局实行紧缩性货币政策时，会使 LM_0 曲线向左移动到 LM_1，利率相应地从 r_0 上升到 r_1。利率上升会抑制投资，这将导致均衡产出从 Y_0 下降到 Y_1。而当货币当局实行扩张的货币政策时，会产生相反的效果：LM_0 曲线会向右移动，利率会下降。而利率的下降会刺激投资，投资上升，均衡产出相应增加。

（二）一般均衡分析

上述分析被凯恩斯学派称为局部均衡论，它只显示了货币市场对商品市场的初始影响，但未能反映它们之间的相互影响。考虑到货币市场与商品市场的相互作用，后凯恩斯学派又作了进一步的分析，并称之为一般均衡论。这一分析有如下过程。

第一，假定货币供给增加，在产出水平不变的情况下，利率会相应下降，利率下降会刺激投资，引起总支出增加，总需求增加推动产出量上升。这是货币市场对商品市场的作用。

第二，产出和收入增加，必将引起货币需求增加，如果没有新的货币供给投入经济生产，货币供求的对比又会使下降的利率上升。这就是商品市场对货币市场的作用。

第三，利率上升，又会使总需求减少，产量下降；产量下降，货币需求下降，利率又下降。这是一个货币市场和商品市场相互作用的循环往复的过程。

第四，最终收入和利率会逼近一个均衡点，这个均衡点同时满足了货币市场供求和商品市场供求两方面的均衡要求。在这个均衡点上，利率可能比原来的均衡水平低，而产出量比原来的均衡水平高。这就是著名的"IS – LM 模型"的基本观点。

总之，凯恩斯学派的利率传导渠道较间接，传导效果如何将取决于三个参数的影响：（1）货币需求对利率的敏感性，它决定了货币供给的变动能在多大程度上影响利率。（2）私人投资对利率的敏感性，它决定了利率的变动对私人投资的影响。（3）投资乘数，它决定了私人投资的变动能够在多大程度上影响国民收入。按照凯恩斯学派的观点，货币需求对利率十分敏感，存在"流动性陷阱"，在这一利率水平下，任何货币供

给的增加都会被公众所持有，而不会引起利率的变化。同时，凯恩斯认为私人投资对利率是不敏感的，决定私人投资的因素是投资者对投资前景的预期。因此，凯恩斯认为，虽然存在这样的货币传导机制，但其实施效果却很不理想。

对于这些传导机制的分析，后凯恩斯学派还不断增加一些新的内容。主要是集中在货币供给变化到利率变化之间和利率变化到投资变化之间的更具体的传导机制以及一些约束条件。现实的经济生活是复杂多变的，新情况、新问题不断出现，所以有必要对货币传导机制进一步具体分析。但不论凯恩斯货币政策传导机制理论如何发展，它都会紧紧围绕利率这一关键环节。

二、货币学派的货币政策传导机制

自 20 世纪 50 年代起，凯恩斯的利率传导渠道受到以米尔顿·弗里德曼为代表的货币主义学派的挑战。与凯恩斯学派不同，货币学派认为在货币政策传导机制中起重要作用的是货币供应量而不是利率。货币学派认为，货币供应量的增加最初会导致利率下降，但不久就会因总需求的扩大，价格会很快上升，实际货币供给量下降，最终利率又回到原来的水平。因此，货币政策传导机制主要不是通过利率间接影响投资与投入，而是通过货币存量的变动直接影响支出和收入。以扩张性货币政策为例，这种思路可用符号表示如下：

货币政策工具 → M（货币供应）↑ → E（总支出）↑ → I（投资）↑ → Y（总收入）↑

即中央银行采取扩张性货币政策，使货币供应量增加，货币资产的持有者会发现他们所实际持有的货币资产比他们希望持有的数额多，他们将多余的货币用于购买各种资产，引起总支出水平增加，而总支出水平增加带动总收入增加。

在货币学派看来，货币供应量的变动能够对支出产生直接影响的原理是：（1）货币需求有其内在稳定性。（2）弗里德曼的货币需求函数中不包括任何货币供给的因素，因而货币供给的变化不会直接引起货币需求的变化。至于货币供给，货币学派将其视为外生变量。（3）当作为外生变量的货币供给发生改变，如货币供给增加时，由于货币需求并未改变，公众手持货币量会超过其意愿持有的货币量，从而必然增加支出。

而支出作用于投资的过程，货币学派认为这是资产结构调整的过程。其传递过程是：（1）超过意愿持有的货币或用于购买金融资产，或用于购买非金融资产，直至人力资本投资。（2）不同方向的投资会相应引起不同资产相对收益率的变化。如果金融投资偏多，金融资产价格会上涨，金融资产收益率会相应下降，从而刺激非金融投资，如产业投资。产业投资增加会促进产出增加，也会促使产品价格上涨。（3）资产结构因资产收益率的变化相应调整，但是调整的结果又会使不同资产收益率水平重新趋于相对稳定的状态。

货币学派没有解释货币供给量如何影响总支出的渠道，而是仅仅指出货币供应量的变化会引起总支出的变化。所以，人们把货币主义的货币政策传导机制称为"黑箱理论"。

三、股价渠道传导机制

就货币政策传导机制而言，有两种重要的与股票价格相关的渠道，即托宾 Q 理论和财富效应传导理论。

（一）托宾 Q 理论

耶鲁大学教授詹姆斯·托宾认为，凯恩斯提出的传导机制只是一种局部均衡分析，而一般均衡分析还必须考虑商品市场和货币市场的相互关系。托宾沿着一般均衡分析的思路扩展了凯恩斯的模型，提出了一个货币政策变化通过股票价格影响投资支出的理论，该理论被称为 Q 理论。Q 理论反映了股票价格与投资支出之间的相互关系，强调了资产结构调整在货币政策传导过程中的作用。

所谓托宾 Q 是企业的市场价值与资本重置成本之间的比值，用公式表示为

Q＝企业的市场价值/资本重置成本×100%

资本重置成本是指按照当前市场条件，重新取得同样一项资产所需支付的现金或现金等价物金额。Q 值是决定新投资的主要因素，与投资支出、普通股股票价格都呈正相关关系，Q 值的高低反映了企业的投资愿望。如果企业的 Q 值高（大于 1）时，意味着企业的市场价格高于企业的重置成本。相对于企业的市场价值，新的厂房和设备的投资比较便宜，企业发行少量股票就能够购买大量新投资品，于是投资支出会增加。如果 Q 值较低，意味着企业价值与资本重置成本相比较低，一般不会购买新的投资品，而是倾向于通过廉价购买其他企业而获得已经存在的资本，这样就会减少新厂房和设备的投资。

货币政策主要通过托宾 Q 来影响投资，进而影响总产出：如果采取扩张性货币政策，货币供应量增加，人们发现手中的货币比他们希望持有的多，就会按照自己的偏好安排其金融资产，其中必然有一部分流向股票市场，造成股票需求增加，普通股价格将会上涨，从而使托宾 Q 上升，通过投资渠道拉动总产出增加。因此这一过程可以表示为

货币政策工具 → M（货币供应）↑ → Pe（普通股价格）↑ → 托宾 Q↑ → I（投资）↑ → Y（总收入）↑

（二）财富效应传导理论

莫迪利安尼最早利用其消费周期理论对货币政策引起的消费增加进行了研究。这种观点认为，消费支出是国民收入中最重要的组成部分。消费支出并不取决于当期收入，而是由消费者毕生的财富决定，这种财富主要包括人力资本、实物资本和金融财富，其中金融财富的主要组成部分就是股票。货币政策传导的财富效应渠道，是指货币政策通过货币供给的增减影响股票价格，使公众持有的以股票市值计算的个人财富发生变化，从而影响其消费支出，进而影响国民产出。例如，当采取扩张性货币政策时，货币供给量增加导致股价上升，股票持有者的金融财富价值上升，毕生财富增加，进而消费也随之增加，拉动国民经济增长。因此财富效应的货币政策传导机制可表示为

货币政策工具 → M（货币供应）↑ → Pe（普通股价格）↑ → W（财富）↑ → C（消费）↑ → Y（总收入）↑

四、信贷渠道传导机制

狭义上看，信贷渠道传导理论认为，货币政策可以通过银行贷款的增减变化来刺激或抑制投资支出，从而引起总产出的变化。在以银行为主导的间接融资占比较大的国家，商业银行可贷资金量与社会投资支出的关系十分密切。即使在资本市场比较发达的国家，银行信贷仍然是企业资金的重要来源。当中央银行采取扩张性货币政策时，银行体系的准备金增加，在银行资产结构总体不变的情况下，银行的可贷资金增加，贷款随之增加，导致投资支出增加，最终使产出也增加。因此这一货币政策的传导机制可以表示为

货币政策工具 → M(货币供应) ↑ → 银行信贷 ↑ → I(投资) ↑ → Y(总收入) ↑

广义上看，除了上述的银行信贷渠道外，还包括非对称信息效应。由于金融市场中存在信息不对称现象，信息不对称会导致出现逆向选择和道德风险问题。企业净值的增加，意味着借款人的贷款实际上有较多的担保品作抵押，会减少逆向选择和道德风险。因此，当中央银行采取扩张性货币政策时，货币供给量增加，继而普通股的价格上升，导致企业的净值提高，从而会减少逆向选择和道德风险，增加贷款和投资，最终增加国民收入。因此这一货币政策的传导机制可以表示为

货币政策工具 → M(货币供应) ↑ → Pe(普通股价格) ↑ → 企业资产净值 ↑ → 逆向选择和道德风险 ↓ → 贷款 ↑ → I(投资) ↑ → Y(总收入) ↑

五、资产负债表渠道传导机制

资产负债表在这里指的是企业的财务状况。在资产负债表渠道中，一个关键概念是借款者的净值。这个净值可理解为借款者的流动性资产与可售抵押品之和。资产负债表渠道因信贷市场的不对称信息而出现。企业的净值越低，在向这些企业放贷时逆向选择和道德风险的问题越严重。净值越低，意味着放贷者对其贷款拥有的抵押品越少，因而来自逆向选择的损失越大。净值的降低加重了逆向选择问题，从而导致支持投资支出的贷款下降。企业净值的降低也加重了道德风险问题。因为它意味着所有者在其企业所拥有的权益比重下降，使他们介入高风险投资项目的动机增强。因为采取高风险投资项目使贷款者收不回贷款的可能性增大，企业净值的下降将降低贷款从而降低投资支出。

资产负债表渠道的产生，是因为中央银行能够直接和间接地影响借款者的财务状况。货币政策可能以几种方式影响企业的资产负债表。

(1) 扩张性货币政策将导致企业股票价格 Pe 上升，这将提高企业净值，从而降低逆向选择和道德风险，这将导致贷款和投资支出的增加，最后引起总需求和总产量的增加。

(2) 扩张性货币政策也会降低利率，这也会改善企业的资产负债表，因为它能增加现金流量，从而降低逆向选择和道德风险，这将依次导致贷款、投资支出、总需求和总产量的增加。

第四节 货币政策选择的理论依据及其效果的影响因素

一、货币政策选择的理论依据

（一）权变理论

凯恩斯及凯恩斯学派的经济学家认为：国民经济具有内在的不稳定性，它必然经历各个较长阶段的失业和停滞同各个阶段的急剧扩张和通货膨胀之间的波动；促使经济运行发生波动的原因主要是来自实物部门的干扰（如投资边际收益的变化），而不是来自货币部门的骚乱（前凯恩斯主义者认为货币供应量的变化无关紧要，后凯恩斯主义者略有不同）。这种干扰一旦发生，国民经济就可能需要很长时间才能恢复到均衡状态。因此，必须通过国家干预，运用可自由支配的需求管理政策使国民经济维持在较高且稳定的就业水平上。他们认为，要保持国民经济的稳定，必须同时使用财政政策和货币政策。但由于可自由支配的财政政策产生的效果比可自由支配的货币政策产生的效果更具可测性，而且作用于经济活动更迅速，因此，他们主张把可自由支配的财政政策作为主要的政策工具，而把货币政策放在次要的位置。

在财政政策上，权变理论主张"补偿性财政"。即从周期平衡的观点出发，在萧条时期扩大政府开支，以刺激总需求，推动经济回升；在繁荣时期则削减政府开支，以抑制总需求，阻遏经济的过度膨胀。

在货币政策的具体运用上，权变理论主张采取相机抉择的办法。即在经济萧条时期，采取降低利息率等宽松的货币政策；而在经济过热时，采取提高利息率等紧缩的货币政策。这种依经济周期变动而确定货币供应量的方法被称为权变法（也称为逆风向而行或简称顶风的货币政策），其抉择标准是追求利益最大化或损失最小化，即两利相权取其重，两害相权取其轻。

西方国家政府实施这套经济政策和依据权变法确定最适货币需求量的结果，确实使它们比较顺利地走出了大危机的低谷，赢得了经济的较快增长；但同时通货膨胀也越来越严重，加之周期性经济危机的不断发生，以至于20世纪60年代末期以后，各国经济相继陷入滞胀局面。于是，凯恩斯主义备受责难，同时，由于新货币主义的崛起和弗里德曼的"反革命"，风靡西方30多年的相机抉择的货币政策主张也随之受到冷遇。

（二）规则理论

规则理论是指只要货币管理当局按照一个固定的比率供应货币，就可以保持经济的稳定，即最适货币供应量只能是按固定的比率计算出来的。其理论支撑来自1976年诺贝尔经济学奖获得者米尔顿·弗里德曼创立的货币主义学派。货币主义者认为在所有经济变量中，货币最重要。规则理论以反凯恩斯主义为己任，在经济政策上，不同意把财政政策放到货币政策前面、让货币政策屈居第二，在具体的货币政策上，建议按照一定的规则行事。

规则理论的具体思路大致是：

（1）在先进的资本主义国家，在一般允许的失业水平下，国民经济具有内在的稳定性，但这种内在稳定性在受到错误的货币政策干扰下可能会遭到破坏。规则法派认为，引起国民经济混乱的多数情况不是来自实物部门，而是来自货币部门。

（2）经济政策制定过程中存在许多不确定因素，这些不确定因素来源于四个方面：一是人们不可能对经济现状作出全面、准确的评估。二是人们对未来经济也就不可能作出准确的预测，从而不可能对经济增长率进行有效的微调。三是由于不同经济学家对同一经济问题的看法不同以及同一经济学家在不同时期对同一经济问题的看法不一，使人们以致货币当局对这些问题无所适从。四是货币政策效应的产生存在时滞，即它并不是立即显示出来的，而往往是隔了一段时间之后才显示出来，因此相机抉择就很难把握住"火候"。

（3）当今资本主义国家货币政策所追求的目标大都是多重的，而这些目标之间存在一定的矛盾，同一货币政策很难同时实现两个或两个以上的目标。

（4）将货币供应问题交给货币当局去相机抉择，既不符合自由社会的准则，又容易受政治经济压力的影响，而且由于货币当局的迭替或政府的变更，也容易引起货币管理的混乱。况且相机抉择还要受到稳定经济以外的目标以及与该目标相矛盾的目标的影响，甚至于知道其错误后，又常常视而不见、不加以矫正。因此，相机抉择的权变方法不仅不能收到预期效果，而且还成为经济动荡的重要原因。由此，规则派学者中的某些人告诫公众："政府不可信"，"货币当局不可信"。

正是基于以上考虑，弗里德曼竭力主张"由立法机关制定规章，命令货币当局来使货币数量按照具体的比例增长"。规则派学者认为按规则行事，不仅可以克服权变法的缺陷，而且可以促进经济的稳定并具有自动刺激经济恢复的功能。例如，在经济高涨或需求太旺时，固定的货币供应量增长率处于货币需求量增长率之下，这就使货币供应具有自动收敛经济过分膨胀的能力；在经济萧条或需求不足时，固定的货币供应量增长率处于货币需求量增长率之上，这就使货币供应具有促进经济增长的能力。

规则论者还认为，货币规则应包括以下两个主要内容：

（1）确定货币的定义。他们比较一致地认为，要采用广义的货币量 M_2（通货＋活期存款＋定期存款＋储蓄存款）。不过，也有学者认为，使用狭义的货币量 M_1（通货＋活期存款）也足以表现"规则"。

（2）选择一个合适的货币增长百分比。对于这个问题，规则派学者没有一致的见解，说法各异。弗里德曼以"最适货币量"为题进行了长期研究。他在 1960 年出版的《货币稳定方案》一书中认为：按美国过去 90 年的平均数算，这本来需要一个略微超过4%的年增长率——要为大约超过3%的产出年增长率和为1%的货币流通速度的长期减缓率酌留余地，也就是说，随着实际人均收入的提高，公众所希望保持的每一单位产出的货币存量也相应增加。以这种根据来判断，就货币的这一特定概念而言，每年 3%～5%的货币增长率，就可以指望符合于大致稳定的价格水平。同时，弗里德曼还认为，如果采用更为狭义的货币定义，那么一个稍微低一些的货币增长率可能更合适，而如果采用更为广义的货币定义，则一个稍微高一些的货币增长率可能更合适。

二、货币政策效果的影响因素

货币政策的效果是指货币政策的实施对社会经济生活产生的影响,是货币政策作用于经济之后的必然结果。但货币政策效果的好坏受制于现实经济社会运行中的诸多因素。西方学者们一般认为货币政策时滞、微观主体预期、货币流通速度变化、经济体制及政治因素等都是影响货币政策效果的主要原因。除此之外,经济金融运行的环境,货币政策与财政政策、产业政策、收入政策的配合程度,货币政策工具执行过程中的偏差等因素也会对货币政策效果产生影响。

(一)货币政策时滞

所谓货币政策时滞,也称货币政策的作用时滞,或称货币政策时差。它是指货币政策从研究、制定到实施后发挥实际效果的全部时间过程。按发生源和性质分类,可以分为内部时滞和外部时滞两大类。

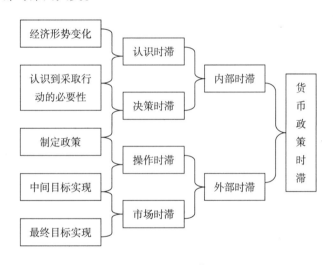

图 11 – 4　货币政策时滞

1. 内部时滞

它是指中央银行从制定政策到采取行动所需要的时间。内部时滞又可以细分为认识时滞和决策时滞两个阶段。前者是指从确实有实行某种政策的需要到货币管理当局认识到存在这种需要耗费的时间距离。这段时滞的存在,一是因为收集各种信息资料需要耗费一定的时间,二是对各种复杂的经济现象进行综合分析,作出客观的、符合实际的判断需要耗费一定的时间。后者是指从认识到需要改变政策到提出一种新的政策所需耗费的时间。这段时滞之所以存在,是因为中央银行根据经济形势研究对策、拟订方案,并对所提方案做可行性论证,最后获得批准,整个制定过程的每一个步骤都需要耗费一定的时间。这部分时滞的长短,取决于中央银行对作为决策依据的各种信息资料的占有程度和对经济、金融形势的分析、判断能力,体现着中央银行决策水平的高低和对金融调控能力的强弱。这种时滞长短不定。如果在经济衰退发生之前或通胀明显暴露之前,中央银行就改变扩张或紧缩的货币政策,那么内部时滞就不存在。所以它与中央银行能否

预测和采取行动高度相关。

2. 外部时滞

它是指从中央银行采取行动到这一政策对经济过程发生作用所需要的时间距离。外部时滞可细分为操作时滞和市场时滞两个阶段。前者是指从调整政策工具到其对货币政策中介目标发生作用所需要的时间距离。这段时滞的存在，是因为在实施货币政策过程中，无论何种货币政策工具都要通过影响货币政策中介目标才能起作用。究竟能否生效，主要取决于商业银行及其他金融机构对中央银行政策的态度、对政策工具的反应能力和金融市场对中央银行政策的敏感程度。后者是指从货币政策中介目标发生反应到其对最终目标产生作用所需要的时间距离。这是因为企业部门对货币政策中介目标变动的反应有一个滞后过程，而且投资或消费的实现有一个滞后过程。这一时滞的长短取决于调控对象对货币政策中介目标变动的反应，从而表现为对最终目标产生影响的时间长短。

外部时滞与内部时滞不同，内部时滞可由中央银行掌握，而外部时滞的长短主要取决于政策的操作力度和金融部门、企业部门对政策工具的反应大小，它是一个由多种因素综合决定的复杂变量。因此，中央银行对外部时滞很难进行实质性的控制。

3. 货币政策时滞的影响

尽管人们还难以准确把握时滞，但作为一种客观存在，它不仅左右着货币政策产生效力的时间及程度，而且在很大程度上决定货币政策对宏观经济运行的影响是否有利。如果为遏制某一经济现象发展而采取的货币政策能够在较短时间内生效，那么，该货币政策对宏观经济的运行是有利的。但是，如果货币政策需要较长时间方能生效，而在这段期间内国民经济的运行又受其他因素的影响，出现了与制定该货币政策时完全不同的形势，那么，该货币政策便可能对宏观经济的运行产生不利影响。

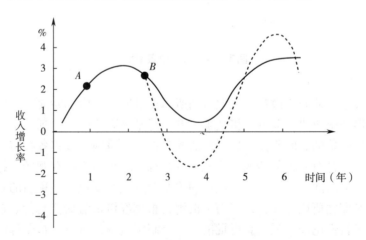

图 11 - 5 时滞对货币政策效果的影响

在图 11 - 5 中，如果货币当局在经济繁荣时期（A 点）推行了紧缩性货币政策，旨在抑制过热的经济。如果存在政策时滞，该政策可能在一年多后才会产生效力（B 点），而此时经济已进入衰退期，那么该政策就会加剧经济的衰退，与货币当局实行该政策的初衷相悖。

因此，现代货币学派坚决反对凯恩斯主义者所倡导的反周期货币政策。货币学派认为，依据现在掌握的技术手段，人们很难估算出货币政策的准确时滞，因而很难理智选择货币政策的施行时机。在这种情况下，如果仅仅依据反经济周期的规则，则极有可能事与愿违。货币当局的明智之举是根据经济长期增长的需要，确定一个稳定的货币增长率，并且不受任何干扰地实施。

货币政策时滞究竟有多长，这在很大程度上是一个实证经济学问题。西方有不少经济学家对此进行过探讨，但结论差异颇大。有人认为，内部时滞较短，外部时滞较长。通常，认识时滞为 1.5 个月，决策时滞基本上都认为是 2 个月左右；外部时滞最短的说法是 8.5 个月，最长的说法是 30 个月。通常认为，货币政策改变后 6 个月，其效应只能达到其最终效应的一半。

20 世纪 80 年代中期以来，中国经济学界和政府部门开始研究中国货币政策的时滞问题。经常被提到的时滞主要有：（1）贷款—现金发行时滞。一般认为，从贷款规模变动到货币供应量 M_0（现金）发生变动，平均需经 6 个月左右。（2）货币供应—经济增长时滞。一般认为，从货币供应发生变动到经济增长率和（或）物价上涨率发生变化，平均需经 9~10 个月。

（二）微观主体预期

对货币政策有效性构成挑战的另一个因素是微观主体的预期。当一项货币政策提出时，微观经济主体立即会根据可能获得的各种信息预测政策的后果，从而很快地采取相应对策。微观主体的预期作用最终会使政策的预期效果被削弱甚至抵消。这是理性预期学派提出的观点。

1. 理性预期学派的货币政策有效性研究

理性预期这一概念由美国经济学家穆斯提出，经过卢卡斯等经济学家的努力，理性预期学派的观点成为反国家干预主张的重要理论支撑。从货币政策有效性的角度看，理性预期学派突出强调了微观主体的预期行为对宏观调控效果的制约作用，并宣称，在理性预期的前提下，主动的宏观调控基本上是无效的。

理性预期学派假定，人都是理性的经济人，他们能够在掌握充分信息的基础上，对经济变动作出明智的反应，不会发生系列性的错误，即使有时会发生错误的判断，但是这些错误都是随机的、偶然的，而且平均值为零。在理性预期的条件下，宏观政策之所以失败，是由于微观主体已经将政府宏观政策的变动趋势和规律纳入了其预期之中。对于政府宏观经济政策的变化，微观主体已经都设想好了相应的对策措施。于是，宏观政策的预期效果总是被微观主体的理性预期作用所抵消，政府的宏观政策基本上是无效的。这一原理对货币政策同样起作用。

例如，政府拟定采取长期的扩张政策，在存在理性预期的条件下，人们会从各种渠道获悉社会总需求将要增加、物价将上涨的消息。在这种情况下，工人会通过工会与雇主谈判，要求提高工资，企业预期工资成本的增加而不愿扩大经营，只是相应提高产品

的价格。最后的结果是只有物价的上涨而没有产出的增长，政府的政策目标完全没有实现。

因此，在理性预期学派看来，经济行为者的预期会对货币政策产生抵消作用和逆反作用，从而会对货币政策有效性产生重要影响。

2. 理性预期影响下的货币政策效应

鉴于微观主体的预期，似乎只有在货币政策的意图和力度没有为公众知晓的情况下才能生效或达到预期效果。但这种状况不大可能存在，货币当局不可能长期不让公众知道它要采取的政策。当然，公众的预测即使是非常准确的，采取对策即使很快，其效应的发挥也要有个过程。这就是说，货币政策仍可奏效，但公众的预期行为会使其效应大打折扣。

这一观点的理由具体有如下两点：（1）理性预期难以形成。从理性预期学派的理论框架看，有一些假定和推论是与现实经济状况不相符的。例如，人们在预期的形成过程中会受到社会阶层、知识水平、认识水平的局限，所获得的信息也必然是不全面、不真实的，因而理性预期是难以形成的。在这种状况下，货币政策是有一定效力的。（2）价格调整需要时间过程。理性预期学派假定市场机制能够充分发挥作用，价格水平会及时根据其变动作出调整。但是，事实上，实际经济生活中存在一种"工资—物价黏性"，长期的劳资合同使工资和价格不能充分响应预期的价格水平变动。只有等到合同期满后，才有可能把预期通货膨胀率纳入新的合同。同时，生产者和消费者、债权人和债务人等签订的大多是固定价格合同，价格刚性同样存在。所有刚性的因素都会使工资和价格缺少灵活性，于是，预期价格水平的上升不一定会完全转化为现实的工资和物价的调整。因此，即使理性预期存在，但由于工资和价格具有变动上的刚性特征，无论是预期到的宏观政策，还是没有预期到的宏观政策，都能够在一定程度上影响实际产出水平和就业水平，货币政策在此时就是有一定效果的。

（三）其他因素

除上述因素，货币政策的效果也会受到其他外来因素或体制因素的影响。

客观经济条件变化的影响。一项既定的货币政策出台后总要持续一段期间，在这段期间内，如果生产和流通领域出现某些始料不及的情况，而货币政策又难以作出相应的调整，就可能出现货币政策效果下降甚至失效的情况。例如，在实施扩张性货币政策中，生产领域出现了生产要素的结构性短缺。这时纵然货币、资金的供给很充裕，由于瓶颈部门的制约，实际的生产也难以增长，扩张的目标也就无从实现。再例如，实施紧缩性货币政策以期改善市场供求对比状况，但在过程中出现了开工率过低、经济效益指标下滑过快等情况。这就是说，紧缩需求的同时，供给也减少了，改善供求对比的目标也未能实现。

另外，政治因素对货币政策效果的影响也是巨大的。由于任何一项货币政策方案的贯彻，都可能给不同阶层、集团、部门或地方的利益带来一定的影响，这些主体如果在自己利益受损时作出较强烈的反应，就会形成一定的政治压力。当这些压力足够大时，就会迫使货币政策进行调整，从而影响货币政策效果。

【专栏】

那些"高大上"的货币政策工具都是啥

在过去较长时期内，中国货币政策以直接调控为主，即采取信贷规模、现金计划等工具。1998 年以后，主要采取间接货币政策工具调控货币供应总量。现阶段，中国的货币政策工具主要有公开市场操作、存款准备金、再贷款与再贴现、利率政策、汇率政策和窗口指导等。2013 年 11 月 6 日中央银行网站新增"常备借贷便利"（SLF）栏目，并正式发布常备借贷便利开展情况，标志着这一新的货币政策工具的正式使用。2014 年 9 月，央行创设了中期借贷便利（Medium-term Lending Facility，MLF）。

那么 QE、LTRO、PSL、MLF、SLF，央行的这些货币政策工具到底是什么？

QE

量化宽松（Quantitative Easing，QE），是一种货币政策，主要指各国中央银行通过公开市场购买政府债券、银行金融资产等做法。量化宽松直接导致市场的货币供应量增加，可视为变相"印钞"。市场流动性的改善可降低利息，而低息环境又为实体经济发展提供了优越的融资环境，因此美国 2008 年爆发金融危机后，美联储推出多轮量化宽松，借此刺激经济发展。

量化宽松主要是指中央银行在实行零利率或近似零利率政策后，通过购买国债等中长期债券，增加基础货币供给，向市场注入大量流动性货币的干预方式。与利率杠杆等传统工具不同，量化宽松被视为一种非常规的工具。比较中央银行在公开市场中对短期政府债券所进行的日常交易，量化宽松政策所涉及的政府债券，不仅金额要庞大许多，而且周期也较长。

在经济发展正常的情况下，中央银行通过公开市场业务操作，一般通过购买市场的短期证券对利率进行微调，从而将利率调节至既定目标利率；而量化宽松则不然，其调控目标即锁定为长期的低利率，各国中央银行持续向银行系统注入流动性，向市场投放大量货币。即量化宽松下，中央银行对经济体实施的货币政策并非是微调，而是开了一剂猛药。

LTRO

长期再融资操作（Long-Term Refinancing Operation，LTRO），是指中央银行为商业银行提供贷款缓解其流动性风险带来的压力，一般利率较低，按提供贷款的时间期限有长期和短期之分，短期是指贷款期限在 1 年以内，长期则在 1 年以上。它是欧洲中央银行的传统金融工具，旨在增加银行间流动性的计划，维持欧洲银行业金融稳定性。

自 2008 年国际金融危机以后，欧元区多个国家就迎来了旷日持久的"主权债务危机"，即常说的欧债危机。在市场对于债务国经济能力深度担忧的情况下，大量投资资金撤出欧洲大陆，债务国政府及银行的融资成本也同时飙升。

2011 年 2 月 21 日拍卖的这次 LTRO 被称为欧洲版 QE（欧洲版量化宽松）。总量涉及 523 家欧洲银行，4890 亿欧元贷款（其中仅 2100 亿欧元是净流入投标银行的）。贷款利息只有 1%。本次 LTRO 贷款时间是欧洲中央银行有史以来最长的一次，为期 3 年，而此前的 LTRO 一般仅为三个月。

LTRO 操作的优势包括：（1）为更多银行缓解流动性。（2）新增大量信贷，开辟新的融资渠道。（3）大幅延长信贷资金的期限。（4）融资成本低，带来套利交易的空间。

PSL

抵押补充贷款（Pledged Supplementary Lending, PSL），PSL 作为一种新的储备政策工具，有两层含义，首先量的层面，是基础货币投放的新渠道；其次价的层面，通过商业银行抵押资产从中央银行获得融资的利率，引导中期利率。

PSL 的目标是借 PSL 的利率水平来引导中期政策利率，以实现中央银行在短期利率控制之外，对中长期利率水平的引导和掌控。自 2013 年底以来，中央银行在短期利率水平上通过 SLF（常设借贷便利）已经构建了利率走廊机制。

PSL 这一工具和再贷款（货币政策工具之一）非常类似，再贷款是一种无抵押的信用贷款，不过市场往往将再贷款赋予某种金融稳定含义，即一家机构出了问题才会被投放再贷款。出于各种原因，中央银行可能是将再贷款工具升级为 PSL，未来 PSL 有可能将很大程度上取代再贷款工具，但再贷款依然在中央银行的政策工具篮子当中。

SLF 和 MLF

常设借贷便利（Standing Lending Facility, SLF）是中央银行在 2013 年创设的流动性调节工具，与其他货币政策工具相互配合建立，主要功能是满足金融机构期限较长的大额流动性需求。对象主要为政策性银行和全国性商业银行。期限为 1~3 个月。利率水平根据货币政策调控、引导市场利率的需要等综合确定。常备借贷便利以抵押方式发放，合格抵押品包括高信用评级的债券类资产及优质信贷资产等。

而在 2014 年 9 月，中国人民银行创设了中期借贷便利（Medium - term Lending Facility, MLF）。中期借贷便利是中央银行提供中期基础货币的货币政策工具，对象为符合宏观审慎管理要求的商业银行、政策性银行，采取质押方式发放，并需提供国债、央行票据、政策性金融债、高等级信用债等优质债券作为合格质押品。

中期借贷便利 MLF 是一个新的创举，印证了市场关于中期信贷融资工具的猜测。总体来看，在外汇占款渠道投放基础货币出现阶段性放缓的情况下，中期借贷便利起到了补充流动性缺口的作用，有利于保持中性适度的流动性水平。

与常备借贷便利（SLF）相比，区别并没有明确，只不过中期流动性管理工具更能稳定大家的预期。创设中期借贷便利既能满足当前中央银行稳定利率的要求又不直接向市场投放基础货币，这是个两全的办法。中期借贷便利体现了我们货币政策基本方针的调整，即有保有压，定向调控，调整结构，而且是预调、微调。

中央银行在 2014 年 9 月启用 MLF 后，即停用了 SLF。市场人士分析，相较 SLF，MLF 能够直接改善信用创造，更好拉动经济。

【本章小结】

本章分四节介绍了货币政策的相关知识。第一节介绍了货币政策的最终目标、货币政策的中间目标和通货膨胀目标制等货币政策目标方面的知识；第二节介绍了一般性货币政策工具、选择性货币政策工具和其他货币政策工具等货币政策工具方面的知识；第三节介绍了凯恩斯学派和货币政策学派的货币政策传导机制以及货币政策在股价、信贷和资产负债表渠道的传导机制；第四节介绍了货币政策选择的理论依据和其效果的影响因素。

通过本章的学习，要求学生掌握货币政策的最终目标有哪些，理解并掌握各最终目标之间的关系，了解中间目标及其作用，掌握通货膨胀目标值的含义；理解并掌握一般性、选择性和其他货币政策工具的定义和作用机理；理解并掌握货币政策传导机制有哪些及各种机制的传递过程是怎样的；理解并掌握货币政策选择的理论依据是什么和其效果的影响因素有哪些。

【关键词汇】

货币政策　货币政策最终目标　货币政策的中间目标　通货膨胀目标制
一般性货币政策工具　法定存款准备金政策　再贴现政策　公开市场业务
选择性货币政策工具　直接信用控制　道义劝告　窗口指导　托宾 Q 理论
货币政策时滞

【问答和思考题】

1. 简述货币政策最终目标的主要内容。
2. 论述货币政策最终目标之间的相互关系。
3. 简述货币政策中介目标的选择标准。
4. 简述基础货币作为货币政策操作指标的理由。
5. 简述货币供应量作为货币政策中间目标的优缺点。
6. 试述通货膨胀目标制的含义及优缺点。
7. 简述法定存款准备金政策的作用机制、特点及局限性。
8. 简述再贴现率政策的作用机制、特点及局限性。
9. 简述公开市场业务的作用机制及优点。
10. 简述凯恩斯主义关于货币政策传导机制的理论。
11. 简述现代货币主义关于货币政策传导机制的理论。
12. 简述托宾 Q 理论的基本思想。

13. 货币政策选择的理论依据是什么？

14. 影响货币政策效果的因素有哪些？

15. 货币政策时滞如何影响货币政策的效果？

16. 如何理解微观主体预期对货币政策效应的抵消作用？

第十二章

通货变动与金融监管

【本章导读】

通货变动指的是物价水平持续上涨或下降的现象。物价水平的持续上涨称为通货膨胀，物价水平的持续下降称为通货紧缩。通货变动有负面的经济效应，需要治理。金融活动具有高风险性的特点，这会对经济发展产生显著的负面影响，需要金融监管部门对其进行监管。本章主要阐述通货变动的类型、成因、经济效应及治理，以及金融监管的目标、原则和体制等知识。

第一节 通货膨胀

一、通货膨胀及其度量

（一）通货膨胀的定义

在现代经济社会中，通货膨胀和货币、利率、汇率等词汇一样都是人们司空见惯的经济术语。在很多时候，人们将通货膨胀等同于价格水平上涨。例如，当某年的总体价格水平比上一年上涨了1%时，人们就会说该年的通货膨胀率为1%。但准确地说，总体价格水平的上升并不意味着发生了通货膨胀。当经济学家谈到通货膨胀时，通常是指在一定时期内一般物价水平持续的和较明显的上涨的现象。

通货膨胀这个术语至少包括以下三个方面的内涵：

1. 通货膨胀是"一般物价水平"的上涨

"一般物价水平"是指全社会所有商品和劳务的平均价格水平。通货膨胀是指一般物价水平的上涨，局部性的或个别的商品和劳务的价格上涨不能被视为通货膨胀。

2. 通货膨胀反映了商品和劳务的"货币价格"的变化

"货币价格"即每单位商品和劳务用货币数量标出的价格，通货膨胀是以商品和劳务的价格为考察对象，关注商品和劳务的价格水平的变化趋势，其目的是为了将商品和劳务的价格与股票、债券和其他金融资产的价格区别开来。

3. 通货膨胀是物价的"持续上涨"

"持续上涨"是强调通货膨胀并非偶然的价格跳动，季节性、暂时性或偶然性的物价上涨并不能被视为通货膨胀，只有持续的一般价格水平上涨才能被称为通货膨胀。通货膨胀是价格的变动过程，在这个过程中，价格具有上涨的基本趋势，并将持续一定的时间。

（二）通货膨胀的度量

通货膨胀水平通常以物价上涨幅度来表示，而物价上涨幅度，通常是通过物价指数（Price Index）来反映的。物价指数是本期物价水平对基期物价水平的比率，它反映了物价的涨跌幅度。通常人们将基期的物价指数设定为100。因此，如果本期物价指数大于100，则表示本期物价水平相对于基期物价水平来说上涨了；反之，如果本期物价水平小于100，则表示本期物价水平相对于基期物价水平来说下降了。以物价指数变动所表示的通货膨胀水平的一般计算公式为

$$\pi_t = \frac{P_t - P_{t-1}}{P_{t-1}}$$

其中，π_t 为 t 时期的通货膨胀率；P_t 和 P_{t-1} 分别为 t 时期和 $t-1$ 时期的物价指数。度量通货膨胀所采用的物价指数主要有以下三类。

1. 消费者价格指数

消费者价格指数（Consumer Price Index，CPI），又称零售物价指数，是综合反映一定时期内居民生活消费品和服务项目价格变动趋势和程度的价格指数。它是根据居民所消费的食品、衣物、居住、交通、医疗保健、教育、娱乐等消费品和劳务的价格指数加权平均计算而来的。它与社会公众生活密切相关，因而在许多国家都深受关注，并被广泛使用。该指标的优点是资料比较容易收集，便于及时公布，能够较为迅速地反映公众生活费用的变化。但是，它所包括的范围较窄，消费品仅仅是社会最终产品中的一部分，因而不能反映用于生产的资本品以及进出口商品和劳务的价格变动趋势。所以仅用消费者价格指数来度量通货膨胀率具有一定的局限性，需结合其他指标一起使用。

2. 生产者价格指数

生产者价格指数（Producer Price Index，PPI），又称批发物价指数，是反映全国生产资料和消费资料批发价格变动趋势和程度的价格指数。以生产者价格指数衡量通货膨胀，其优点是能在最终产品价格变动之前获得工业投入品及非零售消费品的价格变动信号，进而能够判断其对最终进入流通的零售商品价格变动可能带来的影响。但是，该指数没有反映劳务价格的变化，因而不能用于反映整体物价水平的变动情况。

3. 国民生产总值或国内生产总值平减指数

国民生产总值或国内生产总值平减指数（GNP Deflator，GDP Deflator），是一个能综合反映物价水平变动情况的指标。它是将国民生产总值或国内生产总值的名义值转化为实际值所使用的价格指数。它是按当年价格计算的国民生产总值（即名义GNP）与按基期价格计算的国民生产总值（即实际GNP）的比率。例如，某国某年按当年价格计算的国民生产总值为10000亿美元，按上年价格计算的国民生产总值为4000亿美元，则当年

的 GNP 平减指数为 250［（10000/4000）×100 = 250］，说明与上年相比，当年的物价水平上涨了 150%（250% – 100% = 150%）。该指数的优点在于其涵盖的范围广，包括消费品和劳务、资本品以及进出口商品等，较全面地反映了一般物价水平的变动趋势。但是编制该指数所需资料的收集比较困难，一般一年只统计一次国民生产总值价格平减指数，因而不能迅速地反映通货膨胀的程度和趋势。

二、通货膨胀的类型及成因

（一）通货膨胀的类型

从不同的角度划分，通货膨胀可以分为不同的类型：

1. 按照物价上涨的速度不同，通货膨胀可分为爬行的通货膨胀、温和的通货膨胀、奔腾的通货膨胀和恶性通货膨胀四种类型

爬行的通货膨胀一般指价格总水平上涨的年率不超过 3%，许多经济学者都认为这种轻微的逐步提高的物价持续上涨对经济发展和国民收入的增加都有积极的意义，并不会引起通货膨胀预期，故而又称为最佳的通货膨胀。温和的通货膨胀的价格上涨水平没有一个统一的说法，有的人认为这一标准应为物价上涨年率在 10% 以下，也有人认为应该在 7% 以下。奔腾的通货膨胀的物价上涨年率在两位数以上，这时，货币流通速度提高而货币购买力下降，且均具有较快的速度。当奔腾的通货膨胀发生后，由于价格上涨率高，公众预期价格还会进一步上涨，因而采取措施保护自己不受通货膨胀之害，这将使通货膨胀加剧。恶性通货膨胀一般指物价连续暴涨，且已失去控制（有人认为是指物价总水平上涨的月率超过两位数，且每月超过两位数的物价上涨现象持续数月或数年）。发生这种通货膨胀时，价格持续猛涨，人们都尽快将货币脱手，从而更大大加快货币流通速度。结果是，货币完全失去信任，货币购买力猛降，各种正常的经济遭到破坏，以致使货币体系和价格体系最后完全崩溃，最严重的还会造成社会动乱。

2. 按照市场机制发挥作用的程度不同，通货膨胀可以分为公开型通货膨胀和隐蔽型通货膨胀两种类型

公开型通货膨胀，也称为开放型通货膨胀，是指在市场机制充分发挥作用和政府对物价不加管制的情况下所表现出来的通货膨胀；或者政府施以控制，但因通货膨胀的压力太大而效果不佳，价格上涨非常明显的现象。隐蔽型通货膨胀，也称为压抑型通货膨胀，是指政府通过价格控制、定量配给以及其他的一些措施来抑制物价的上涨。表面上货币工资没有下降，物价总水平也没有上升，但居民实际消费水平却在下降。市场上商品供应紧张，黑市活跃。这类通货膨胀不能够通过物价上涨表现出来，而只能以排队抢购、凭票购买、有价无货以及产品质量下降等形式表现出来。在我国计划经济时代就存在这种隐蔽型的通货膨胀，当时的物价指数并不真实反映通货膨胀程度。

3. 按照通货膨胀预期不同，通货膨胀可以分为预期性通货膨胀和非预期性通货膨胀两种类型

预期性通货膨胀是指通货膨胀过程被经济主体预期到了，以及由于这种预期而采取各种补偿性行为引发的物价上升运动。如在工资合同中规定价格的条款，在商品定价中

加进未来原料及劳动力成本上升因素。非预期性通货膨胀是指未被经济主体预见到的，不知不觉中出现的物价上升。一般认为，只有非预期性通货膨胀才有真实效应，而预期性通货膨胀没有实在性的效果，因为经济主体已采取相应对策抵消其影响了。

4. 按照通货膨胀产生的原因不同，通货膨胀可以分为需求拉上型通货膨胀、成本推动型通货膨胀、预期性通货膨胀和结构性通货膨胀四种类型

这是最常见的对通货膨胀的划分，由此也产生了相关类型的通货膨胀理论（详见本标题后面部分的内容）。

此外，还有其他一些通货膨胀的类型。例如，按政府是否采取扩张的经济政策划分，有自主性通货膨胀和被动性通货膨胀；按通货膨胀是否由于国际因素传递引起划分，有内生性通货膨胀和外生性通货膨胀；按是否有战争因素划分，有战时通货膨胀与和平时期的通货膨胀。

（二）需求拉上型通货膨胀理论

需求拉上型通货膨胀理论从总需求的角度来分析通货膨胀的原因，认为通货膨胀的原因在于总需求过度增长，总供给不足，即"太多的货币追逐较少的货物"，或者"因为物品与劳务的需求超过按现行的价格可得到的供给，所以一般物价水平便上涨"。总之，就是总需求大于总供给所引起的通货膨胀。对于引起总需求过大的原因又有两种解释：一是凯恩斯主义的解释，强调实际因素对总需求的影响，二是货币主义的解释，强调货币因素对总需求的影响。与此相应，也就有两种需求拉上的通货膨胀理论。

1. 凯恩斯主义的解释

凯恩斯用通货膨胀缺口这一概念来说明这种通货膨胀产生的原因。如图12-1所示，消费是实际收入 Y 的函数，假定一个"高"水平的 $I+G$（投资加政府支出），并假定这一实际支出水平不依存于物价水平，实线 AD 表示在每一可能收入水平下的实际支出总额（$C+I+G$）。如果实际产量没有限制，则收入将会上升到 Y_1，总需求曲线 AD 和 45

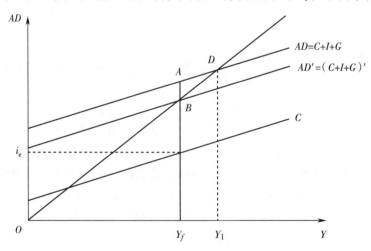

图 12-1 凯恩斯的通货膨胀缺口

度角构造线交于 D 点，此时，实际支出和实际产量相等。若设实际产量有一充分就业限制 Y_f，实际收入就不会达到 Y_1。在 Y_f 水平上总需求 $AD = C + I + G$，超过了总产量，产生一个和图中 AB 相等的通货膨胀缺口。这个通货膨胀缺口会促使物价上涨，然而根据假定，这并不能消除缺口。通货膨胀要无止境地进行下去，除非或直到上涨中的物价对 C、I 或 G 产生的间接影响足以消除这一缺口为止。当经济中实现了充分就业时，表明资源已经得到了充分利用。这时，如果总需求仍然增加，就会由于过度总需求的存在而引起通货膨胀。膨胀性缺口是指实际总需求大于充分就业总需求时，实际总需求与充分就业总需求之间的差额。凯恩斯强调了通货膨胀与失业不会并存，通货膨胀是在充分就业实现后产生的。当总需求增加后，总供给的增加并不能迅速满足总需求的这种增加，产生短缺，价格上升。但由于经济中没有充分就业，价格的上升刺激了总供给，国民收入也增加了。凯恩斯主义的上述理论可用图 12 - 1 来说明。

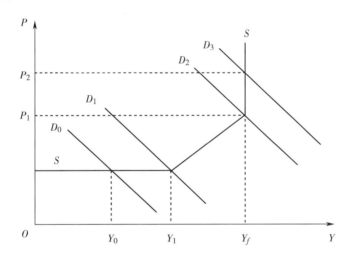

图 12 - 2　需求拉上型通货膨胀

在图 12 - 2 中，纵轴 P 代表物价，横轴 Y 代表实际收入（即产出水平），D_0、D_1、D_2、D_3 是不同水平的总需求曲线，SS 为总供给曲线；Y_f 为充分就业时所能达到的实际收入水平。当总需求由 D_0 增加到 D_1 时，SS 曲线较平坦，实际收入（产出）由 Y_0 增加到 Y_1，而价格变动很小；当总需求由 D_1 增加到 D_2 时，SS 曲线向上倾斜，表示当经济接近充分就业时，物价的上升还可以刺激或诱导产量的增加，这种现象凯恩斯称为"半通货膨胀"；当总需求由 D_2 增加到 D_3 时，SS 曲线变为与横轴垂直，表示经济已经达到充分就业，实际收入（产出）已不能再增加，因此总需求增加的结果，只是价格水平由 P_1 上升到 P_2，这种现象凯恩斯称为"真正的通货膨胀"。

2. 货币主义的解释

货币主义认为，实际因素即使对总需求有影响也是不重要的，由此所引起的通货膨胀也不可能持久。通货膨胀的最根本原因是货币供给量多于需求量，"通货膨胀是一定会到处发生的货币现象"，弗里德曼如是说。

（三）成本推动型通货膨胀理论

成本推动型通货膨胀理论从总供给的角度来分析通货膨胀的原因。供给就是生产，根据生产函数，生产取决于成本。因此，从总供给的角度看，引起通货膨胀的原因在于成本的增加。成本增加意味着只有在高于从前的价格水平时，才能达到与以前一样的产量水平，即总供给曲线向左上方移动使国民收入减少，价格水平上升，这种价格上升就是成本推动的通货膨胀，如图 12 - 3 所示。

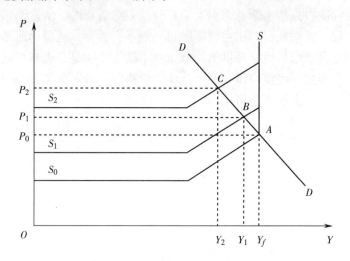

图 12 - 3   成本推动型通货膨胀

图 12 - 3 中，横轴仍代表总产出或国民收入 Y，纵轴代表物价水平 P，DD 为总需求曲线，Y_f 为充分就业时的产出水平。最初，总供给曲线为 S_0S 与总需求曲线交于 A 点，在总需求不变的条件下，由于生产要素价格提高，生产成本上升，使总供给曲线从 S_0S 移动到 S_1S 和 S_2S，分别与总需求曲线交于 B、C 点，在 B、C 点，由于生产成本提高带来失业增加，进而引致产量的损失使国民收入由 Y_f 降至 Y_1、Y_2，物价则从 P_0 上升到 P_1、P_2。所以，成本推动论者认为，生产成本上升既是通货膨胀的根源，又是失业的根源。

引起成本增加的原因并不相同，因此，成本推动型通货膨胀又可以根据其成因分为以下几种：

1. 工资成本推动的通货膨胀

工资的提高会使生产成本增加，从而使价格水平上升。在劳动市场存在工会的卖方垄断的情况下，工会利用其垄断地位要求提高工资，雇主迫于压力提高了工资之后，就把提高的工资加入成本，提高产品的价格，从而引起通货膨胀。工资的增加往往是从个别部门开始的，但由于各部门之间工资的攀比行为，个别部门工资的增加往往会导致整个社会的工资水平上升，从而引起普遍的通货膨胀。而且，这种通货膨胀一旦开始，还会形成"工资—物价"螺旋式上升。这样工资与物价不断互相推动，形成严重的通货膨胀。

2. 利润推动的通货膨胀

　　利润推动的通货膨胀，又称价格推动的通货膨胀，指市场上具有垄断地位的厂商为了增加利润而提高价格所引起的通货膨胀。在不完全竞争市场上，具有垄断地位的厂商控制了产品的销售价格，从而就可以提高价格以增加利润。通货膨胀是由于利润的推动而产生的。尤其是工资增加时，垄断厂商以工资的增加为借口，更大幅度地提高物价，使物价的上升幅度大于工资的上升幅度，其差额就是利润的增加。这种利润增加使物价上升，形成通货膨胀。

　　3. 进口成本推动的通货膨胀

　　这是指在开放经济中，由于进口的原材料价格上升而引起的通货膨胀。在这种情况下，一国的通货膨胀通过国际贸易渠道而影响到其他国家。发生这种通货膨胀时，物价的上升会导致生产减少，从而引起萧条。与这种通货膨胀相对应的是出口性通货膨胀，即由于出口迅速增加，以致出口生产部门成本增加，国内产品供给不足，引起通货膨胀。

　　需求拉上型和供给推动型通货膨胀都是在供求的交替作用下产生的，而且都与较高的货币增长率相联系。把总需求与总供给结合起来分析通货膨胀的原因，经济学家认为，通货膨胀的根源不是单一的总需求或总供给，而是这两者共同作用的结果。如果通货膨胀是由需求拉动开始的，即过度需求的存在引起物价上升，这种物价上升会使工资增加，从而供给成本的增加又引起成本推动的通货膨胀。如果通货膨胀是由成本推动开始的，即成本增加引起物价上升，这时如果没有总需求的相应增加，工资上升最终会使生产减少，失业增加，从而使成本推动引起的通货膨胀停止。只有在成本推动的同时，又有总需求的增加，这种通货膨胀才能持续下去。

　　（四）结构性通货膨胀理论

　　结构性通货膨胀理论从各生产部门之间劳动生产率差异、劳动市场的结构特征和各生产部门之间收入水平的赶超速度等角度分析了由经济结构特点而引起的通货膨胀的过程，认为在没有需求拉动和供给推动的情况下，只是由于经济结构因素的变动，也会出现一般价格水平的上涨。这种结构性的通货膨胀又可分为三种情况。

　　1. 需求转移型通货膨胀

　　由于社会对产品和服务的需求不是一成不变的，在总需求不变的情况下，一部分需求转移到其他部门，而劳动力和生产要素却不能及时转移。这样，原先处于均衡状态的经济结构可能因需求的转移而出现新的失衡。那些需求增加的行业，价格和工资将上升，另一些需求减少的行业，由于价格和工资刚性存在，未必会发生价格和工资的下降，最终结果导致物价的总体上升。

　　2. 部门差异型通货膨胀

　　部门差异型通货膨胀是指经济部门之间由于劳动生产率、价格弹性、收入弹性等方面存在差异，但货币工资增长率却趋于一致，加上价格和工资的向上刚性，从而引起总体价格上涨。

　　3. 外部输入型通货膨胀

　　一国经济可以分为开放性部门和非开放性部门。对于小国经济而言，外部通货膨胀

会通过一系列机制传导到其开放性部门，使其通货膨胀率向世界通货膨胀率看齐。而开放性部门的价格和工资上涨后，又会使非开放性部门价格和工资上涨，从而导致全面的通货膨胀。

（五）预期与惯性的通货膨胀理论

预期与惯性的通货膨胀理论的重点不是分析通货膨胀的产生原因，而是分析为什么通货膨胀一旦形成以后就会持续下去。

1. 预期通货膨胀理论

预期通货膨胀理论认为，无论是什么原因引起的通货膨胀，即使最初引起的通货膨胀的原因消除了，它也会由于人们的预期而持续，甚至加剧。预期对人们的经济行为有重要的影响，而预期往往又是根据过去的经验形成的。在产生了通货膨胀的情况下，人们根据过去的通货膨胀率来预期未来的通货膨胀率，并把这种预期作为指导未来经济行为的依据。

2. 惯性通货膨胀理论

惯性通货膨胀理论也是要解释通货膨胀持续的原因，但它所强调的不是预期，而是通货膨胀本身的惯性。根据这种理论，无论是什么原因引起了通货膨胀，即使最初的原因消失了，通货膨胀也会由于其本身的惯性而持续下去。这是因为，工人与企业所关心的是相对工资与相对价格水平。在决定自己的工资与价格时，他们要参照其他人的工资与价格水平。这样通货膨胀就会由于这种惯性而持续下去，因为谁也不会首先降低自己的工资与物价水平。只有在经济严重衰退时，才会由于工资与物价的被迫下降而使通货膨胀中止。

预期通货膨胀理论与惯性通货膨胀理论很相近。前者由货币主义者提出，强调现在对未来的影响；后者由凯恩斯主义者提出，强调了过去对现在的影响。这两种理论从不同角度解释了通货膨胀持续的原因。

三、通货膨胀的经济效应

稳定的小幅度通货膨胀一般会被认为对经济有益。其中一个原因是某些价格难以重新谈判降价，特别是对薪资与合约而言更是如此。所以物价若缓步上涨，则相关的价格便较易调整。有多种物价会"抗拒降价"，而倾向于不断上涨。所以试图达到零通货膨胀（物价维持平准）的做法会导致其他行业的价格、盈利与雇员数降低。那么通货膨胀到底对不同经济体经济有怎样的不同影响呢？

（一）收入分配效应

在通货膨胀时期，人们的名义货币收入与实际货币收入之间会产生差距，只有剔除物价的影响，才能看出人们实际收入的变化。由于社会各阶层收入来源极不相同，因此，在物价总水平上涨时，有些人的收入水平会下降，有些人的收入水平反而会提高。这种由于物价上涨造成的收入再分配，就是通货膨胀的收入分配效应，该效应对不同的群体有不同的影响。

1. 通货膨胀不利于靠固定货币收入维持生活的人

对于固定收入阶层，其收入是固定的货币数额，落后于上升的物价水平，其实际收入因通货膨胀而减少，因而他们的生活水平必然相应降低。哪些人属于固定收入阶层呢？最为明显的是那些领救济金、退休金的人，以及工薪阶层、公共部门雇员以及靠福利和其他转移支付维持生活的人。

2. 在债务人与债权人之间，通货膨胀将有利于债务人而不利于债权人

在通常情况下，借贷的债务契约都是根据签约时的通货膨胀率来确定名义利率的，所以当发生了未预期的通货膨胀之后，债务契约无法更改，从而就使实际利率下降，债务人受益，而债权人受损。其结果是对贷款，特别是长期贷款带来不利的影响，使债权人不愿意发放贷款。贷款的减少会影响投资，最后使投资减少。

3. 在实际财富持有者和货币持有者之间，通货膨胀将有利于实际财富持有者而不利于货币持有者

实际财富包括不动产、贵金属、珠宝、古董、艺术品，它们在通货膨胀时期价格一般上涨；而货币财富包括现金、银行存款和债券，其实际价值因物价上涨而下降。

4. 在政府和公众之间，通货膨胀将有利于政府而不利于公众

由于在不可预期的通货膨胀之下，名义工资总会有所增加（尽管并不一定能保持原有的实际工资水平），随着名义工资的提高，达到纳税起征点的人增加了，有许多人进入了更高的纳税等级，这样就使政府的税收增加。但公众纳税数额增加，实际收入却减少了。政府由这种通货膨胀中所得到的税收称为"通货膨胀税"。一些经济学家认为，这实际上是政府对公众的掠夺。这种通货膨胀税的存在，既不利于储蓄的增加，也影响了私人与企业投资的积极性。

（二）产出效应

通货膨胀的产出效应实际就是通货膨胀对经济增长的影响。关于通货膨胀对经济的影响问题，经济学界存在着激烈的争论，主要观点大致可分为以下三种：通货膨胀可以促进经济发展的促进论、通货膨胀会损害经济发展的促退论和通货膨胀不影响经济发展的中性论。

1. 促进论

促进论者认为通货膨胀具有促进产出增加、实现经济增长的作用。其理由如下：（1）在通货膨胀中政府作为最大的债务人可以减轻一定的债务负担。此外，通过大量发行货币，政府也可以获得追加的财政收入。如果政府将通过通货膨胀获得收入全部用于实际投资，并采取相应措施保证民间投资不因政府投资的增加而减少，那么这种通货膨胀性的政策就会因增加了投资而增加产出，促进经济增长。（2）在通货膨胀的情况下，产品价格的上涨速度一般总是快于名义工资的提高速度，因此，企业的利润就会增加。而这又会刺激企业扩大投资，从而促进经济增长。（3）通货膨胀通常是一种有利于富裕阶层的收入再分配。富裕阶层的边际储蓄倾向比较高，因此，通货膨胀会通过提高储蓄率而促进经济增长。（4）通货膨胀有利于产业结构的调整。通货膨胀引起的价格上涨在各地区、各部门、各行业和各企业之间是不平衡的。长线产品的价格和短线产品的价格都上升，但短线产品价格上升的幅度更大，因此，两类部门的投资都可能增加，但短线

产业的投资规模增加比长线产业大，从而全社会的产业结构可以得到局部调整。

2. 促退论

促退论与促进论恰恰观点相反。促退论者认为通货膨胀会导致低效率并进而损害增长。其理由如下：（1）在通货膨胀条件下，持有货币会遭受购买力下降的损失。为此，企业和居民都会尽力把现金转化为实物资产或增加目前的消费，致使社会储蓄率下降，从而使投资率下降和经济增长率下降。（2）在持续性通货膨胀过程中，市场价格机制将遭受严重破坏，企业和居民面对不断变化的价格将感到无所适从，甚至作出错误的决策，出现资源误配置现象，从而影响经济增长。（3）许多国家实行累计税，在发生通货膨胀时，企业和个人将因为名义收入的提高而承担较高的税负，这会影响生产的积极性，从而不利于经济增长。（4）如果通货膨胀超过一定时间，企业和居民便会产生预期，造成物价与生产成本的螺旋式上升，形成恶性通货膨胀，并有可能导致经济的崩溃。

3. 中性论

中性论者认为，由于公众预期，在一段时间内他们会对物价上涨作出合理的行为调整，从而使通货膨胀各种效益的作用相互抵消，因此通货膨胀对产出、对经济增长既不会促进，也不会损害。

美国温贝尔特大学的伍·江（W·Jong）和马歇尔（J·Marshall）于1986年用因果分析法研究了19个工业化国家（地区），37个发展中国家（地区）1950—1980年的资料。结果表明：38例支持中性论，16例支持促退论，2例支持促进论。其中19个工业化国家（地区）没有一例支持促进论，9个工业化国家支持促退论。

我国大部分经济学家认为，通货膨胀对经济的促进作用只存在于开始阶段的极短时间内，而且需具备一定的条件。就长期来看，通货膨胀对经济只有危害，而没有促进作用。

四、通货膨胀的治理

由于通货膨胀对一国经济乃至整个社会都有重大影响，因此各国政府和经济学家都将控制和治理通货膨胀作为宏观经济政策研究的重要内容，并提出各种治理通货膨胀的对策和措施。

（一）紧缩性货币政策

这一政策的理论依据是需求拉上型通货膨胀理论。根据该理论，通货膨胀是由总需求过多而引起的，为了抑制通货膨胀，就必须减少总需求。紧缩性货币政策是一种减少总需求的宏观间接调控政策。运用货币政策来抑制通货膨胀主要通过两条途径来实现：

1. 降低货币供应量的增长率

正如弗里德曼所言，通货膨胀在任何条件下都是一种货币现象，所以必须控制货币供应量的增长率，使之与总产出的增长大体保持一致。具体措施包括：中央银行提高法定存款准备金率；中央银行通过公开市场业务出售持有的有价证券；中央银行通过道义劝告，影响商业银行，实现其紧缩信贷总规模、压缩市场货币供应量的目的。

2. 提高利率

中央银行既可以通过减少货币供给而间接地使利率上升，也可以通过提高再贴现或再贷款的利率而直接带动整个市场利率上扬。在仍实行利率管制的国家，中央银行还可以直接提高金融机构的各项存贷款利率。利率的上升会促使人们减少消费需求而把更多的收入用于储蓄；同时，随着利率的提高，投资的成本也上升，这又会对投资需求起到抑制作用。

（二）紧缩性财政政策

紧缩性财政政策主要通过减少财政支出和增加税收的办法来治理通货膨胀。在财政收入一定的条件下，削减财政支出可相应地减少财政赤字，从而减少货币发行量，并可以减少总需求，对于抑制财政赤字和需求拉动引起的通货膨胀比较奏效。但财政支出的许多项目具有支出刚性，可调节幅度有限，因此增加税收就成为另一种常用的紧缩性财政政策。提高个人的所得税和增开其他税种可以使个人可支配收入减少，降低个人消费水平；而提高企业所得税和其他税率可以降低企业的投资。

（三）收入紧缩政策

收入紧缩政策主要是根据成本推动型通货膨胀理论制定的，依靠财政信用紧缩的政策虽然能抑制通货膨胀，但由此带来的经济衰退和大量失业的代价往往过高。收入紧缩政策的主要内容是采取强制性或非强制性的手段，限制工资的提高和垄断利润的获取，抑制成本推进的冲击，从而控制物价的上升，其具体措施包括以下几个方面。

1. 工资管制

所谓工资管制，是指政府以法令或政策的形式对社会各部门和企业工资的上涨采取强制性的限制措施。其中包括在通货膨胀非常严重的时期采取冻结工资的办法。

2. 确定工资—物价指导线

这种指导线是由政府当局根据预计的全社会平均劳动生产率的增长趋势，估算出货币工资的最大增长限度，由此确定在一定年份内允许货币工资总额增长的一个目标数值线。但是，该指导线原则上不能直接干预，因而效果并不理想。

3. 物价管制

政府通过立法程序，规定物价上涨率的限度，或将物价冻结在一个既定的水平上，如果超过，即对违犯者施以法律制裁。但该政策容易导致囤积居奇，市场商品供给不足，产品质量下降；加上冻结工资的结果，居民往往会预期物价将继续上涨，在当期名义收入为增加的情况下，提取存款、抢购商品，从而进一步扩大市场供求缺口，加剧通货膨胀。

（四）收入指数化政策

收入指数化政策是指对货币性契约订立物价指数条款，使工资、利息、各种债券收益以及其他货币收入按照物价水平的变动进行调整。这种措施有三个作用：一是能借此剥夺政府从通货膨胀中获得的收益，杜绝其制造通货膨胀的动机；二是可以消除物价上涨对个人收入的影响，保持社会各阶层原有的生活水平，有利于社会稳定；三是可稳定通货膨胀环境下微观主体的消费行为，维持正常的社会秩序。收入指数化政策对面临世

界性通货膨胀的开放经济尤其具有积极意义，但由于全面实行收入指数化政策在技术上有很大的难度，会增加一些金融机构经营上的困难，而且有可能造成工资—物价螺旋上升，反而加剧成本推动型通货膨胀，因此该政策通常被当做一种适应性的反通货膨胀措施，不能从根本上对通货膨胀起到抑制作用。

不同经济学派还有对通货膨胀不同的治理方法，如货币学派的单一规则，凯恩斯学派的增加供给。但治理通货膨胀是一个十分复杂的问题，涉及社会生活的方方面面，因此不可能有一个完美的方法，必须从各国的实际情况出发，采取一些针对性较强的有力措施，保持国民经济健康稳定地发展。

第二节　通货紧缩

一、通货紧缩的定义

和通货膨胀的定义一样，迄今为止，对通货紧缩（Deflation）的确切定义也没有统一。西方经济学类教材中往往只是在解释通货膨胀时附带解释通货紧缩。例如，萨缪尔森与诺德豪斯合著的《经济学》中，在定义通货膨胀后，顺便对通货紧缩下了一个简单的定义：“物品和生产要素的价格普遍上升的时期……就是通货膨胀。我们用通货紧缩来表示价格和成本正在普遍下降。”

我国自1996年经济实现“软着陆”后，经济显现出通货紧缩状态，近几年国内学者对通货紧缩的研究也随之深入。这里提出一个对通货紧缩较为明确的概念：通货紧缩是指货币供应量少于流通领域对货币的实际需求量而引起的货币升值，从而引起的商品和劳务的货币价格总水平的持续下跌现象。通货紧缩，包括物价水平、货币供应量和经济增长率三者同时持续下降；它是市场上的货币减少，购买能力下降，导致物价下跌所造成的；长期的货币紧缩会抑制投资与生产，导致失业率升高与经济衰退。

对通货紧缩的概念理解应该注意几点：

第一，从本质上说通货紧缩是一种货币现象。

实体经济中的总需求对总供给的偏离或实际经济增长率对潜在经济增长率的偏离是产生通货紧缩的根本原因。当总需求持续低于总供给时，就会出现通货紧缩。

第二，通货紧缩表现为物价水平的持续、普遍下降。

个别商品和服务的价格下降，不一定就表示通货紧缩，可能是由于某些商品或服务供大于求或者技术进步、市场开放、生产效率提高等原因所致。

第三，通货紧缩也是一种实体经济现象。

它通常与经济衰退相伴，表现为投资的边际效益下降和投资机会减少，信贷增长困难，企业普遍开工不足，非自愿失业增加，收入增加减少，各个市场普遍低迷。

通货紧缩对经济与民生的伤害比通货膨胀还严重。多位学者认为，通货紧缩是未来世界经济所必定面临的严峻课题。许多经济学家已在担忧若是当前的疲软经济不能很快复苏，美国陷入经济紧缩的可能性则会大幅增加，例如，美林公司（Merrill Lynch）的前首席经济专家雪林（Gary Shilljng）很早以前已经在不断地警告要小心通货紧缩的威胁。英国《经济学人》和美国《商业周刊》都不止一次地以"紧缩旋涡"为新闻故事，足堪重视。

在经济实践中，判断某个时期的物价下跌是否是通货紧缩，一看消费者物价指数是否由正转变为负，二看这种下降的持续是否超过了一定时限。也有学者将通货紧缩细分为 Deflation 与 Disinflation，前者的标志是消费者物价指数转为负数，即物价指数与前一年度相比下降；后者的标志是消费者物价指数连续下降，即物价指数月度环比连续下降。

二、通货紧缩的类型及成因

（一）通货紧缩的类型

对于通货紧缩通常可以按照其持续时间、严重程度和形成原因进行分类。

1. 按通货紧缩持续的时间，可将其分为长期性通货紧缩、中长期通货紧缩和短期性通货紧缩三类

在世界历史上，有些国家曾发生几十年的长期通货紧缩。如英美两国于 1814—1849 年发生过长达 36 年的通货紧缩，美国于 1866—1896 年发生过长达 31 年的通货紧缩，英国于 1873—1896 年发生过长达 24 年的通货紧缩等。一般将 10 年以上的通货紧缩划分为长期性通货紧缩，5～10 年为中长期通货紧缩，5 年以下为短期性通货紧缩。

2. 按通货紧缩和经济增长的关系，可将其分为增长型通货紧缩和衰退型通货紧缩两类

如果与通货紧缩相伴随的是经济持续增长，则属于增长型通货紧缩；如果与通货紧缩相伴随的是经济的减缓或衰退，则属于衰退型通货紧缩。

3. 按通货紧缩严重程度，可将其分为轻度通货紧缩、中度通货紧缩和严重通货紧缩三类

如果通货膨胀率持续下降并转为物价指数的负增长的时间不超过两年即出现转机，可视为轻度通货紧缩；如果通货紧缩超过两年仍未好转，但物价指数的降幅在两位数以内，则可视为中度通货紧缩；如果超过两年并继续发展且物价降幅超过两位数，或者伴随比较严重的经济衰退，则应视为严重的通货紧缩。

通货紧缩的分类口径不同，分类也就不同，同样，不同国家不同时期的通货紧缩有着不同原因，但从各国经济学家对通货紧缩的分析中，可以概括出一般原因。

（二）通货紧缩的成因

通货紧缩是一种全球性的经济现象。英国自 1800 年以来共发生了 78 年通货紧缩，瑞典自 1830 年以来发生了 44 年通货紧缩，美国自 1864 年以来发生了 34 年通货紧缩。还有阿根廷、日本、德国、法国、新加坡等国家也发生过程度不同的通货紧缩。20 世纪以来，世界上发生过两次严重的通货紧缩：一是第一次世界大战后，消费物价的全面下跌，引起通货紧缩；二是 20 世纪 30 年代大危机期间，出现一般价格的全面下跌，造成

严重的通货紧缩。同通货膨胀一样，通货紧缩的成因是比较复杂的，单一原因造成通货紧缩的可能性不大。通货紧缩往往是多方面因素合力促成的，这些因素主要有：

1. 收缩性的货币政策与财政政策

一国当局采取紧缩性的货币政策或财政政策，大量减少货币发行或削减政府开支以减少赤字，会直接导致货币供应不足，或加剧商品和劳务市场的供求失衡，使"太多的商品追逐太少的货币"，从而引起物价下降，出现政策紧缩性通货紧缩。

2. 经济周期的变化

经济周期达到繁荣的高峰阶段，生产能力大量过剩产生供过于求，可引起物价下降，出现通货紧缩，这种经济周期型通货紧缩具有世界性。

3. 生产力水平的提高与生产成本的降低

技术进步提高了生产力水平，放松管制和改进管理降低了生产成本，因而会导致产品价格下降，出现成本压低型通货紧缩。

4. 投资与消费的有效需求不足

当预期实际利率进一步上升和经济走势不佳时，会出现有效需求不足，导致物价下降，形成需求拉下型通货紧缩。金融体系的效率降低或信贷扩张过快导致出现大量不良资产和坏账时，金融机构"惜贷"或"慎贷"引起信用紧缩，也会减少社会总需求，导致通货紧缩。

5. 本币汇率的高估和其他外部因素的冲击

一国实行盯住汇率制度时，本币汇率高估，会减少出口，扩大进口，加剧国内企业经营困难，促使消费需求趋减，导致物价持续下跌，出现外部冲击型的通货紧缩。例如，1997 年东南亚金融危机爆发后，除有些国家货币实行贬值外，一些国家和地区的货币保持相对稳定，因而出现了通货紧缩的现象。

6. 体制与制度因素

体制和制度方面的因素也会引起通货紧缩，如企业制度由计划向市场机制转轨时，精减下来的大量人工闲置和预期收入减少，导致有效需求下降；还有住房、养老、医疗、保险、教育等方面的制度变迁和转型，都可能会影响个人和家庭的收支和消费行为，引起有效需求不足，导致物价下降，形成体制转轨型通货紧缩。制度调整是我国通货紧缩产生的主要原因。

7. 供给结构不合理

如果由于前期经济中的盲目扩张和投资，造成了不合理的供给结构和过多的无效供给，当积累到一定程度时必然会加剧供求之间的矛盾，一方面许多商品无法实现其价值，迫使价格下降，另一方面大量货币收入不能转变为消费和投资，减少了有效需求，就会导致结构型通货紧缩。

三、通货紧缩的经济效应

（一）通货紧缩对经济增长的影响

和通货膨胀一样，不同经济学家对通货紧缩和经济增长的关系有不同观点，大致分为两类。

1. 促退论

持这种观点的人认为通货紧缩会抑制经济增长，甚至使经济发生衰退。因为物价的持续下降会使生产者利润减少甚至亏损，继而减少生产或停产。物价持续下降将使债务人受损，继而影响生产和投资。物价持续下降，生产投资减少会导致失业增加居民收入减少，加剧总需求不足。

2. 促进论

持这种观点的人认为适度的通货紧缩有利于经济的增长。因为通货紧缩将促使长期利率下降，有利于企业投资改善设备，提高生产率。在适度通货紧缩状态下，经济扩张的时间可以延长而不会威胁经济的稳定。如果通货紧缩是与技术进步、效益提高相联系的，则物价水平的下降与经济增长是可以相互促进的。

（二）通货紧缩的分配效应

在通货紧缩的情况下，物价持续下跌，而名义利率的下跌一般赶不上物价下跌的速度，因此实际利率呈现上升的趋势，这就使社会财富发生了再分配。一方面企业由于产品价格下降、实际利率上升而利润减少，一部分财富向居民转移；另一方面，通货紧缩与通货膨胀相反，它使财富由政府向公众转移。

（三）财富缩水效应

社会财富的总量可以视为居民财富、企业财富和政府财富的总和，在不考虑财富国际转移的条件下，通货紧缩会使社会财富总量减少。

1. 企业财富减少

通货紧缩发生时，全社会总物价水平下降，企业的产品价格自然也跟着下降，企业的利润随之减少。企业盈利能力的下降使得企业资产的市场价格也相应降低，而且企业为了维持生产周期不得不增加负债，负债率的提高进一步使企业资产的价格下降。企业资产价格的下降意味着企业净值的下降、财富的减少。

2. 居民财富缩水

在通货紧缩的条件下，失业者较多，劳动力市场明显供过于求，工资趋于下降。考虑到工资本身的刚性或黏性，即便工资没有降低或小有上升，由于失业者的收入绝对减少，居民整体的收入也难以正常增长。另外，因为居民所拥有的资产大多为消费用的资产，在通货紧缩条件下，消费用的资产价格大幅下降也会使居民的资产缩水。

3. 政府财富缩水

政府的财富可以分为存量和流量两个部分。其存量部分，如果属于生产性的资产，则可视同前面所分析的企业资产，在通货紧缩的情况下是收缩的；如果属于消费性资产，则可视同居民的消费品，其价值随着消费品价格的降低而缩水。政府财富的流量部分分为政府的收入与支出，在通货紧缩时期，财政赤字会显著增长，该部分也会缩水。

（四）失业效应

通货紧缩导致失业上升是显而易见的。一方面，通货紧缩意味着投资机会减少，就业机会减少；另一方面，通货紧缩抑制了生产者的积极性，企业减产甚至停产，失业人

员自然增加。

一般来说，适度的通货紧缩，通过加剧市场竞争，有助于调整经济结构和挤去经济中的"泡沫"，也会促进企业加强技术投入和技术创新，改进产品和服务质量，对经济发展有积极作用的一面。但过度的通货紧缩，会导致物价总水平长时间、大范围下降，市场银根趋紧，货币流通速度减慢，市场销售不振，影响企业生产和投资的积极性，强化了居民"买涨不买落"心理，左右了企业的"惜投"和居民的"惜购"，大量的资金闲置，限制了社会需求的有效增长，最终导致经济增长乏力，经济增长率下降，对经济的长远发展和居民的长远利益不利。由此看来，通货紧缩对经济发展有不利的一面。为此，我们必须通过加大政府投资的力度，刺激国内需求，抑制价格下滑，保持物价的基本稳定。

四、通货紧缩的治理

通货紧缩对经济的危害是极大的，要保证经济的健康运行，不仅要抑制通货膨胀，还要治理通货紧缩。综观各国在治理通货紧缩时所采取的对策措施，概括有以下几种。

（一）扩张性的货币政策

实行扩张性货币政策主要通过调整法定存款准备金率、再贴现率、公开市场业务等手段，增加商业银行提高货币贷款的能力，扩大货币供给量。按照货币政策工具的调控机理来说，货币政策可以在增加或减少货币供给量方面发挥重要作用。

（二）扩张性的财政政策

扩大财政支出，兴办公共工程，增加财政赤字，减免税收是实行扩张性财政的主要政策。宽松的财政政策可以直接增加总需求，还可以通过投资的"乘数效应"带动私人投资的增加，根据宏观经济调节需要指定方向，在短时间内转化为购买支出，直接消化行业过量库存或形成新的生产能力及设施建设。1998年，面对我国有效需求不足的宏观经济形势，政府增发了1000亿元国债，用于基础设施建设，这对于刺激经济增长、在诸多不利因素的影响下实现GDP年增长7.8%的目标起到了重要作用。

（三）结构性调整

对由于某些行业的产品或某个层次的商品生产绝对过剩引发的通货紧缩，一般采用结构性调整的手段，即减少过剩部门或行业的产量，鼓励新兴部门或行业发展。结构性调整包括产业结构调整和产业组织结构的调整。产业结构的调整，主要是推进产业结构的升级，培育新的经济增长点，同时形成新的消费热点。产业组织结构的调整，通过在行业内部出现较大范围的兼并与重组，可以有效制止恶性市场竞争，避免物价水平的大幅下降。

（四）改革汇率制度或实施汇率调节

通货紧缩可能由僵硬的汇率制度所导致，这种汇率制度容易使本币过高估值，产生输入型通货紧缩。如果是这样，就需要对汇率制度进行改革，采取灵活的汇率制度，使汇率自由浮动或扩大浮动范围，减轻外部冲击造成的通货紧缩的压力。

（五）治理通货紧缩的其他措施

除了以上措施外，还有其他一些措施也可用于治理通货紧缩。例如，政府通过各种宣传手段，引导消费需求和投资需求，增加公众对未来经济发展趋势的信心，进而改变公众预期。再例如，建立健全社会保障体系，适当改善国民收入的分配格局，提高中下层居民的收入水平和消费水平，以增加消费需求。

【应用】
2014 年底中国是否已经进入了通货紧缩

2014 年 11 月中国宏观经济数据密集披露：率先披露的 11 月进出口增速均大幅低于市场预期，国家统计局 12 月 10 日发布的数据显示，CPI 同比上涨 1.4%，创下 5 年新低；同时，PPI 同比下降 2.7%，也是连续 33 个月同比负增长。受访经济界专家称，从 CPI 和 PPI 未来走势看，我国已现通缩隐忧，并且由于受产能过剩影响，PPI 可能或将长期负增长，这些宏观数据都显示经济仍然面临较大的下行风险。

在此背景下召开的中央经济工作会议为 2015 年的经济工作定下了基调。从会议上所传递出来的信息显示：稳增长回归成为首要经济任务，但与此前不同，通过创新和转变发展方式将成为实现稳增长的主要方式。

"新涨价因素的减少，主要是受天气、季节和国际因素的影响。"对于 11 月份 CPI 数据，国家统计局城市司高级统计师余秋梅解读称。相比 CPI，11 月 PPI 环比、同比降幅都有所扩大。"短期主要受到国际油价大跌影响，但 PPI 负增长仍将持续，因为长期因素将受到产能过剩的影响。"宏源证券固定收益总部首席分析师称。

截至 2014 年 11 月，PPI（工业品出厂价格指数）同比已连续 33 个月负增长。其中在 11 月产能过剩相关领域如黑色金属矿采选等行业出厂价格环比继续下跌。从发布的分行业出厂价格环比数据看，在 30 个主要工业行业中，6 个行业产品价格上涨，6 个行业持平，18 个行业下降，尤其石油和天然气开采、石油加工、黑色金属矿采选等行业出厂价格环比有所下降。

"11 月石油和天然气、成品油、化学原料和制品分别影响工业生产者出厂价格总水平下降约 0.2 个、0.1 个、0.1 个百分点，三者合计影响 0.4 个百分点，占总降幅的 80%。"余秋梅解释，"实体经济增长疲弱导致通缩压力持续攀升。目前，PPI 连续 33 个月同比负增长与 CPI 同比数字创下了 5 年来的新低，通缩已经成为了物价的主要风险。而造成这一切的是实体经济的弱势。从已发布的 11 月贸易数据来看，国内经济增长的动能仍然疲弱。"光大证券首席经济学家徐高表示。统计公开资料发现，此轮 PPI 负增长持续时间之长是历史少见。上一次是 2008 年受国际金融危机影响，我国经济也出现过通缩现象，但持续时间没有如此长。

"虽然 2008 年出现过通缩现象，但国家出台了稳增长措施，数据不久就回暖了。"民生证券宏观研究员李奇霖称。但范为提示，现在所不同的是 2008 年通缩没有产能过剩问题。早于物价数据披露的进出口数据从另一个侧面反映了过剩产能对实体经济的拖累。海关总署12月8日公布的数据显示，我国11月进出口总值3688.5亿美元，同比下滑0.5%，为今年4月以来的最低值。其中，出口同比增长4.7%，进口同比下滑6.7%。尤其11月进口数据大幅低于市场预期，这是继8月之后再度同比负增长，从进口商品类别来看，尤其对铁矿石、原油、塑料等工业原料的进口数量增速回落。这与11月中采购、生产、新订单、新出口订单、进口分项指数纷纷回落所反映的情况一致。这表明内需不足、经济仍较疲弱。

"中国通缩的风险上升，而本轮通缩风险的根源是过去一段时期内需增长受到抑制和货币政策偏紧累积的作用，需要更多采用货币和其他总量性扩张措施主动治理。要遏制当前的通缩隐忧，货币政策加大放松力度才是根本。"中金公司首席经济学家梁红近日称。

中国建设银行首席经济学家黄志凌在"2014中国金融论坛·青年论坛"提出中国经济是否存在通缩的命题，阐述了关于通货紧缩的判断标准、影响以及经济性质等"一些理论方面的困惑"，包括货币政策是否是对抗通缩的利器，都是疑问。对这些问题，黄志凌在会上没有给出明确答案，认为这应该成为前沿性的研究课题。

对于如何全面、深入、准确地理解通货紧缩可能产生的经济影响及其深远的后果，黄志凌认为，仍需要进一步深入的研究。对于通缩的影响，目前尚未达成共识。"有人认为价格水平下行，有利于增进社会福利。因为价格下行购买力提高，在一个经济紧缩的情况下，资源配置也更加合理。但是也有人提出，这种观点太想当然，因为价格水平持续下行会引起消费等待，同时进一步引起投资等待，导致需求不断萎缩，经济增速持续下滑，以至于收入减少，从而全社会的购买力下降，经济不断步入恶性循环。这时候又有人要说了：所谓的消费等待、投资等待，只是逻辑上的推演，并没有实证的支持，价格下行似乎并没有让人们变得该买不买，该消费不消费。"对于这些争论，黄志凌认为，通货膨胀作为一种货币现象，可以采取货币政策进行有效治理，但不能因此简单地把通货紧缩也类推为一种货币现象，或者说仅仅依靠货币政策，就可以解决货币紧缩问题。

近日的宏观经济数据令不少专家得出了中国已经面临通货紧缩危机的结论，并据此呼吁央行尽早采取降准、降息等货币政策以应对。但这类论断也有很大争议。国家统计局发布的11月CPI、PPI数据显示，11月CPI创5年来新低，前11个月平均通胀2.0%，远低于同比上升3.5%的年度目标。CPI环比下降0.2%，创五年来新低；PPI环比下降0.5%，为18个月最大跌幅。

对此，申万研报称中国面临"最为严峻的通货紧缩危机"。交通银行研报预计，2014年CPI涨幅在2%左右，2015年上半年CPI同比仍有继续下行的可能；PPI负增长态势难以在短期内逆转，并称这一轮PPI负增长"已创近30年工业领域通缩的最长时间"。

但兴业银行首席经济学家鲁政委认为，物价至少出现连续3至6个月的负增长，才能被定义为通货紧缩。上个月鲁政委称："目前中国的CPI依旧处于正增长的状态，只是增速有所放缓。从这个角度来看，中国经济并未出现通货紧缩。"北京大学经济学院经济学系副主任苏剑则认为，判断经济是否陷入通货紧缩的标准应该有三个，即"物价标准"、"就业标准"和"增长标准"。中国人民银行副行长易纲曾指出，典型的通货紧缩需要具备"两个特征"和"一个伴随"——"两个特征"是物价持续下降，以及信贷和货币供应量下降；"一个伴随"是指伴随经济衰退，即 GDP 负增长。

第三节 金融监管

一、金融监管及其理论依据

（一）金融监管的概念及内涵

金融监管（Financial Regulation，Financial Supervision）是金融监督和金融管理的总称。金融监管的定义有狭义和广义之分。狭义的金融监管是指中央银行或其他金融监管当局依据国家法律规定对整个金融业（包括金融机构和金融业务）实施的监督、约束和管制，以使它们依法稳健运行的行为。广义的金融监管在上述含义之外，还包括了金融机构的内部控制和稽核、同业自律性组织的监管、社会中介组织的监管等内容。本节仅介绍狭义金融监管的相关知识要点。

具体而言，金融监管包含四个方面的含义：（1）实施金融监管的机构是一国金融主管当局（或简称金融监管机关），它是一国政府体制的重要组成部分。金融监管机关的监管权必须由国家依法授予，具有强制性。（2）金融监督的实施对象是金融机构和金融业务活动。金融机构可分为银行和非银行金融机构两大类，前者包括政策性银行、商业银行、城乡信用社等，后者包括信托投资公司、证券公司、企业财务公司、投资银行、保险公司、投资基金管理公司等。（3）金融监管的基本方法是针对金融机构的具体行为制定相应的法规条例，并据此对金融机构实施常规的非现场检查和现场检查。（4）金融监管的目的是控制金融业的整体风险，限制金融业的过度竞争，维护公平，保护存款人、投资者和社会公众的利益，保证金融业合法、稳健、高效地运行。

为准确把握金融监管的内涵，还需要区分一些相关概念。例如，金融控制与金融监管都是中央银行的重要职能，但金融控制着眼于货币供给量和信贷总量及其结构，而金融监管则着眼于金融机构及其运作。金融监察与金融监管都是金融监督，但它们的监督对象不同，前者是指对金融监管机关及其工作人员是否履行其职责进行监督和纠察，后者则对金融机构和金融业务活动进行监督督理。

（二）金融监管的理论依据

金融监管的理论依据是在政府管制理论依据的基础上，结合对金融业特殊性的分析发展和完善起来的。目前，金融监管的理论依据主要有公共利益理论、金融风险理论、

投资者利益保护理论等。它们的论证各有自己的侧重点，但相互之间也有一定交叉。

1. 公共利益理论

公共利益理论建立在政府拥有完全信息、政府是为社会整体福利服务的以及政府具有完全信用三个假设的基础上，认为由于市场存在信息不对称、交易成本以及不完全竞争等问题，私人不可能去监管那些实力雄厚的金融机构，只有通过政府对金融机构的监管，才能够克服市场失灵所带来的负面影响，并改善金融机构的治理水平，从而提高金融运行的效率以及维护金融体系的稳定，实现帕累托最优。

主要理由如下：第一，存款者数量众多且分散，根据集体行动的理论，在监督金融机构的活动中免费"搭便车"现象十分严重，单纯地依靠市场的力量无法有效监管金融机构，监管机构有必要代表存款者的利益对金融机构进行监督。第二，在存在信息披露成本的情况下拥有完全信息的一方（金融机构）可能不会完全披露信息，监管机构强制金融机构披露信息就显得非常必要。第三，相对于金融机构而言，存款者力量非常弱小，而且法律诉讼存在固定成本，单个存款者很难运用法律武器保护自己，为了保护存款者利益，政府有必要监管金融机构。第四，由于金融机构资产不透明，特别是随着金融机构在风险管理方面的功能越来越重要，金融机构业务日益复杂和专业化，普通的个人存款者没有能力监管金融机构。而且，即使大的机构存款者有能力监管金融机构，他们也可能利用自己的信息优势伤害个人存款者。因此，政府应该代表存款者的利益监管金融机构。

2. 金融风险理论

该理论主要从关注金融风险的角度，论述了对金融业实施监管的必要性。首先，由于金融业具有高负债率的特点，金融业是一个特殊的高风险行业。以银行为例，其资本只占很小的比例，大量的资产业务都要靠负债业务来支撑，并通过资产负债的匹配来达到盈利目的。在其经营过程中，利率、汇率、负债结构和规模、借款人偿债能力等因素的变化，使银行业时刻面临着如前所述的利率风险、汇率风险、流动性风险等，成为风险聚集的中心。而且，金融机构为获取更高收益而盲目扩张资本的冲动，更加剧了金融业的高风险和内在不稳定性。当社会公众对其失去信任而挤提存款时，银行就会发生支付危机甚至破产。其次，金融业具有发生支付危机的连锁效应。作为整个国民经济中枢的金融体系，其中任一环节出问题，都会引起"牵一发而动全身"的后果。不仅单个金融机构陷入某种危机，极易给整个金融体系造成连锁反应，进而引发普遍的金融危机，更进一步地，由于现代信用制度的快速发展，一国的金融危机还会影响到其他国家，并可能引发区域性甚至世界性的金融动荡。金融风险的这些内在特性决定了必须有一个权威机构对金融业实施适当的监管，以确保整个金融体系的安全与稳定。

3. 投资者利益保护理论

投资者利益保护论主要基于银行合约参与者—存款者的微观视角，着眼于保护一般存款者及金融商品消费者的合法权益的角度论述金融监管的必要性。该理论认为，在金融商品的提供者与消费者之间存在着复杂的委托—代理关系，为保证作为代理人的金融机构更好地为委托人服务，金融商品的消费者需要对金融机构的经营者进行监督。对于银行而言，为避免银行经营者在使用存款者的资金发放贷款时损害存款者利益，存款者需要对其进行监督。但由于银行与存款者及各金融交易者之间存在严重的信息不对称问题，一方面，信息不对称的存在会导致交易的不公平。即拥有信息优势的一方可能利用这一优势来损害信息劣势方的利益。例如，对于银行的经营管理者来说，对自己所在金融机构的风险会比存款者更加了解，他们就有可能利用这一信息优势为自己谋取利益，而将风险或损失转嫁给投资者。另一方面，数量众多而分散的中小存款者存在普遍的"搭便车"倾向，中小存款者既没有积极性也没有能力去搜寻信息或干预银行管理，因此，银行监管对于中小存款者而言具有公共品性质，供给严重不足，需要政府承担这一公共品的供给。为了保护投资者利益，这就要求政府对信息优势方（主要是金融机构）的行为加以规范和约束，为投资者创造一个公平、公正的投资环境。

二、金融监管的目标和原则

（一）金融监管的目标

金融监管当局进行金融监管的总体目标是，通过对金融业的监管，维持一个稳定、健全、高效的金融制度。这是由金融业在社会经济中举足轻重的地位和作用所决定的。具体来讲，金融监管的目标可以分为以下几个层次：

1. 维护金融体系的安全与稳定

随着金融全球化的发展，资本流动的范围越来越广，流动速度越来越快，一国金融市场遭受内外冲击而出现危机的可能性也越来越大。同时，金融机构之间的竞争也越来越激烈，金融机构的经营风险不断提高。因此，维护本国金融体系的安全稳定是金融监管当局进行金融监管的首要目标。

2. 维护存款人和公众的利益

金融机构作为信用中介，其资金主要来自于社会广大公众，保护金融体系的安全与稳定不仅是维护国家利益，也是维护广大存款人和公众的利益。

3. 保证金融机构竞争的有效与公平

竞争是市场经济的基本特征之一，它可以形成一种优胜劣汰的有效机制，但盲目竞争、不公平竞争或者非法竞争都会导致金融机构的破产倒闭，并形成金融业的垄断，从而危害、阻碍经济的平稳发展。因此，金融监督当局有必要通过监管金融机构创造一个合法、公平、高效、有序的竞争环境。

4. 保证中央银行货币政策的顺利实施

中央银行在实行货币政策目标时，是以金融市场上的金融机构特别是商业银行作为传导中介的。由于商业银行以盈利为经营目标，因此金融监督当局有必要通过一定的监管措施，限制商业银行与中央银行政策目标不一致的经营活动，促使它们配合中央银行贯彻实施货币政策。

（二）金融监管的原则

金融监管的原则是由金融的目标决定的。尽管由于各国具体情况及法规不同，金融监管主体、对象及监管的内容和方式存在一定的差异，但其基本原则是相似的。

1. 依法监管原则

各国金融管理体制不同，但是在依法管理上是一致的。这包含两个方面的含义，一是金融机构必须接受国家金融管理当局监督管理，有法可依。二是实施监管也必须依法，监管要有法律依据。这样才能保证管理的权威性、严肃性、强制性、一贯性、有效性。

2. 合理适度竞争原则

金融监管应遵循合理适度竞争原则。虽然竞争和优胜劣汰是一种有效机制，但是金融管理的重心应该放在创造适度竞争上，既要避免金融高度垄断，排斥竞争从而丧失效率和活力，又要防止过度竞争、恶性竞争从而波及金融业的安全稳定，引起经常性的银行破产以及剧烈的社会动荡。

3. 自我约束和外部强制相结合原则

一方面，金融监管不能完全依靠外部强制管理。外部强制再严格也是有限的，如果金融机构不配合，难以收到预期效果。另一方面，也不能将希望全部寄托于金融机构自身自觉、自愿的自我约束。因此，金融监管必须将自我约束与外部强制相结合。

4. 安全稳健与经济效益相结合的原则

促使各金融机构安全稳健经营是金融监管的重要目标和原则。一方面，监管当局必须采取种种预防和补救措施，督促金融机构依法经营、降低风险。另一方面，金融监管不应是消极地、单纯地防范风险，而应当把防范风险与提高经济效益相协调，金融监管要为金融业的发展提供更加良好的环境，从而为社会开展优质有效的金融服务。事实上，安全稳健与提高效率是辩证统一的关系，只有安全经营，才能降低风险，进而提高经营效率；只有提高经营效率，才能提高金融机构的利润和抗风险能力，实现安全稳健的经营。

三、金融监管体制

金融监管体制是指金融监管的职责和权力分配的方式和组织制度，由于各国的货币信用发展程度、历史发展、政治经济体制、法律与民族文化传统、国家大小不同，金融监管体制也就不同。从不同的角度可以有不同的划分。根据监管主体的多少，各国的金融监管体制大致可以划分为单一监管体制和多头监管体制。

（一）单一监管体制

单一监管体制是由一家金融监管机构对整个金融业实施集中监管的体制。这一机构通常是各国的中央银行或另设专门的金融管理机构。这种体制的典型代表是英国。

英国在 1997 年 10 月成立了金融服务监管局（Financial Service Authority，FSA），并在 2000 年 6 月正式批准了《2000 年金融服务和市场法》，这是英国建国以来最重要的一部关于金融服务的法律，该法明确了新成立的金融监管机构和被监管者的权力、责任与义务，规范了金融市场的运作。根据该法的规定，FSA 作为英国整个金融行业唯一的监管局，对英国银行业采取以风险控制为基础的监管原则，并对英国证券业、保险业等进行监管，成为世界上最强有力的监管机构。FSA 的改革成功之所以引起全球关注，不仅是该模式促进了金融监管效率的提高，适应了金融混业发展的需要，而且该法律改变了此前中央银行与金融监管职责划分不清的多头监管模式。一是金融监管权力高度集中。FSA 继承了原有 9 家金融监管机构分享的监管权力，对金融机构、金融市场及服务于该市场的专业机构和个人、清算和支付系统、有问题的金融案例进行谨慎监管。二是金融监管职能从中央银行分离。FSA 成立后，英格兰银行对银行业的监管职能被移交，而操作货币政策的职能被强化。在新形势下，英格兰银行负责英国金融和货币体系的整体稳定，并对支付系统等基础设施发挥独特的支持作用。同时，鉴于货币政策与金融监管之间的密切联系与相互影响，英国政府加强英格兰银行与 FSA 负责人之间的相互参与，保证在重大宏观层面上两者之间的决策能够保持较强的互通性。

采用这种监管体制的发达市场经济国家还有澳大利亚、新西兰、意大利、瑞典、瑞士等。发展中国家如巴西、泰国、印度等，也实行这一监管体制。不过，发达市场经济国家实行这种监管体制是在经济金融高度发达、基本实现了经济金融一体化的基础上形成的，是与其完善的市场体系、高度发达的经济水平和中央银行或监管当局拥有较大独立性相适应的。而发展中国家采用这种监管体制多是由于国内市场体系不完善、金融制度结构比较简单，客观上需要政府通过中央银行或监管当局统一监管。

高度集中的单一金融监管体制的优点是：（1）金融管理集中，监管政策与标准具有一致性，有利于金融机构之间的公平竞争；（2）具有内部不同监管部门之间协调的权威性，防止多头监管体制下不同机构之间互相推卸责任或重复监管，从而有利于提高监管效率；（3）有助于降低监管成本。因为在单一监管机构内部负责不同监管领域的部门可以共享各种监管资源，获得规模经济的效果。同时，对被监管者来说，只与一个监管机构打交道，也可在一定程度上减少成本。但是，这种监管体制也有一定的弊端，如监管机构权力巨大且过于集中，缺乏权力的制衡和监督，在执行监管时易于使监管部门滋生官僚化作风，对已经出现的问题反应迟缓，甚至可能导致权力腐败现象的发生。

（二）多头监管体制

多头监管体制是由两个或两个以上的监管机构分别对从事银行、证券、保险等不同类型业务的金融机构实施监管。根据监管权限在中央和地方划分的不同，又可将其区分为单元多头和双元多头金融监管体制。

1. 单元多头金融监管体制

单元多头金融监管体制，又称单线多头金融管理体制，是指全国的金融监管权集中在中央，地方没有独立的权力，即所谓的"单线"，在中央一级由两家或两家以上机构对不同的金融机构或金融业务实施监管的模式，即所谓的"多头"。德国、法国等均采用这种监管体制。单元多头金融监管体制的优点是：有利于金融体系的集中统一和监管效率的提高。但是，这种监管体制运行效率的关键在于各金融管理机构之间的合作。具备这些条件的国家不多。这种体制也面临着机构重叠、重复监管等问题。

2. 双元多头金融监管体制

双元多头金融监管体制，又称双线多头金融管理体制，是中央和地方两级都有权对相应的金融机构实施监督，即所谓的"双线"。不同的金融机构或金融业务由不同的监

管机关来实施监管，即所谓的"多头"。双元多头金融监管体制的优点是：能较好地提高金融监管的效率；防止金融权力过分集中，因地制宜地选择监管部门；有利于金融监管专业化，提高对金融业务服务的能力。其缺点是：管理机构交叉重叠，易造成重复检查和监督，影响金融机构业务活动的开展；金融法规不统一，使不法金融机构易钻监管的空子，加剧金融领域的矛盾和混乱；降低货币政策与金融监管的效率。

四、我国金融监管机构体系

我国目前的金融监管体制属于单元多头监管体制。监管权限高度集中于中央政府；但在中央一级成立多个监管机构对不同的金融机构实施监管，形成了我国分业监管的主格局。

（一）中国银行业监督管理委员会

2003年4月，中国银行业监督管理委员会（以下简称银监会）正式成立，依法对银行、金融资产管理公司、信托公司、财务公司、金融租赁公司以及其他存款类金融机构实施监督管理。将银行监管职能从中央银行独立出来，是我国金融监管体制的重大改革。其意义在于：一是有利于中央银行更加专注于制定和实施货币政策，并加强支付清算系统的建设与服务；二是有利于银行监管部门集中力量，提高专业监管水平和监管效率。

银监会的职责，包括负责制定有关银行业监管的规章制度和办法；对银行业金融机构实施监管，维护银行业的合法、稳健运行；审批银行业金融机构及其分支机构的设立、变更、终止及其业务范围；对银行业金融机构实行现场和非现场监管，依法对违法违规行为进行查处；审查银行业金融机构高级管理人员的任职资格；负责编制全国银行数据、报表，并按照国家有关规定予以公布。同时，银行业金融机构风险内控监管，公司治理机制的建设和完善，金融类国有资产的管理，也是银监会的职责。

（二）中国证券监督管理委员会

改革开放以来，随着中国证券市场的发展，建立集中统一的市场监管体制势在必行。1992年10月，中国证券监督管理委员会（以下简称证监会）成立，它是国家对证券市场进行统一管理的主管机关。证监会的职责是：负责组织拟定有关证券市场的法律、法规草案，研究制定有关证券市场的方针政策和规章；制订证券市场长期发展规划和年度计划；指导、协调、监督和检查各地区、各有关部门与证券市场有关事项。

（三）中国保险监督管理委员会

1998年11月18日，中国保险监督管理委员会（以下简称保监会）在北京成立。它是国务院直属事业单位，是全国商业保险的主管机关，根据国务院授权履行行政管理职能，依照法律、法规统一监督管理保险市场，维护保险业的合法、稳健运行。保监会的主要职责是：拟定有关商业保险的政策法规和行业规划；依法对保险企业的经营活动进行监督管理和业务指导，依法查处保险企业违法违规行为，保护被保险人利益；维护保险市场秩序，培育和发展保险市场，完善保险市场体系，推进保险业改革，促进保险企业公平竞争；建立保险业风险的评价与预警系统，防范和化解保险企业风险，促进保险企业稳健经营和业务的健康发展。

【本章小结】

本章分三节介绍了通货变动与金融监管的相关知识。第一节介绍了通货膨胀的定义及度量、通货膨胀的类型及成因、通货膨胀的经济效应及治理；第二节介绍了通货紧缩的定义、通货紧缩的类型及成因、通货紧缩的经济效应及治理；第三节介绍了金融监管及其理论依据、金融监管的目标和原则、金融监管体制和我国的金融监管机构体系状况。

通过本章的学习，要求学生掌握通货膨胀的定义及度量，通货膨胀的类型、成因、经济效应及治理；掌握通货紧缩的定义、成因、经济效应及治理，了解通货紧缩的类型；了解金融监管及其理论依据，理解并掌握金融监管的目标、原则和体制，掌握我国的金融监管机构体系状况。

【关键词汇】

通货膨胀　消费者价格指数　生产者价格指数　温和的通货膨胀
需求拉上型通货膨胀　成本推动型通货膨胀　收入指数化
通货紧缩　金融监管　金融监管体制　单一监管体制　多头监管体制

【问答和思考题】

1. 简述通货膨胀的度量方法有哪些。

2. 简述按照物价上涨的速度不同，通货膨胀可分为哪些类型。

3. 简述通货膨胀产生的原因有哪些。

4. 简述通货膨胀的收入分配效应和产出效应的具体内容。

5. 简述通货膨胀的治理措施有哪些。

6. 简述通货紧缩的成因和治理措施有哪些。

7. 简述金融监管的目标和原则是什么。

8. 根据监管主体的多少，各国的金融监管体制大致可以划分为哪些类型。

9. 简述我国的金融监管体系是怎样的。

附录1

中华人民共和国人民币管理条例

（2014年修订版）

第一章 总 则

第一条 为了加强对人民币的管理，维护人民币的信誉，稳定金融秩序，根据《中华人民共和国中国人民银行法》，制定本条例。

第二条 本条例所称人民币，是指中国人民银行依法发行的货币，包括纸币和硬币。从事人民币的设计、印制、发行、流通和回收等活动，应当遵守本条例。

第三条 中华人民共和国的法定货币是人民币。以人民币支付中华人民共和国境内的一切公共的和私人的债务，任何单位和个人不得拒收。

第四条 人民币的单位为元，人民币辅币单位为角、分。1元等于10角，1角等于10分。人民币依其面额支付。

第五条 中国人民银行是国家管理人民币的主管机关，负责本条例的组织实施。

第六条 任何单位和个人都应当爱护人民币。禁止损害人民币和妨碍人民币流通。

第二章 设计和印制

第七条 新版人民币由中国人民银行组织设计，报国务院批准。

第八条 人民币由中国人民银行指定的专门企业印制。

第九条 印制人民币的企业应当按照中国人民银行制定的人民币质量标准和印制计划印制人民币。

第十条 印制人民币的企业应当将合格的人民币产品全部解缴中国人民银行人民币发行库，将不合格的人民币产品按照中国人民银行的规定全部销毁。

第十一条 印制人民币的原版、原模使用完毕后，由中国人民银行封存。

第十二条 印制人民币的特殊材料、技术、工艺、专用设备等重要事项属于国家秘密。印制人民币的企业和有关人员应当保守国家秘密；未经中国人民银行批准，任何单位和个人不得对外提供。

第十三条 除中国人民银行指定的印制人民币的企业外，任何单位和个人不得研制、仿制、引进、销售、购买和使用印制人民币所特有的防伪材料、防伪技术、防伪工艺和专用设备。有关管理办法由中国人民银行另行制定。

第十四条　人民币样币是检验人民币印制质量和鉴别人民币真伪的标准样本，由印制人民币的企业按照中国人民银行的规定印制。人民币样币上应当加印"样币"字样。

第三章　发行和回收

第十五条　人民币由中国人民银行统一发行。

第十六条　中国人民银行发行新版人民币，应当报国务院批准。中国人民银行应当将新版人民币的发行时间、面额、图案、式样、规格、主色调、主要特征等予以公告。中国人民银行不得在新版人民币发行公告发布前将新版人民币支付给金融机构。

第十七条　因防伪或者其他原因，需要改变人民币的印制材料、技术或者工艺的，由中国人民银行决定。中国人民银行应当将改版后的人民币的发行时间、面额、主要特征等予以公告。中国人民银行不得在改版人民币发行公告发布前将改版人民币支付给金融机构。

第十八条　中国人民银行可以根据需要发行纪念币。纪念币是具有特定主题的限量发行的人民币，包括普通纪念币和贵金属纪念币。

第十九条　纪念币的主题、面额、图案、材质、式样、规格、发行数量、发行时间等由中国人民银行确定；但是，纪念币的主题涉及重大政治、历史题材的，应当报国务院批准。中国人民银行应当将纪念币的主题、面额、图案、材质、式样、规格、发行数量、发行时间等予以公告。中国人民银行不得在纪念币发行公告发布前将纪念币支付给金融机构。

第二十条　中国人民银行设立人民币发行库，在其分支机构设立分支库，负责保管人民币发行基金。各级人民币发行库主任由同级中国人民银行行长担任。人民币发行基金是中国人民银行人民币发行库保存的未进入流通的人民币。人民币发行基金的调拨，应当按照中国人民银行的规定办理。任何单位和个人不得违反规定动用人民币发行基金，不得干扰、阻碍人民币发行基金的调拨。

第二十一条　特定版别的人民币的停止流通，应当报国务院批准，并由中国人民银行公告。办理人民币存取款业务的金融机构应当按照中国人民银行的规定，收兑停止流通的人民币，并将其交存当地中国人民银行。中国人民银行不得将停止流通的人民币支付给金融机构，金融机构不得将停止流通的人民币对外支付。

第二十二条　办理人民币存取款业务的金融机构应当按照中国人民银行的规定，无偿为公众兑换残缺、污损的人民币，挑剔残缺、污损的人民币，并将其交存当地中国人民银行。中国人民银行不得将残缺、污损的人民币支付给金融机构，金融机构不得将残缺、污损的人民币对外支付。

第二十三条　停止流通的人民币和残缺、污损的人民币，由中国人民银行负责回收、销毁。具体办法由中国人民银行制定。

第四章　流通和保护

第二十四条　办理人民币存取款业务的金融机构应当根据合理需要的原则，办理人民币券别调剂业务。

第二十五条　停止非法买卖流通人民币。纪念币的买卖，应当遵守中国人民银行的有关规定。

第二十六条　装帧流通人民币和经营流通人民币，应当经中国人民银行批准。

第二十七条　禁止下列损害人民币的行为：（一）故意毁损人民币；（二）制作、仿制、买卖人民币图样；（三）未经中国人民银行批准，在宣传品、出版物或者其他商品上使用人民币图样；（四）中国人民银行规定的其他损害人民币的行为。前款人民币图样包括放大、缩小和同样大小的人民币图样。

第二十八条　人民币样币禁止流通。人民币样币的管理办法，由中国人民银行制定。

第二十九条　任何单位和个人不得印制、发售代币票券，以代替人民币在市场上流通。

第三十条　中国公民出入境、外国人入出境携带人民币实行限额管理制度，具体限额由中国人民银行规定。

第三十一条　禁止伪造、变造人民币。禁止出售、购买伪造、变造的人民币。禁止走私、运输、持有、使用伪造、变造的人民币。

第三十二条　单位和个人持有伪造、变造的人民币的，应当及时上交中国人民银行、公安机关或者办理人民币存取款业务的金融机构；发现他人持有伪造、变造的人民币的，应当立即向公安机关报告。

第三十三条　中国人民银行、公安机关发现伪造、变造的人民币，应当予以没收，加盖"假币"字样的戳记，并登记造册；持有人对公安机关没收的人民币的真伪有异议的，可以向中国人民银行申请鉴定。公安机关应当将没收的伪造、变造的人民币解缴当地中国人民银行。

第三十四条　办理人民币存取款业务的金融机构发现伪造、变造的人民币，数量较多、有新版的伪造人民币或者有其他制造贩卖伪造、变造的人民币线索的，应当立即报告公安机关；数量较少的，由该金融机构两名以上工作人员当面予以收缴，加盖"假币"字样的戳记，登记造册，向持有人出具中国人民银行统一印制的收缴凭证，并告知持有人可以向中国人民银行或者向中国人民银行授权的国有独资商业银行的业务机构申请鉴定。对伪造、变造的人民币收缴及鉴定的具体办法，由中国人民银行制定。办理人民币存取款业务的金融机构应当将收缴的伪造、变造的人民币解缴当地中国人民银行。

第三十五条　中国人民银行和中国人民银行授权的国有独资商业银行的业务机构应当无偿提供鉴定人民币真伪的服务。对盖有"假币"字样戳记的人民币，经鉴定为真币的，由中国人民银行或者中国人民银行授权的国有独资商业银行的业务机构按照面额予以兑换；经鉴定为假币的，由中国人民银行或者中国人民银行授权的国有独资商业银行的业务机构予以没收。中国人民银行授权的国有独资商业银行的业务机构应当将没收的伪造、变造的人民币解缴当地中国人民银行。

第三十六条　办理人民币存取款业务的金融机构应当采取有效措施，防止以伪造、变造的人民币对外支付。办理人民币存取款业务的金融机构应当在营业场所无偿提供鉴别人民币真伪的服务。

第三十七条　伪造、变造的人民币由中国人民银行统一销毁。

第三十八条　人民币反假鉴别仪应当按照国家规定标准生产。人民币反假鉴别仪国家标准，由中国人民银行会同有关部门制定，并协助组织实施。

第三十九条　人民币有下列情形之一的，不得流通：（一）不能兑换的残缺、污损的人民币；（二）停止流通的人民币。

第五章　罚　则

第四十条　印制人民币的企业和有关人员有下列情形之一的，由中国人民银行给予警告，没收违法所得，并处违法所得1倍以上3倍以下的罚款，没有违法所得的，处1万元以上10万元以下的罚款；对直接负责的主管人员和其他直接责任人员，依法给予纪律处分：（一）未按照中国人民银行制定的人民币质量标准和印制计划印制人民币的；（二）未将合格的人民币产品全部解缴中国人民银行人民币发行库的；（三）未按照中国人民银行的规定将不合格的人民币产品全部销毁的；（四）未经中国人民银行批准，擅自对外提供印制人民币的特殊材料、技术、工艺或者专用设备等国家秘密的。

第四十一条　违反本条例第十三条规定的，由工商行政管理机关和其他有关行政执法机关给予警告，没收违法所得和非法财物，并处违法所得1倍以上3倍以下的罚款；没有违法所得的，处2万元以上20万元以下的罚款。

第四十二条　办理人民币存取款业务的金融机构违反本条例第二十一条第二款、第三款和第二十二条规定的，由中国人民银行给予警告，并处1000元以上5000元以下的罚款；对直接负责的主管人员和其他直接责任人员，依法给予纪律处分。

第四十三条　故意毁损人民币的，由公安机关给予警告，并处1万元以下的罚款。

第四十四条　违反本条例第二十五条、第二十六条、第二十七条第一款第二项和第四项规定的，由工商行政管理机关和其他有关行政执法机关给予警告，没收违法所得和非法财物，并处违法所得1倍以上3倍以下的罚款；没有违法所得的，处1000元以上5万元以下的罚款。工商行政管理机关和其他有关行政执法机关应当销毁非法使用的人民币图样。

第四十五条　办理人民币存取款业务的金融机构、中国人民银行授权的国有独资商业银行的业务机构违反本条例第三十四条、第三十五条和第三十六条规定的，由中国人民银行给予警告，并处1000元以上5万元以下的罚款；对直接负责的主管人员和其他直接责任人员，依法给予纪律处分。

第四十六条　中国人民银行、公安机关、工商行政管理机关及其工作人员违反本条例有关规定的，对直接负责的主管人员和其他直接责任人员，依法给予行政处分。

第四十七条 违反本条例第二十条第三款、第二十七条第一款第三项、第二十九条和第三十一条规定的，依照《中华人民共和国中国人民银行法》的有关规定予以处罚；其中，违反本条例第三十一条规定，构成犯罪的，依法追究刑事责任。

第六章 附 则

第四十八条 本条例自 2000 年 5 月 1 日起施行。

附录 2

首次公开发行股票并上市管理发行条件

（《首次公开发行股票并上市管理办法》第二章发行条件）

第一节　主体资格

第八条　发行人应当是依法设立且合法存续的股份有限公司。

经国务院批准，有限责任公司在依法变更为股份有限公司时，可以采取募集设立方式公开发行股票。

第九条　发行人自股份有限公司成立后，持续经营时间应当在 3 年以上，但经国务院批准的除外。

有限责任公司按原账面净资产值折股整体变更为股份有限公司的，持续经营时间可以从有限责任公司成立之日起计算。

第十条　发行人的注册资本已足额缴纳，发起人或者股东用作出资的资产的财产权转移手续已办理完毕，发行人的主要资产不存在重大权属纠纷。

第十一条　发行人的生产经营符合法律、行政法规和公司章程的规定，符合国家产业政策。

第十二条　发行人最近 3 年内主营业务和董事、高级管理人员没有发生重大变化，实际控制人没有发生变更。

第十三条　发行人的股权清晰，控股股东和受控股股东、实际控制人支配的股东持有的发行人股份不存在重大权属纠纷。

第二节　规范运行

第十四条　发行人已经依法建立健全股东大会、董事会、监事会、独立董事、董事会秘书制度，相关机构和人员能够依法履行职责。

第十五条　发行人的董事、监事和高级管理人员已经了解与股票发行上市有关的法律法规，知悉上市公司及其董事、监事和高级管理人员的法定义务和责任。

第十六条　发行人的董事、监事和高级管理人员符合法律、行政法规和规章规定的任职资格，且不得有下列情形：

（一）被中国证监会采取证券市场禁入措施尚在禁入期的；

（二）最近 36 个月内受到中国证监会行政处罚，或者最近 12 个月内受到证券交易所公开谴责；

（三）因涉嫌犯罪被司法机关立案侦查或者涉嫌违法违规被中国证监会立案调查，尚未有明确结论意见。

第十七条　发行人的内部控制制度健全且被有效执行，能够合理保证财务报告的可靠性、生产经营的合法性、营运的效率与效果。

第十八条　发行人不得有下列情形：

（一）最近 36 个月内未经法定机关核准，擅自公开或者变相公开发行过证券；或者有关违法行为虽然发生在 36 个月前，但目前仍处于持续状态；

（二）最近 36 个月内违反工商、税收、土地、环保、海关以及其他法律、行政法规，受到行政处罚，且情节严重；

（三）最近 36 个月内曾向中国证监会提出发行申请，但报送的发行申请文件有虚假记载、误导性陈述或重大遗漏；或者不符合发行条件以欺骗手段骗取发行核准；或者以不正当手段干扰中国证监会及其发行审核委员会审核工作；或者伪造、变造发行人或其董事、监事、高级管理人员的签字、盖章；

（四）本次报送的发行申请文件有虚假记载、误导性陈述或者重大遗漏；

（五）涉嫌犯罪被司法机关立案侦查，尚未有明确结论意见；

（六）严重损害投资者合法权益和社会公共利益的其他情形。

第十九条　发行人的公司章程中已明确对外担保的审批权限和审议程序，不存在为控股股东、实际控制人及其控制的其他企业进行违规担保的情形。

第二十条　发行人有严格的资金管理制度，不得有资金被控股股东、实际控制人及其控制的其他企业以借款、代偿债务、代垫款项或者其他方式占用的情形。

第三节　财务与会计

第二十一条　发行人资产质量良好，资产负债结构合理，盈利能力较强，现金流量正常。

第二十二条　发行人的内部控制在所有重大方面是有效的，并由注册会计师出具了无保留结论的内部控制鉴证报告。

第二十三条　发行人会计基础工作规范，财务报表的编制符合企业会计准则和相关会计制度的规定，在所有重大方面公允地反映了发行人的财务状况、经营成果和现金流量，并由注册会计师出具了无保留意见的审计报告。

第二十四条　发行人编制财务报表应以实际发生的交易或者事项为依据；在进行会计确认、计量和报告时应当保持应有的谨慎；对相同或者相似的经济业务，应选用一致的会计政策，不得随意变更。

第二十五条　发行人应当完整披露关联方关系并按重要性原则恰当披露关联交易。关联交易价格公允，不存在通过关联交易操纵利润的情形。

第二十六条　发行人应当符合下列条件：

（一）最近 3 个会计年度净利润均为正数且累计超过人民币 3000 万元，净利润以扣除非经常性损益前后较低者为计算依据；

（二）最近 3 个会计年度经营活动产生的现金流量净额累计超过人民币 5000 万元；或者最近 3 个会计年度营业收入累计超过人民币 3 亿元；

（三）发行前股本总额不少于人民币 3000 万元；

（四）最近一期末无形资产（扣除土地使用权、水面养殖权和采矿权等后）占净资产的比例不高于 20%；

（五）最近一期末不存在未弥补亏损。

第二十七条　发行人依法纳税，各项税收优惠符合相关法律法规的规定。发行人的经营成果对税收优惠不存在严重依赖。

第二十八条　发行人不存在重大偿债风险，不存在影响持续经营的担保、诉讼以及仲裁等重大或有事项。

第二十九条　发行人申报文件中不得有下列情形：

（一）故意遗漏或虚构交易、事项或者其他重要信息；

（二）滥用会计政策或者会计估计；

（三）操纵、伪造或篡改编制财务报表所依据的会计记录或者相关凭证。

第三十条　发行人不得有下列影响持续盈利能力的情形：

（一）发行人的经营模式、产品或服务的品种结构已经或者将发生重大变化，并对发行人的持续盈利能力构成重大不利影响；

（二）发行人的行业地位或发行人所处行业的经营环境已经或者将发生重大变化，并对发行人的持续盈利能力构成重大不利影响；

（三）发行人最近 1 个会计年度的营业收入或净利润对关联方或者存在重大不确定性的客户存在重大依赖；

（四）发行人最近 1 个会计年度的净利润主要来自合并财务报表范围以外的投资收益；

（五）发行人在用的商标、专利、专有技术以及特许经营权等重要资产或技术的取得或者使用存在重大不利变化的风险；

（六）其他可能对发行人持续盈利能力构成重大不利影响的情形。

附录 3

首次公开发行股票
并在创业板上市管理发行条件

（《首次公开发行股票并在
创业板上市管理办法》第二章发行条件）

第十一条　发行人申请首次公开发行股票应当符合下列条件：

（一）发行人是依法设立且持续经营三年以上的股份有限公司。有限责任公司按原账面净资产值折股整体变更为股份有限公司的，持续经营时间可以从有限责任公司成立之日起计算；

（二）最近两年连续盈利，最近两年净利润累计不少于一千万元；或者最近一年盈利，最近一年营业收入不少于五千万元。净利润以扣除非经常性损益前后孰低者为计算依据；

（三）最近一期末净资产不少于二千万元，且不存在未弥补亏损；

（四）发行后股本总额不少于三千万元。

第十二条　发行人的注册资本已足额缴纳，发起人或者股东用作出资的资产的财产权转移手续已办理完毕。发行人的主要资产不存在重大权属纠纷。

第十三条　发行人应当主要经营一种业务，其生产经营活动符合法律、行政法规和公司章程的规定，符合国家产业政策及环境保护政策。

第十四条　发行人最近两年内主营业务和董事、高级管理人员均没有发生重大变化，实际控制人没有发生变更。

第十五条　发行人的股权清晰，控股股东和受控股股东、实际控制人支配的股东所持发行人的股份不存在重大权属纠纷。

第十六条　发行人具有完善的公司治理结构，依法建立健全股东大会、董事会、监事会以及独立董事、董事会秘书、审计委员会制度，相关机构和人员能够依法履行职责。

发行人应当建立健全股东投票计票制度，建立发行人与股东之间的多元化纠纷解决机制，切实保障投资者依法行使收益权、知情权、参与权、监督权、求偿权等股东权利。

第十七条　发行人会计基础工作规范，财务报表的编制和披露符合企业会计准则和相关信息披露规则的规定，在所有重大方面公允地反映了发行人的财务状况、经营成果和现金流量，并由注册会计师出具无保留意见的审计报告。

第十八条　发行人内部控制制度健全且被有效执行，能够合理保证公司运行效率、合法合规和财务报告的可靠性，并由注册会计师出具无保留结论的内部控制鉴证报告。

第十九条　发行人的董事、监事和高级管理人员应当忠实、勤勉，具备法律、行政法规和规章规定的资格，且不存在下列情形：

（一）被中国证监会采取证券市场禁入措施尚在禁入期的；

（二）最近三年内受到中国证监会行政处罚，或者最近一年内受到证券交易所公开谴责的；

（三）因涉嫌犯罪被司法机关立案侦查或者涉嫌违法违规被中国证监会立案调查，尚未有明确结论意见的。

第二十条　发行人及其控股股东、实际控制人最近三年内不存在损害投资者合法权益和社会公共利益的重大违法行为。

发行人及其控股股东、实际控制人最近三年内不存在未经法定机关核准，擅自公开或者变相公开发行证券，或者有关违法行为虽然发生在三年前，但目前仍处于持续状态的情形。

附录 4

中华人民共和国银行业监督管理法（修正）

(2003 年 12 月 27 日第十届全国人民代表大会常务委员会第六次会议通过 根据 2006 年 10 月 31 日第十届全国人民代表大会常务委员会第二十四次会议《关于修改〈中华人民共和国银行业监督管理法〉的决定》修正)

第一章 总 则

第一条 为了加强对银行业的监督管理，规范监督管理行为，防范和化解银行业风险，保护存款人和其他客户的合法权益，促进银行业健康发展，制定本法。

第二条 国务院银行业监督管理机构负责对全国银行业金融机构及其业务活动监督管理的工作。

本法所称银行业金融机构，是指在中华人民共和国境内设立的商业银行、城市信用合作社、农村信用合作社等吸收公众存款的金融机构以及政策性银行。

对在中华人民共和国境内设立的金融资产管理公司、信托投资公司、财务公司、金融租赁公司以及经国务院银行业监督管理机构批准设立的其他金融机构的监督管理，适用本法对银行业金融机构监督管理的规定。

国务院银行业监督管理机构依照本法有关规定，对经其批准在境外设立的金融机构以及前二款金融机构在境外的业务活动实施监督管理。

第三条 银行业监督管理的目标是促进银行业的合法、稳健运行，维护公众对银行业的信心。

银行业监督管理应当保护银行业公平竞争，提高银行业竞争能力。

第四条 银行业监督管理机构对银行业实施监督管理，应当遵循依法、公开、公正和效率的原则。

第五条 银行业监督管理机构及其从事监督管理工作的人员依法履行监督管理职责，受法律保护。地方政府、各级政府部门、社会团体和个人不得干涉。

第六条 国务院银行业监督管理机构应当和中国人民银行、国务院其他金融监督管理机构建立监督管理信息共享机制。

第七条 国务院银行业监督管理机构可以和其他国家或者地区的银行业监督管理机构建立监督管理合作机制，实施跨境监督管理。

第二章　监督管理机构

第八条　国务院银行业监督管理机构根据履行职责的需要设立派出机构。国务院银行业监督管理机构对派出机构实行统一领导和管理。

国务院银行业监督管理机构的派出机构在国务院银行业监督管理机构的授权范围内，履行监督管理职责。

第九条　银行业监督管理机构从事监督管理工作的人员，应当具备与其任职相适应的专业知识和业务工作经验。

第十条　银行业监督管理机构工作人员，应当忠于职守，依法办事，公正廉洁，不得利用职务便利牟取不正当的利益，不得在金融机构等企业中兼任职务。

第十一条　银行业监督管理机构工作人员，应当依法保守国家秘密，并有责任为其监督管理的银行业金融机构及当事人保守秘密。

国务院银行业监督管理机构同其他国家或者地区的银行业监督管理机构交流监督管理信息，应当就信息保密作出安排。

第十二条　国务院银行业监督管理机构应当公开监督管理程序，建立监督管理责任制度和内部监督制度。

第十三条　银行业监督管理机构在处置银行业金融机构风险、查处有关金融违法行为等监督管理活动中，地方政府、各级有关部门应当予以配合和协助。

第十四条　国务院审计、监察等机关，应当依照法律规定对国务院银行业监督管理机构的活动进行监督。

第三章　监督管理职责

第十五条　国务院银行业监督管理机构依照法律、行政法规制定并发布对银行业金融机构及其业务活动监督管理的规章、规则。

第十六条　国务院银行业监督管理机构依照法律、行政法规规定的条件和程序，审查批准银行业金融机构的设立、变更、终止以及业务范围。

第十七条　申请设立银行业金融机构，或者银行业金融机构变更持有资本总额或者股份总额达到规定比例以上的股东的，国务院银行业监督管理机构应当对股东的资金来源、财务状况、资本补充能力和诚信状况进行审查。

第十八条　银行业金融机构业务范围内的业务品种，应当按照规定经国务院银行业监督管理机构审查批准或者备案。需要审查批准或者备案的业务品种，由国务院银行业监督管理机构依照法律、行政法规作出规定并公布。

第十九条　未经国务院银行业监督管理机构批准，任何单位或者个人不得设立银行业金融机构或者从事银行业金融机构的业务活动。

第二十条　国务院银行业监督管理机构对银行业金融机构的董事和高级管理人员实行任职资格管理。具体办法由国务院银行业监督管理机构制定。

第二十一条　银行业金融机构的审慎经营规则，由法律、行政法规规定，也可以由

国务院银行业监督管理机构依照法律、行政法规制定。

前款规定的审慎经营规则，包括风险管理、内部控制、资本充足率、资产质量、损失准备金、风险集中、关联交易、资产流动性等内容。

银行业金融机构应当严格遵守审慎经营规则。

第二十二条 国务院银行业监督管理机构应当在规定的期限，对下列申请事项作出批准或者不批准的书面决定；决定不批准的，应当说明理由：

（一）银行业金融机构的设立，自收到申请文件之日起六个月内；

（二）银行业金融机构的变更、终止，以及业务范围和增加业务范围内的业务品种，自收到申请文件之日起三个月内；

（三）审查董事和高级管理人员的任职资格，自收到申请文件之日起三十日内。

第二十三条 银行业监督管理机构应当对银行业金融机构的业务活动及其风险状况进行非现场监管，建立银行业金融机构监督管理信息系统，分析、评价银行业金融机构的风险状况。

第二十四条 银行业监督管理机构应当对银行业金融机构的业务活动及其风险状况进行现场检查。

国务院银行业监督管理机构应当制定现场检查程序，规范现场检查行为。

第二十五条 国务院银行业监督管理机构应当对银行业金融机构实行并表监督管理。

第二十六条 国务院银行业监督管理机构对中国人民银行提出的检查银行业金融机构的建议，应当自收到建议之日起三十日内予以回复。

第二十七条 国务院银行业监督管理机构应当建立银行业金融机构监督管理评级体系和风险预警机制，根据银行业金融机构的评级情况和风险状况，确定对其现场检查的频率、范围和需要采取的其他措施。

第二十八条 国务院银行业监督管理机构应当建立银行业突发事件的发现、报告岗位责任制度。

银行业监督管理机构发现可能引发系统性银行业风险、严重影响社会稳定的突发事件的，应当立即向国务院银行业监督管理机构负责人报告；国务院银行业监督管理机构负责人认为需要向国务院报告的，应当立即向国务院报告，并告知中国人民银行、国务院财政部门等有关部门。

第二十九条 国务院银行业监督管理机构应当会同中国人民银行、国务院财政部门等有关部门建立银行业突发事件处置制度，制定银行业突发事件处置预案，明确处置机构和人员及其职责、处置措施和处置程序，及时、有效地处置银行业突发事件。

第三十条 国务院银行业监督管理机构负责统一编制全国银行业金融机构的统计数据、报表，并按照国家有关规定予以公布。

第三十一条 国务院银行业监督管理机构对银行业自律组织的活动进行指导和监督。

银行业自律组织的章程应当报国务院银行业监督管理机构备案。

第三十二条　国务院银行业监督管理机构可以开展与银行业监督管理有关的国际交流、合作活动。

第四章　监督管理措施

第三十三条　银行业监督管理机构根据履行职责的需要，有权要求银行业金融机构按照规定报送资产负债表、利润表和其他财务会计、统计报表、经营管理资料以及注册会计师出具的审计报告。

第三十四条　银行业监督管理机构根据审慎监管的要求，可以采取下列措施进行现场检查：

（一）进入银行业金融机构进行检查；

（二）询问银行业金融机构的工作人员，要求其对有关检查事项作出说明；

（三）查阅、复制银行业金融机构与检查事项有关的文件、资料，对可能被转移、隐匿或者毁损的文件、资料予以封存；

（四）检查银行业金融机构运用电子计算机管理业务数据的系统。

进行现场检查，应当经银行业监督管理机构负责人批准。现场检查时，检查人员不得少于二人，并应当出示合法证件和检查通知书；检查人员少于二人或者未出示合法证件和检查通知书的，银行业金融机构有权拒绝检查。

第三十五条　银行业监督管理机构根据履行职责的需要，可以与银行业金融机构董事、高级管理人员进行监督管理谈话，要求银行业金融机构董事、高级管理人员就银行业金融机构的业务活动和风险管理的重大事项作出说明。

第三十六条　银行业监督管理机构应当责令银行业金融机构按照规定，如实向社会公众披露财务会计报告、风险管理状况、董事和高级管理人员变更以及其他重大事项等信息。

第三十七条　银行业金融机构违反审慎经营规则的，国务院银行业监督管理机构或者其省一级派出机构应当责令限期改正；逾期未改正的，或者其行为严重危及该银行业金融机构的稳健运行、损害存款人和其他客户合法权益的，经国务院银行业监督管理机构或者其省一级派出机构负责人批准，可以区别情形，采取下列措施：

（一）责令暂停部分业务、停止批准开办新业务；

（二）限制分配红利和其他收入；

（三）限制资产转让；

（四）责令控股股东转让股权或者限制有关股东的权利；

（五）责令调整董事、高级管理人员或者限制其权利；

（六）停止批准增设分支机构。

银行业金融机构整改后，应当向国务院银行业监督管理机构或者其省一级派出机构提交报告。国务院银行业监督管理机构或者其省一级派出机构经验收，符合有关审慎经营规则的，应当自验收完毕之日起三日内解除对其采取的前款规定的有关措施。

第三十八条　银行业金融机构已经或者可能发生信用危机，严重影响存款人和其他

客户合法权益的，国务院银行业监督管理机构可以依法对该银行业金融机构实行接管或者促成机构重组，接管和机构重组依照有关法律和国务院的规定执行。

第三十九条 银行业金融机构有违法经营、经营管理不善等情形，不予撤销将严重危害金融秩序、损害公众利益的，国务院银行业监督管理机构有权予以撤销。

第四十条 银行业金融机构被接管、重组或者被撤销的，国务院银行业监督管理机构有权要求该银行业金融机构的董事、高级管理人员和其他工作人员，按照国务院银行业监督管理机构的要求履行职责。

在接管、机构重组或者撤销清算期间，经国务院银行业监督管理机构负责人批准，对直接负责的董事、高级管理人员和其他直接责任人员，可以采取下列措施：

（一）直接负责的董事、高级管理人员和其他直接责任人员出境将对国家利益造成重大损失的，通知出境管理机关依法阻止其出境；

（二）申请司法机关禁止其转移、转让财产或者对其财产设定其他权利。

第四十一条 经国务院银行业监督管理机构或者其省一级派出机构负责人批准，银行业监督管理机构有权查询涉嫌金融违法的银行业金融机构及其工作人员以及关联行为人的账户；对涉嫌转移或者隐匿违法资金的，经银行业监督管理机构负责人批准，可以申请司法机关予以冻结。

第四十二条 银行业监督管理机构依法对银行业金融机构进行检查时，经设区的市一级以上银行业监督管理机构负责人批准，可以对与涉嫌违法事项有关的单位和个人采取下列措施：

（一）询问有关单位或者个人，要求其对有关情况作出说明；

（二）查阅、复制有关财务会计、财产权登记等文件、资料；

（三）对可能被转移、隐匿、毁损或者伪造的文件、资料，予以先行登记保存。

银行业监督管理机构采取前款规定措施，调查人员不得少于二人，并应当出示合法证件和调查通知书；调查人员少于二人或者未出示合法证件和调查通知书的，有关单位或者个人有权拒绝。对依法采取的措施，有关单位和个人应当配合，如实说明有关情况并提供有关文件、资料，不得拒绝、阻碍和隐瞒。

第五章　法律责任

第四十三条 银行业监督管理机构从事监督管理工作的人员有下列情形之一的，依法给予行政处分；构成犯罪的，依法追究刑事责任：

（一）违反规定审查批准银行业金融机构的设立、变更、终止，以及业务范围和业务范围内的业务品种的；

（二）违反规定对银行业金融机构进行现场检查的；

（三）未依照本法第二十八条规定报告突发事件的；

（四）违反规定查询账户或者申请冻结资金的；

（五）违反规定对银行业金融机构采取措施或者处罚的；

（六）违反本法第四十二条规定对有关单位或者个人进行调查的；

（七）滥用职权、玩忽职守的其他行为。

银行业监督管理机构从事监督管理工作的人员贪污受贿，泄露国家秘密、商业秘密和个人隐私，构成犯罪的，依法追究刑事责任；尚不构成犯罪的，依法给予行政处分。

第四十四条　擅自设立银行业金融机构或者非法从事银行业金融机构的业务活动的，由国务院银行业监督管理机构予以取缔；构成犯罪的，依法追究刑事责任；尚不构成犯罪的，由国务院银行业监督管理机构没收违法所得，违法所得五十万元以上的，并处违法所得一倍以上五倍以下罚款；没有违法所得或者违法所得不足五十万元的，处五十万元以上二百万元以下罚款。

第四十五条　银行业金融机构有下列情形之一，由国务院银行业监督管理机构责令改正，有违法所得的，没收违法所得，违法所得五十万元以上的，并处违法所得一倍以上五倍以下罚款；没有违法所得或者违法所得不足五十万元的，处五十万元以上二百万元以下罚款；情节特别严重或者逾期不改正的，可以责令停业整顿或者吊销其经营许可证；构成犯罪的，依法追究刑事责任：

（一）未经批准设立分支机构的；

（二）未经批准变更、终止的；

（三）违反规定从事未经批准或者未备案的业务活动的；

（四）违反规定提高或者降低存款利率、贷款利率的。

第四十六条　银行业金融机构有下列情形之一，由国务院银行业监督管理机构责令改正，并处二十万元以上五十万元以下罚款；情节特别严重或者逾期不改正的，可以责令停业整顿或者吊销其经营许可证；构成犯罪的，依法追究刑事责任：

（一）未经任职资格审查任命董事、高级管理人员的；

（二）拒绝或者阻碍非现场监管或者现场检查的；

（三）提供虚假的或者隐瞒重要事实的报表、报告等文件、资料的；

（四）未按照规定进行信息披露的；

（五）严重违反审慎经营规则的；

（六）拒绝执行本法第三十七条规定的措施的。

第四十七条　银行业金融机构不按照规定提供报表、报告等文件、资料的，由银行业监督管理机构责令改正，逾期不改正的，处十万元以上三十万元以下罚款。

第四十八条　银行业金融机构违反法律、行政法规以及国家有关银行业监督管理规定的，银行业监督管理机构除依照本法第四十四条至第四十七条规定处罚外，还可以区别不同情形，采取下列措施：

（一）责令银行业金融机构对直接负责的董事、高级管理人员和其他直接责任人员给予纪律处分；

（二）银行业金融机构的行为尚不构成犯罪的，对直接负责的董事、高级管理人员和其他直接责任人员给予警告，处五万元以上五十万元以下罚款；

（三）取消直接负责的董事、高级管理人员一定期限直至终身的任职资格，禁止直接负责的董事、高级管理人员和其他直接责任人员一定期限直至终身从事银行业工作。

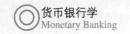

第四十九条 阻碍银行业监督管理机构工作人员依法执行检查、调查职务的，由公安机关依法给予治安管理处罚；构成犯罪的，依法追究刑事责任。

第六章 附 则

第五十条 对在中华人民共和国境内设立的政策性银行、金融资产管理公司的监督管理，法律、行政法规另有规定的，依照其规定。

第五十一条 对在中华人民共和国境内设立的外资银行业金融机构、中外合资银行业金融机构、外国银行业金融机构的分支机构的监督管理，法律、行政法规另有规定的，依照其规定。

第五十二条 本法自 2004 年 2 月 1 日起施行。

参 考 文 献

［1］弗雷德里克·S. 米什金著. 货币金融学（第九版）［M］. 北京：中国人民大学出版社，2011.

［2］蒋先玲. 货币银行学［M］. 北京：中国金融出版社，2010.

［3］于敏，肖华东. 金融学［M］. 北京：高等教育出版社，2015.

［4］曹龙骐. 金融学［M］. 北京：高等教育出版社，2013.

［5］黄达编. 金融学（第三版）［货币银行学（第五版）］［M］. 北京：中国人民大学出版社，2012.

［6］姚长辉，吕随启. 货币银行学（第四版）［M］. 北京：北京大学出版社，2012.

［7］康书生，鲍静海. 货币银行学（第二版）［M］. 北京：高等教育出版社，2013.

［8］张华. 货币银行学［M］. 北京：清华大学出版社，2015.

［9］艾洪德，范立夫. 货币银行学［M］. 大连：东北财经大学出版社，2011.

［10］李绍昆，曾红燕. 货币银行学［M］. 北京：中国人民大学出版社，2013.

［11］钱晔. 货币银行学［M］. 北京：高等教育出版社，2013.

［12］钱婷婷. 货币银行学［M］. 北京：人民邮电出版社，2013.

［13］爱德华·甘伯，戴维·哈克斯. 米什金. 货币金融学（第九版）学习指导［M］. 北京：中国人民大学出版社，2011.

［14］曹龙骐. 金融学（第四版）案例与分析［M］. 北京：高等教育出版社，2015.